国家自然科学基金面上项目："社区支持农业"共享平台的
运作机理与优化策略研究（项目编号：71871105）

江苏省第十四批"六大人才高峰"高层次人才项目：基于社会网络的
供应链管理模式创新研究（项目编号：JY-012）

供应链模式创新

线上线下融合之路

浦徐进　孙书省　著

人民出版社

序　一

　　习近平总书记在党的十九大报告中指出："我国经济已由高速增长阶段转向高质量发展阶段"。未来，我国网络零售交易规模将会保持持续增长的态势，按照《电子商务"十三五"发展规划》的预测，2020 年我国网络零售交易额将达到 10 万亿，预计到 2025 年我国网络零售交易规模更是将超过 20 万亿元。同时，随着新零售概念的不断深入人心，线上电商和线下实体店逐步由独立、对抗走向融合、协作，线上和线下的融合发展正在成为新时代供应链变革的主要方向。因此，如何通过线上线下深度融合对供应链运作进行优化，并对供应链的未来发展模式进行科学研判已经成为亟待研究的重大问题。

　　浦徐进教授和孙书省博士撰写的《供应链模式创新：线上线下融合之路》一书紧密结合现实背景，深入剖析线上线下融合型供应链本质特征，重点将消费者购买行为、实体店公平心理、渠道权力结构、产品差异以及市场竞争结构纳入到供应链运作机制的考察范畴，综合运用案例整理、统计分析、数理建模、数值仿真等方法，考察影响线上线下融合型供应链运作效率的市场因素，并有针对性地提出协调优化机制。特别地，本书针对生鲜农产品供应链这一特殊的商品，努力厘清生鲜农产品供应链面临的发展痛点，提出通过行业商业模式优化、供应链体系搭建以及配送物流效率提升来推动生鲜消费的线上线下融合。该书的研究结论不仅可以丰富供应链领域的研究成果，也可以为企业的管理实践提供有益启示。该书既有对已有模式的总结，也有对现存问题的剖析，还有对未来发展的展望，提出了许多令人耳目一新的观点：

第一，消费者的心理和购买行为变化是影响企业打造线上线下融合模式的关键因素。与单纯的线上购物或线下购物相比，在线上线下融合模式当中，消费者的消费喜好、消费习惯和消费需求将会发生显著变化，"搭便车"、价格参照、公平关切等成为消费者普遍的购买行为特征。因此，基于供应链效率提升的线上线下融合，必须重点解决如何更好地满足消费者的多样化需求的问题。

第二，基于消费体验的重构优化是实现线上线下融合的必由之路。事实上，实体店和网店各具优势，存在明显的互补关系。基于消费体验的重构优化主要有两种不同的路径：一方面是对实体店实现数字化的创新升级，实现多种业态有机结合；另一方面是依托大数据和信息系统把综合感知用户需求，优化消费者的网上购物体验。

第三，技术的发展、零售基础设施的完善和开放为线上线下融合提供了强有力的支撑。近年来，云计算、人工智能、大数据、物联网、AR/VR、区块链等新兴技术高速发展，逐步运用到供应链运作的各个环节，众多零售基础设施的完善和开放，为线上线下的进一步融合奠定了基础。

浦徐进教授担任无锡高质量发展研究中心主任，致力于供应链管理和平台经济领域的研究，相继完成了包括国家自然科学基金青年项目、国家自然科学基金面上项目、教育部人文社会科学研究一般项目等在内的多项课题，发表了一系列见解深刻、观点新颖的论文，为政府提供了多份具有参考价值的决策咨询报告，相继获得江苏省哲学社会科学优秀成果奖二等奖、江苏省哲学社会科学优秀成果奖三等奖等奖励，赢得了学界的广泛关注和好评。

随着"全民互联"时代的到来，线上线下融合发展成为大趋势，线下实体店开始接受并拥抱互联网，线上网店也积极开展与线下实体店的合作，线上线下的合作愈发紧密，零售行业正在进入线上线下融合新阶段。当然，一些新变化、新现象、新问题将不断涌现，同时也向研究者提出了许多新的挑战。因此，希望浦徐进教授在学术道路上不断开拓，继续探索线上线下融合的内在规律,努力解答零售产业发展的现实困惑,取得更加丰硕的成果。

是为序!

教育部长江学者奖励计划特聘教授

上海交通大学中美物流研究院院长

2019 年 11 月 18 日

序　二

当前，新一轮科技革命和产业变革加速演进，人工智能、大数据、物联网等新技术新应用新业态方兴未艾，互联网迎来了更加强劲的发展动能和更加广阔的发展空间。如何在新一轮全球经济发展大潮中，促进产业链、供应链与价值链的融合与创新发展，通过供应链的牵引和驱动，重塑竞争力，实现追赶和超越，是摆在政府、行业和企业面前的现实问题。在零售业层面，伴随互联网信息化水平的逐步提升以及智能化应用范围的扩展，线上线下融合模式正在日益成为传统零售、电子商务甚至快递物流企业转型升级的重要方向，研究如何协同运用线上线下渠道来优化供应链运作，并给出整体升级的方案已经成为学术界和产业界共同关注的热点话题。江南大学浦徐进教授即将出版的《供应链模式创新：线上线下融合之路》一书（人民出版社 2019 年版），创新性地采用博弈理论、契约理论、调查统计、案例分析等多种理论工具，开发相应的模型和工具来研究实体店和网店之间相互影响、相互补充的机理，探索企业利用线上线下来优化自身运营决策的路径，并最终提出供应链未来发展的制度创新方向。该书的创新点主要体现在以下四个方面：

一是运用行为经济学的最新理论成果来解释线上线下发生冲突的本质原因，从而为构建线上线下融合的理论框架提供了微观基础，为企业的渠道经营管理提供了具有可操作性的建议。

二是深入研究消费者在线上线下融合背景下的购买行为，全面考察制造商、实体店以及电商的决策行为，从而为探讨如何有效实现线下线下的融合提供微观基础，使本书研究成果不仅具有理论价值，而且具有现实指导意义。

三是科学揭示制造商选择线上渠道运营模式和整体分销策略的市场条件,研究结论可以为企业更好地完成线上渠道和线下渠道的构建,以及优化双渠道供应链运营提供启示。

四是结合中国情境,在对传统的生鲜农产品供应链模式进行案例研究和比较分析的基础上,总结我国生鲜农产品供应链发展的最新模式特征,为政府相关部门的政策设计和制度创新提供决策参考。

党的十九大报告提出,中国经济已由高速增长阶段转向高质量发展阶段,要在中高端消费、创新引领、绿色低碳、共享经济、现代供应链、人力资本服务等领域培育新增长点,形成新动能。因此,该书在科学研判机遇和挑战的基础上,从精准定位消费者需求、加快供应链技术革新、创新实体店运营模式、推动电商转型升级、协同创造供应链价值等层面,有针对性地提出加快推动线上线下融合的可行路径。

新技术催生新产业,新模式引发新业态,《供应链模式创新:线上线下融合之路》一书的出版顺应大势,恰逢其时,是一本分析详实、论证充分的管理学佳作,能够启发我们更加深入地思考如何更好地促进产业链、供应链与价值链的创新发展,对于企业的经营管理实践也具有重要的借鉴意义。

中国质量万里行促进会会长

原国家质检总局总工程师

刘兆彬

2019 年 11 月 20 日

目　录

第一章　研究概述

第一节　研究背景

一、全球网络零售市场持续增长

随着生产力水平的不断提高,人类社会的信息化程度持续提升,互联网的应用在生活中变得随处可见,根据中国产业信息网站发布的统计数据显示,截至 2019 年 1 月,全球有 76.76 亿人口,其中网民数量为 43.88 亿人,占总人口数的 57%。当前,全球网络零售市场不断成熟,规范性逐渐提高,商品的物流运输系统不断优化以及网络支付更加方便安全,越来越多的消费者愿意通过网络购买商品。自 2013 年以来,全球网络零售总额年增长率均超过 20%,网络零售额占全球销售总额的比例持续提高(如图 1-1 所示)。

西方发达国家的网络零售市场起步较早,并始终呈现快速发展的态势。美国的电子商务兴起于 1995 年,到 2000 年左右,随着互联网的普及化并引入更安全的通讯协议后,美国网络零售市场开始大规模发展起来。美国的亚马逊公司是全球范围内最早从事电子商务的公司之一,在 2003 年首度盈利后成长极为迅速,2019 年公司市值已经超过万亿美元。美国政府不断加强信息基础设施的投入和建设,并通过立法为网络零售营造良好的市场环境(如图 1-2 所示)。英国政府先后出台了一系列促进电商发展的法律法规,并且大力提升国内的互联网覆盖水平。早在 1998 年,英国政府就提出信息时代伙伴计划(IAP),将工作重点放在电子政府和电子商务方面,尤其注重推动中小企业的参与。2014 年以来,英国网络零售市场维持了良性的增长态势(如图 1-3 所

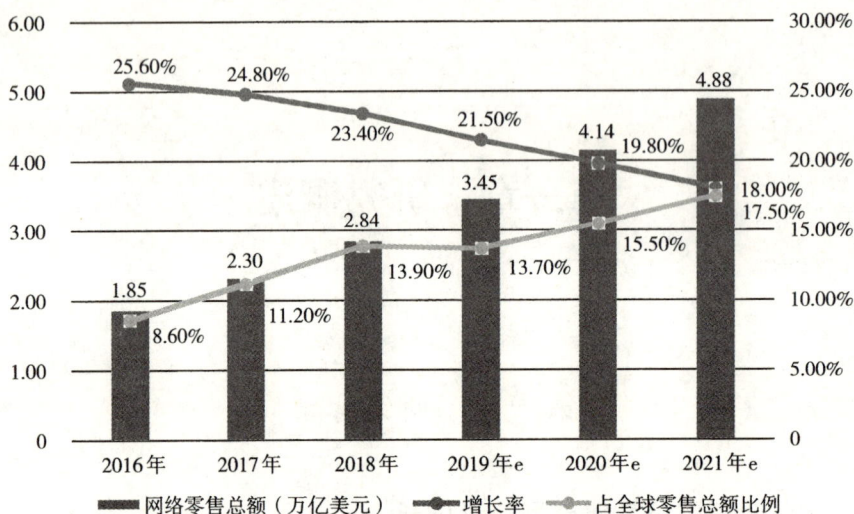

图 1-1　全球网络零售总额趋势及占全球零售总额比例

资料来源:中国产业信息网。

示)。在法国,政府致力于促进中小企业发展,加强基础设施建设,使网络零售的发展拥有完备的库存、运输以及通讯等基础条件。2012 年以来,法国网络零售总额不断增长,年增长率均超过 10%(如图 1-4 所示)。法国政府承诺,到 2020 年全国 70% 人口将能享用 100mb/s 的宽带服务。

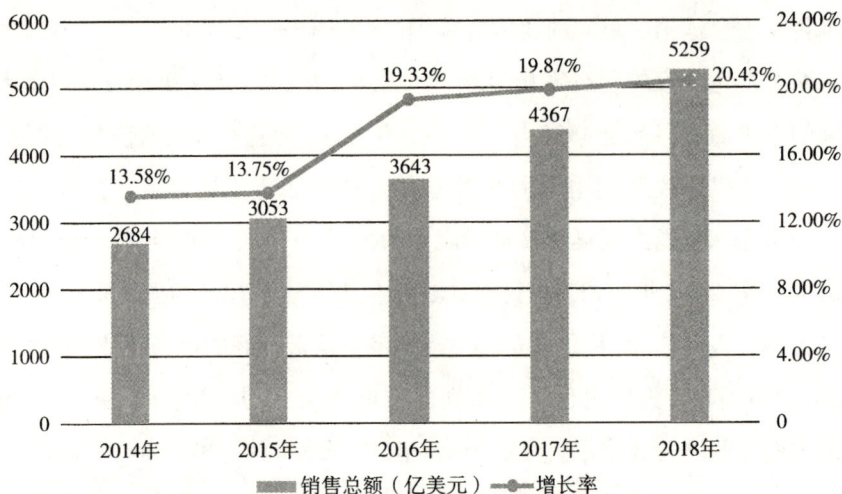

图 1-2　2014—2018 年美国网络零售发展情况

资料来源:笔者整理。

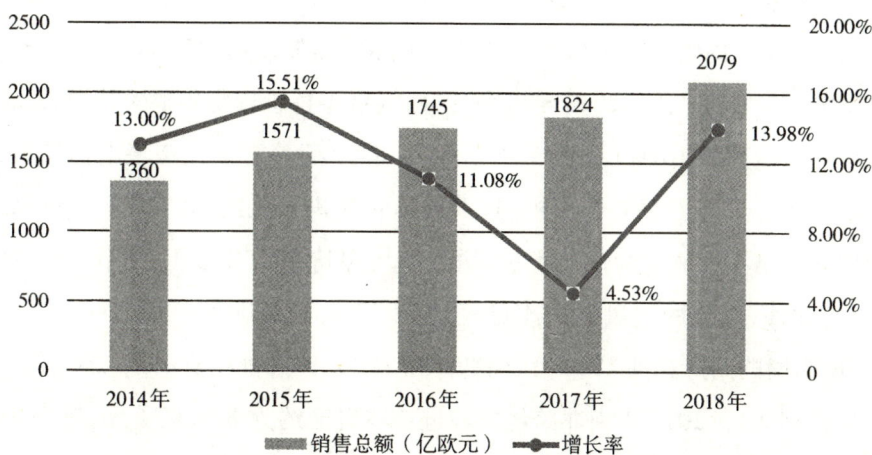

图 1-3　2014—2018 年英国网络零售发展情况

资料来源：笔者整理。

图 1-4　2014—2018 年法国网络零售发展情况

资料来源：笔者整理。

在发达国家网络零售市场逐步成熟的同时，新兴发展中国家的网络零售市场也呈现出迅猛的增长势头。在金砖五国（BRICS）中，印度政府向投资电子商务的外商敞开大门，积极引进外资和先进管理经验，同时也注重保护本土产业，优先支持国内电商发展。印度每年的网络零售总额都在不断提高，平均增长速度超过 30%，2014 年甚至达到 133.33%（如图 1-5 所示）。巴西政府通过大力建设国内自贸区和保税区，加强电商规范制度构建等措施，为电商发展奠定了良好的基础。2012 年以来，巴西网络零售总额每年都保持增长，增长率最高达到 28.03%（如图 1-6 所示）。俄罗斯着重加强跨境电商发展，与中国建立了电子商务合作机制，引进吸收先进发展经验。2012 年以来，俄罗斯网络零售额持续快速增长，增长率均保持在 15% 以上（如图 1-7 所示）。此外，南非的网民渗透率已经达到 58%，处于非洲领先水平。2017年，南非网购用户达到 1840 万，网购使用率 57.9%，排在非洲第二位（仅次于尼日利亚）。2017 年南非跨境电商进口零售额约为 8.9 亿美元，较 2016年增长 30.9%。

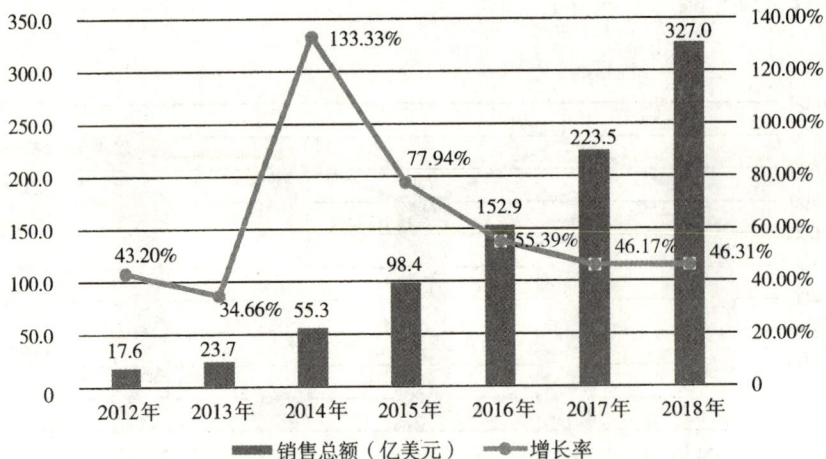

图 1-5　2012—2018 年印度网络零售发展情况

资料来源：笔者整理。

全球网络零售市场的蓬勃发展给消费者、企业和国家都带来深远影响，具体体现在以下几个方面：(1)在消费者层面上，网络零售市场的持续增长给消费者带来了更加便捷的购物渠道和更低的价格，极大地丰富了消费体验。即使身处偏远地区的消费者，网络零售市场也能为其提供丰富多样、过去难以得到的商品。(2)在企业层面上，全球网络零售持续快速发展有利于企业拓宽

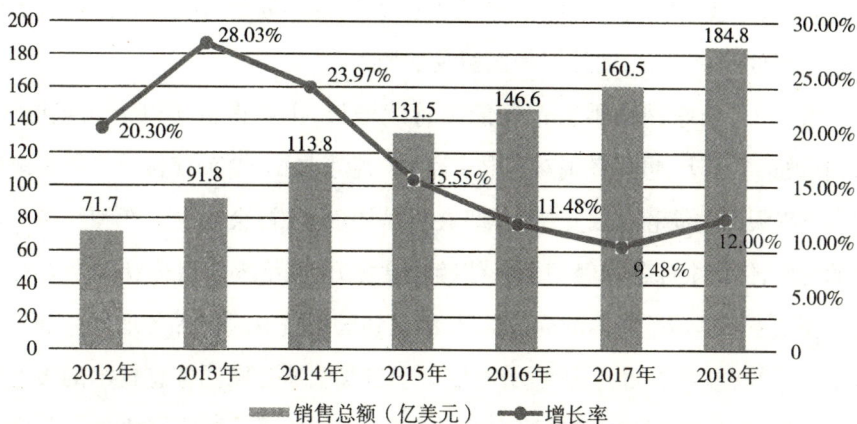

图 1-6 2012—2018 年巴西网络零售发展情况

资料来源:笔者整理。

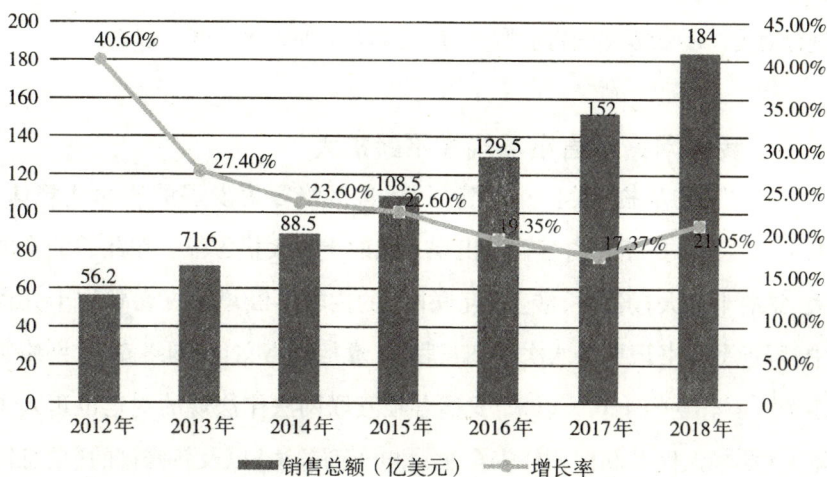

图 1-7 2012—2018 年俄罗斯网络零售发展情况

资料来源:笔者整理。

销售渠道,可以提高产品销售数量,解决库存积压难题,增加盈利能力。同时,网络零售在发展中会遇到不同的问题,产生更多的需求,需要更加先进的技术去解决,因此其反过来又推动了信息技术以及高端制造业的进步。(3)在国家层面上,网络零售的增长有效促进不同国家之间的网络商品交易,加深了各国间的经济依赖程度。尤其在我国提出"一带一路"倡议之后,跨境电商通过搭建自由、开放、通用、普惠的全球贸易平台，源源不断地将我国日益强大的消费潜力释放到全世界，助推了各国贸易的增长。

事实上，全球网络零售市场能够持续增长，主要得益于以下四点原因：(1)在政策层面上，世界各国对于电子商务产业发展的扶持，使得网络零售能够拥有更强大的政策和财政支持。(2)在经济层面上，社会化大生产和经济全球化的发展，使得全球各国经济相互依赖程度提升，网络零售可以让消费者在网络上获取更多全球范围内的商品资讯，满足各国消费者对世界各地商品的不同需求。(3)在技术层面上，持续增长依赖于当代全球互联网信息技术的飞速发展，上网设备尤其是智能移动终端普及率的提高，拓展了网络零售市场的发展空间。(4)在消费层面上，消费者更加注重个性化消费和消费的便利性，网络零售使消费者能使用一台设备便可"一站式购物"，足不出户就能对不同品牌的商品进行对比。不断成熟的售后服务，让消费者更加倾向于网上购物。

二、我国网络零售市场规模不断扩大

我国已经初步构筑起一个完善的促进网络零售发展的法律法规体系。2002年，"互联网"相关内容首次出现在党的十六大报告中。在此后的党的十七大、党的十八大报告中，涉及"互联网"的内容不断增多。在党的十九大报告中，习近平总书记更是八次提到互联网，囊括网络文化、网络安全、网络管理等多个方面。党的十八大以来，我国各项互联网法律法规的制定也迈入了快车道。《中华人民共和国网络安全法》《电子商务法》以及新修订的《信息网络传播权保护条例》《互联网信息搜索服务管理规定》《互联网直播服务管理规定》《互联网新闻信息服务许可管理实施细则》等法律法规密集出台，对促进网络零售行业持续健康发展提供了政策支撑和法律保障。

同时，网络基础设施建设的不断投入奠定我国未来网络零售发展的硬件基础。2015年我国网络建设投资在4000亿元水平，2016年和2017年投资累计超过7000亿元。"十三五"期间，我国网络建设投资规模将突破两万亿元大关。此外，在5G研发、工业互联网创新等相关领域，我国进一步扩大5G试点城市范围,同时适时启动 5G 网络的部署工作,并力争在 2020 年正式商用 5G 网络。2017 年 11 月 26 日,中共中央办公厅、国务院办公厅印发了《推进互联网协议第六版(IPv6)规模部署行动计划》,提出用 5 到 10 年时间,形成新时代互联网自主技术体系和产业生态,建成全球最大规模的互联网协议第六版商业应用网络,实现新时代互联网在经济社会各领域深度融合应用,成为全球新时代互联网发展的主导力量。

我国网民规模与互联网普及率呈持续平稳增长态势。2018 年上半年的调查统计数字显示,国内网民群体的规模已经突破 8 亿。其中,国内使用手机上网的网民人数达 7.88 亿,新增网民人数近 3500 万,相比较于 2017 年年末网民人数增长幅度达 4.7%,而且使用手机联网群体在网民规模的占比接近 98.3%(如图 1-8 所示)。其中,农村网民规模为 2.22 亿,占整体网民的

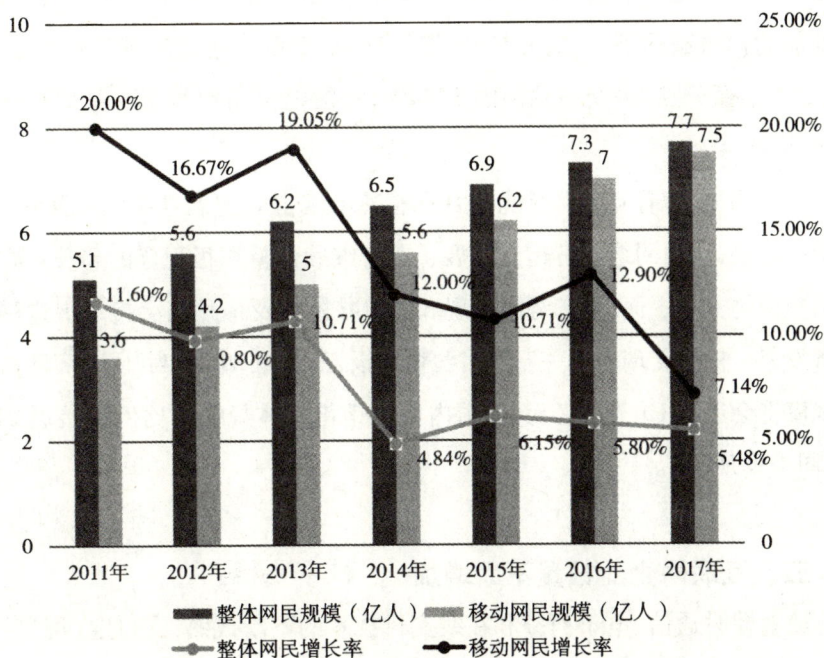

图 1-8　2011—2017 年我国整体及移动网民规模发展趋势
资料来源:中国互联网络信息中心(CNNIC)。

26.7%,较 2017 年年底增加 1291 万,年增长率为 6.2%;城镇网民规模为 6.07 亿,占比达 73.3%,较 2017 年年底增加 4362 万,年增长率为 7.7%。随着互联网基建设施不断完善,数字化战略得到系统阐释,互联网服务逐渐渗透到日常生活的每个角落,网民规模一直保持着稳定增长。

网络购物消费模式进一步激发消费潜力。中国互联网信息中心统计显示,2017 年国内网络零售交易总额接近 7.2 万亿元,消费交易总额同期增长 32.2%。其中,消费者在线上购买实物商品的总额接近 5.5 万亿元,增长幅度达 28%,线上实物商品交易额占国内商品消费交易总额的比例接近 15%。国家统计局官方统计显示,2018 年前 6 个月,在网上渠道购买商品的消费者群体达 5.7 亿,占国内网民总人数的 71%。其中,利用手机上网购买商品的群体人数接近 5.6 亿,占比接近 98%。与此同时,国内网络销售总额接近 4.1 万亿元,增长幅度为 30.1%,继续保持稳健增长势头。其中,实体商品的销售额达到 3.13 万亿元,增长近 30 个百分点,与 2017 年相比,多出 20.4 个百分点,占交易总额的 17.4%,对国内商品销售交易额增长的贡献率达 46.4%。

可以预见,随着互联网赋能效力的增强、设备技术更新升级以及服务行业的持续发展,我国网络经济运营发展状态将继续保持积极稳健的趋势。在网络消费购物交易层面,新态势的出现和新科技的广泛应用将会持续促进网络经济发展。依据艾瑞咨询关于网络购物的报告,预测 2020 年我国电商网络交易规模将会达到 10.7 万亿元,占国内商品销售总体规模的比例将接近 22%(如图 1-9 所示)。

三、互联网企业数量不断增加

随着即时通信、电子商务和在线支付技术的不断成熟,支付宝、淘宝、亚马逊等应用软件已经成为当今人类日常生活中不可或缺的一部分,为人们的生活带来了极大便利,较大改变了人们的购物方式,使得消费者能够随时通过各种渠道,轻松便捷地在网络平台上购买到各种所需产品。电子商务

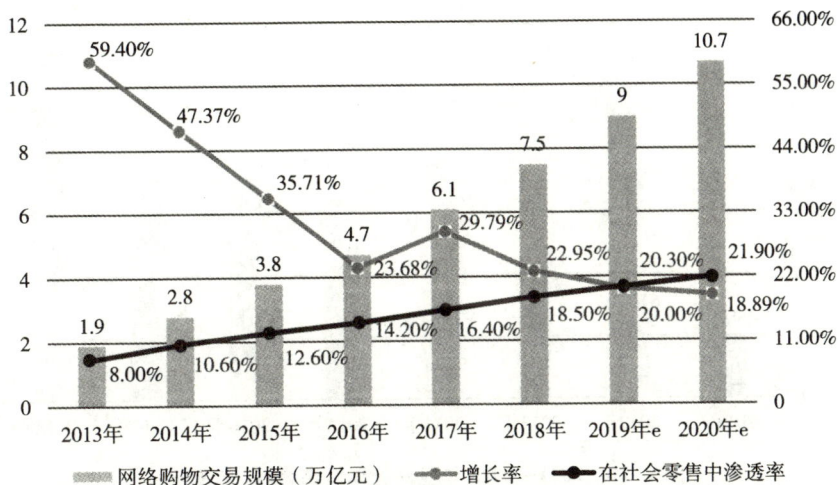

图 1-9　2013—2020 年我国网络零售交易额规模发展趋势

资料来源：艾瑞咨询网。

和各类社交应用、线下门店相互融合，扩大电子商务的用户范围，打造出多元化的购物场景，线上线下逐渐打破渠道壁垒，智慧零售形态正在不断成型。

　　电子商务打破了传统企业在销售空间和时间上的束缚，使企业无论身处何时何地都能够便捷地开拓市场，进行产品销售。因此，企业在开设线下实体零售店的同时，也开始进驻线上渠道进行网络销售。第三方购物平台得到广大企业一致认可，越来越多的企业正和电商平台建立起合作模式，电商通过自身构建的网络平台为企业和消费者搭建起沟通交易中转桥梁，从而实现快速响应市场需求，营造出生机勃勃的交易新环境。全球知名的市场研究机构数字市场（E-market）咨询公司调查数据显示，2018 年亚马逊的净销售额为 2582 亿美元，同比增长 29.2%（如图 1-10 所示）。在 2018 年"双十一"狂欢节中，天猫总交易额突破 2135 亿元，同比增长 26.9%（如图 1-11 所示）。从全球来看，各类互联网企业表现出旺盛的生机和活力，电子商务市场呈现欣欣向荣的发展态势。截至 2018 年，在市值最高的 10 家上市公司中，已经有 7 家互联网企业（如表 1-1 所示）。

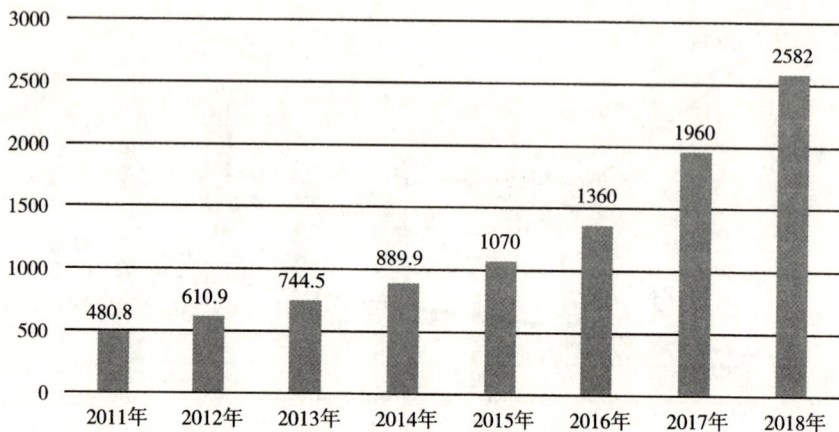

图1-10　2011—2018年亚马逊年净销售额(亿美元)

资料来源:数字市场咨询公司。

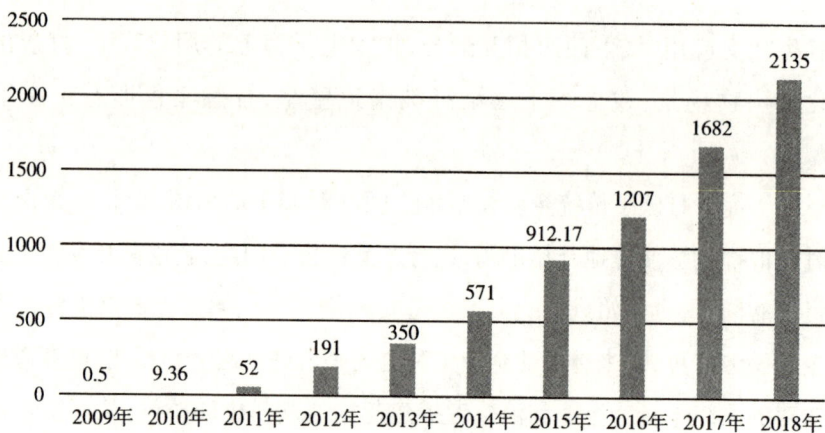

图1-11　2009—2018年天猫"双十一"成交额(亿元)

资料来源:数字市场咨询公司。

表 1-1 2007 年和 2018 年全球市值最高的前十强企业对比

2007 年			2018 年		
排名	企业名称	市值（亿美元）	排名	企业名称	市值（亿美元）
1	埃克森美孚	4670	1	苹果	8510
2	通用电气	3940	2	*Alphabet*	7190
3	微软	2650	3	微软	7030
4	中国工商银行	2590	4	亚马逊	7010
5	花旗集团	2430	5	腾讯	4960
6	AT&T 通信	2380	6	伯克希尔·哈撒韦	4920
7	皇家荷兰壳牌	2320	7	阿里巴巴	4700
8	美国银行	2300	8	脸书	4640
9	中国石油	2250	9	摩根大通	3750
10	中国移动	2070	10	强生	3440

注：斜体者为互联网企业。
资料来源：普华永道咨询公司。

我国电子商务最早开始于 1998 年，在经历一段时期的低谷后，2003 年开始进入成长期，经过十多年时间的不断孕育发展，逐渐走向成熟。国内众多企业通过电子商务平台交易来开展自己的商业活动，第三方购物平台和企业官方网站犹如雨后春笋般不断涌现。中国互联网络信息中心（CNNIC）发布的第 32 次中国互联网络发展状况统计报告显示，早在 2013 年，我国就有 43% 的企业拥有独立网站或在电子商务平台建立网店。2014 年 4 月，老牌的彩电企业熊猫电子自主开设的网上销售平台"熊猫商城"正式上线。国内电器以及计算机（Computer）、通信（Communication）、消费类电子产品（Consumer Electronics）的生产企业纷纷在网上开设了自己的商城（如表 1-2 所示）。智研咨询发布的《2018—2024 年中国电子商务市场未来前景研究报告》显示，截至 2017 年 12 月，我国运用互联网进行信息化办公的企业已经达到 97.6%，开展线上销售的制造企业比例达到 51.2%（如图 1-12 所示）。在 2018 年 4 月召开的网络安全和信息化座谈会上，习近平总书记提出要通过互联网加强对传统产业进行全面改造，让互联网能够更好地服务人民。

表1-2 国内主家电和电子产品企业开设的网店

代表企业	商城	网址
熊猫电子集团	熊猫电子商城	http://mall.panda.cn/
海尔集团	海尔商城	http://www.ehaier.com/
海信集团	海信商城	http://shop.hisense.com/
美的集团	美的商城	http://www.midea.com/cn/
珠海格力电器有限公司	格力商城	http://www.buygeli.com/
乐视控股集团	乐视商城	http://www.lemall.com/
联想控股有限公司	联想商城	http://www.lenovo.com.cn/
华为技术有限公司	华为商城	http://www.vmall.com/
小米科技有限责任公司	小米商城	http://www.mi.com/
锤子科技（北京）有限公司	锤子科技在线商城	http://www.smartisan.com/#/shop

资料来源：笔者整理。

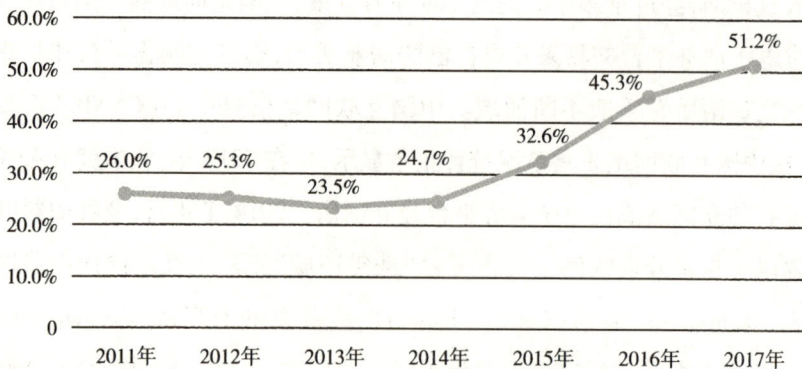

图1-12 2011—2017年中国开展在线销售企业比例情况

资料来源：中国产业信息网。

当前，企业在借助互联网打开线上市场的过程中逐渐形成了三种销售模式:自建网络平台直销、电商平台代销和电商平台转销。其中,自建网络平台直销是指企业通过自主建立网站门户,通过网络接受消费者的订单并进行配送。例如,小米通过小米商城,华为通过华为商城来直接接受消费者的订单,进行线上销售。电商平台代销是指企业通过入驻第三方电商建设和管理的网络平台进行线上销售,企业入驻平台时需缴纳一定的入场费用并在销售过程中向平台支付一定比例的销售抽成。电商平台转销是指企业与电商平台签订采购合同后,将产品批发给电商平台,电商平台拥有产品的所有权后再通过平台自营店销售给消费者。在产业实践中,企业往往会根据产品特性、库存成本、运营成本等等因素选择多种的线上渠道模式,从而争取较大的市场份额。例如,小米在自建网站销售的同时,还分别入驻苏宁、京东等电商平台进行产品销售;海尔在天猫平台开设旗舰店的同时,也将产品批发给苏宁进行自营销售。线上渠道的选择多样性使企业可以不用受限于传统实体店的销售渠道,因此,如何结合市场形势和自身产品特点,建立合理的多渠道销售模式,已经成为企业亟待解决的重大战略问题。

四、供应链竞争复杂程度不断加深

供应链竞争涵盖了与消费者之间的整合程度、寻找价值创造的重点、优化供应商的选择与管理、完善产运能力的规划以及提升资产配置效率等五大要素,这决定了供应链竞争是庞大系统之间的竞争,涉及的范围极广,对各要素的联动程度要求极高。基于现代信息技术的高效运营系统为实现更广范围内的供应链要素快速联动提供了可能性,加快了供应链竞争向全球化拓展的速度。供应链管理一方面要求企业在供应链上游根据自身的需求在全球范围内选取最契合的合作伙伴,另一方面要求企业在供应链下游全面迅速地了解全球范围内消费者的需求,实现供应链的快速响应。在网络营销环境下,许多企业的供应链横跨多个国家,管理体系庞大而复杂,供应链竞争复杂程度进一步加深(如表1-3所示)。

表1-3　供应链竞争的全球化趋势

企业名称	供应商	市场范围
苹果	高通、三星、台积电、美盈森等	全球大部分地区
联想	思域、天翔电子、台积电等	全球大部分地区
中车集团	福斯罗、时代新材、福伊特等	中国、伊朗、东南亚
波音公司	中航工业、三菱、通用电气等	全球大部分地区
丰田	电装、博世、江森自控等	全球大部分地区

资料来源:笔者整理。

　　多样化的渠道策略选择要求企业必须更加全面深入地分析自身所处的市场环境,进而选择合适的渠道策略。例如,小米公司自创办以来,除了以极高的产品性价比吸引消费者以外,取消中间代理渠道零售商、自建网络直销渠道和专营线上市场等创新的渠道策略也使其能快速开拓市场。小米从2012年开始出货,当年出货719万台,随后分别在2013年实现1870万台、2014年6112万台和2015年7000万台的出货量,其中2015年的出货量位居国内市场第一。然而,小米2016年出货量却同比下降36%,出货量仅为4150万台,全年出货量下滑到第五。与此同时,深度经营线下市场多年的欧珀(Oppo)公司和维沃(Vivo)公司则分别以7840万、6920万的出货量跻身榜单前三。随着市场环境发生变化,小米的产品渠道策略已经不合时宜,成为阻碍其进一步发展的主要因素。2017年,小米公司开始重新定位公司的产品渠道策略,通过引入线下渠道,推动线上线下渠道之间的融合,销售量开始稳步回升。2017年,小米出货量再次增长,达到9240万台(如图1-13所示)。

　　除小米公司之外,分析其他企业的发展轨迹也能看出,依据不同的市场条件构建合理的产品渠道策略至关重要。例如,一加手机是深圳市万普拉斯科技有限公司旗下的智能手机品牌,但由于未能全面考虑企业特性、产品特点等因素,致使其不堪线下渠道成本重负,被迫关闭所有线下店。尊威厨房电器公司专注于网络销售,线上销售量逐年增长,市场份额稳步上升,专营线上的产品渠道策略使其在竞争激烈的家电市场占有一席之地。

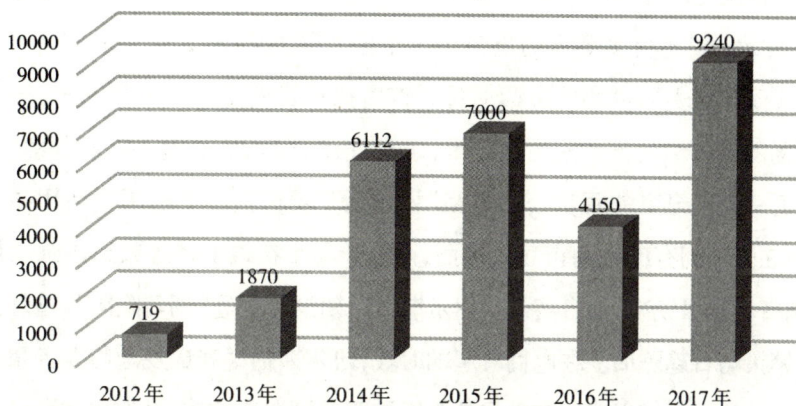

图 1-13 2012—2017 年小米手机出货量（万台）

资料来源：环球网。

五、线上线下的渠道冲突引发关注

网络渠道模式的引入打破了企业交易空间和时间的限制，为企业拓展销售路径开辟了新道路，但不同渠道间产品价格、种类和服务等存在差异，这使得原有的简单纵向竞争产生了诸多新变化。与此同时，在线上线下并存的环境下，倾向于网络渠道购物的消费者数量不断增加，严重压缩了传统实体店的市场份额，线上和线下的渠道冲突在所难免。电商平台凭借自身方便快捷、运营成本低等优势，通过实时价格调整、发放满减优惠券等形式来吸引消费者，各类电商平台争相推出了多个大型购物节日，如苏宁"618 购物节"、天猫"双十一"等。以 2018 年苏宁易购"618 购物节"为例，线上活动从 6 月 1 日开始到 6 月 20 日持续 20 天，先后对 3C 产品、家用电器等进行专场打折促销。为了应对电商带来的营销冲击，传统实体店也不得不采取各种方式进行反击，欧尚、家乐福等多家大型超市，也会在相应的消费高峰期开展满减、打折促销等各类活动。

近年来，世界各国的实体零售行业均出现了"关店潮"现象。美国主要零售商市值呈现大幅下降趋势，下降幅度最大的是西尔斯百货，2006 年市值为143 亿美元，而 2016 年市值仅为 9 亿美元，到 2018 年更是面临申请破产的窘境。杰西潘尼(Jcpenney)百货 2006 年市值为 181 亿美元,2018 年市值仅为 12 亿美元。其他许多零售商也经历了市值下降的影响,经营非常困难(如图 1-14 所示)。美国零售巨头彭尼百货首席执行官麦克·乌尔曼表示,美国零售商场的倒闭潮将比预期更加严重,未来只有 1/4 的大型商场能够存活下来。在将近一个世纪里,"百货公司鼻祖"西尔斯是美国消费者购买生活用品的首选,其在美国拥有庞大的市场。然而,西尔斯集团在线上销售渠道的强大压力下,消费者数量锐减,债台高筑。西尔斯在后期没有跃过"创新陷阱",管理方式和营销策略日趋陈旧。在电商崛起的时代,西尔斯仍墨守成规地将业务重点放在线下。线上渠道以其特有的优势不断扩张其消费者群体,导致西尔斯经营的线下实体店销售额不断萎缩。2018 年,西尔斯集团终于正式申请破产。

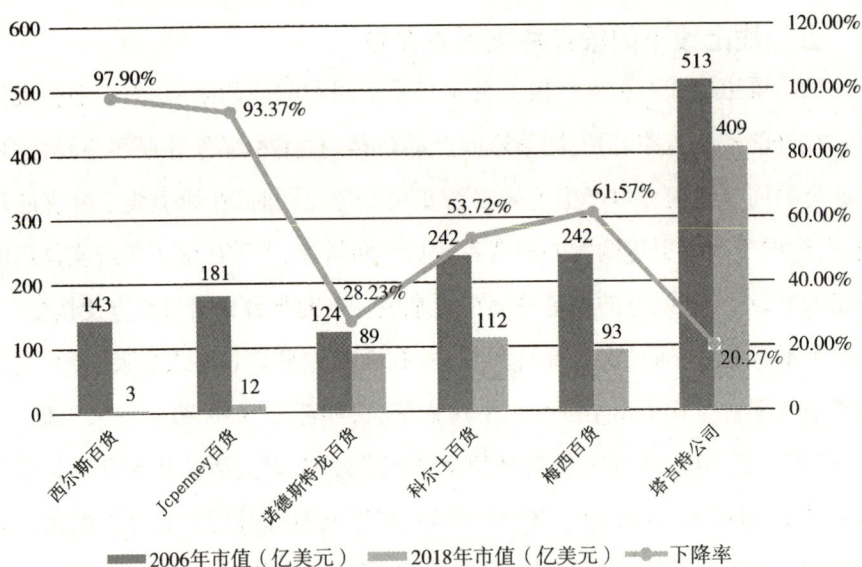

图 1-14 美国几大零售商的市值变化情况

资料来源:亿邦动力网。

根据联商网公布的数据,2018 上半年我国几大零售商实体店关店数量也在急剧上升,许多实体店关店数量接近新开店数量,甚至有几家关店数量大于新开店数量(如图 1-15 所示)。

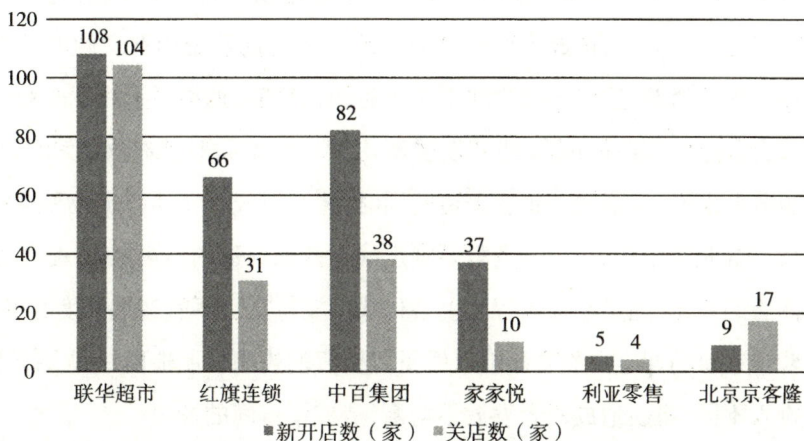

图 1-15 2018 年上半年我国部分实体零售企业运营情况

资料来源：联商网。

事实上，当网络购物兴起的时候，欧洲的实体店也受其影响销售下滑。然而，欧洲许多实体店却能积极面对线上营销渠道的冲击，将实体店朝着个性化、艺术化的方向改进，并且加强线上线下融合，建设完备的线上购物、线下提货渠道来增强实体店对消费者的吸引力。全球经济指标数据网数据显示，截至 2017 年 2 月欧元区零售业同比增长了 1.8%，其中英国增长率最高，达到 3.7%。根据路透社的报道，在假日季节，法国老佛爷百货、英国约翰—路易斯（John Lewis）百货和高端超市维特罗斯（Waitrose）销售增长仍然强劲，其中约翰-路易斯（John Lewis）百货在圣诞节前的六周销售额上升 8.9%。

很显然，线下渠道的兴起打破了原有的营销体系，引发了渠道的激烈冲突。线上线下的渠道冲突产生主要有以下几点原因：

（1）相对低廉的线上销售价格使部分消费者转移到线上消费，线下实体店因价格相对更高而销量减少。由于线下实体门店需要支付大量佣金、税费等成本，而网络虚拟门店可以以更低的成本提供产品或服务，因此会形成同样产品线上线下却不同价的现象，造成"左右手互搏"的窘境。价格很大程度上影响消费者对商品的需求，尤其当零售商销售的商品大部分为非必需品时，价格变动将会使需求发生相应变动。线上营销渠道以其特有的中间商少,甚至是厂家直销的优势,营销成本变得更低。价格上的优惠使消费者倾向于通过线上渠道进行消费,这势必减少线下实体店的销售额,加剧线上线下的竞争。

(2)线上线下定位不同,两者发展不均衡。对于同时拥有线上和线下渠道的制造商来说,发展线上销售渠道的同时,将会对线下实体店定位和经营带来挑战。首先在定位上,制造商需要确定线上营销渠道的市场定位,是作为线下实体店的补充,还是在很大程度上替代线下实体店。不管替代程度有多高,线上营销渠道的建立必然要压缩对线下实体店的投入。制造商对线上线下的资金投入不同,将会造成两者发展不均衡,造成渠道间的冲突。

(3)线上线下对顾客争夺加剧,竞争趋于白热化。当线上销售渠道和线下实体店销售同种商品时,商品进货、销售方式不同会导致价格和体验上的差异,这些差异会让消费者减少通过原有渠道进行消费的次数。线上销售渠道让消费者能享受更低的价格、一站式的消费体验和完善的物流配送体系,这降低了实体店对消费者的吸引力,为了争夺更多的顾客资源,线上线下间的竞争会进一步加剧。

(4)消费者"搭便车"现象频发,许多线下实体店沦为"试衣间"。消费者在线下实体店挑选衣服款式再进行试衣后,记下商品信息,然后在网上商城搜索该商品进行购买,消费者这样做主要是为了以更低的价格获取商品。这种"搭便车"消费行为不仅使线下实体店销售额下降,还造成实体店管理成本增加,对实体店带来不利影响,却给线上销售渠道创造了更多销售机会。

(5)法律法规不完善,线上线下无法平等竞争。在产业实践中,相关法律法规的不完善也会加剧线上线下的冲突。《中华人民共和国电子商务法》于2019年1月1日才开始实施,但我国电子商务法律仍然不够完善,这会使电商市场监管存在漏洞,很难有效保障产品质量和消费者权益,也不能使线上销售运作变得更加规范,因此线上销售仍需深度发展,否则难以与线下实体店相协调。

六、线上线下的融合初露端倪

在 2016 年 10 月 13 日召开的杭州云栖大会上，阿里巴巴集团创始人马云提出这样的观点：纯电商时代将要成为过去，未来没有电子商务，只有线上线下和物流结合的新零售。线上线下销售渠道在竞争的同时确实也开始显现出相互融合的趋势，线上线下融合不仅是线下实体店维持生存并获得进一步发展，也是线上营销渠道提升销售的重要方法。一方面，线下零售商面对着实体店衰落，网络购物快速发展的现实，开始进军线上零售市场，在互联网开设网上商城。另一方面，互联网流量红利逐渐消退，电商用户量开始趋于稳定，消费者越来越追求个性化，线上电商为了增强自身竞争实力，开始设立线下体验店。时尚圣经《大视野》(View)杂志掌门人大卫·沙认为，网络销售并不能完全占据商业的市场，未来一定是一个逐步融合的过程。

在美国，亚马逊公司是尝试线上线下融合发展的先驱。2015 年 11 月，亚马逊在美国西雅图开出第一家实体书店。2016 年年底，亚马逊又开始了第一家无人便利店的试运行。早在 2013 年，亚马逊就尝试过在购物中心开出"快闪店"，到 2019 年，亚马逊的"快闪店"已达到 100 家。2016 年 6 月，亚马逊又以 137 亿美元收购了美国绿色食品连锁超市"全食"。亚马逊作为规模巨大的线上零售商，开始有意识地拓展线下实体店零售业务，利用实体店的优势结合线上营销的实力来提高销售额。

面对实体店不可避免的衰落趋势，零售巨头沃尔玛也开始主动转型，积极开展线上零售业务。根据数字市场（E-market）咨询公司发布的统计数据显示，沃尔玛 2018 年的在线零售额达到 209.1 亿美元，占到公司销售总额的 4%。沃尔玛抓住了线上销售渠道快速发展的势头，在传统零售商纷纷衰落的背景下实现了逆市上扬。

目前，零售行业正在进入线上、线下、物流、技术和大数据高度融合的时代。例如，苏宁云商在 2009 年上线苏宁易购，天虹商场在 2010 年上线网上天虹，易捷便利店在 2011 年上线易捷网，王府井百货在 2013 年上线王府井网上商城等等。此外，线上线下不同的企业也有联合，2017 年 12 月人人乐与京东到家达成深度合作，京东到家进驻人人乐实体店，通过线上渠道帮助人人乐销售商品，"超市生鲜1小时到"这一宣传标语更是吸引了许多消费者购买人人乐实体店的商品（如表1-4所示）。

由于线上销售渠道存在天然的局限性，消费者不能直观地对商品进行体验以评价商品的质量。但开设线下体验店可以弥补这个缺陷，消费者可以轻松结合生活场景学会产品的使用，更加直观地体验商品，等对商品质量有了理性的判断后再进行购买，可以减少因实际质量与网上描述不一致而造成的麻烦。因此，不仅线下实体店主动扩展线上市场，或与线上销售商联合，线上销售商也积极开设线下体验店。例如，苹果公司开设了许多线下体验店，当每次新款手机预售时，消费者可从网上预订，然后选择就近的体验店拿货体验，新产品发售后，消费者也可前往体验店即时体验产品，可以对产品有更加直观深入的了解，能很快建立起消费者对产品的信任以及产品的品牌形象。

表1-4　实体店开设网上商城情况

实体店名称	网上商城名称	网上商城上线时间（年）
沃尔玛	一号店	2012
王府井百货	王府井网上商城	2013
人人乐	人人乐购物网	2011
大润发	飞牛网	2013
天虹商场	网上天虹	2010
国美电器	国美在线	2012
易捷便利店	易捷网	2011

资料来源：笔者整理。

第二节　有关概念界定

一、供应链管理

供应链（Supply Chain）的概念最早出现在20世纪80年代，波特的价值链

(Value Chain)概念是可追溯到的最直接来源。① 供应链是制造企业中的一个内部过程,它是指把从企业外部采购的原材料和零部件,通过生产转换和销售等活动,再传递到零售商和用户的过程。然而,这种传统的概念局限于企业内部的操作层面,只注重企业自身资源的利用。随后发展起来的供应链概念注意了与其他企业的联系,关注供应链企业的外部环境。现代供应链通过增值过程和分销渠道控制从供应商到用户的整个链条,它开始于供应的源点,结束于消费的终点。上述定义强调了供应链的完整性,考虑了供应链中所有成员操作的一致性。现代供应链的概念更加注重围绕核心企业的网链关系,强调供应链是执行采购原材料,将它们转换成为中间产品和成品,并将成品销售到用户的功能网链。

目前,供应链仍未形成一个统一的定义。华中科技大学教授马士华认为,供应链是围绕核心企业,通过对信息流、物流、资金流的控制,从原材料开始,制成中间产品以及最终产品,最后由销售网络把产品送到消费者手中的将供应商、制造商、分销商,一直到最终用户为止的功能网链。② 供应链将供应商、制造商、分销商以及消费者紧密联系在一起。通过分析这里供应链的定义,不难看出供应链的概念主要包括以下四个方面:(1)供应链参与者:供应商(原材料供应商、零部件供应商)、生产商、销售商、运输商等。(2)供应链活动:原材料采购、运输、加工制造、送达顾客。(3)供应链的三种流:物流、资金流和信息流。(4)供应链的拓扑结构:网络、链条、网链(如图1-16所示)。

供应链管理(Supply Chain Management)将注意力放在从物料供应一直到产品交付的整个业务流程的流动和相互连接上,它是跨企业多种职能,多个部门的管理活动。供应链管理思想与理论的产生具有一定的必然性。一方面,随着各种自动化和信息技术在制造企业中的不断应用,制造生产率已经被提高到了一定程度,制造加工过程本身的技术手段对提高整个产品竞争力的潜

---

① 迈克尔·波特著:《竞争战略》,华夏出版社2005年版,第32页。
② 马士华、林勇著:《供应链管理》,机械工业出版社2018年版,第56页。

```
                                    ┌─────────┐
                                    │  供应商  │
                                    ├─────────┤
                          ┌─────────┤  生产商  │
                  ┌───────┤供应链参与者├─────────┤
                  │       └─────────┤  销售商  │
                  │                 ├─────────┤
                  │                 │  运输商  │
                  │                 └─────────┘
                  │                 ┌─────────┐
                  │                 │原材料采购│
                  │                 ├─────────┤
                  │       ┌─────────┤  运输    │
                  ├───────┤供应链活动 ├─────────┤
                  │       └─────────┤ 加工制造 │
          ┌───────┤                 ├─────────┤
          │供应链  │                 │ 送达顾客 │
          └───────┤                 └─────────┘
                  │                 ┌─────────┐
                  │                 │  物流    │
                  │       ┌─────────┼─────────┤
                  ├───────┤供应链三种流│ 资金流  │
                  │       └─────────┼─────────┤
                  │                 │ 信息流   │
                  │                 └─────────┘
                  │                 ┌─────────┐
                  │                 │  网络    │
                  │       ┌─────────┼─────────┤
                  └───────┤供应链的拓扑│ 链条    │
                          │  结构    ├─────────┤
                          └─────────┤  网链    │
                                    └─────────┘
```

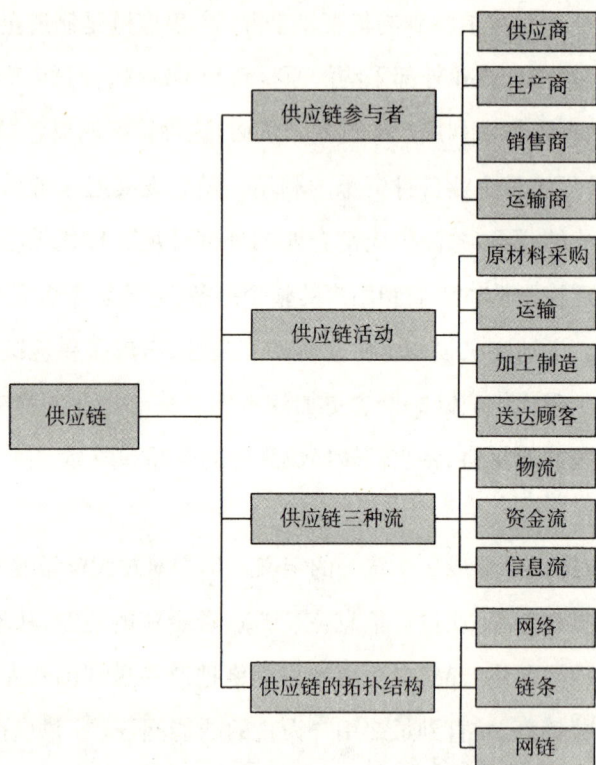

图 1-16 供应链的概念

资料来源：笔者整理。

力开始下降。另一方面，由于市场环境发生巨大变化，顾客需求趋于多样化、个性化，不确定性增加，企业面临的是一个变化迅速且难以预测的买方市场，这使得传统的纵向一体化管理暴露出很多缺点，于是人们开始将目光从管理企业内部生产过程转向产品全生命周期中的供应环节和整个供应链系统。实际上，供应链管理就是从一个全新的高度对物流和信息流进行有效管理，重点在于公司之间或公司内部的连接。每个贸易伙伴都是供应链系统中的一个子系统，贸易伙伴之间密切协作，共享信息，共担风险，从而使供应链上的每个成员以最低的成本和费用持续可靠地满足消费者的需求。

当前，世界各国正在制定政策来大力推动供应链的发展。例如，美国推出制造业供应链创新计划来提高国家制造业竞争力；日本出台《综合物流施政推进计划（2017 年度—2020 年度）》，提出六大推进政策来提高物流生产率，其中排在第一位的就是供应链推进政策；欧盟采取优先绿色采购政策的强制性、公平性和自愿性的三项指令以及推动供应链绿色供给，致力于将供应链与绿色可持续发展相结合；2017 年 10 月，我国出台《关于积极推进供应链创新与应用的指导意见》，正式将供应链创新上升为国家战略。

在传统的零售模式下，供应链上除了核心企业外，其他绝大多数都是小微企业与传统企业，信息化程度普遍较低，其内部的业务流程和信息传递方式远不能适应当今信息化时代的要求，这就导致整个供应链无法对瞬息万变的市场需求作出快速响应，需求的不确定性增加和预测的准确度降低，也是造成成本居高不下与库存积压的主要原因。然而，线上线下融合时代的零售不仅仅要看产品的销售，还要看产品的批发、制造和设计。当供应链前端的零售环节成为了消费数据的采集触点与用户的体验中心之后，供应链的上游也应进一步延伸，需要集结产品设计、营销策划、创意等来不断完善面向广大消费者的服务能力。

二、电子商务

电子商务（E-commerce）的概念萌芽于 20 世纪 70 年代，到 20 世纪 90 年代互联网出现后开始高速发展。狭义的电子商务是指一种以现代信息技术手段进行的新的商务活动形式，是通过网络实现的查询、采购、产品展示、订购到出品、储运以及电子支付等一系列网上交易或贸易的活动。电子商务以现代信息网络为载体，但并不仅仅局限于在线买卖，它将从生产到消费的各个方面来改变产品的制造，分配和交换的手段，并改进顾客查找信息、购买产品的方式。广义的电子商务是指包括电子交易在内的，利用信息技术和网络环境进行的各种各样的商务活动，如市场分析、消费者关系管理、商品管理、物流管理、资源规划、虚拟商城、数据挖掘等企业的商业决策支持服务的活动。这些活动可以发生在公司内部、公司之间以及消费者与公司之间，是联系企业、消费者以及社会的一整套动态的活动，是一种以网络为载体的新型商务运作模式。

　　电子商务一般涉及四个过程：(1)交易的商流：指接受订单、购买、开发票等销售的工作，也包括维修等售后服务；(2)信息流：包括商品信息、信息提供、直销信息等；(3)转账支付的结算：包括付款、与金融机构的交互等；(4)配送物流：商品的配送(如图1-17所示)。

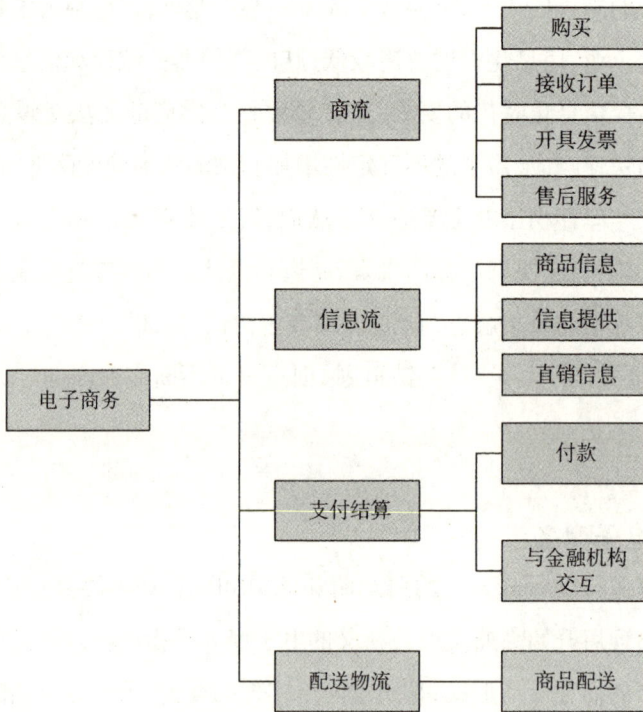

图1-17　电子商务的过程

资料来源：笔者整理。

　　与传统的商业模式相比，电子商务具有信息化、高效性、全球化、虚拟化、交互性和主动性等特征，呈现出花费成本低、资金更安全、资金结算速度快、节省人力物力、方便快捷等优势。电子商务使供应商与消费者的联系更加紧密，能够更快捷地满足消费者的需求，还可以使消费者在全球范围内选择最佳供应商。电子商务改变了企业竞争方式，重塑了传统市场的结构，减少了交易成本。同时，克服了工业体系不必要的物耗，更快捷地匹配了生产与消费，从而提高社会的福利水平。

当前,世界各国都出台了相应的政策和法律来推动电子商务的发展。例如,美国在 2002 年通过《互联网免税法案》,这对美国电子商务的发展起到了很大的促进作用;韩国政府鼓励中小企业、大型企业网上交易,包括个人开设网店,在税收上提供优惠政策;日本也把电子商务纳入了日本经济基本的发展纲要,要求所有的企业和行业开始通过电子商务来解决零售和经济效益的问题,并减少此类企业的税收负担。

2019 年 1 月 1 日,我国的《电子商务法》开始实施,将对电子商务经营的主体责任、交易与服务安全、数据信息保护、消费者权益保护以及市场秩序、公平竞争等内容进行规范。电子商务以其丰富的商品供应、具有竞争力的价格、更低的交易成本,成为了消费的重要渠道,并形成了新的产品和服务市场,创造了新的消费需求,迅速改变了区域零售业发展的落后局面。经济发展落后省份、三四线城市的居民通过电子商务,拥有了更多的商品选择,享受到更高质量的零售服务,也拉动了信息终端和宽带服务的消费需求。

三、互联网平台经济

平台经济(Platform Economics)是指借助一种真实或虚拟的交易环境,促进双方或多方消费者间的交易,并收取一定费用而获得收益的一种商业模式。通过平台交易提升市场效率的行为并非是互联网时代的新鲜产物,互联网平台与市场、商场、超市等商业模式本质上没有差别,但随着互联网技术的崛起,互联网平台在进一步方便交易促成、降低市场交易成本、激活市场闲置资源、满足个性化的消费需求等领域,成为了优化配置市场资源的新组织形式。平台型企业利用其网络中间服务提供商的身份,通过制定交易规则、管理平台交易行为、组织交易开展并保障交易安全,在双边市场理论的基础之上,适当地向双边(或多边)收费使双边(或多边)都参与其中,将信息、商品或服务的实际提供方与消费者紧紧维系在平台上,形成其特有的交易、组织形式的经济模式。

　　具体来说，平台经济的发展呈现出三大特点：第一，平台服务与内容相互渗透。随着技术与时代的发展，人们对信息搜索效率的要求越来越高，要求单一平台提供的服务更加综合化、全面化。另外，平台经济自身发展、盈利的需要，促使各自提供连带业务的数量与质量不断提高。第二，平台主体自身的崛起。在平台经济中，平台成为新崛起的第三种主体，其功能上的突破决定了治理模式的革新。不能简单地认为平台经济只是传统经济形态与互联网技术上的叠加，而应以全新的眼光去审视互联网平台经济中的种种创新性的商业模式。第三，平台经济容易产生极强的外部性。外部性是指经济主体的经济活动对他人和社会造成的非市场化的影响，正外部性是某个经济行为个体的活动使他人或社会受益，而受益者无须花费代价；负外部性是某个经济行为个体的活动使他人或社会受损，而造成负外部性的人却没有为此承担成本。互联网平台经济呈现出开放性、综合性等特征，使得在平台经济中的主体活动往往对其他领域造成连带性的影响。互联网的无边界性与信息传播的低成本，将会使得无论是正外部性还是负外部性，在互联网平台经济中都将得到成倍的放大。

　　互联网平台经济的产生，有其历史必然性。当今环境下经济呈现出错综复杂的局面，例如需求多样化、个性化、竞争的全球化、创新的常态化、空间的网络化等。这些复杂多变的环境因素，驱动企业进行快速反应，实行专业化分工，通过价值链进行合作，创新发展新模式和新应用，产生空间的转移和组织的变革，开展多种风险的控制，从而催生了平台企业的诞生，进而推动平台经济的发展（如图 1-18 所示）。

　　互联网平台在拉动内需、扩大消费、促进就业、活跃市场的效果远超单一市场主体。它打通了线上线下交易，加强了供给侧与需求侧互动，激活闲置资源，推动可持续发展。因此，世界各国在立法层面都大力支持互联网平台经济的发展，从信息安全、知识产权、隐私保护等方面来保障平台企业和消费者的权益。例如，美国制定了《互联网税收不歧视法案》《网络安全法案》，加拿大制定了《反网络诈骗法》，欧盟制定了《电子商务指令》《电子通讯领域个人数

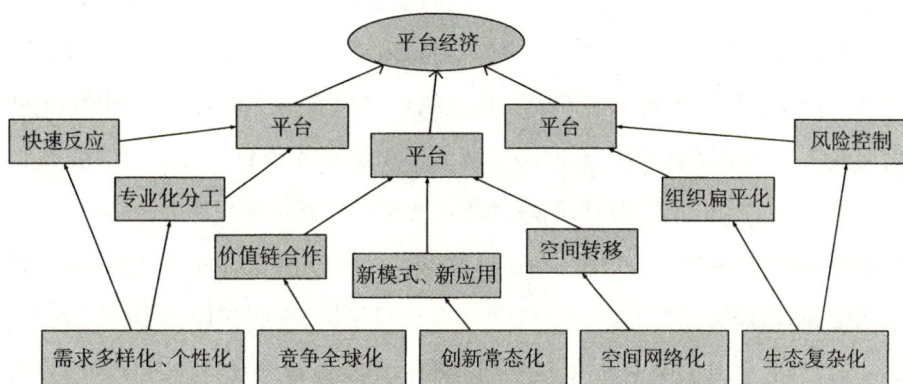

图 1-18　平台经济的整体架构

资料来源:笔者整理。

据处理和隐私保护指令》《消费者纠纷网上解决机制条例》《一般数据保护条例》,英国制定了《电子商务条例》。2016 年 11 月,我国出台《网络安全法》,进一步明确了网络产品及服务经营者相关的责任和义务。

四、网络经济

在 20 世纪 80 年代,一些日本学者在研究中将第三产业中的商业、运输业、金融业等通过建立网络来发展业务的做法命名为"网络经济"(Internet Economy)。到 20 世纪 90 年代初期,美国学者认为,网络经济是指运用电子计算机局域网、广域网进行成本核算、收费标准、投资受益等活动,也就是说网络经济仅限于网络系统建设中的经济性问题。随着网络技术的快速发展,网络经济的概念得到扩展,改变了网络经济原本狭隘的研究视角。

一般认为,网络经济是指建立在计算机网络基础之上的生产、分配、交换和消费的经济关系。从经济形态方面来看,它是信息经济或知识经济(Knowledge Economy)的主要形式,有时又被称为"数字经济"(Digital Economy)。知识经济(Information Economy)是指以知识和信息的生产、分配、和使用为基础,以创造性的人力资源为依据,以高科技革新产业及智力为支柱的经济。知识经济注重的是知识的生产和消费,依赖于知识和信息的广泛传播和应用。信息经济是由于互联网的广泛应用和发展而带动的信息技术及其产业的发展而产生的新的经济形势。信息经济中的信息是作为一种资源而存在的,网络经济就是依靠这种资源得以实现的。从网络经济的含义不难看出,知识经济和信息经济是网络经济的核心,网络经济是知识经济和信息经济的具体表现形式。从生产发展的角度来看,网络经济是与电子商务紧密相连的网络产业,既包括网络营销、网络金融、网络企业以及其他商务性网络服务,又包括网络基础设施、网络设备和产品以及各种网络服务的建设、生产和提供等经济活动。从企业营销、居民消费或投资的微观层面看,网络经济则是一个网络大市场或大型的虚拟市场。

网络经济最本质的特征是改变了人们的生产、贸易和交往方式。网络经济与传统经济相比,有着信息性、全球性、不确定性、风险性和网络产品的特殊性。随着网络经济的发展,它对社会经济的作用日益凸显。在宏观经济层面,网络经济极大地促进了国民经济的增长,降低了通货膨胀率,提高了社会就业率。在微观经济层面,网络经济使产业组织形式发生了深刻变化,推动了传统产业的变革,降低了企业的成本,从而提高了企业的经济效益。在产业结构层面,网络经济推动了经济结构的变化,使网络技术向传统产业内部渗透,形成了现代传统产业结构,使生产要素的投入结构、投资趋向发生了重大变化(如图 1-19 所示)。

当前,人们的生活生产方式正越来越受到网络经济的影响。一方面,网络经济改变了消费者的购买习惯,消费群体更注重便捷性的消费、购物体验。因此它不仅要具备便利性,更要符合消费需求,满足人们在碎片化的时间里对购物的根本需要。另一方面,网络技术改变了消费者的购买方式。信息交流的便捷性降低了沟通成本与售后服务成本,网络支付及手机支付的便捷性逐渐被消费者所认可。

网络经济代表了未来经济的发展趋势,它为实现经济增长构筑了一个全新的技术平台,提供了一种将信息资源转化为经济收益的高效工具,营造了一种全球化的经营环境。世界各国都在积极采取措施来推动网络经济的发展。例如,美国颁布了一系列法律来支持网络经济的发展,1997 年颁布的《全球电

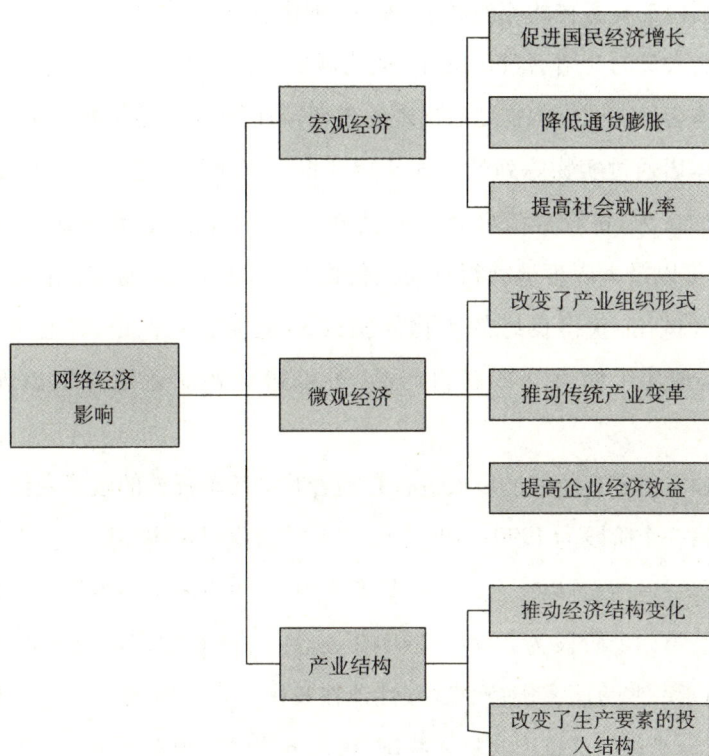

图1-19　网络经济对社会经济的影响

资料来源:笔者整理。

子商务纲要》,就主张应把国际互联网当作为"免税区",凡经由互联网进行的数字化商品交易,如电脑软件和网上服务等,无论是跨国贸易还是在美国内部各州之间的跨州交易,都应该免税。日本提出《E-Japan 战略》和《U-Japan 战略》,并以建设成为世界上最先进的信息技术国家为发展目标。我国政府从20 世纪90 年代开始,相继实施金桥、金卡、金关、金税等"金"字系列网络工程,加快电子信息、金融、外经贸、税务等领域的现代化步伐,网络经济保持着高速增长的良好态势。

五、实体零售

实体店是为满足不同个人或家庭需求,在线下拥有物理存在的零售店铺,并在店铺内拥有实物的陈列展示、库存、价格牌、购物指引、商品宣传张贴，有店内导购人员的介绍、咨询、演示，能为顾客提供售前、售中和售后服务的企业。实体店是在网络购物之后出现的名词，与网络虚拟店铺相区别。

实体店通过实物陈列的方式使顾客将观察所得和感受直接变成购买或不购买的行为，将顾客流转化为销售额。与网店相比，实体店具有如下特征：(1)可以最大限度地获得优质正价商品；(2)可以亲身接触商品，或者可以试穿和试用，获得良好的购物体验；(3)退换货有保证，并且方便快捷；(4)交易成功后便可立即获得产品，可以避免物流运输途中出现的各种麻烦。

我国实体零售企业的发展进程是随着我国改革开放的政策变化而逐渐深入的。第一个阶段为1990—1998年，这个时期我国实体零售企业所经营的业态结构单一，主要是以综合型的百货商店为主，可以满足国内消费者的基本生活需求。第二个阶段为1999—2001年，这个时期我国市场经济地位逐步确立，吸引了一些跨国零售企业试探性地在我国投资。跨国零售企业主要以超级市场、专卖店的合资形式进入我国，再加上当时我国本土实体零售企业所经营的百货商店，一时间出现了超市、专卖店、百货商店三种业态共同发展的局面。第三个阶段为2002—2006年，由于加入世界贸易组织后相关激励政策的引导，开始有大量的跨国巨头进入我国零售市场。跨国零售企业的快速发展加快了我国实体零售业态的改变，并带动了产品层次的丰富和消费需求的提高。在这样的背景下，为了提高竞争效率和扩大市场规模，很多实体零售企业开始出现了经营连锁化和百货类零售企业购物中心化的发展新局面。第四个阶段为2007年至今，由于跨国零售企业与本土零售企业的竞争加剧，我国实体零售业逐渐形成了以连锁大卖场及超市、连锁百货及购物中心、小型超市及便利店、在线商店为主体的多样化业态(如图1-20所示)。由于竞争大多来自线上零售市场的挑战，越来越多的实体零售企业不再局限于单个业态的发展模式，而会选择多种的业态模式来提高企业自身竞争力。

进入网络经济时代，与线上网店的迅猛增速相比，线下实体店市场整体相

```
                    ┌──────────────┐         ┌──────────────┐
                    │  1990 — 1998 │─────────│  综合型的     │
                    │              │         │  百货商店     │
                    └──────────────┘         └──────────────┘

                    ┌──────────────┐         ┌──────────────┐
                    │  1999 — 2001 │─────────│ 超市、专卖店、 │
                    │              │         │  百货商店     │
                    └──────────────┘         └──────────────┘
   ┌──────────┐
   │ 实体店    │
   │ 发展历程  │────
   └──────────┘     ┌──────────────┐         ┌──────────────┐
                    │  2002 — 2006 │─────────│ 经营连锁化、百 │
                    │              │         │ 货类零售企业   │
                    └──────────────┘         └──────────────┘

                    ┌──────────────┐         ┌──────────────┐
                    │  2007年至今   │─────────│ 连锁大卖场及超 │
                    │              │         │ 市、连锁百货等 │
                    └──────────────┘         └──────────────┘
```

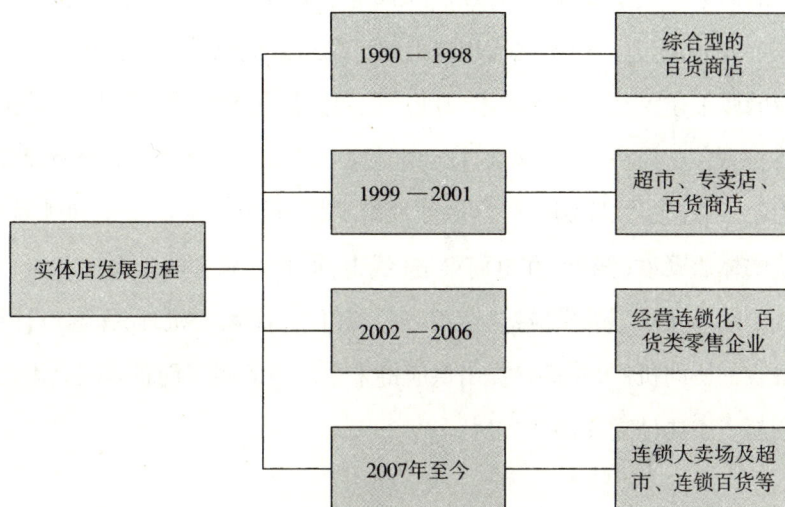

图 1-20　我国实体店的发展历程

资料来源：笔者整理。

对疲软。这一方面是因为大环境不景气,电商冲击分流等因素,但从深层次分析,实体店当前的困境主要在于经营方式老化、与消费需求严重错位等原因。随着我国进入新时代,消费已经成为经济增长的第一驱动力。在消费规模持续扩大的同时,消费需求也正在发生显著变化,从过去模仿型排浪式消费向个性化、多样化消费转变。同时,年轻一代消费群体崛起,成为新的消费增长点,消费行为的变化给传统实体店带来了一定的冲击。其实,顾客的消费需求并未减少,而是发生了渠道转移。从业态、商品、品类、品牌、服务、体验等方面迎合新消费需求,将成为未来零售业供给侧改革的核心。因此,实体店需要通过用户数字化、商品数字化、流程和管理数字化等技术变革,将人、货、场的商业元素进行重构,通过线上线下融合来加快转型升级。

第三节　本书的创新点

伴随互联网信息化水平的逐步提升以及智能化应用范围的扩展,线上线下融合的商务模式正日益成为传统零售、电子商务甚至快递物流企业转型升级的重要方向,研究如何协同运用线上线下渠道来优化供应链运作,并给出整体升级的政策建议已经成为学术界和产业界共同关注的热点问题。基于此,本书将努力突破经济学、管理学、社会学和心理学的学科界限,采用博弈理论、契约理论、调查统计、案例分析等多种理论工具,开发相应的模型和工具来研究传统实体店渠道(线下)和电商渠道(线上)间相互融合的必要性和可行性,分析线上线下互动影响供应链运营管理及其优化决策的机理,探索设计线上线下融合的协同机制,并最终提出供应链未来发展的制度创新方向。因此,本书的创新点主要体现在四个方面:

一、细致刻画供应链成员的行为逻辑

全面细致地刻画消费者在线上线下融合背景下的购买行为以及制造商、实体店、电商的决策行为逻辑,综合考察供应链中各主体成员决策的互动博弈关系,从而为线上线下融合提供微观基础,努力使本书研究成果不仅在理论层面而且在应用层面上都更加具有启发性。

二、深入剖析线上线下冲突的本质原因

深度剖析线上渠道与线下渠道冲突的本质原因,构建博弈模型来探讨线上线下协同的可行性,尝试构建线上线下融合的理论分析框架,为企业的渠道经营管理提供可操作性的建议。

三、科学揭示制造商渠道构建的机理

科学揭示线上和线下渠道在不同市场情形下的运作特征,深度探讨制造商选择线上渠道运营模式和整体分销策略的机理,研究结论可以为制造商更好地完成线上渠道和线下渠道的销售目标以及优化整体分销策略的双渠道供应链运营提供借鉴决策。

四、努力探讨生鲜农产品供应链发展趋势

充分考虑生鲜农产品销售在线上线下融合背景下的发展现状,在对典型生鲜农产品供应链模式进行案例研究和比较分析的基础上,总结我国生鲜农产品供应链发展的最新模式特征,展望信息新技术和商业新模式改造生鲜农产品供应链的未来趋势,为政府相关部门的政策设计和制度创新提供决策参考。

第二章　供应链的发展阶段及结构特征

第一节　供应链发展阶段的划分

随着市场环境的不断变化,供应链的具体内容和应用表现形式也随之改变。事实上,供应链的变革是由诸多外界环境条件和企业内部资源配置共同决定的。对于供应链发展阶段的划分,国内外学者专家和学术组织对此有着不同的见解,提出了许多差异化的观点。

一、供应链互联互通程度理论

作为创建于 1957 年的国际性现代管理的权威性协会和教育培训机构,美国生产与库存管理协会(American Production and Inventory Control Society, APICS)基于互联互通程度将供应链的发展划分为四个阶段:孤岛阶段(Multiple Dysfunction)、供应环阶段(Semi-functional Enterprise)、内部供应链集成阶段(Integrated Enterprise)和扩展供应链阶段(Extended Enterprise)(如图 2-1 所示)。

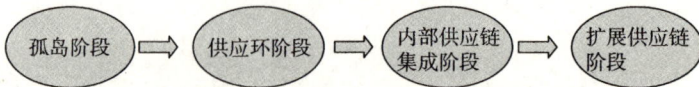

孤岛阶段 ⇒ 供应环阶段 ⇒ 内部供应链集成阶段 ⇒ 扩展供应链阶段

图 2-1　基于互联互通程度的供应链发展阶段

资料来源:笔者整理。

孤岛阶段(Multiple Dysfunction):企业内部的各个部门之间缺乏有效的信

息沟通以及明确的职责划分,企业外部仅仅与其他企业保持简单的商业交易关系。我国大部分中小企业通常处于这一阶段,企业尚未把注意力集中到供应链管理上来,导致不断出现高库存占用大量资金甚至深陷现金流危机、不能按时交货、质量缺陷频发、浪费严重、有效产出低等问题。

供应环阶段(Semi-functional Enterprise):该阶段出现了真正意义上的信息流,企业内部的各个部门之间开始出现明确的职责划分。企业内部的各个部门各自为一个"环",企业各个部门之间的流程已经打通,但是跨部门的沟通还不是非常顺畅。例如,销售部门不能掌握准确的库存数据,与消费者签单后才发现实际库存不足,被迫与消费者协商延迟发货;过分夸大的提前生产使得库存和在制品储备量居高不下,流动资金占用较高;而控制生产没有很好地对生产车间规范管理,就会造成生产车间与采购计划脱节,原材料采购不及时无法满足车间生产所需,导致车间停工待料等。

内部供应链集成阶段(Integrated Enterprise):在这个阶段中,企业开始重视业务流程集成和销售与运营规划流程,努力打破内部各个部门之间的壁垒,使得内部流程整体化,同时逐步联合外部供应商(比如第三方物流企业)来降低供应链运作成本。国内的一些外企和行业内领先的公司通过思爱普(System Applications and Products,SAP)或企业资源计划(Enterprise Resource Planning,ERP)软件的实施,已经到达了这一阶段。

扩展供应链阶段(Extended Enterprise):在这个阶段中,作为全价值链中的核心企业,已经能够打破企业间的边界,实现协同计划、设计、补货和配送的整合。核心企业可以针对某些产品与其上下游的消费者和供应商开展协同合作,新的信息技术和软件被应用到商品的采购、研发、生产和销售过程中。进入该阶段的企业处于市场领先的地位,例如苹果公司、宝洁公司等。从某种意义上来说,这些公司的成功就是供应链管理的成功。

二、供应链生命周期理论

产品生命周期理论是美国经济学家雷蒙德·弗农(Raymond Vernon)在

1966 年提出的。费农认为,产品和人的生命一样,要经历形成、成长、成熟、衰退这样的周期。[①] 供应链的发展生命周期与产品的生命周期类似,均包括起源阶段(Stages of Emergence)、成长阶段(Stages of Growth)、成熟阶段(Stages of Maturity)以及衰退阶段(Stages of Decline)(如图 2-2 所示)。

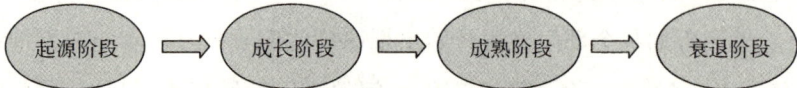

图 2-2　基于生命周期的供应链发展阶段

资料来源:笔者整理。

起源阶段(Stages of Emergence):起源阶段是供应链的筹备组建阶段。为有效整合内外资源优势,企业根据外部经营环境和内部条件,寻找合作伙伴,签订契约,构建供应链,与合作伙伴共同管理某个或某几个相关产品的采购、生产和分销活动,并确定供应链的核心企业,明确各参与方在供应链上的职责分担。

成长阶段(Stages of Growth):成长阶段是供应链的快速发展时期。供应链是由具有相当经济实力、存在产品供需关系的若干独立和半独立企业构成,一旦形成,就会快速进入高速发展期。成员企业之间的合作关系进入正轨,合作深度不断延伸,合作范围不断拓宽,供应链的利润分配和风险分担也处于一个不断调整完善的过程。

成熟阶段(Stages of Maturity):成熟期是供应链的黄金时期。上下游企业伙伴之间的关系趋于完善,生产和流通成本稳定,供应链的整体收益高且稳定持久,最高收益也往往出现在这一时期。在该阶段中,供应链各参与方的利润分配、风险分担等关键任务基本得到解决。

衰退阶段(Stages of Decline):衰退阶段是供应链的尾声。作为以产品为核心形成的供需网络,供应链的生命周期与产品的生命周期密切相关。当相

[①]　V. Raymond,"International Investment and International Trade in the Product Cycle Material Source",*The Quarterly Journal of Economics*,Vol.80,No.2,1966.

关产品的生命周期结束后,以这种产品(或几种产品)的原材料供应、制造和
销售为基础所形成的合作关系也相继解体,并使供应链最终走向衰亡。

三、供应链的价值演变理论

基于波特的"价值链"理论,依据供应链在不同历史时期的价值演变过程和
未来趋势分析,也可以将供应链发展分为三个阶段:第一阶段,强调物流管理过
程;第二阶段,强调价值增值链;第三阶段,强调价值网络(如图2-3所示)。

物流管理阶段　⟹　价值增值阶段　⟹　关系网络阶段

图2-3　基于价值演变的供应链发展阶段

资料来源:笔者整理。

物流管理阶段:早期的学者观点认为供应链是指将采购的原材料和收到
的零部件,通过生产转换和销售等活动传递到用户的一个过程。因此,供应链
仅仅被视为企业内部的一个物流过程,它所涉及的主要是物料采购、库存、生
产和分销诸部门的职能协调问题,最终目的是优化企业内部的业务流程、降低
物流成本,从而提高经营效率。

价值增值阶段:进入20世纪90年代,人们对供应链的理解又发生了新
的变化。首先,由于需求环境的变化,原来被排斥在供应链之外的最终用
户、消费者的地位得到了前所未有的重视,从而被纳入了供应链的范围。这
样,供应链就不仅仅是一条生产链,而是一条涵盖了整个产品运动过程的增
值链。

关系网络阶段:随着信息技术的发展和产业不确定性的增加,企业间关系
正在呈现日益明显的网络化趋势。与此同时,人们对供应链的认识也正在从
线性的单链转向非线性的网链,供应链的概念更加注重围绕核心企业的网链
关系,即核心企业与供应商、供应商的供应商的一切向前关系,以及与用户、用
户的用户的一切向后关系。供应链的概念已经不同于传统的销售链,它跨越

了企业界限，从扩展企业的新思维出发，并从全局和整体的角度考虑产品经营的竞争力，使供应链从一种运作工具升华为一种管理方法体系、一种运营管理思维和模式。

四、供应链的分工理论

有些学者从经济学分工理论和交易效率、交易费用理论的角度来研究供应链管理的产生和发展，认为随着社会分工细化和信息技术进步，供应链逐步演化为产业及经济的组织形态，并从产业供应链发展到跨产业的平台供应链，以及跨产业、跨区域的供应链生态圈。根据分工范围的不同，供应链可以分为资源整合、流程优化、价值协同与智慧生态四个阶段（如图2-4所示）。

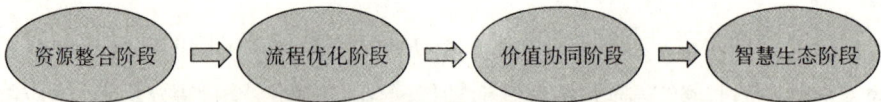

资源整合阶段　　流程优化阶段　　价值协同阶段　　智慧生态阶段

图2-4　基于分工的供应链发展阶段

资料来源：笔者整理。

资源整合阶段：企业内部资源整合，功能集成，流程优化，企业一体化管理。

流程优化阶段：企业与外部资源整合，业务协同，缩短产品生命周期，更快地占领市场，更有效地利用资产，实现"双赢"或"多赢"。

价值协同阶段：价值链协作。利用互联网、物联网、大数据、云计算、电子商务等技术，对上下游消费者实施纵向与横向一体化的整合，实施协同设计与制造，构成一个价值链网络，追求系统最优化。

智慧生态阶段：智慧供应链。供应链与互联网、物联网深度融合，基于大数据的人工智能应用成为供应链的重要特征，供应链组织形态更加扁平，虚拟生产、云制造等应用更加普及，技术与管理有效结合，最终形成高效、智能、人性化的供应链生态圈。

五、本书提出的供应链阶段划分

在综合考察上述供应链发展阶段理论的基础上，本书基于零售渠道演变的角度，将供应链的发展阶段划分为四个阶段：线下传统实体店阶段、线上纯电商阶段、线上线下竞争阶段和线上线下融合阶段（如图2-5所示）。

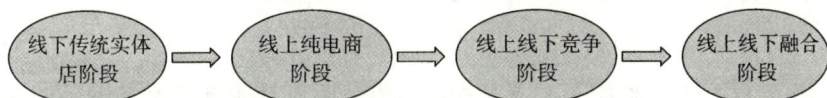

图2-5　基于零售渠道演变的供应链发展阶段

资料来源：笔者整理。

（一）线下传统实体店阶段

情景1：冬季到来，N女士希望购买一个保温性能好且携带方便的保温杯，N女士决定去居住小区附近的超市购买。当N女士到达超市后，导购员告知所有的保温杯均已售出，已无存货。无奈之下，N女士决定去市中心的大型购物中心购买。在经过一番挑选后，N女士选择了一款自己较为满意的保温杯。

在线下传统实体店阶段，供应链是一条从制造商到消费者的物料链、信息链、资金链和增值链（如图2-6所示）。在这一阶段中，供应链重点关注物料的合理流动、资源的优化配置，从而达到缩短商品生产周期、降低商品生产成本的目的，促进供应商和分销实体店之间的合作以及对市场的把握。

图2-6　线下传统实体店阶段

资料来源：笔者整理。

此时的供应链仅仅是一条满足横向集成的供应链，它通过通讯介质将预先指定的包括制造商、实体店、消费者在内的供应链成员依次联系起来。制造商负责产品的生产和加工，实体店负责产品的销售和配送，消费者对产品的了解和认知只能依赖于实体店。这种供应链灵活性差、成本高、效率低，而且供应链任何一个环节出现问题会造成整体运行瘫痪。对于大部分传统企业来讲,由于缺少互联网技术的介入,其业务流程和信息传递方式具有很大的缺陷,无法对市场的需求变化作出快速响应,常常会造成产品供不应求或产品库存积压的现象,大大增加了仓储成本。此外,一旦实体店提供的服务水平差、产品的种类和数量少,消费者的购买意愿就会明显降低。

(二)线上纯电商阶段

情景2:大学毕业后,L同学计划运用自己在大学期间学到的相关专业来改变自家果园水果的销售模式。在对淘宝、京东、苏宁等多家电商平台进行对比分析后,L同学最终决定在淘宝电商上开设一家水果网店。为了能让消费者对自家的水果有更多的了解,L同学为自家生产的每一种水果都拍摄了短视频和大量的细节图片。通过此种方式,L同学自家果园的水果成功地销售到了江浙沪三省,实现了可观的收入。

情景3:小狗电器是一家专注于研发、销售清洁电器的高新技术企业,主要基于互联网电子商务模式为消费者提供商品和服务。截至2019年5月,小狗电器已经相继入驻淘宝、天猫、京东、唯品会、国美在线、苏宁易购、亚马逊、当当、1号店等电商平台,成为国内最早探索互联网营销的家电品牌之一。历经传统与互联网消费时代,小狗吸尘器连续17年稳居国内市场前列,产品销往全球80个国家和地区。

随着电子商务和互联网技术的不断发展,供应链逐渐由实体店向电商过渡,企业的供应链运作模式也相应地发生了重大变革,这种变化越来越反映在以电子商务和互联网技术为基础的信息化、集成化的供应链管理中。

电商平台的兴起是一场由互联网技术飞速发展而引发的供应链运作模式的革命,它冲击了传统实体店的生存基础、运作方式和管理机制,因而对供应链发展产生了深远的影响。此时的供应链是以电商平台为核心,将上游制造商、下游消费者群体以及往来银行进行垂直一体化的整合,构成一个电子商务供应链网络,消除了整个供应链网络上不必要的运作和消耗,促进了供应链向动态的、虚拟的、全球网络化的方向发展(如图2-7所示)。

图 2-7　线上纯电商阶段

资料来源:笔者整理。

与传统实体店相比,电商借助互联网重新定义了传统的流通模式,一方面以电子流代替了实物流,可以大量减少人力、物力,降低了成本;另一方面突破了时间和空间的限制,使得交易活动可以在任何时间、任何地点进行,从而大大提高了效率(如表 2-1 所示)。

表 2-1　线上纯电商与线下传统实体店的比较

	线上纯电商	线下传统实体店
承运类型	包裹、单元产品	散装
顾客类型	未知	既定
物流运作模式	拉式	推式
库存、订单流	双向	单向
物流目的地	高度分散	集中
物流管理要求	及时、质量及整体成本最优	稳定、一致
物流管理责任	整个供应链	单一环节

资料来源:笔者整理。

在实际的商业运营中,制造商和电商往往通过以下两种模式开展销售合作:分销模式(Reselling)和代销模式(Agency Selling)(如图 2-8 所示)。

分销模式:制造商将商品批发给电商,并由电商将产品出售给消费者,电商对定价、服务及管理拥有控制权,并承担商品交付责任。例如,扬子空调与苏宁云商在 2017 年 12 月签订了 50 亿销售大单,由苏宁云商进行线上分销。

代销模式:电商向制造商提供直接接触消费者的机会,同时向入驻的制造商收取一定的佣金费用,并向消费者发布商品信息,但是电商并不负责商品的运送交付。例如,京东作为家电行业领导者,通过推出开放平台政策吸引各大主流家电厂商入驻,京东从厂商销售收入中提取一定比例的佣金。

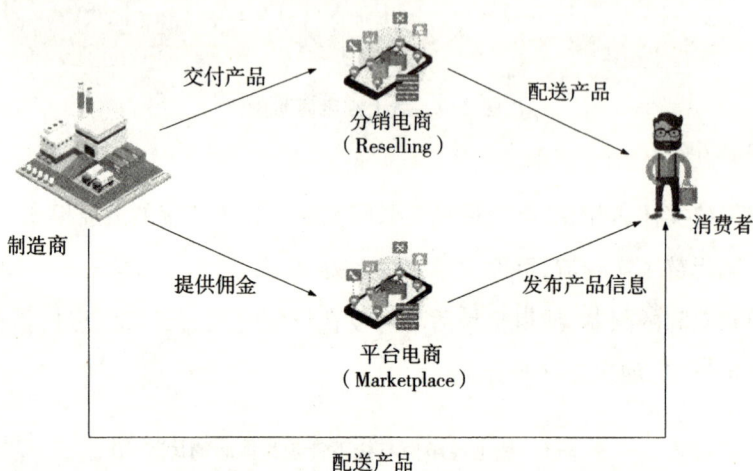

图 2-8　线上纯电商运营模式

资料来源:笔者整理。

(三)线上线下竞争阶段

情景 4:恰恰是一家以传统炒货、坚果为主营,集自主研发、规模生产、市场营销为一体的现代休闲食品企业,企业旗下拥有 19 个品牌和百余款产品。其中,恰恰小黄袋每日坚果(Daily Nuts)不仅通过线下各大购物中心、超市来进行销售,还通过淘宝、京东、百度爱采购等电商平台进销售。同时采用两种供应链渠道进行销售使得恰恰小黄袋每日坚果(Daily Nuts)畅销欧美四十多个国家,并入选了"国家健康品牌计划"。由此可见,"线上+线下"双渠道供应链有利于恰恰更好地开拓市场、提升产品的知名度、增加销售收入。

情景 5:随着"一带一路"政策的不断推行与深入,越来越多的中国制造商可以更加方便地向一带一路沿线国家出售商品。以知名家电制造商海尔为例,海尔不仅通过线下的科萨(KESA)、家乐福(Carrefour)等线下实体店销售其洗碗机等家用电器产品,也通过亚马逊等跨境线上电商平台向一带一路沿线国家的消费者提供产品。

线上线下竞争阶段是指实体店和电商同时销售产品、开展运营的供应链模式(如图2-9所示)。在线上渠道,制造商与电商平台开展合作,通过网络技术来进行电子商务贸易活动;在线下渠道,制造商通过实体门店来进行产品销售。相比于线下传统实体店和线上纯电商,线上线下竞争供应链的分工更加明细、专业要求更高,不同供应链成员负责供应链的不同节点,制造商、电商平台和实体店之间流动的原材料、在制品库存和成品构成了供应链的货物流。

与此同时,电商和实体店在多个领域的竞争也会加剧:(1)产品竞争。为了针对不同的消费群体进行差异化经营,不少厂家会选择生产电商渠道销售的"专供款",涉及日化用品、服装鞋帽、彩电空调等多种品类。线下销售一些体验性强且具特色的产品,线上销售更多偏向于体验性较弱且偏实用的产品。(2)价格竞争。线上价格往往低于线下策略,消费者大量涌入线上,线上销售暴增,线下却经营惨淡,线下还需要通过促销等来吸引消费者。实行线上价格高于线下策略,线下采用固定价格,线上采用浮动变化折扣。例如,某些限量版商品刚进入市场时选择线上线下同时发售,等打开市场后只在线上销售。(3)服务竞争。线上的服务是隐形的,主要通过语言、图片和视频如实拍摄产品等,让消费者更清楚地了解产品外观及性能,消除消费者对网上产品与实际不符的恐惧,从而获得消费者的信任。线下是面对面服务,要让消费者真实感受商品的优势和体验服务人员的热情,以培养消费者的忠诚度。由于线上消费者群体偏向于年轻化,服务追求个性化,线下消费者群体偏向中年化,服务趋于稳定型,应将两个群体区别开来,提供不同服务。(4)体验竞争。线上商品相对缺乏体验性,而线下往往可以通过开展体验式营销,邀请消费者亲身体验,从而提高购买的可能性,比如许多商场推出的免费化妆、免费品尝等活动。

(四)线上线下融合阶段

情景6:当M女士走进梅西百货的线下门店时,她收到了一条"开启APP"的提示。随后,梅西百货门店入口的传感器就会立即自动将店铺的促销信息、电子优惠券信息发送到M女士随身携带的移动设备上。在购物过程中,M女士可以通过APP来获得周围商品的促销信息和其他信息,同时还能与其他社交媒体同步链接,使得各个渠道无缝链接在一起。另外,梅西百货为

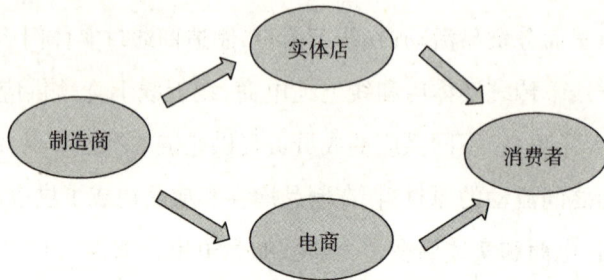

图 2-9　线上线下竞争阶段

资料来源：笔者整理。

了打造全渠道零售而改变了自己原有的供应链体系，将实体店改造成了物流中心。消费者通过网上订购的商品，线下门店会在顾客下单当天安排发货。

　　情景 7：百果园是一家集果品生产、贸易、零售为一体的水果全产业链企业。消费者在百果园购买水果时，既可以通过传统的线下实体店渠道直接购买水果，也可以在百果园移动 APP、支付宝口碑、饿了么外卖等手机软件上在线预定水果，并选择线下实体店自提的方式来购买水果。2017 年，百果园的门店总数超过 2800 家、线上单月销售额破亿，成功实现了线上线下一体化，成为了水果新零售标杆型企业。

　　在线上线下融合阶段，企业能够随时随地满足消费者的个性需求，为消费者提供丰富多样的场景体验，将线下实体店渠道、线上电商平台以及移动电商进行深度整合，为消费者提供优质而完善的购物服务（如图 2-10 所示）。因此，以用户需求为中心、去中心化、全渠道运营是线上线下融合供应链的显著特征：（1）两线打通，给消费者更多的便利。（2）从线上到线下，以及两线融合，实现了购物过程与销售过程的全程数字化。（3）建立了精准的数字化会员体系，为数字化营销，个性化营销奠定了基础。（4）全新标杆零售企业的诞生，横向整合传统零售，纵向整合供应链，对整合流通体系具有重大意义。（5）从单一的零售业态发展到跨界的零售服务，为行业发展提供更多机会。

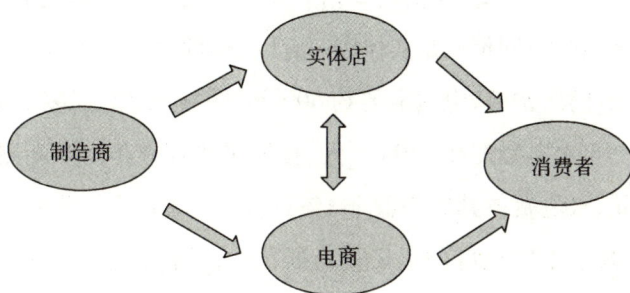

图 2-10　线上线下融合阶段

资料来源:笔者整理。

第二节　不同发展阶段供应链的运作困境

国际著名的供应链管理学家马丁·克里斯托弗(Martin Christoper)曾指出,进入 21 世纪后,商业竞争已经从企业之间的竞争转换为供应链之间的竞争。[①] 供应链是以消费者需求为导向、以提高质量和效率为目标、以整合资源为手段,实现产品设计、采购、生产、销售、服务等全过程高效协同的组织形态。随着互联网技术的迅猛发展,企业的生产、销售模式发生变化,其供应链的运作模式也在相应地发生转变。因此,处于不同发展阶段的供应链,其运作机制存在着显著差异。

一、线下传统实体店的运作困境

(一)运营成本居高不下

当前,实体店面临着各种成本持续上涨的困境:(1)大多数实体店是靠租赁物业经营的,随着房地产价格的上升,实体店佣金成本也水涨船高。以上海市为例,商业企业的佣金、人工、水电、物流等经营成本近几年持续上涨,佣金

[①]　马映冰:《为什么要"供应链管理"》,2013 年 7 月 19 日,见 http://articles.e-works.net.cn/scm/ article99021. htm。

成本和人工成本分别是 20 年前的 5 倍和 10 倍,但商品销售毛利几乎没有增加。工商用水用电不同价也是实体店一直以来面临的一大问题。按照一般的百货店规模来计算,水费、电费需要约 500 元/平方米/年,一家 5 万平方米的实体百货店一年水电费需要 2500 万元,按照平均坪效 16000 元测算,其年销售额为 8 亿元,水电费占其销售额 3.1%。(2)人口老龄化较为严重,员工流失,各地均出现了不同程度的用工荒。据统计,零售企业员工年均流失率为 23%—35%,其中,基层员工流失率占比达到 60%—70%。传统零售业不得不通过增加用工成本来留住员工,人工成本年均增长 10% 以上。(3)税收负担沉重,连锁实体店不能实现总分支机构汇总纳税,统一投资主体下的门店盈亏无法相抵,连锁实体店普遍过度缴税,导致同种商品的价格远远超过电商。从连锁零售行业抽样调查数据来看,所得税税负率高达 27%—41%。

(二)经营方式难以为继

实体店往往都采取联营扣点的经营模式,联营模式有存在的合理性,有利于降低实体商业的经营成本和风险,但过度依赖联营也存在不少弊端。(1)商品竞争力弱,百货、超市等零售企业成了二房东,收取摊位租金,一旦房租成本上涨,零售企业就会通过提高扣点率和进场费等转嫁成本压力,压力最终会传导到终端,从而提高了零售价格,降低了商品竞争力。(2)物流仓储能力弱,在长期的联营模式下,实体百货的物流仓储功能逐渐丧失,制约实体店进军线上渠道。同时,由于自营比例低,连锁经营和统一配送优势难以发挥,规模经济效应无法显现,成本居高不下。(3)经营能力退化,一大批"80 后""90 后"开始成为消费的主力军,消费观念和方式发生深刻变化,消费目的更强调追求快乐、享受生活。线下传统零售门店全凭顾客的自然偏好来决定,基本没有引导和培养手段。

(三)市场需求反应迟钝

对于消费者而言,实体店最大的弊端在于信息不对称。传统制造业属于封闭式生产,由生产商决定商品品种、型号。零售业界经常提到"顾客就是上帝"这种口号,但是那仅仅指的是商品生产出来后在流通领域对消费者的一种服务态度。而事实上在生产领域,其生产完全是根据之前做的市场调研资料进行的生产决策来生产,生产者与消费者之间是割裂的。当市场的需求发生变化时,信息不能及时反馈给生产者导致反应滞后。此外,传统零售企业的商品研发效率过低,缺乏数字化工具的支持,难以将顾客的消费行为进行数据化,从而无法准确分析消费者偏好。

二、线上纯电商的运作困境

（一）消费升级带来冲击

年轻一代消费者的成长环境优越,不在乎产品数量,更注重质量、个性化、时尚化,甚至是符号化（通过消费显现自己的经济、社会地位以及文化品位）,这就导致了电商的同质化低端产品销售受限,促销活动起不到明显效果。所以,继续举办频繁节日促销活动已经不能实现电商的收益增长。中国电子商务研究中心发布的《2018 年度中国网络零售市场数据监测报告》显示,中国B2C 网络零售市场的格局大体趋于稳定,要想继续扩大市场份额,只有做精细分市场。在互联网行业竞争程度不断加剧的影响下,赢家大小通吃的现象将在电商行业内越来越普遍,中小电商平台的生存将会愈发艰难。

（二）发展面临多重短板

电商的崛起不是完全依靠互联网起家,虽然电商销售在线上完成,但离不开线下的生产、物流等环节的支撑。尤其是新零售概念的提出,让更多电商意识到自己在零售、物流、金融等方面的短板（如表 2-2 所示）。如果继续仅仅依靠单一线上平台,纯电商的时代很快将结束。只有加快布局线下,发展一切可以实现增长的关联业务板块,才能确保电商强固自身,获得更多发展机会。

表 2-2　纯电商的物流痛点

物流痛点	表现形式
跨境物流效率低	行政壁垒、配送网络设置不合理
配送时效慢	消费者满意度与配送效率密切相关

物流痛点	表现形式
农村物流落后	农村地区物流建设远落后于电商市场拓展
最后一公里问题	物流体系建设与少批量,多批次的要求存在差距
爆仓时有发生	电商促销的季节性、阶段性缺乏相应的物流支撑
信息化投入不足	典型的劳动密集型行业,行业技术附加值不高
行业协同度差	小散乱,缺乏有效的行业规范
服务水平低下	业务人员工作量大,情绪波动大

资料来源:笔者整理。

(三)产品质量难以感知

由于网络的虚拟性,消费者在线上支付的第一时间无法感知产品质量。新型产品如果只是一张图或者影像,消费者无法真正感知,会因为不能确定其质量、大小等细节,从而影响消费者的购买决策。对于服饰类产品更是如此,线上购物无法试穿,就看不出真实效果,同件商品的"卖家秀"和"买家秀"往往大相径庭。由于线上购物发展的历史较短,法律对于电商的相关规定不够完善。当出现质量问题去找售后退换时,消费者可能发现网上店铺已经消失,追责成本高昂。

三、线上线下竞争的运作困境

(一)价格体系存在冲突

根据网络消费者行为分析,吸引消费者进行网上购物的重要原因就是网上商品的价格比实体店的价格便宜。传统企业要开拓电子商务,不仅需要雄厚的资本和良好的营销方式,还需要解决线上渠道与线下渠道销售价格冲突的问题,有一些传统企业不敢贸然进入电子商务,正是因为它们担心线上的价格较低,会冲击原有渠道的价格体系。如果线上商品便宜,而导致线下的顾客流失,影响线下商品的销售,这甚至会遭到线下经销商的集体抵制;而如果网上销售的价格和实体店的价格不相上下,那么对于网络消费者来说,就会缺乏网上购物的兴趣。以苏宁公司为例，该公司 2012 年涉足线上销售业务，由于线上的产品价格平均要比线下低 5%—10%（其中电脑产品差价尤其明显），很多消费者选择在实体门店体验，而在线上购买，从而导致当年的实体门店销售出现了大幅下滑。

（二）销售对象存在冲突

传统企业拥抱网络零售的主要原因就是增加市场份额，也就是在保持原有线下顾客的基础上增加新的网络顾客，传统企业最不愿意看到的就是原有线下顾客变成自己的线上顾客，这就是普遍存在的线上与线下销售对象冲突问题。根据业内人士介绍，消费者最为看重的是产品的性价比，他们习惯到线下看产品，然后到线上购买，越来越多的商场实体店被看作是商品展示厅，购物功能也在逐渐削弱。据调查，83% 的美国消费者在实体店购买电子产品、计算机、书籍、唱片和影碟之前都会在网上比较价格。这样一来，网上店铺的开设只是起到分流线下店铺顾客的作用，这就违背了企业开展线上销售的初衷。

（三）渠道商家存在冲突

在互联网出现之前，层级分明、多维复杂的销售体系已经存在多年，线上渠道的出现会导致传统企业与经销商或代理商之间产生利益冲突。网络销售的优势就是减少中间商的环节，使商品直接面向消费者，因此线上商品定价就比实体店低。这样一来，就会遭到线下代理商或经销商的反对，他们向品牌商投诉，甚至会给品牌商施加撤销代理或经销的压力。许多供应商对进入网络市场持谨慎态度，主要是担心网络渠道凭借低成本优势危害到实体代理商的利益，也就是线上对线下造成冲击。

因此，考虑到线下传统实体店、线上纯电商以及线上线下竞争供应链存在的运作困境，线上线下融合必定成为供应链创新的大势所趋。线上线下融合供应链将以实体门店、电子商务、移动互联网为核心，实现商品、会员、交易、营销等数据的共融互通，通过门店数字化与智能化改造终端，智能终端取代旧式的货架货柜，延展店铺时空，构建更加丰富多样的消费场景，向顾客提供跨渠道、无缝化体验。

第一,从科技层面来看,全球科技发展进入了智慧时代,供应链正在向智慧化方向迅速转型,为线上线下的融合提供了新的场景驱动。作为物流、商流、信息流、资金流"四流合一"的供应链已经不再是劳动密集型组织的代名词,供应链正在向智慧化方向迅速转型,数字化、自动化和智能化发展正在成为不可阻挡的科技潮流,供应链已发展到与互联网、物联网深度融合的新阶段,以可视化、可感知和可调节功能为核心的智慧供应链发展趋势日益显现。

第二,从经济层面来看,中国经济进入高质量发展时代,供应链创新成为经济发展提质增效的新支撑。党的十九大报告指出,我国经济已经由高速增长阶段转向高质量增长阶段,经济增长动力由要素投入向全要素生产率提升和创新驱动转型,和谐共生的绿色生态理念逐步成为发展潮流。因此,实现线上线下融合,可以从根本上改变单一零售渠道的局限性,更好地满足消费者的差异化需求,为行业带来更多发展机遇,从而实现经济建设提质增效的目标。

第三,从产业层面来看,我国进入了新旧动能转换的关键时期,供应链进行线上线下融合发展成为新动能转换的引擎。供应链行业应抓住这个历史机遇,前瞻未来趋势,洞察市场需求,通过线上线下融合实现柔性化管理和快速响应,实现多维度颠覆式创新,形成新的持续发展模式,变革与再造旧动能,创新与发展新动能,适应新经济时代发展的要求。

第四,从市场层面来看,市场发展进入了消费主权时代,线上线下融合正成为价值链重构的新纽带。当前消费正成为主导经济发展的决定性因素,按需生产的个性化服务方式正成为新型生产模式,消费者体验成为赢得市场的关键因素,这意味着我国已经由供给侧主导时代进入了消费者主导时代。在这场新的供应链重构中,线上线下融合作为链接供需双方的桥梁和纽带,通过智慧化的协同运作,可以让消费者体验更愉快,让消费者更方便地享受到企业的优质服务。

第三节　线上线下融合供应链的典型模式

移动支付、大数据、虚拟现实等技术革新,进一步开拓了线下场景和消费社交,让消费不再受时间和空间制约。线上线下融合是人货场的重构,利用新的技术、新的模式、新的服务,更好地服务于消费者,重点强调以顾客为中心,以商品供应链为基础,通过数字化来对线上线下资源进行整合,最终实现降低成本、提升效率的目的。目前,市场上逐渐形成了"实体店+制造商直销""实体店+电商转销"以及"实体店+电商代销"三种典型的线上线下融合供应链模式。

一、实体店+制造商直销

案例 1:

除了传统的商场销售外,熊猫电子在 2014 年自主建设了线上销售平台"熊猫商城",消费者可以直接从"熊猫商城"完成电视机的购买,戴尔、苹果等国际品牌拥有自己的网络直销渠道销售产品,国际商业机器公司(IBM)、惠普(Hewlett & Packard)、联想(Lenovo)、索尼(Sony)、先锋电子(Pioneer Electronics)、宝洁(P&G)、思科(Cisco Systems)、尼康(Nick)等品牌公司拥有自己的网络直销渠道。

案例 2:

蝶翠诗(DHC)公司采用"实体店+制造商直销"的供应链模式进行销售,在线下入驻日本的药妆店和卖场,在线上将产品直接销售至消费者,节约了线上销售过程中许多不必要的环节,把更多的实惠让利给消费者。

蝶翠诗的产品覆盖基础护理、特别护理、彩妆、香水、化妆用具和特别套装在内的六大产品系列、百余种产品。由于其采用"实体店+制造商直销"的供应链销售模式,蝶翠诗得以将中间环节节省的费用用于市场调研和产品研发,既保证产品的高质量水平,同时能够提供完善的产品线,不断满足消费者有选择的空间和个性化需求。

"实体店+制造商直销"供应链是指在开展实体店销售之外,制造商不与第三方电商合作,而是自建网络平台进行线上销售。当自建网店进行直销时,制造商需要一次投入固定成本(投资购买服务器、域名、软件等基础设施,组建专业的运营维护团队等费用)。直销能够保证制造商通过互联网直接接触最终用户,而不通过批发商或零售商的方式,将网络技术的特点和直销的优势巧妙地结合起来进行商品销售,直接实现营销目标的一系列市场行为,采用这种模式的企业主要有戴尔公司、安利、雅芳、凡客诚品等。

制造商自建网络直销渠道不仅可以扩大销售范围,突破实体店地域和营业时间的限制,还可以及时准确地把握市场需求,了解消费者的消费偏好,快速响应消费者的消费诉求,避免被强大的实体店和电商寡头垄断的危险。

二、实体店+电商转销

案例3:

海信、创维、长虹等厂商一方面在线下实体店销售,另一方面与苏宁云商签订了350亿电视采购大单,由苏宁云商进行线上销售。京东除了有入驻店铺销售产品外,还拥有自营产品,通过价格谈判从制造商处购买,然后通过网络渠道销售给消费者。

案例4:

卡特彼勒公司是世界上最大的基建和矿山设备制造商。在全世界,卡特彼勒公司有大约200多家独立的线上经销商和线下经销商,他们出售卡特彼勒的产品并提供产品支持和服务,成为架起在卡特彼勒和消费者之间的桥梁。除了对一些国家新开发的市场、原始设备制造厂和美国政府外,卡特彼勒公司的产品都是通过其独立的线上经销商和线下经销商来经销的。

由于卡特比勒选取的经销商都是在当地有一定历史的企业,他们已经深深地融入当地的社会中。相比于卡特彼勒,这些线上经销商和线下经销商对当地的顾客更为熟悉,容易与顾客建立起亲密的关系。卡特彼勒通过线上经销商和线下经销商形成了世界上最快捷、最全面的零件运送和维修服务系统。除此之外,卡特彼勒与线上经销商和线下经销商之间是一种家庭式的亲密关系。经销商不仅仅是卡特彼勒的产品运到顾客手中的一个渠道,而且还是将顾客的意见反馈回来的一个渠道,这样经销商的职能也不仅仅是销售产品和提供售后服务,而且还能促使公司生产出更符合顾客需要的产品。

"实体店+电商转销"供应链是指在开展实体店销售之外,制造商先把产品批发给第三方电商,再由电商转售给消费者。电商作为新的市场成员在产品销售上表现出越来越大的能力,2018年天猫"双十一"全天交易额突破2135亿元,电商平台强大的消费者流量吸引了众多商家与其合作。京东是采用转销模式销售产品比例较高的公司,京东自营转销占整体业务比例大约70%—80%。京东会直接向厂家、供应商进行采买进入仓库,并由京东直接进行配送。

"实体店+电商转销"模式越来越受到中小企业的青睐,中国轻工业网行业频道咨询报道显示,由于可以借鉴移植其线下的管理经验,传统品牌企业建设电商渠道时,通过电商转销是主要的采用模式。

三、实体店+电商代销

案例5:

海尔、美的等家电企业在商场进行销售之外,还在天猫、京东等网络平台开设了旗舰店,优衣库、红豆、耐克等服装鞋帽企业也相继入驻电商销售平台,沃尔玛、家乐福、世纪联华与电商平台合作为消费者提供生鲜产品,天猫、京东、苏宁易购等网络平台要求企业支付入驻费。

案例6:

北京同仁堂是全国中药行业著名的老字号,已经形成了在集团整体框架下发展现代制药业、零售商业和医疗服务三大板块,配套形成十大公司、两大基地、两个院、两个中心的"1032"工程,其中拥有境内、境外两家上市公司,零售门店800余家,海外合资公司(门店)28家,遍布15个国家和地区。除此之外,北京同仁堂还在天猫和京东分别开设了北京同仁堂健康旗舰店和同仁堂京东自营旗舰店。

在线下渠道,北京同仁堂将商品批发给零售门店,再由零售门店出售给消费者,零售门店掌握了北京同仁堂产品的定价权,并可以选择提供一定水平的服务来提升消费者对北京同仁堂药品的满意程度和购买意愿。

在线上渠道，北京同仁堂通过在天猫商城和京东商城的北京同仁堂健康旗舰店和同仁堂京东自营旗舰店来向消费者提供商品和服务。北京同仁堂在入驻电商平台时需要向电商平台缴纳一定金额的入驻费用，并在销售商品时按照一定的比例向电商平台支付佣金费用。但是，由于北京同仁堂健康旗舰店和同仁堂京东自营旗舰店是由北京同仁堂自己所有的，北京同仁堂具有制定商品价格的权力。

"实体店+电商代销"供应链是指在开展实体店销售之外，制造商租用第三方电商的网络平台进行线上销售，电商要求制造商缴纳一定比例销售提成的模式。在该模式中，制造商节省了网络平台建设和维护成本，以较低的价格入驻电商虚拟平台，利用电商数以亿计的注册量来增加产品的曝光率，增加销售量。据报道，在荷兰和比利时最受欢迎的在线零售商宝路（Bol.com）正在迅速转型为采用代销模式的第三方平台，在2018年，该平台上第三方卖家的收入同比增长55%。

对于制造商而言，使用电商代销模式的好处就是手续简单，成本低，平台流量大，用户资源多，可以借着第三方平台的品牌影响力进行有效推广。同时和转销模式不同的是，代销模式下的制造商拥有网络渠道定价权，仍然可以及时准确掌握市场需求，避免供应链"牛鞭效应"的发生。

第四节　国内外研究现状分析

基于研究的主题，本书的相关内容与线上渠道的发展、线上线下并存型供应链的运作、供应链之间的冲突和竞争、供应链契约设计等领域的文献密切相关。

一、线上渠道的发展

（一）制造商的线上渠道构建策略

近年来，探讨制造商如何通过新兴的线上渠道来提高收益水平已经成为产业界和学术界关注的热点问题。蒋等(Chiang et al.)认为,制造商引入线上渠道可在一定程度上限制传统实体店的定价行为,从而减少传统渠道上的双重边际效应,最终提高供应链整体运作效率。① 庄和莱德尔(Zhuang and Lederer)的研究结果表明,电子商务对企业绩效的影响是显著的,其中的线上分销渠道具有重要作用。② 严和裴(Yan and Pei)研究发现,制造商可以通过开通线上渠道促使线下实体店提高服务水平。③ 许传永等在假定消费者对直销渠道接受程度较低的基础上,研究了竞争型双渠道冲突问题。研究结果表明,制造商可通过开辟线上渠道来取得与零售商博弈中的主导权。④ 魏(Wei)研究发现通过开通线上渠道,制造商一方面可以更近距离地与消费者进行沟通以掌握更准确的需求信息;另一方面,直销渠道可以减少成本,拓展市场潜在需求,还可提升自身的竞争力,从而在与实体店的博弈中获得更多的话语权。⑤ 在某些市场条件下,线上销售模式也会暴露出其自身的局限性,许多学者围绕这方面的问题也进行了深入研究。卡塔尼等(Cattani et al.)研究指出,消费者通过线上渠道购物时,其购买决策滞后于产品体验,由于消费者在线上渠道购物前无法通过体验和互动形式来预估产品的真实价值,导致消费者必须面对所购买产品与自身预期价值存在偏差的风险,从而会对消费者的购物体验产生负面影响。⑥ 陈等(Chen et al.)研究指出,网络渠道会加剧产品信息

① W. Y. K. Chiang,D. Chhajed,J. D. Hess,"Direct Marketing,Indirect Profits:A Strategic Analysis of Dual-channel Supply-chain Design",*Management Science*,Vol.49,No.1,2003.

② Y. Zhuang,A. L. Lederer,"A Resource-based View of Electronic Commerce",*Information & Management*,Vol.43,No.2,2006.

③ R. Yan,Z. Pei,"Retail Services and Firm Profit in a Dual-channel Market",*Journal of Retailing & Consumer Services*,Vol.16,No.4,2009.

④ 许传永、苟清龙、周垂日等:《两层双渠道供应链的定价问题》,《系统工程理论与实践》2010 年第 10 期。

⑤ G. Wei,Q. Lin,Y. Qin,"A New Buy-back Contract Coordinating Dual-channel Supply Chain under Stochastic Demand",*International Journal of Computer Science Issues*,Vol.10,No.1,2013.

⑥ K. Cattani,W. Gilland,H. S. Heese,J. Swaminathan,"Boiling Frogs:Pricing Strategies for a Manufacturer Adding a Direct Channel that Competes with the Traditional Channel",*Production and Operations Management*,Vol.15,No.1,2006.

的不对称,造成购买决策与购买体验的分离,并会引起渠道间的冲突。① 苏(Su)认为,随着产品更新速度的加快和产品属性的复杂多样化,消费者对产品价值的感知呈现出模糊化且高度不确定性的特点,而网络渠道将会进一步放大这种现象导致的负面影响。② 夏和张(Xia and Zhang)指出,在企业引入网络渠道的情况下,消费者能够以较低的搜索成本了解到不同渠道的产品价格,而消费者据此要求企业按最低价格进行匹配的行为将会减少企业的收益。③

(二)线上渠道应用对企业运营的影响

此外,一些学者通过实证研究的方式来探讨线上渠道的发展应用对企业运营产生的影响。曹(Cao)选取美国上市公司的数据,通过实证研究的方法,分别探讨了线上渠道对零售商经营绩效存在的影响和线上线下渠道整合对零售商销售额的提升作用。研究结果表明,引入网络渠道能够提高企业的绩效。④ 与国外学者通过实证研究得出的引入网络渠道能够提高企业绩效的结论不同,国内学者庄雷等研究发现,当从短期发展的角度来看待网络渠道的应用时,采用网络零售模式将会对上市零售公司的经营绩效产生负面影响。⑤ 张武康等通过进一步的研究,指出采用单一传统实体渠道策略的企业整体绩效要优于采用双渠道策略的企业。⑥ 赵霞基于中国零售业上市公司 2010—2015 年的财报数据,研究了线上渠道对企业运营产生的影响。其实证研究结

① K. Y. Chen,M. Kaya,Ö. Özer,"Dual Sales Channel Management with Service Competition", *Manufacturing & Service Operations Management*,Vol.10,No.4,2008.

② X. Su,"Consumer Returns Policies and Supply Chain Performance",*Social Science Electronic Publishing*,Vol.11,No.4,2009.

③ Y. Xia,G. P. Zhang,"The Impact of the Online Channel on Retailers' Performances:An Empirical Evaluation",*Decision Sciences*,Vol.41,No.3,2010.

④ L. Cao,L. Li,"The Impact of Cross-channel Integration on Retailers' Sales Growth",*Journal of Retailing*,Vol.91,No.2,2015.

⑤ 庄雷、周勤、胡隽婧:《零售企业电商化转型代价的实证研究》,《软科学》2015 年第12 期。

⑥ 张武康、郭立宏:《网络零售业态引入对零售企业绩效的影响研究》,《统计与决策》2015 年第12 期。

果表明,引入线上渠道的企业和未引入线上渠道的企业在运营绩效上的表现并无明显差距。① 范贺花等针对由单个生产商和单个零售商所构成的供应链系统,构建了一个生产商主导的两级供应链博弈模型,求解得到不同渠道结构下零售商的销售努力水平、零售渠道销售价格以及直销渠道价格,由此探讨网络渠道的加入对供应链成员的影响。②

二、线上线上并存型供应链的运作

(一)制造商的双渠道策略

随着电子商务的兴起,线上线下并存型供应链如何实现高效运作已经成为国内外学者关注的焦点。对于双渠道供应链管理的研究,最早可以追溯到巴拉巴尼亚(Balasuburamanian)对双渠道价格竞争的研究。在网络渠道和传统实体渠道共存的情况下,在进行产品定价决策时,除了要考虑价格对产品需求的影响之外,还需考虑到线上线下渠道间的价格竞争和价格联动等因素,因此渠道定价研究显得越为重要,学术界在这一领域的研究成果非常丰富。③ 晏妮娜等在考虑消费者服务敏感与价格敏感的基础上,构建了制造商与零售商之间的斯坦克尔伯格(Stackelberg)竞争模型,对比分析了单一传统实体渠道策略下和双渠道策略下的产品最优定价决策。④ 陈树祯等考虑引入线上网络渠道导致的线上线下渠道间的价格竞争问题,并对比分析了集中决策和分散决策模式下线上网络渠道与线下实体渠道之间的定价差异。⑤ 蔡(Cai)分

① 赵霞、徐永锋:《网络渠道提高了零售商绩效吗?——基于中国零售业上市公司的实证》,《当代经济管理》2017年第4期。

② 范贺花、周永卫、武大勇:《考虑随机需求和零售商销售努力的两级供应链的渠道选择》,《统计与决策》2019年第10期。

③ S. Balasuburamanian, "Mail versus Mall: A Strategic Analysis of Competition between Direct Marketers and Conventional Retailers", *Marketing Science*, Vol.17, No.3, 1998.

④ 晏妮娜、黄小原、刘兵:《电子市场环境中供应链双源渠道主从对策模型》,《中国管理科学》2007年第3期。

⑤ 陈树祯、熊中楷、唐彦昌:《供应链双重分销渠道的定价策略》,《统计与决策》2007年第2期。

别在实体店主导、制造商主导和垂直纳什三种不同情形下,分析渠道价格相同和渠道价格不同对双渠道供应链运作的影响。[1] 陈远高和刘南考虑了存在差异性产品的双渠道供应链,其研究指出了具有不同效用的产品在不同市场条件下的最优价格区间。[2] 禹爱民和刘丽文研究发现,制造商线上直销渠道和线下实体渠道之间的竞争程度受实体渠道服务水平和线上渠道初始需求水平的影响,当实体店服务水平和线上渠道初始需求水平上升时,线上线下渠道间的价格竞争变得更为激烈。[3] 徐峰和盛昭瀚基于产品再制造双渠道供应链,对比研究了制造商四种定价策略。研究结果表明,当新产品成本高于再制造产品成本时,实施全渠道定价策略对制造商而言是最优的。[4] 黄等(Huang et al.)对零售商开辟双渠道的供应链模型进行探索,研究结果表明,在双渠道策略下,零售商会制定更高的产品零售价格。[5] 姚树俊和陈菊红针对由互相竞争的生产商和一个实体店构成的供应链,探讨差异化的权力主导结构对供应链主体成员定价决策和运营策略的影响。[6] 李等(Li et al.)构建了双渠道供应链模型,并在关联质量决策的基础上,研究线上线下渠道最优定价问题。[7] 杨浩雄等构建了制造商、零售商进行服务合作的双渠道供应链,并以消费者对服务的敏感度作为衡量指标,进而构建制造商与零售商之间的服务成本分担机制,对

① G. Cai, Z. G. Zhang, M. Zhang, "Game Theoretical Perspectives on Dual-channel Supply Chain Competition with Price Discounts and Pricing Schemes", *International Journal of Production Economics*, Vol.117, No.1, 2009.

② 陈远高、刘南:《存在差异性产品的双渠道供应链协调研究》,《管理工程学报》2011 年第 2 期。

③ 禹爱民、刘丽文:《随机需求和联合促销下双渠道供应链的竞争与协调》,《管理工程学报》2012 年第 1 期。

④ 徐峰、盛昭瀚:《产品再制造背景下制造商双渠道定价策略计算实验研究》,《系统管理学报》2013 年第 3 期。

⑤ S. Huang, C. Yang, H. Liu, "Pricing and Production Decisions in a Dual-channel Supply Chain when Production Costs are Disrupted", *Economic Modelling*, Vol.30, No.1, 2013.

⑥ 姚树俊、陈菊红:《考虑渠道权利结构的产品服务能力竞争机制研究——制造商服务视角》,《中国管理科学》2014 年第 7 期。

⑦ B. Li, P. W. Hou, P. Chen, Q. H. Li, "Pricing Strategy and Coordination in a Dual Channel Supply Chain with a Risk-averse Retailer", *International Journal of Production Economics*, Vol.178, 2016.

集中决策模式和分散决策模式下产品的价格策略进行分析。[①] 徐广业针对双渠道供应链系统,研究了消费者渠道迁徙行为对制造商和传统零售商定价和利润的影响。研究表明,消费者渠道迁徙行为将降低制造商和传统零售商的定价和利润,加剧双渠道之间的竞争,为此可以设计协调机制使双渠道供应链成员达到双赢。[②] 肖敏在信息对称的情况下,比较引入网络垂直电商前后的两种供应链系统,重点考虑市场价格与服务的敏感程度对制造商定价决策的影响。研究发现,在引入垂直电商渠道后,制造商会降低直销渠道的销售价格,给传统零售商的批发价格有所提高,但略低于给予垂直电商的批发价格,其具体价格制定会受到市场对价格和服务敏感程度的综合影响。[③]

线上渠道的出现使得制造商的产品渠道构建策略更为多样化,面对复杂的市场运作环境,如何选择合理的渠道策略成为企业运营中的关键环节。相比于单渠道模式,多渠道模式能够为消费者的消费选择提供更高的自由度,从而增强消费者对产品的自主控制感,并促使消费者产生一种消费安全感。亨德肖特和张(Hendershott and Zhang)的研究表明,线上渠道交易成本、退货成本以及实体零售商促销努力三个因素对制造商的渠道选择有重要影响。当线上渠道交易成本、退货成本以及零售商促销努力水平均较高时,制造商选择仅开通线下实体渠道。[④] 艾莉亚等(Arya et al.)以线下零售商的销售成本和制造商的生产成本为研究切入点,探讨了制造商的渠道策略选择问题,指出随着实体零售商销售成本和制造商生产成本的降低,制造商开辟线上直销渠道的可能性增加,且当这两个成本参数低于某阈值时,引入线上直销渠道能够提高

①　杨浩雄、孙丽君、孙红霞等:《服务合作双渠道供应链中的价格和服务策略》,《管理评论》2019 年第 5 期。

②　徐广业、蔺全录、孙金岭:《基于消费者渠道迁徙行为的双渠道供应链定价决策》,《系统管理学报》2019 年第 2 期。

③　肖敏、余敏、何新华:《引入垂直电商的供应链渠道定价策略》,《山东大学学报(理学版)》2019 年第 3 期。

④　T. Hendershott, J. Zhang, "A Model of Direct and Intermediated Sales", *Journal of Economics & Management Strategy*, Vol.15, No.2, 2006.

供应链整体的运作效率。杜姆荣舍等(Dumrongsir et al.)分析指出,当实体店的销售成本较大或产品价值以及产品需求变化系数较小时,制造商引入线上渠道能够获得更高的利润水平。[1] 严等(Yan et al.)研究发现,当处于具有协调机制的市场结构中时,对制造商尤其是那些产品与线上渠道不兼容的制造商而言,引入线上渠道能够提高整体收益。[2] 许垒和李勇建在考虑网络渠道风险和实体渠道搜索成本的基础上,研究了不同模式下主体的最优决策问题。[3] 研究表明,双渠道供应链运作效率依赖于网络渠道的购买风险和零售渠道的搜索成本,只有当两者满足一定的条件时,网络渠道的引入才可以改善整条供应链的效率,实现共赢局面。施涛等研究了线下渠道服务水平对制造商决策是否引入线上渠道产生的影响。研究结果表明,当服务弹性较低时且价格转移系数超过某一临界值时,制造商应该引入线上渠道,采取双渠道策略来销售产品能够获得更多利润水平。[4] 曼汀等(Mantin et al.)分析了在实体店存在转销模式前提下引入代销模式情形,研究发现引入代销模式能提高实体店与制造商谈判的议价能力,同时能使实体店利润水平和消费者剩余得到提升,但供应链总利润水平会降低。[5] 陆和刘(Lu and Liu)研究了制造商和实体店单独引入线上渠道或同时引入线上渠道的市场均衡问题。[6] 研究发现,制造商通过线上渠道转售产品给消费者时,一方面可以吸引网络消费者在实

---

[1]　A. Dumrongsiri, M. Fan, A. Jain, K. Moinzadeh, "Supply Chain Model with Direct and Retail Channels", *European Journal of Operational Research*, Vol.187, No.3, 2008.

[2]　R. Yan, P. Guo, J. Wang, N. Amrouche, "Product Distribution and Coordination Strategies in a Multi-channel Context", *Journal of Retailing & Consumer Services*, Vol.18, No.1, 2011.

[3]　许垒、李勇建:《考虑消费者行为的供应链混合销售渠道结构研究》,《系统工程理论与实践》2013 年第 7 期。

[4]　施涛、陈娇:《基于服务重要性的网络零售渠道引入决策研究》,《管理评论》2013 年第 1 期。

[5]　B. Mantin, H. Krishnan, T. Dhar, "The Strategic Role of Third-party Marketplaces in Retailing", *Production and Operations Management*, Vol.23, No.11, 2014.

[6]　Q. Lu, N. Liu, "Effects of E-commerce Channel Entry in a Two-echelon Supply Chain: A Comparative Analysis of Single-and Dual-channel Distribution Systems", *International Journal of Production Economics*, Vol.165, 2015.

体店购买产品,另一方面还能有效降低渠道引入后产生的双重边际效应。哈古和怀特(Hagiu and Wright)研究发现,当市场活动能够通过产品创造溢出和在供应商参与下网络效应导致不利的期望时,实体店倾向于选择转销模式来销售产品。① 赵连霞研究了制造商在采用折扣契约的情形下对于构建线上渠道的策略问题,发现当折扣率处于某种范围时,制造商倾向于引入线上渠道并且能够增加供应链总利润水平。② 董志刚等考察了一条双渠道供应链,分别建立了以制造商为主的主从博弈定价策略模型和以电商为主的主从博弈定价策略模型,分析了中小型制造商选择不同线上渠道的条件。③ 范小军和刘虎沉研究指出,引入线上渠道增强了制造商的话语权,这种权力的增强可以减少存在于实体渠道的双重边际效应,实现供应链主体制造商和实体店的双赢局面。④ 谭等(Tan et al.)分析了一个供应商和两个竞争的实体店组成的双渠道供应链,研究发现在代销模式下按照预先协商的收益分享比例能够协调实体店之间的冲突,而且在帕累托改进区域,供应商和零售商都倾向于选择代销模式。⑤ 李明芳运用演化博弈方法分析了品牌竞争、渠道竞争及消费者线上渠道接受度对竞争环境下制造商渠道选择存在的影响作用。研究表明,随着品牌之间与渠道之间竞争程度的加剧以及交叉价格影响因子的不断增大,双渠道策略将会提高制造商的利润水平。⑥ 松井(Matsui)研究了两个生产同质产品的制造商最优销售渠道构建决策问题。研究表明,两个同质的制造商分别

---

① A. Hagiu, J. Wright, "Marketplace or Reseller?", *Management Science*, Vol.61, No.1, 2015.

② 赵连霞:《制造商开辟网络直销下的混合渠道供应链定价决策》,《中国管理科学》2015年第23期。

③ 董志刚、徐庆、马骋:《电子商务环境下双渠道供应链的制造商分销渠道选择》,《系统工程》2015年第6期。

④ 范小军、刘虎沉:《基于消费者在线渠道接受差异的双渠道定价策略》,《系统管理学报》2015年第3期。

⑤ Y. Tan, J. E. Carrillo, H. K. Cheng, "The Agency Model for Digital Goods", *Decision Sciences*, Vol.47, No.4, 2016.

⑥ 李明芳:《竞争环境下制造商网络渠道选择演化博弈分析》,《软科学》2016年第8期。

选择非对称的供应链渠道结构策略能够使得双方实现共赢。① 邓尼思等(Dennis et al.)研究了不同的权力主导结构对于制造商选择线上渠道模式(转销/代销)影响。研究发现,当实体店在零售端层面占主导时,制造商倾向于选择线上转销模式;当制造商在零售端层面占主导地位时,选择线上代销模式对制造商和电商都是有利的。

(二)电商的双渠道策略

随着电商本身开始实行双渠道战略,一些学者也将电商的渠道构建战略作为研究对象。田等(Tian et al.)研究了渠道运营成本和渠道竞争程度对于电商选择电商渠道销售模式(转销/代销/混合模式)的影响。研究发现,当渠道间竞争程度较大时,电商选择纯转销模式;当渠道运营成本较小,并且渠道间竞争程度较低时,电商选择纯代销模式;当渠道运营成本和渠道间竞争程度适中时,电商选择混合模式。② 阿布舍克等(Abhishek et al.)研究了竞争程度以及网店对实体店需求溢出效应等因素对线上销售模式选择(转销/代销)的影响。研究结果表明,当线上渠道对线下渠道需求有负的溢出效应时,制造商会选择代销模式,反之则选择转销模式;当渠道之间的竞争加剧时,制造商会选择代销模式。③ 王等(Wang et al.)针对批发价外生和内生的情形进行分类讨论,分析顺序定价和同时定价两种策略下制造商线上销售模式的选择差异,指出直销模式的单位运营成本和代销模式的收入分配比例会综合影响制造商线上销售模式选择。④

① K. Matsui,"Asymmetric Product Distribution between Symmetric Manufacturers Using Dual-channel Supply Chains",*European Journal of Operational Research*,Vol.248,No.2,2016.

② L. Tian,A. J. Vakharia,Y. R. Tan,Y. F. Xu,"Marketplace,Reseller,or Hybrid:Strategic A-nalysis of an Emerging E-Commerce Model",*Production and Operations Management*,Vol.27,No.8,2018.

③ V. Abhishek,K. Jerath,Z. J. Zhang,"Agency Selling or Reselling? Channel Structures in E-lectronic Retailing",*Management Science*,Vol.62,No.8,2015.

④ C. Wang,M. Leng,L. Liang,"Choosing an Online Retail Channel for a Manufacturer:Direct Sales or Consignment?",*International Journal of Production Economics*,Vol.195,2018.

三、供应链之间的冲突和竞争

供应链渠道竞争和供应链冲突问题一直是供应链研究中的重要领域,主要包括同一供应链中上下游企业间的纵向竞争和不同供应链上同级企业间的横向竞争。事实上,供应链间纵向竞争和横向竞争两个因素对供应链的运作效率起着十分重要的作用。

(一)供应链纵向竞争

供应链中的纵向渠道结构选择是纵向竞争的重要组成部分。麦圭尔和斯托林(McGuire and Stalin)以确定性线性需求为基础,构建了由相互独立的两个制造商和两个零售商组成的供应链竞争模型,分析渠道结构差异对制造商利润水平的影响。研究结果表明,当两种产品的替代程度较低时,直销模式对制造商是有利的,反之,分散化渠道模式才是制造商的最优选择,能够获得较大利润水平。[1] 在麦圭尔和斯托林的研究基础上,科赫兰(Coughlan)以产品的需求函数作为切入点,将确定型需求函数拓展为适用性更高的一般型需求函数,并结合实证研究验证了纵向一体化的供应链渠道结构会加剧价格竞争程度,而分散型渠道结构能够有效缓和价格竞争,降低双重边际效应。[2] 穆尔士(Moorthy)分析了分散型纵向结构与战略纵向内部决策之间存在的关系。研究结果表明,分散型的纵向结构要优于纵向一体化结构。[3] 特里维迪(Trivedi)研究了由相互独立的两个制造商和两个零售商组成的供应链竞争模型,对比分析了纵向一体化、纵向分散以及一个制造商与两个零售商交叉合作三种结构的优劣。[4] 肖和杨(Xiao and Yang)构建了基于风险中性的制造商和风险规避的零售商的供应链结构,对价格竞争和服务竞争并存下的供应链模

① W. McGuire, R. Staelin, "An Industry Equilibrium Analysis of Downstream Vertical Integration", *Marketing Science*, Vol.2, No.2, 1983.

② A. T. Coughlan, "Competition and Cooperation in Marketing Channel Choice: Theory and Application", *Marketing Science*, Vol.4, No.4, 1985.

③ K. S. Moorthy, "Decentralization in Channels", *Marketing Science*, Vol.7, No.7, 1988.

④ M. Trivedi, "Distribution Channels: An Extension of Exclusive Retailership", *Management Science*, Vol.44, No.7, 1998.

型进行了研究。① 汉斯(Heese)考察了由两个制造商组成的寡头垄断情形,其研究发现分散化结构能够减轻制造商面临的竞争压力,使得制造商能够获得更多的利润水平。② 科比特和卡马卡(Corbett and Karmarkar)研究发现,当两条互为竞争关系的供应链都采取纵向一体化结构时,两条供应链的利益均会受损。③ 廖涛等运用确定型的需求函数,同时考虑渠道价格竞争和服务竞争两个因素对供应链运作的影响,构建并分析了供应链中的纵向结构决策模型。④ 赵海霞等则是在需求确定的前提下,考察了规模不经济和价格竞争两个因素对供应链纵向竞争存在的影响。⑤ 范莉莉等针对供应链主体成员渠道权力不对等的情形,构建了由两条存在决策顺序差异的供应链组成的竞争模型。研究发现,在渠道间供应链主体价格竞争的基础上,两条链的最优纵向结构为中心化控制结构。⑥ 李凯和李伟研究发现,买方抗衡势力和价格竞争均会对纵向结构选择造成影响。当买方抗衡势力较大时,纵向一体化为最优结构;反之,最优的纵向结构由价格竞争的强弱决定:当价格竞争强度大于某一阈值时,分散型结构为最优选择。⑦

　　国内外诸多学者都认为,渠道权力结构对供应链运作效率存在重要影响。崔(Choi)考察了不同权力结构下由两个制造商与一个线下零售商组成的供应链的运作方式,并通过对比分析的方法,探讨了不同情形下产品批发价格、

　　① T. Xiao, D. Yang, "Price and Service Competition of Supply Chains with Risk-averse Retailers under Demand Uncertainty", *International Journal of Production Economics*, Vol.114, No.1, 2008.

　　② H. S. Heese, "Competing with Channel Partners: Supply Chain Conflict when Retailers Introduce Store Brands", *Naval Research Logistics*, Vol.57, No.5, 2010.

　　③ C. J. Corbett, U. S. Karmarkar, "Competition and Structure in Serial Supply Chains with Deterministic Demand", *Management Science*, Vol.47, No.7, 2001.

　　④ 廖涛、艾兴政、唐小我:《链与链基于价格和服务竞争的纵向结构选择》,《控制与决策》2009年第10期。

　　⑤ 赵海霞、艾兴政、唐小我:《链与链基于价格竞争和规模不经济的纵向控制结构选择》,《控制与决策》2012年第2期。

　　⑥ 范莉莉、艾兴政、唐小我:《主从竞争链的纵向控制结构选择》,《管理学报》2013年第4期。

　　⑦ 李凯、李伟:《零售商具有买方抗衡势力时的竞争供应链纵向结构决策》,《管理学报》2016年第3期。

零售价格、制造商收益水平和实体零售商收益水平的边界条件。[①] 埃尔泰克和格里芬(Ertek and Griffin)对由单一制造商和单一实体零售商组成的两层供应链展开研究,揭示了渠道权力结构对经济订购模型存在的影响。研究结果表明,在实体零售商主导情形下,供应链整体收益水平最高。[②] 姚等(Yao et al.)分析了在不同渠道权力结构下,厂商和传统零售商均衡价格策略及厂商开辟网络渠道的时机等问题。[③] 于晓霖等运用层次分析法(Analytic Hierarchy Process, AHP)对制造商与零售商的权力进行分类组合,发现在供应链协同效应方面权力对等型供应链优于制造商主导型供应链,零售商主导型供应链的协同效应则处于最低水平。[④] 蔡(Cai)在供应链中制造商占主导地位、零售商占主导地位以及垂直实力对等这三种渠道权力结构情形下,探讨线上线下渠道同价和异价这两种定价策略对供应链运营效益的影响。[⑤] 德拉甘斯卡等(Draganska et al.)利用主体成员间议价能力的大小指标来体现供应链主体成员渠道权力强弱,并采取讨价还价模型对供应链主体成员销售收益匹配方式以及均衡行为进行探讨。研究发现,产品需求端成员对供应链其他主体成员的可替代性因素造成了渠道权力的差异化,而且公司生产规模、产品品牌知名度以及产品销售服务差异化这三个因素使得渠道权力主导方逐渐由生产商向实体店过渡。[⑥] 潘等(Pan et al.)在由两个竞争的制造商和一个零售商以及由

① C. S. Choi,"Price Competition in a Channel Structure with a Common Retailer",*Marketing Science*,Vol.10,No.4,1991.

② G. Ertek,P. M. Griffin,Supplier-and Buyer-driven Channels in a Two-stage Supply Chain",*IIE Transactions*,Vol.34,No.8,2002.

③ D. Q. Yao,J. J. Liu,"Competitive Pricing of Mixed Retail and E-tail Distribution Channels",*Omega*,Vol.33,No.3,2005.

④ 于晓霖、周朝玺:《渠道权力结构对供应链协同效应影响研究》,《管理科学》2008年第6期。

⑤ G. Cai,Z. G. Zhang,M. Zhang,"Game Theoretical Perspectives on Dual-channel Supply Chain Competition with Price Discounts and Pricing Schemes",*International Journal of Production Economics*,Vol.117,No.1,2009.

⑥ M. Draganska,D. Klapper,S. B. Villas-Boas,"A Larger Slice or a Larger Pie? An Empirical Investigation of Bargaining Power in the Distribution Channel",*Marketing Science*,Vol.29,No.1046,2010.

一个制造商和两个竞争的零售商构成的供应链这两种渠道结构情形下,研究供应链契约对供应链主体成员均衡决策的影响问题。[1] 吴等(Wu et al.)分析了权力主导结构差异对双渠道供应链定价决策影响,研究表明当渠道间替代程度较弱时,供应链垂直方向成员合作要比水平方向成员合作更有影响。[2] 张闯等扩大了变量控制的范围,通过引入关系强度变量,深入考察了渠道权力结构对线上线下渠道间冲突和线上线下渠道间融合的影响机理。[3] 李明芳等针对制造商回收闭环型供应链,对比分析了集中决策、制造商主导、零售商主导、实力相当四种渠道权力结构对供应链运作产生的影响。研究结果表明,渠道权力结构对产品定价策略、回收比例具有重要影响。[4] 马和谢(Ma and Xie)构建了由一个制造商和一个零售商组成的双渠道供应链,并基于动态博弈考察了实力对等和实力失衡两种权力结构下供应链的运作情况。研究结果表明,在权力均衡时,零售商能够获得更多的收益,供应链整体的利润随内部竞争强度的增加而增加。[5] 罗等(Luo et al.)以分别生产优质产品和普通产品的两个制造商和一个实体店组成的供应链为研究对象,研究了渠道权力结构存在着差异的情形下,供应链成员定价策略和收益的影响问题,发现制造商间竞争程度增加会导致制造商的收益降低而零售商的收益提高。[6] 王

---

[1]　K. W. Pan, K. K. Lai, S. C. H. Leung, D. Xiao, "Revenue-sharing versus Wholesale Price Mechanisms under Different Channel Power Structures", *European Journal of Operational Research*, Vol. 203, No.2, 2010.

[2]　C. H. Wu, C. W. Chen, C. C. Hsieh, "Competitive Pricing Decisions in a Two-echelon Supply Chain with Horizontal and Vertical Competition", *International Journal of Production Economics*, Vol. 135, No.1, 2012.

[3]　张闯、张涛、庄贵军:《渠道关系强度对渠道权力应用的影响——关系嵌入的视角》,《管理科学》2012 年第 3 期。

[4]　李明芳、薛景梅:《不同渠道权力结构下制造商回收闭环供应链绩效分析》,《控制与决策》2016 年第 11 期。

[5]　J. Ma, L. Xie, "The Comparison and Complex Analysis on Dual-channel Supply Chain under Different Channel Power Structures and Uncertain Demand", *Nonlinear Dynamics*, Vol.83, No.3, 2016.

[6]　Z. Luo, X. Chen, J. Chen, X. J. Wang, "Optimal Pricing Policies for Differentiated Brands under Different Supply Chain Power Structures", *European Journal of Operational Research*, Vol.259, No. 2, 2016.

甜源等在竞争的零售商存在权力主导差异的供应链结构下,分析零售商如何选择最优的订货策略(团购和单独采购)问题。研究发现,在两个竞争零售商的市场潜力差距较小的情形下,两者都会选择团购策略。[①] 王玉燕和于兆青构建了制造商、实体店和电商平台组成的供应链,分析在四种渠道权力主导结构模式下的供应链主体最优均衡价格、电商佣金比例以及利润决策,探讨消费者需求差异对各个权力结构模式下供应链运作效益的影响问题。[②]

(二)供应链的横向竞争

供应链的横向竞争模型作为一种适用性更高的模型越来越受到学者的关注。耐特辛和詹(Netessine and Zhan)以处于竞争环境中的供应链作为研究对象,分别考察分散决策和集中决策模式下竞争供应链的运作表现,研究结果表明,分散决策型供应链的运作效率可能高于集中决策型供应链的运作效率。[③] 图威尔(Towill)以库存竞争作为研究视角探讨供应链横向竞争,基于市场规模不变的假设,深入分析两条对称供应链之间的竞争问题。[④] 哈和童(Ha and Tong)构建了由两条在成员结构对称、在信息共享成本上异质的供应链组成的竞争模型,并通过对不同信息共享结构下供应链契约的对比分析,发现当信息共享成本较低时,采用数量契约的供应链能够占据优势。[⑤] 肖和杨(Xiao and Yang)对价格竞争和服务竞争共存环境下两条供应链之间的竞争展开研

①　王甜源、傅科、刘竞:《零售商的斯塔克伯格团购博弈分析》,《系统工程理论与实践》2018 年第 2 期。

②　王玉燕、于兆青:《考虑网络平台服务、消费者需求差异的混合供应链决策》,《系统工程理论与实践》2018 年第 6 期。

③　S. Netessine, F. Zhang, "Positive vs. Negative Externalities in Inventory Management: Implications for Supply Chain Design", *Manufacturing & Service Operations Management*, Vol.7, No.1, 2005.

④　D. R. Towill, "Decoupling for Supply Chain Competitiveness Material Flow Decoupling", *Manufacturing Engineer*, Vol.84, No.1, 2005.

⑤　A. Y. Ha, S. Tong, "Contracting and Information Sharing under Supply Chain Competition", *Management Science*, Vol.54, No.5, 2008.

究,揭示零售商风险规避程度对供应链的影响机理。① 林志炳在需求函数构建上作出创新,在此基础上围绕供应链之间的价格竞争展开研究。研究发现,供应链自身及竞争供应链的利润水平受决策机制、供应链系统结构系数和渠道间替代性共同影响,仅当渠道间替代性并不是很大时,集中决策机制才是最优选择。② 申成霖从渠道偏好和对不同零售商的接受程度两个维度刻画消费者的异质性,分析横向竞争对零售商渠道选择的影响。③ 纳赛里等(Naseri et al.)基于不确定性需求的市场环境,构建了由两条具有制造商—零售商主从关系的供应链组成的竞争模型(零售商存在风险规避偏好)。在此基础上,深入剖析了零售商风险规避系数、制造商风险成本分担比例以及产品替代程度对供应链横向竞争的影响机理。④ 冯颖等构建了由一个制造商和两个零售商组成的双层发散型供应链,并对存在于供应链内部两个零售商之间的横向竞争展开研究,分别分析了伯川德(Bertrand)和斯坦克尔伯格(Stackelberg)两种博弈模型中各个零售商的均衡解。⑤ 刘会燕在考虑绿色供应链的背景下,构建了由双寡头制造商和一个零售商组成的二阶供应链模型,通过四种博弈模型的对比分析,从均衡绿色水平和均衡价格水平两方面描述了两个制造商之间的横向竞合关系。其数值仿真结果表明,共同开发将会加剧制造商之间的竞争,导致制造商利益受损,但零售商可从中受益;此外,竞争程度和绿色度敏感系

① T. Xiao, D. Yang, "Price and Service Competition of Supply Chains with Risk-averse Retailers under Demand Uncertainty", *International Journal of Production Economics*, Vol.114, No.1, 2008.

② 林志炳:《供应链横向竞争模型中的定价分析》,《福州大学学报(哲学社会科学版)》2010年第5期。

③ 申成霖、侯文华、张新鑫:《顾客异质性渠道偏好下横向竞争对零售商混合渠道模式的价值》,《系统工程理论与实践》2013年第12期。

④ M. R. Naseri, M. A. Khojasteh, "Price Competition between Two Leader－follower Supply Chains with Risk-averse Retailers under Demand Uncertainty", *International Journal of Advanced Manufacturing Technology*, Vol.79, No.1, 2015.

⑤ 冯颖、吴茜、余云龙:《双因素横向竞争下的生鲜农产品发散型供应链博弈模型》,《运筹与管理》2016年第5期。

数将共同决定供应链成员的策略选择。[1]

四、供应链契约设计

供应链契约的概念最早由帕斯特纳克（Pasternack）提出。[2] 此后伴随着供应链的发展，学术界对供应链契约的研究也越来越丰富。早期供应链契约研究大致可以分为四类：批发价格契约（Wholesale Price Contract）、收益共享契约（Revenue Sharing Contract）、回购契约（Buy Back Contract）和数量弹性契约（Quantity Flexibility Contract）。其他大部分契约都是对上述四种契约进行组合调整而来，例如，数量折扣契约（Quantity Discount Contact）和回馈与惩罚契约（Rebate and Penalty Contract）就是在批发价格契约上增加了奖励与惩罚的措施。随着供应链的发展，供应链契约的研究也呈现出一些新的变化。奥利维拉等（Oliveira et al.）研究电力行业供应链的协调问题，指出两部定价契约能够减少双重边际效应，进而提高供应链的运作效率。由于存在着渠道冲突，双渠道供应链通过设计合作契约提高供应链运作效率极其重要。[3] 蒋（Chiang）在需求不确定的情形下，通过设计组合契约（在库存成本分担契约的基础上，实体店分享网店的收益）对双渠道供应链进行协调。[4] 博亚奇（Boyaci）在实体店和网店库存能够相互弥补缺货损失的情况下，设计了两部补偿委托契约来改善供应链库存水平，进而增加供应链整体利润水平。[5] 陈

---

① 刘会燕、戴守峰：《考虑产品绿色度的供应链横向竞合博弈及定价策略》，《工业工程与管理》2017 年第 4 期。

② B. A. Pasternack, "Optimal Price and Returns Policies for Perishable Commodities", *Marketing Science*, Vol.4, No.4, 1985.

③ F. S. Oliveira, C. Ruiz, A. J. Conejo, "Contract Design and Supply Chain Coordination in the Electricity Industry", *European Journal of Operational Research*, Vol.227, No.3, 2013.

④ W. K. Chiang, "Product Availability in Competitive and Cooperative Dual-channel Distribution with Stock-out Based Substitution", *European Journal of Operational Research*, Vol.200, No.1, 2010.

⑤ T. Boyaci, "Competitive Stocking and Coordination in a Multiple-channel Distribution System", *IIE Transactions*, Vol.37, No.5, 2005.

等（Chen et al.）研究发现，收益共享契约能够成为协调双渠道供应链的有效机制。① 胡军等在零售商的质量监督和制造商的质量努力同时影响市场需求的情形下，对比分析了批发价格契约、奖励惩罚契约、收益共享契约和特许经营契约对供应链协调的作用，发现除了简单批发价格契约，其他三种契约都可以通过控制制造商和零售商质量努力水平来对供应链进行协调。② 曹二保研究需求扰动对双渠道供应链协调契约的影响，发现在市场稳定的条件下收益共享契约可以提高整体运作效率，但是市场需求一旦出现扰动，就需要对收益共享契约进行进一步改进。③ 严和裴（Yan and Pei）在双渠道供应链中探讨产品的网络兼容性对广告成本分担契约的影响，研究指出当产品的网络兼容性较高时，实体店会加大对广告的投入，制造商也愿意去分担零售商更多的广告成本；当产品的网络兼容性较低时，实体店会减少对广告的投入，制造商分担零售商广告成本的比例减小。④ 彭鸿广和骆建文对几种典型契约进行了对比，发现与成本加成契约和固定价格契约相比，成本分担契约效率更高，而且信息对称情况下的成本分担系数高于信息不对称的情况。⑤ 李媛和赵道致在制造商具有公平偏好的前提下研究零售商公平偏好对低碳供应链协调的影响，发现当零售商不具有公平偏好时，两部定价契约可以实现双渠道供应链的完全协调，但当零售商具有公平偏好时，两部定价契约不能达到协调供应链的效果。⑥ 聂和杜（Nie and Du）分别研究了零售商具有纵向分配公平关切和同

① J. Chen, H. Zhang, Y. Sun, "Implementing Coordination Contracts in a Manufacturer Stackelberg Dual-channel Supply Chain", *Omega*, Vol.40, No.5, 2012.

② 胡军、张镒、芮明杰：《线性需求条件下考虑质量控制的供应链协调契约模型》，《系统工程理论与实践》2013年第3期。

③ 曹二保、郑健哲、马玉洁、赖明勇：《双渠道供应链应对需求扰动的协调机制研究》，《管理学报》2014年第2期。

④ R. Yan, Z. Pei, "The Strategic Value of Cooperative Advertising in the Dual-channel Competition", *International Journal of Electronic Commerce*, Vol.19, No.3, 2015.

⑤ 彭鸿广、骆建文：《不对称信息下供应链成本分担激励契约设计》，《系统管理学报》2015年第2期。

⑥ 李媛、赵道致：《考虑公平偏好的低碳化供应链两部定价协调契约》，《管理评论》2016年第1期。

时具有纵向分配公平关切、横向同行公平关切情形下的供应链成员利润变化问题,并结合数量折扣契约进一步提出了供应链协调契约。① 郑本荣等研究表明供应链回收成本共担契约能够实现供应链协调,而且基于制造商和实体店协商共担比例的契约要优于实体店单独决定共担比例的契约。② 周建亨和王晓敏探讨利润共享契约对供应链主体信息共享策略的影响问题,研究指出当分销的产品类型为互补时,利润共享契约的使用会使制造商愿意降低销售产品的批发价格并且实体店也愿意进行销售信息共享,从而实现供应链成员双赢的局面。③ 代建生研究发现当零售商的风险偏好处于中等程度时,供应链主体间的利润共享契约和成本共担契约能够实现供应链整体协调。④

五、文献分析

为了进一步清晰展示供应链运作研究的热点领域,本书利用文献计量可视化软件(Visualization of Similarities, VOS) 作为分析工具,对"Supply Chain(供应链)"为主题的文献进行分析。在期刊引文索引数据库(Web of Science)中,以"Supply Chain(供应链)"为主题词对 2010—2019 年文献进行检索,共得到 8660 条记录,对数据进行处理输出相应记录,再将相应文件导入文献计量可视化软件中进行分析。文献计量可视化软件可以直接展现出文献中关键词之间共同出现的频次密度,两个关键词共同出现的频次越高,两者之间的联系就越紧密,相关性越强,这些具有高度关联性的对象被聚集在一起,就会形成一个个聚类。分析发现,"Manufacturer(制造商)"和"Retailer(零售商)"这两个关键词在所统计的文献中出现频次最高;其次"Wholesale Price

---

① T. Nie, S. Du, "Dual-fairness Supply Chain with Quantity Discount Contracts", *European Journal of Operational Research*, Vol.258, No.2, 2016.

② 郑本荣、杨超、刘从:《成本分摊对制造商回收闭环供应链的影响》,《系统工程理论与实践》2017 年第 9 期。

③ 周建亨、王晓敏:《收益共享机制下的供应链纵向信息共享策略》,《系统管理学》2018 年第 5 期。

④ 代建生:《促销和定价影响需求下供应链的收益共享契约》,《管理学报》2018 年第 5 期。

（批发价）""Optimal Decision（最佳决策）""Dual-channel Supply Chain（双渠道供应链）""Coordination（协调）"这几个关键词在所统计的文献中出现频次较高；相比之下，"Channel Structure（渠道结构）""Closed-loop Supply Chain（闭环供应链）""Information Asymmetry（信息不对称）""Offline（线下）""Online（线上）"这些关键词在所统计的文献中出现频次较低；因此对"Manufacturer（制造商）"和"Retailer（零售商）"进行研究分析，是当前供应链研究的热点领域，而"Channel Structure（渠道结构）""Closed-loop Supply Chain（闭环供应链）""Information Asymmetry（信息不对称）""Offline（线下）""Online（线上）"等主题所涉及的研究较少，并未获得过多的关注。

此外，"Manufacturer（制造商）"和"Retailer（零售商）"这两个节点距离近，结合紧密的节点有"Wholesale Price（批发价）""Pricing（定价）""Optimal Decision（最佳决策）""Dual-channel Supply Chain（双渠道供应链）""Coordination（协调）"等，所统计的文献大多数是从这些角度出发，对制造商和零售商进行研究分析；相比之下，"Channel Structure（渠道结构）""Closed-loop Supply Chain（闭环供应链）""Information Asymmetry（信息不对称）""Offline（线下）""Online（线上）"等节点与"Manufacturer（制造商）"和"Retailer（零售商）"节点距离远，结合不紧密，所统计文献中这些关键词与制造商和零售商相关性不强，从这些角度出发对制造商和零售商进行研究分析较少。

通过文献计量可视化软件对文献进行共词聚类分析，可以发现现有的文献研究主要是从"双渠道供应链""定价""契约协调""渠道结构"以及"线上线下渠道"等角度去对制造商和零售商进行分析的，但在某些领域仍然存在一定的空白，例如双渠道供应链中存在的行为问题，线上线下渠道构建问题等。因此，本书结合线上线下融合的时代背景，通过对供应链理论模型和运作机制进行全新研究，能够丰富和拓展供应链管理领域的研究成果，并进一步为企业的管理实践提供决策借鉴。

第三章　消费者线上线下购买行为对
供应链运作的影响

在电商浪潮的冲击下,线下实体店曾一度沦为"试衣间",消费者往往从线下体验,然后在线上渠道购买产品。但是,实体购物中心本身就是一个现实场景下的巨大社交平台,具有体验互动的消费优势,消费者在这一过程中能够充分感觉到购物乐趣。电商的发展崛起并不意味着实体店的没落或走向衰败,正是因为电商与消费者缺乏面对面的体验互动优势,实体店需要充分发挥好自身优势,优化完善实体布局,提供多元化增值的体验空间,才能真正实现与电商融合发展。

第一节　消费者"搭便车"行为对供应链运作的影响

一、问题描述

"搭便车"行为理论首先是由美国经济学家曼柯·奥尔逊于 1965 年发表的《集体行动的逻辑:公共利益和团体理论》(*The Logic of Collective Action Public Goods and the Theory of Groups*)一书中提出的,其基本含义是指在集体行动中,某成员为了本群体利益所作的努力,群体内所有人都会从中受益,但其努力成本却由该成员独自承担的社会行为现象。[①] "搭便车"行为普遍存在于各个研究领域,包括公司治理、产学研究、信息共享和资源利用等。例如,在

---

① O. Mancur, *The Logic of Collective Action : Public Goods and the Theory of Groups*, Harvard University Press, 1965, p.156.

公司治理中,尤其是对于上市公司治理来说都面临着"搭便车"的困境。上市公司是由部分大股东和若干散户小股东组成,大股东行使着对上市公司经营者的监督权、建议权和诉讼权,而行使这些权力需要付出大量的时间和成本,大股东虽然能获得部分收益,但小股东也会获得相应比例的收益,而对于行使权力的大股东来说,并没有因为自己努力付出就获得了额外收益,这样使得自身收益和付出成本明显不成比例,因此会导致每个股东都存在着"搭便车"的想法。此外,在资源共享利用方面也存在着"搭便车"行为。由于信息资源的公共性和独占性,一方面体现在资源共享为社会所求,另一方面也反映了投资人利益最大化的理性要求。而对用户来说,他们希望的是尽可能花少量成本甚至是零成本获得自身所需要的资源信息,这就出现了信息资源的"搭便车"现象,例如社会中存在的信息剽窃和资源盗版等现象。

在商品消费领域也同样存在着消费者"搭便车"现象。当实体店开展各种促销活动时(投放广告、专业讲解、免费试用等),实体店促销引发的消费者可以先到实体店接受专业讲解服务并体验产品性能,在作出决策之后转到网店以更低的价格购买商品。事实上,消费者"搭便车"行为已经导致实体店沦为网店的"试衣间"和免费"展厅"。① 例如,在图书销售市场,由于众多消费者在书店免费阅读后选择网购,国内最大的民营连锁书店"光合作用"只能无奈关闭所有实体店后宣布倒闭。范和达赤(Van and Dach)研究后发现,在实体店和网店构成的双渠道供应链中,采取"搭便车"行为的消费者比例竟然高达20%。②

消费者"搭便车"行为已成为国内外学者研究的热点问题。米特尔施泰特(Mittelstaedt)是最早对消费者"搭便车"行为开展研究的学者,他研究发现"搭便车"行为的存在极大地抑制了零售商提供信息服务的积极性。③ 施潘

---

① 申成然、熊中楷、晏伟:《网络比价行为下双渠道定价及协调策略研究》,《中国管理科学》2014 年第 1 期。

② S. Van, C. Dach, "Free Riding and Customer Retention across Retailer's Channels", *Journal of Interactive Marketing*, Vol.19, No.2, 2005.

③ R. A. Mittelstaedt, "The Abominable Snowman, Free Riders and Other Elusive Beings", *Journal of Macromarketing*, Vol.6, No.2, 1986.

（Spahn）研究发现，"搭便车"行为的广泛存在主要是消费者为了满足价格比较、方便性和灵活性的需求。① 丁正平和刘业政分析了消费者"搭便车"行为对供应链主体收益影响问题。研究发现，"搭便车"行为会降低实体店利润水平，通过收益共享契约能够实现供应链协调。② 邢和刘（Xing and Liu）研究了一个制造商和两个零售商组成的供应链促销努力协调问题。研究发现，消费者"搭便车"行为会降低实体零售商的促销水平。③

　　消费者的"搭便车"行为削弱了实体店的促销努力积极性，抑制了制造商产品市场需求的增长。因此，制造商一方面正在尝试构建网络直销渠道，另一方面又不得不面临网店和实体店之间存在的竞争与冲突。针对制造商面临的这一现实困境，本节结合产业热点，针对实体店与网店之间的横向竞争，考察实体店进行促销活动时消费者"搭便车"行为对渠道定价和实体店促销策略的影响。

二、模型构建与分析

　　假设市场上存在一个作为主导者的制造商和一个作为随从者的实体店，该制造商在通过实体店销售产品的同时，也开设网店进行直销（如图3-1所示）。制造商生产产品的单位成本为 c ，制造商给予实体店的批发价格为 w ，实体店的零售价格为 p_r ，网店的直销价格为 p_d ，实体店可以通过提供 s 水平的促销努力来增加零售渠道的产品市场需求。

　　渠道价格和促销努力水平是产品市场需求量的两个重要影响因素。参考但（Dan）构建的双渠道需求函数，假定传统渠道和直销渠道之间的价格弹性

①　S. H. Spahn，"Cross-channel Free-riding Consumer Behavior in a Multichannel Environment: An Investigation of Shopping Motives, Sociodemographics and Product Categories", *Journal of Retailing and Consumer Services*, Vol.20, No.6, 2013.

②　丁正平、刘业政：《存在搭便车时双渠道供应链的收益共享契约》，《系统工程学报》2013年第3期。

③　D. Xing, T. Liu, "Sales Effort Free Riding and Coordination with Price Match and Channel Rebate", *European Journal of Operational Research*, Vol.2, No.219, 2012.

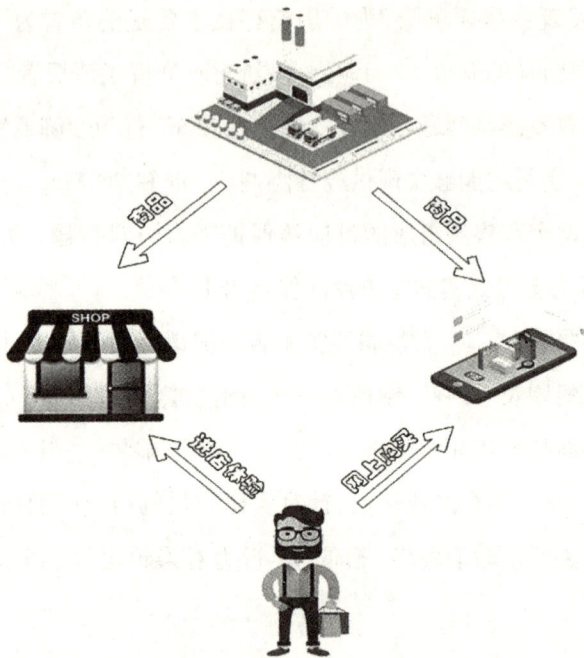

图 3-1　消费者"搭便车"情形下的双渠道供应链

系数和交叉价格弹性系数对称，且对于特定的产品而言，基本消费者群体的购买行为偏好相对稳定，仅受不同渠道价格对比的影响。[①] 实体店和网店各自的需求函数分别为：

$$D_r = a_r - p_r + ep_d + (1 - \tau) s \qquad\qquad (3-1)$$

$$D_d = a_d - p_d + ep_r + \tau s \qquad\qquad (3-2)$$

其中，a 表示市场基本消费者群体，$a_r = (1 - \theta) a$ 表示实体店占有的基本消费者群体，$a_d = \theta a\,(0 < \theta < 1)$ 表示网店占有的基本消费者群体。与克里希南等（Krishnan et al.）的假设一致，这里假定当实体店付出促销努力水平 s 后，可以吸引 s 数量的消费者群体进入市场。但是，该群体中的部分消费者具有"搭便车"行为，他们会先去实体店享受产品展示讲解、免费试用等促销

---

① B. Dan, G. Xu, C. Liu, "Pricing Policies in a Dual-channel Supply Chain with Retail Services", *International Journal of Production Economics*, Vol. 131, No. 1, 2012.

服务,然后再去网店进行购买。[1] 因此,实体店促销后流失的消费者为 τs

($0 \leqslant \tau \leqslant 1$), τ 为"搭便车"消费者比例。参考严和裴(Yan and Pei)的研究,

实体店的促销努力成本函数为 $c(s) = \eta s^2 / 2$, η 为促销努力成本系数,且有

$\eta > 0$, $c(s)$ 满足 $c'(s) > 0$, $c''(s) > 0$。[2] 依据现实合理性,两个渠道同时存

在需求时必然满足约束条件: $c < w < p_r$ 、$c < w < p_d$ 、$D_r \geqslant 0$、$D_d \geqslant 0$,因此

容易得到下列不等式: $c < w < p_r < \dfrac{1 - \tau + \tau e}{1 - e^2} s + \dfrac{a_r + a_d e}{1 - e^2}$, $c < w < p_d <$

$\dfrac{\tau + (1 - \tau) e}{1 - e^2} s + \dfrac{a_d + a_r e}{1 - e^2}$ 。

令 $A = \dfrac{a_r + a_d e}{1 - e^2}$ 、$B = \dfrac{a_d + a_r e}{1 - e^2}$ 、$E = \dfrac{1 - \tau + \tau e}{1 - e^2}$ 、$F = \dfrac{\tau + (1 - \tau) e}{1 - e^2}$,那么上

述不等式又可以表示为:

$$c < w < p_r < Es + A \tag{3-3}$$

$$c < w < p_d < Fs + B \tag{3-4}$$

实体店和制造商的利润函数分别为:

$$\pi_r = (p_r - w) D_r - \frac{\eta s^2}{2} \tag{3-5}$$

$$\pi_m = (w - c) D_r + (p_d - c) D_d \tag{3-6}$$

其中,上标" c "" d "" o "分别表示供应链集中决策、分散决策、存在协调

机制的三种模式,上标" $*$ "代表最优决策量。

三、结果分析

(一)集中决策模式

在集中决策模式下,双渠道供应链实现纵向一体化,制造商同时对实体店

---

① H. Krishnan, R. Kapuscinski, D. A. Butz, "Coordinating Contracts for Decentralized Supply Chains with Retailer Promotional Effort", *Management Science*, Vol.50, No.1, 2004.

② R. Yan, Z. Pei, "Retail Services and Firm Profit in a Dual-channel Market", *Journal of Retailing and Consumer Services*, Vol.16, No.4, 2009.

促销努力水平、实体店零售价格和网店直销价格进行决策。此时，供应链整体的利润函数为：

$$\pi_t^c = (p_r - c)\,[a_r - p_r + ep_d + (1 - \tau)s] +$$

$$(p_d - c)\,(a_d - p_d + ep_r + \tau s) - \frac{\eta s^2}{2} \tag{3-7}$$

通过逆序归纳法求解，可以得到实体店最优的促销努力水平 s^{c*} 为：

$$s^{c*} = \frac{A - c - AE - BF + AFe + BEe + Ea_r + Fa_d + \tau(B - A)}{E^2 + F^2 + 2\eta - 2eEF - 2[E(1 - \tau) + F\tau]} \tag{3-8}$$

实体店零售价格 p_r^{c*} 和网店直销价格 p_d^{c*} 分别为：

$$p_r^{c*} = \frac{E}{2}s^{c*} + \frac{A + c}{2} \tag{3-9}$$

$$p_d^{c*} = \frac{F}{2}s^{c*} + \frac{B + c}{2} \tag{3-10}$$

（二）分散决策模式

在分散决策模式下，制造商和实体店之间进行序贯的斯塔克尔伯格博弈。制造商先决定给予实体店的批发价格和网店直销价格，实体店随后决定零售价格和促销努力水平。此时，制造商和实体店的利润函数分别为：

$$\pi_m = (w - c)\,[a_r - p_r + ep_d + (1 - \tau)s] + (p_d - c)\,[a_d - p_d + ep_r + \tau s] \tag{3-11}$$

$$\pi_r = (p_r - w)\,[a_r - p_r + ep_d + (1 - \tau)s] - \frac{\eta s^2}{2} \tag{3-12}$$

同理，可以得到实体店最优的促销努力水平 s^{d*} 为：

$$s^{d*} = \frac{[2a_r - A + eB - c(1 - e)]\,[2(1 - \tau) - E + Fe]}{8\eta - [2(1 - \tau) - E + Fe]^2} \tag{3-13}$$

制造商和实体店达到博弈均衡时的 w^{d*}、p_d^{d*} 和 p_r^{d*} 分别为：

$$w^{d*} = \frac{E}{2}s^{d*} + \frac{A + c}{2} \tag{3-14}$$

$$p_d^{d*} = \frac{F}{2}s^{d*} + \frac{B + c}{2} \tag{3-15}$$

$$p_r^{d*} = \frac{2(1-\tau) + E + Fe}{4}s^{d*} + \frac{2a_r + A + c + e(B + c)}{4} \qquad (3-16)$$

命题 3-1　对于任意 s，可以发现：(1) $0 < \dfrac{dp_r^c}{ds} < \dfrac{dp_r^d}{ds}$；(2) $\dfrac{d\Delta_1}{d\tau} < \dfrac{d\Delta_2}{d\tau} < 0$。

其中，$\Delta_1 = \dfrac{dp_r^d}{ds}$，$\Delta_2 = \dfrac{dp_r^c}{ds}$。

命题 3-1 说明，在集中决策模式和分散决策模式下，实体店零售价格都会随着自身促销努力水平的提高而上升，其上升幅度随着"搭便车"消费者比例的增大而减缓。同时，与集中决策模式相比，在提高单位促销努力水平时，分散决策模式下实体店零售价格随自身促销努力水平的提高而上升的幅度更大，其上升幅度受"搭便车"消费者比例增大而减缓的趋势也更为显著。

不管是在集中决策模式下还是在分散决策模式下，实体店提高促销努力水平必然意味着促销成本的增加。所以，为了弥补巨额的促销费用成本，当促销努力水平提高时，实体店的零售价格必将同步提高。另外，与集中决策模式相比，在分散决策模式下，实体店是一个独立的决策者，它将承担全部的促销努力成本。因此，实体店往往需要更大幅度地提高零售价格才能弥补促销成本。

同时，新进入市场的"搭便车"消费者比例越大则意味着实体店付出促销努力后能够吸引的"有效"消费者群体越少；或者说，实体店的促销努力投入浪费也越严重。因此，不管是在集中决策模式下还是在分散决策模式下，当"搭便车"消费者比例增加时，实体店会减缓零售价格上涨趋势来避免原有消费者群体的流失。而在分散决策模式下，实体店作为独立的个体将独自承担消费者流失所造成的一切损失。所以，在同等情况下，在提高单位"搭便车"消费者比例时，分散决策下实体店所采取的减缓零售价格上涨趋势的措施要比集中决策模式下更为彻底。

命题 3-2　对于任意 s，可以发现：(1) $\dfrac{dp_d^d}{ds} > 0$；(2) $\dfrac{d\Delta_3}{d\tau} > 0$。其中 $\Delta_3 = \dfrac{dp_d^d}{ds}$。

命题3-2说明在分散决策模式下,网店直销价格会随着实体店促销努力水平的提高而上升,同时其上升趋势随着新进入市场的"搭便车"消费者比例的增大而加快。

在分散决策模式下,实体店会提高零售价格来弥补促销成本,因此网店可以同步上调直销价格来获得更多的利润。同时,当新进入市场的"搭便车"消费者比例较大时,即使网店大幅上调直销价格会流失一部分基本消费者群体,但由于"搭便车"消费者群体的增大,网店上调直销价格依然可以获得更多的利润。

命题3-3 对于任意s,可以发现:(1)当$0 < \tau < \hat{\tau}$时,有$\dfrac{dp_r^d}{ds} > \dfrac{dp_d^d}{ds} > 0$;

(2)当$\hat{\tau} \leqslant \tau < 1$时,有$0 < \dfrac{dp_r^d}{ds} \leqslant \dfrac{dp_d^d}{ds}$。其中,$\hat{\tau} = \dfrac{3 - e^2 - 2e}{5 - e^2 - 4e}$且$0.6 < \hat{\tau} < 1$。

命题3-3说明,在分散决策模式下,当新进入市场的"搭便车"消费者比例较小时,实体店零售价格随着自身促销努力水平提高而上升的幅度大于同等情况下网店直销价格上升的幅度;而当"搭便车"消费者比例较大时,情况正好相反。

显然,当免费"搭便车"消费者比例较小时,随着促销努力的增加,实体店可以主动上调零售价格而不用担心消费者过多流失,因此为了弥补日益增长的促销成本和提高自身利润水平,实体店较之网店可以更大幅度地提高零售价格。而当免费"搭便车"消费者比例较大时,由于顾忌促销引发的新消费者群体过多流失,在提高单位促销努力水平的情况下,实体店的价格提高幅度则要小于同等情况下的网店。由此可以看出,"搭便车"消费者比例能够显著影响实体店和网店的价格策略。当"搭便车"消费者比例小于某阈值的时候,网店的价格策略要比实体店更为保守;相反,当"搭便车"消费者比例大于某阈值的时候,实体店的价格策略要比网店更为保守。

命题3-4 对于任意s,可以发现:(1)当$0 < s < \hat{s}$时,有$\dfrac{dp_r^d}{ds} > \dfrac{dc}{ds} > 0$;

（2）当 $s \geqslant \hat{s}$ 时，有 $0 < \dfrac{dp_r^d}{ds} \leqslant \dfrac{dc}{ds}$。其中，$\hat{s} = \dfrac{(3 - e^2)(1 - \tau) + 2e\tau}{4\eta(1 - e^2)}$。

命题 3-4 表明在分散决策模式下，当实体店的促销努力水平小于某一阈值时，提高单位促销努力水平，零售价格上升的幅度将高于促销成本上升的幅度。由于边际价格变化大于边际成本变化，实体店可以从促销活动中获益；而当实体店的促销努力水平大于某一阈值时，提高单位促销努力水平，零售价格上升的幅度将低于促销成本上升的幅度。此时，由于边际价格变化小于边际成本变化，当促销努力水平的提高时，实体店的边际利润将会降低，实体店难以从促销活动中获益。

鉴于博弈均衡解的复杂性，这里考虑通过数值仿真来分析消费者"搭便车"行为对实体店促销努力水平和供应链整体利润水平的影响。根据相关约束条件，基本参数设定为：$a = 400$、$c = 30$、$\eta = 4$、$e = 0.4$、$\theta = 0.3$。实体店促销努力水平和供应链整体利润关于"搭便车"消费者比例的变化趋势如图 3-2 和图 3-3 所示。

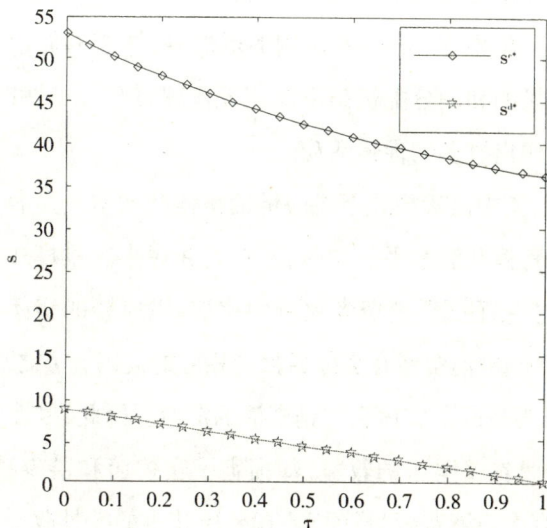

图 3-2　促销努力水平随"搭便车"消费者比例的变化趋势

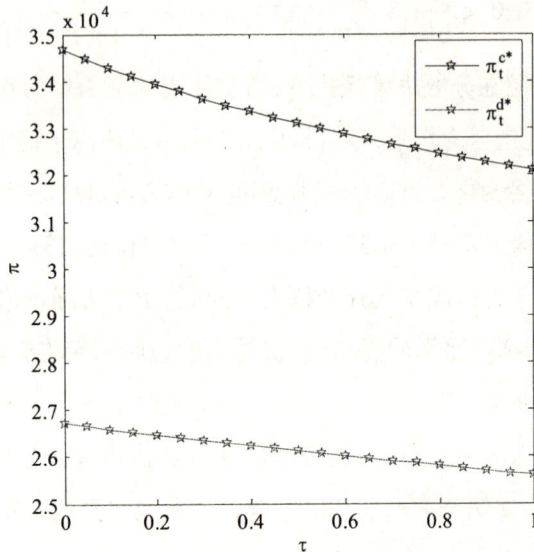

图 3-3   供应链整体利润水平随"搭便车"消费者比例的变化趋势

图 3-2 表明,集中决策模式下实体店的促销努力水平显著高于分散决策模式下实体店的促销努力水平。同时,不管是在集中决策模式下还是在分散决策模式下,随着"搭便车"消费者比例的增加,实体店的促销努力水平均将显著降低。当市场的利润分配机制不能充分体现自身公平性的时候,实体店往往会尽量避免作出过多的促销活动。

图 3-3 表明,集中决策模式下供应链的整体利润水平显著高于分散决策模式下供应链的整体利润水平。同时,不管是在集中决策模式下还是在分散决策模式下,随着"搭便车"消费者比例的增加,供应链的整体利润水平均将显著降低。这意味着,消费者在实体店接受相应的促销服务之后,再去网店购买的"搭便车"行为造成了实体店促销资源的浪费。因此,尽管"搭便车"现象有利于提高制造商直属网店的收益,却损害了实体店和供应链的整体收益。换句话说,制造商由于消费者"搭便车"现象所获得的额外收益无法弥补实体店所承担的损失,因此整条供应链也呈现出利润损失状态。鉴于此,制造商和实体店可以采取相应的供应链协调机制,以提高双方的利润水平和整条供应

链的运作绩效。

四、供应链协调机制设计

上述分析结果表明，由于新进入市场的消费者存在"搭便车"行为，实体店在分散决策模式下投入的促销努力无法得到合理回报。因此，理性的实体店将降低促销努力水平，最终导致供应链整体效率的下降。所以，下文尝试提出一个成本分担机制来改善双渠道供应链的运作效率，即制造商分担实体店 t（$0 \leqslant t \leqslant 1$）比例的促销努力成本，实体店自身只承担 $1-t$ 比例的促销努力成本。此时制造商和实体店的利润函数分别为：

$$\pi_m^o = (w - c) [a_r - p_r + ep_d + (1 - \tau) s] + (p_d - c)$$

$$[a_d - p_d + ep_r + \tau s] - \frac{t\eta s^2}{2} \tag{3-17}$$

$$\pi_r^o = (p_r - w) [a_r - p_r + ep_d + (1 - \tau) s] - \frac{(1 - t) \eta s^2}{2} \tag{3-18}$$

同理，可以得到实体店最优促销努力水平 s^{o*} 为：

$$s^{o*} = \frac{[2a_r - A + eB - c(1 - e)] [2(1 - \tau) - E + Fe]}{8(1 - t) \eta - [2(1 - \tau) - E + Fe]^2} \tag{3-19}$$

制造商和实体店达到博弈均衡时的 w^{o*}、p_d^{o*} 和 p_r^{o*} 分别为：

$$w^{o*} = \frac{E}{2} s^{o*} + \frac{A + c}{2} \tag{3-20}$$

$$p_d^{o*} = \frac{F}{2} s^{o*} + \frac{B + c}{2} \tag{3-21}$$

$$p_r^{o*} = \frac{2(1 - \tau) + E + Fe}{4} s^{o*} + \frac{2a_r + A + c + e(B + c)}{4} \tag{3-22}$$

命题 3-5　由于 $0 \leqslant t \leqslant 1$，因此有：(1) $s^{o*} > s^{d*}$；(2) $\frac{ds^{o*}}{dt} > 0$。

命题 3-5 表明，成本分担机制的介入将激励实体店提高促销努力水平，并且促销努力水平会随着制造商成本分担比例的上升而提高。

由于成本分担机制的存在,原来由实体店独自承担的促销成本变为由实体店和制造商两者共同承担,这极大地减轻了实体店的成本压力。在同等情况下,实体店愿意比以往付出更多的促销努力,其促销积极性也将大大提高。成本分担机制作为激励实体店促销努力水平的协调契约在现实的生产实践中已经得到充分运用。例如,世界知名的电子商务易贝(eBay)网已经提供线上与线下的促销成本共担的商业合作模式。易贝(eBay)在与实体零售企业塔吉特(Target)合作期间,消费者在实体店的促销过程中更好地体验了产品特质,转而在电商易贝购买产品,易贝从实体店的促销服务过程中也获得部分收益,同时易贝会承担一定比例的塔吉特实体店促销成本。

命题 3-6 (1) $p_r^{o*} > p_r^{d*}$, $p_d^{o*} > p_d^{d*}$;(2) $\dfrac{dp_r^{o*}}{dt} > 0$, $\dfrac{dp_d^{o*}}{dt} > 0$。

命题 3-6 表明,成本分担机制的介入将同时提高实体店零售价格和网店直销价格,并且实体店零售价格和网店直销价格均随着制造商成本分担比例的上升而提高。

当存在成本分担机制时,由于实体店提高了促销努力水平,因此其必将同时提高零售价格来弥补促销成本并且扩大商品的边际利润。同样地,由于制造商分担了部分促销成本,因此作为制造商直属的网店也会提高其直销价格来弥补实体店分担过来的促销成本。可以说,成本分担机制的介入有助于制造商和实体店在一定程度上共同垄断商品市场,尤其当制造商所生产的产品不具备或具备较弱的替代性时,双方可以通过这种合作垄断来获取高价所带来的巨额利润。

事实上,理性的制造商会从自身利润最大化角度来决定给予实体店的促销成本分担比例,这里通过数值仿真来刻画促销成本分担比例和制造商利润之间的关系(如图 3-4 所示),基本参数分别设定为: $a = 400$ 、 $c = 30$ 、 $\eta = 4$ 、 $e = 0.4$ 、 $\theta = 0.3$ 、 $\tau = \{0.3, 0.5, 0.7\}$ 。

观察图 3-4 可以发现,对于制造商而言,存在一个可以实现自身利润最优的促销成本分担比例。当促销成本分担比例小于最优分担比例时,制造商

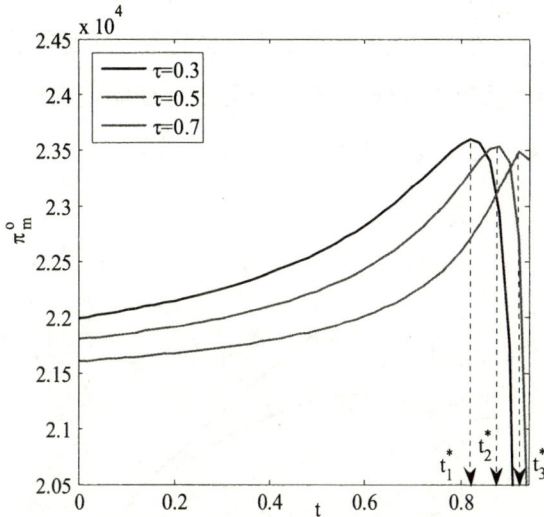

图 3-4　制造商利润随促销成本分担比例的变化趋势

的利润水平将随着成本分担比例的增加而增加；而当促销成本分担比例大于最优分担比例时，制造商的利润水平将随着成本分担比例的增加而减少，并且最优的促销成本分担比例与新进入市场的"搭便车"消费者比例正相关。另外也可推断，对于任意的"搭便车"消费者比例，总会存在一个最优的促销成本分担比例，此时制造商能够获得最高利润水平。

　　下文将通过数值仿真来对比不同模式下双渠道供应链达到博弈均衡时的供应链总需求（ $D_t = D_r + D_d$ ）、实体店零售价格、网店直销价格、实体店利润水平、制造商利润水平以及供应链整体利润水平（如图 3-5 至图 3-9 所示），与前文类似，基本参数分别设定为： $a = 400$ 、 $c = 30$ 、 $\eta = 4$ 、 $e = 0.4$ 、 $\theta = 0.3$ 、 $t = 0.6$ 、 $\tau \in [0,1]$ 。

　　分析图 3-5 可以发现，协调机制介入之后的供应链总需求要显著大于协调机制介入之前的供应链总需求，实体店的促销努力水平也得到极大提高。因此，由促销活动所创造的消费者群体将增大，故而商品的总需求量也将显著增加。同时，在分散决策下无论是否存在协调机制，随着"搭便车"消费者比例的增长，供应链总需求将显著下降。特别地，当"搭便车"消费者比例为 1

时，促销成本分担契约将完全失去协调作用。事实上，当"搭便车"消费者比例为 1 时，由促销努力所创造的新消费者群体将最终全部转移至网店，实体店得不到由促销活动所带来的任何好处。因此，即使制造商替实体店分担了部分促销成本，实体店也会完全放弃促销活动。

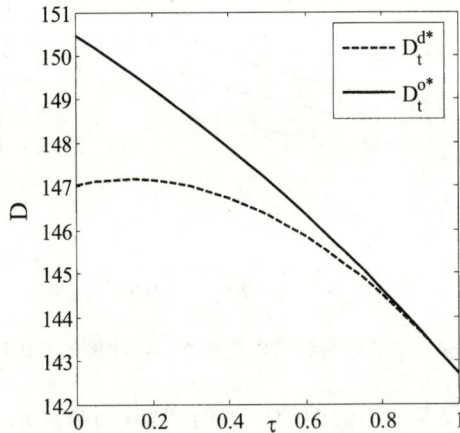

图 3-5　供应链总需求随"搭便车"消费者比例的变化趋势

　　分析图 3-6 可以发现，无论是否存在促销成本分担机制，网店直销价格均显著低于实体店零售价格。这一结论也和现实情况相符合，国美电器电子商务总经理韩德鹏曾表示，国美网上销售的电器销售价格平均比实体店便宜 10% 左右。另外，根据美国克班资本市场投资公司（Key Banc Capital Markets）的实地调查，即便是在需要缴纳营业税的威斯康星州和纽约州，购物网站亚马逊的电子产品销售价格也比实体零售店沃尔玛便宜 11% 左右，比百思买便宜 8% 左右。

　　同时，当存在促销成本分担机制时，实体店零售价格和网店直销价格均将提高。正如前文分析指出，由于促销成本分担机制的介入，实体店加大了促销活动的力度，所以投入的促销费用也将相应增大，此时实体店将采取提高商品零售价格的方式来弥补日益扩大的促销费用。并且，由于制造商也承担了一部分促销费用，所以作为其直属的网店也将提高直销价格以弥补分担成本和提高自身利润。

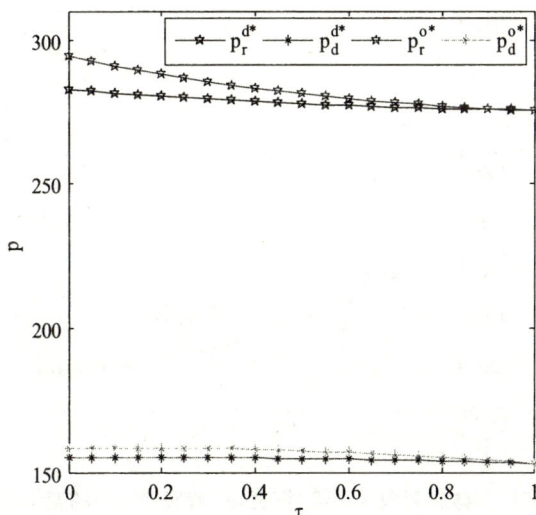

图 3-6 网络直销价格和实体零售价格随"搭便车"消费者比例的变化趋势

分析图 3-7 可以发现,协调机制介入之后的实体店利润水平将显著提高。促销成本分担机制介入后,一方面,实体店由于提高促销努力水平创造了更多的消费需求,因此提高了商品的总零售量,从而增加了自身的总利润水平。另一方面,实体店的零售价格较之以往出现上涨从而提高了单位商品的边际利润,最终也提高了实体店总利润水平。同时,不管是无协调机制的分散决策,还是存在成本分担契约的分散决策,随着新进入市场的"搭便车"消费者比例的增长,实体店利润水平将显著下降。特别地,当"搭便车"消费者比例为 1 时,促销成本分担契约将完全失去协调作用,实体店的利润水平将与协调之前的利润水平相同。

分析图 3-8 可以发现,协调机制介入之后的制造商利润水平将显著提高。一方面,由于促销努力水平提高创造了更多的消费需求,从而提高了商品的总批发量,最终增加了制造商的总利润水平。另一方面,网店的直销价格较之以往出现上涨从而提高了单位商品的边际利润,最终也提高了制造商的总利润水平。同时,在分散决策下无论是否存在协调机制,随着新进入市场的

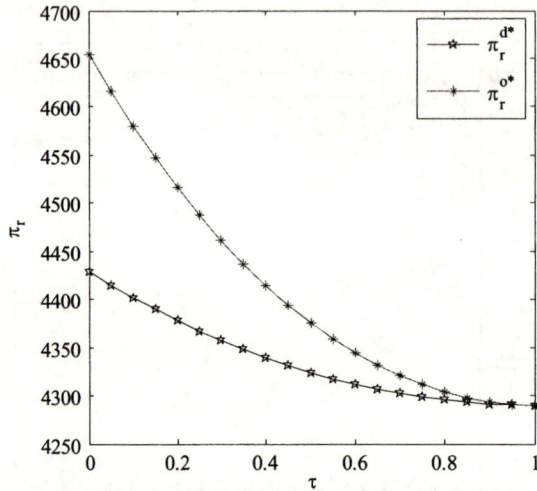

图 3-7　实体店利润水平随"搭便车"消费者比例的变化趋势

"搭便车"消费者比例的增长,制造商的利润水平将显著下降。特别地,当"搭便车"消费者比例为 1 时,促销成本分担契约将完全失去协调作用,制造商的利润水平将与协调之前的利润水平相同。

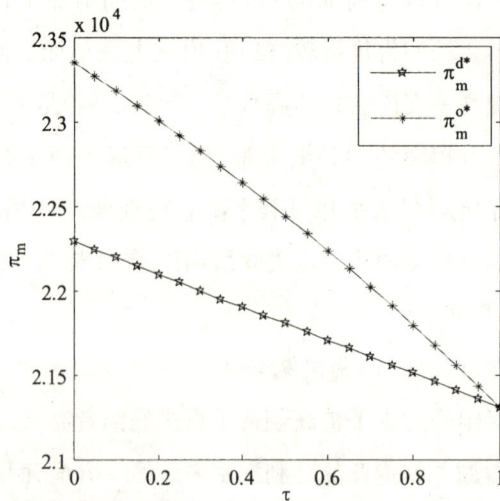

图 3-8　制造商利润水平随"搭便车"消费者比例的变化趋势

分析图 3-9 可以发现,协调机制介入之后的供应链利润水平将显著提高,但是无法达到整体最高的水平。不管是集中决策,还是无协调机制的分散决策,抑或是存在成本分担契约作为协调机制的分散决策,随着新进入市场的"搭便车"消费者比例的增长,供应链整体的利润水平将显著下降,特别地,当"搭便车"消费者比例为 1 时,促销成本分担契约将完全失去协调作用,供应链的利润水平将与协调之前的利润水平相同。这意味着,消费者的"搭便车"行为不仅造成了促销资源的浪费,也导致了供应链整体的效率损失。

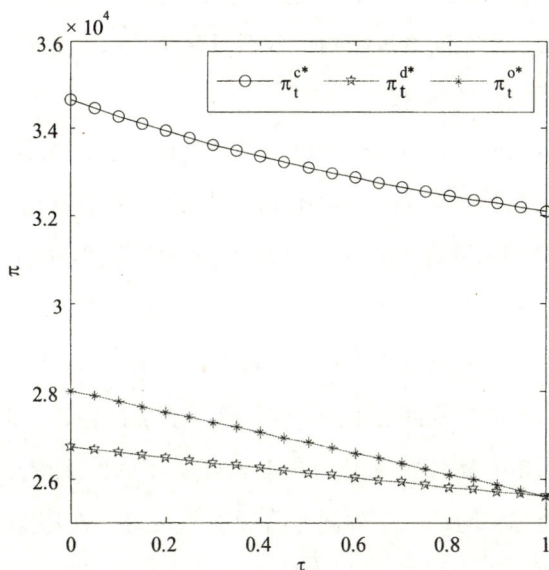

图 3-9　供应链利润水平随"搭便车"消费者比例的变化趋势

本节在制造商主导的双渠道供应链背景下,考虑网店直销渠道降低消费者转换成本的现实,探讨广泛存在的消费者"搭便车"行为影响双渠道供应链运作的机理。研究发现,新进入市场消费者的"搭便车"行为将会显著降低实体店促销努力水平和供应链整体利润水平,制造商通过采用促销成本分担协调机制能够有效实现制造商和实体店双方利润水平的帕累托改进,进而提高供应链运作效率。

第二节　消费者价格参照效应对供应链运作的影响

一、问题描述

在双渠道供应链中,原先实体店之间的竞争已经转换为实体店和网店两个渠道之间的竞争。根据日经中文网的报道,"双十一"期间,上海有 6000 多家实体店举行联合促销活动,"与网络同价"的促销宣传语到处可见。网店和实体店会通过各种促销方式来吸引消费者,网络的便捷性也使消费者"货比三家"变得更加方便,像如意淘、淘淘搜比价、亚马逊购物助手等比价软件比比皆是。苏宁易购、京东商城等购物平台不但有商品的历史价格变动折线图,还有其他商家的同款报价链接。

尼斯林等(Neslin et al.)的研究表明,消费者的购买决策往往会受到个体差异、渠道整合、渠道特性、社会影响、市场营销以及情景模式等因素的影响。[1] 在实体店和网店并存的双渠道环境下,消费者的购买行为已经呈现出许多新的变化:

第一,不同的消费者具有不同的渠道偏好。事实上,网店和实体店分别满足的是不同年龄、不同性别甚至不同工作性质消费者的需求。产品种类丰富、服务优质、多年积累的信任感等是消费者偏好实体店的主要原因;而方便快捷、能够突破时间和空间的限制等优势将吸引消费者在网店购买。中国青年报社会调查中心在 2013 年 11 月发布的调查数据表明,70.8%的被访者认为未来网店并不会完全取代实体店。第 33 次中国互联网络发展状况统计报告也显示,即使消费者具备在购买决策前搜索网上购物信息的条件,依然有22.6%的消费者会选择在线下实体店购买。

第二,消费者将综合不同渠道的价格形成参照价格。当面对不同渠道的

---

[1]　S. A. Neslin, D. Grewal, R. Leghorn, V. Shankar, M. L. Teerling, J. S. Thomas, P. C. Verhoef, "Challenges and Opportunities in Multichannel Customer Management", *Journal of Service Research*, Vol.9, No.2, 2006.

购买选择时,拥有多个移动设备的新一代消费者随时可以在线上线下进行价格比较,并最终将不同渠道的价格加权形成一个参照价格。当观测到的实际价格低于参照价格时,消费者会感到物有所值,提高购买意愿;反之,则会觉得物非所值,不愿购买。

卡内曼和特沃斯基(Kahneman and Tversky)在前景理论(Prospect Theory)中指出,决策者感受到的"获得"和"损失"是基于某一参照点而言,并不是真实获得和损失,从而为参照价格的研究奠定了理论基础。[①] 例如,家乐福曾开展过消费者对家乐福和大润发的形象感知市场调查活动。调查统计发现,家乐福超市在许多方面上要优于大润发超市,但在商品价格感知维度上却劣于大润发,大部分消费者觉得家乐福的产品销售价格要普遍高于大润发,在大润发购买商品获益更多,在家乐福购买就会受到损失。针对这一问题,家乐福在上千种商品上比较了两家超市的零售价格,发现绝大多数的商品价格都要低于大润发。但在食品类中,消费者最经常购买并且销售价格比较敏感的 11 种商品中,前 5 位的商品在家乐福的价格是要明显高于大润发。以高购买频率、高价格敏感型商品—鸡蛋为例,家乐福的平均销售价格要高出大润发 8%。由此可见,消费者往往依赖于商店里这些标杆商品价格的高低,来形成对一个商店整体价位的判断。如果标杆商品便宜,消费者就觉得这家店商品价格便宜,这些标杆商品就是消费者在价格判断时依赖的参照物。

对消费者价格参照效应的研究要追溯到威勒(Winer),其最早提出了有关参照价格的选择模型问题,研究发现消费者的购买选择不但受产品实际销售价格影响,还会受到消费者参照价格的因素影响。[②] 随着国外学者对消费者参照价格相关理论研究的不断深入,通过运用行为实验或者市场调查方法,已经形成了一套较为完整的理论体系。根据参照点的来源可以将参照价格大

---

① D. Kahneman, A. Tversky, "Prospect Theory: An Analysis of Decision under Risk", *Econometrica*, Vol.47, No.2, 1979.

② R. S. Winer, "A Reference Price Model of Demand for Frequently Purchased Products", *Journal of Consumer Research*, Vol.13, No.2, 1986.

致分为三类:基于内部价格、基于外部刺激以及价格和刺激的混合。学者们通常运用数理模型来研究消费者价格参照效应对供应链运作的影响。张等(Zhang et al.)研究发现,当消费者的初始参照价格越高时,消费者参照价格效应能够提高供应链利润水平;而当消费者对参照价格越敏感时,消费者对销售产品的忠诚度就越高。[①]

基于前面的案例和理论讨论,可以知道消费者在消费过程中的确存在着价格参照依赖行为,并且消费者价格参照效应会对供应链运作产生深刻影响。在制造商自我构建网店的双渠道供应链中,消费者在消费过程中有了更多的参照对象,研究消费者价格参照效应对双渠道供应链运作的影响更有现实价值。因此,本节重点探讨消费者价格参照效应对实体店和网店定价策略的影响,在此基础上通过分析制造商和实体店的利润变化,尝试建立有效契约来提高双渠道供应链成员的利润水平,并进一步研究消费者价格参照效应对供应链协调契约设计的影响。

二、模型构建

假设市场上存在一条制造商主导的两层供应链,即制造商在通过实体店销售产品的同时,也自建网店进行直销(如图3-10所示)。如耐克(Nike)、阿迪达斯(Adidas)等大型制造企业在与加盟实体店的合作中往往处于主导地位,通过加盟店销售产品的同时,也会在自己的官网销售产品。制造商给予实体店的批发价格为 w ,实体店销售价格为 p_r ,网店销售价格为 p_e 。双方进行斯坦克尔伯格博弈,作为主导方的制造商先行决策,实体店根据制造商的决策随后进行决策。

实体店和网店的需求函数 D_r 、D_e 分别为:

$$D_r = \beta a - p_r + \lambda(r - p_r) \tag{3-23}$$

① J. Zhang, W. Y. Kevin, L. Liang, "Strategic Pricing with Reference Effects in a Competitive Supply Chain", *Omega*, Vol.44, 2014.

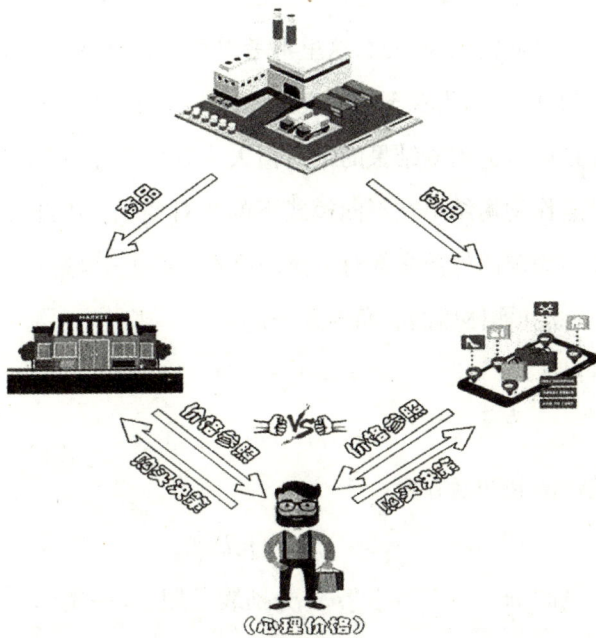

图 3-10 考虑价格参照效应的双渠道供应链结构

$$D_e = (1 - \beta) a - p_e + \lambda(r - p_e) \tag{3-24}$$

其中，a（$a > 0$）表示潜在的市场需求，β（$0 \leqslant \beta \leqslant 1$）表示消费者对实体店的偏好程度，$\beta$ 越大表示偏好实体店的消费者群体比例越大，偏好网店的消费者群体比例越小，反之亦然。r 为消费者参照价格，$\lambda(r - p_r)$ 和 $\lambda(r - p_e)$ 分别表示参照效应对实体店需求和网店需求的影响，λ（$0 \leqslant \lambda \leqslant 1$）为影响系数，当销售价格低于参照价格时，消费者感知"获得"，参照效应可以缓冲价格上升引起的需求下降；当销售价格高于参照价格时，消费者感知"损失"，参照效应将进一步加剧价格上升引起的需求下降。

借鉴耿等（Geng et al.）研究构建的消费者价格参照模型，这里将参照价格设定为实体店销售价格和网店直销价格的加权平均函数：$r = kp_r + (1 - k) p_e$，其中 k（$0 \leqslant k \leqslant 1$）表示参照价格受实体店销售价格影响的权重，$1 - k$ 表示参照价格受网店直销价格影响的权重，k 越大表示参照价格受实体店销售价格的影响越大,受网店直销价格的影响越小,反之亦然。

与罗美玲等的研究假设一致,这里不考虑双方的销售成本,同时假设制造商的生产成本为 0。[①] 因为在不同的决策模式下,产品生产成本和销售成本的存在虽然会导致供应链均衡结果的绝对值大小发生变化,但本节研究的重点是分析供应链运作均衡结果在不同模式下的相对变化。因此,产品生产成本和销售成本作为固定的外部参数对主要结论不会产生影响。

此时,制造商和实体店的利润函数分别为:

$$\pi_m = wD_r + p_e D_e \tag{3-25}$$

$$\pi_r = (p_r - w) D_r \tag{3-26}$$

供应链整体的利润函数为:

$$\pi_{sc} = p_r D_r + p_e D_e \tag{3-27}$$

其中,用下标"m""r""e""sc"分别表示制造商、实体店、网店和供应链整体,用上标"c""d""o"分别表示集中决策、分散决策和存在协调契约的三种模式,上标"$*$"代表最优决策量。

三、结果分析

(一)集中决策模式

首先讨论集中决策模式,将这种模式作为后续讨论的参照。在集中决策模式下,供应链实现纵向一体化,同时对实体店销售价格 p_r 和网店直销价格 p_e 进行联合优化。联立求解 $\dfrac{\partial \pi_{sc}^c}{\partial p_r^c} = 0$ 和 $\dfrac{\partial \pi_{sc}^c}{\partial p_e^c} = 0$,可以得到最优的实体店销售价格和网店直销价格分别为:

$$p_r^{c*} = \frac{[2\beta + (1 - \beta)\lambda + 2\beta\lambda k]\,a}{4 + 4\lambda - \lambda^2 + 4\lambda^2 k - 4\lambda^2 k^2} \tag{3-28}$$

---

① 罗美玲、李刚、张文杰:《双渠道供应链中双向搭便车研究》,《系统管理学报》2014 年第 3 期。

$$p_e^{c*} = \frac{[2(1-\beta) + (2-\beta)\lambda - 2(1-\beta)\lambda k]\, a}{4 + 4\lambda - \lambda^2 + 4\lambda^2 k - 4\lambda^2 k^2} \tag{3-29}$$

由于 $p_e^{c*} - p_r^{c*} = \dfrac{[2 - 4\beta + \lambda - 2\lambda k]\, a}{4 + 4\lambda - \lambda^2 + 4\lambda^2 k - 4\lambda^2 k^2}$，当 $\beta \geqslant \dfrac{2 + \lambda - 2\lambda k}{4}$ 时，

$p_r^{c*} \geqslant p_e^{c*}$；当 $\beta < \dfrac{2 + \lambda - 2\lambda k}{4}$ 时，$p_r^{c*} < p_e^{c*}$。由此可以得出命题 3-7：

命题 3-7　当偏好网店(实体店)的消费者群体比例较大(较小)时，集中决策模式下网店的销售价格大于实体店的销售价格；反之网店的销售价格小于实体店的销售价格。

进一步将 p_r^{c*} 和 p_e^{c*} 代入 π_{sc}^c 得到供应链整体利润水平为：

$$\pi_{sc}^c = \frac{[(1 - 2\beta + 2\beta^2) + (1-\beta)\lambda - (1 - 2\beta)\lambda k]\, a^2}{4 + 4\lambda - \lambda^2 + 4\lambda^2 k - 4\lambda^2 k^2} \tag{3-30}$$

(二)分散决策模式

在分散决策模式中，理性的制造商和实体店都是以自身收益最大化为目标进行决策，局部个体最优往往不能使全局整体最优。作为主导方的制造商先决定批发价格和网店直销价格，实体店随后决定自身的销售价格。利用逆序归纳法求解，可以得到最优的批发价格、实体店销售价格和网店直销价格分别为：

$$w^{d*} = \frac{[4\beta + 2(1+\beta)\lambda + 2(1-\beta)\lambda^2 - (2 - 5\beta)\lambda^2 k - 2\beta\lambda^2 k^2]\, a}{(1 + \lambda + \lambda k)(8 + 8\lambda - \lambda^2 + 4\lambda^2 k - 4\lambda^2 k^2)}$$

$$\tag{3-31}$$

$$p_r^{d*} = \frac{[6\beta + 3(1+\beta)\lambda - (1-\beta)(2\lambda k - 3\lambda^2) - (5 - 9\beta)\lambda^2 k + 2(1 - 3\beta)\lambda^2 k^2]\, a}{(1 + \lambda + \lambda k)(8 + 8\lambda - \lambda^2 + 4\lambda^2 k - 4\lambda^2 k^2)}$$

$$\tag{3-32}$$

$$p_e^{d*} = \frac{[4(1-\beta) + (4 - 3\beta)\lambda - 2(2 - 3\beta)\lambda k]\, a}{8 + 8\lambda - \lambda^2 + 4\lambda^2 k - 4\lambda^2 k^2} \tag{3-33}$$

分析发现 $\dfrac{\partial w^{d*}}{\partial \beta} > 0$，$\dfrac{\partial p_r^{d*}}{\partial \beta} > 0$ 和 $\dfrac{\partial p_e^{d*}}{\partial \beta} < 0$，由此可以得到命题 3-8：

命题 3-8　批发价格和实体店销售价格随着消费者对实体店偏好的增大

而增大,网店销售价格随着消费者对实体店偏好的增大而减小。

　　命题 3-8 说明,当偏好实体店(网店)的消费者群体比例逐渐增大(减小)时,实体店可以提高销售价格来获得更多的利润,而制造商将降低网店价格来吸引更多的消费者,同时提高批发价格来更多地攫取实体店利润。也就是说,当某一渠道的潜在消费者数量减少时,商家经常会通过打折促销等活动降低销售价格来吸引更多的消费者。例如,消费者经常会在商场看到一些断码处理的鞋子,尺码往往会偏离多数消费者的尺寸,商家就会通过降价的方式吸引一些少数消费者。

　　鉴于均衡解的复杂性,通过数值仿真来分析 λ 对 p_e^{d*}、p_r^{d*}、w^{d*}、D_r 和 D_e 的影响。参数设置为 $a = 200, k = 2/3, \beta = 0.3, 0.5, 0.8, \lambda \in [0,1]$,得到图 3-11、图 3-12、图 3-13 和图 3-14。

　　图 3-11 表明,当偏好网店的消费者群体比例较小时,网店的销售价格随着参照效应的增大而增大;当偏好网店的消费者群体比例较大时,网店的销售价格随着参照效应的增大而减小。

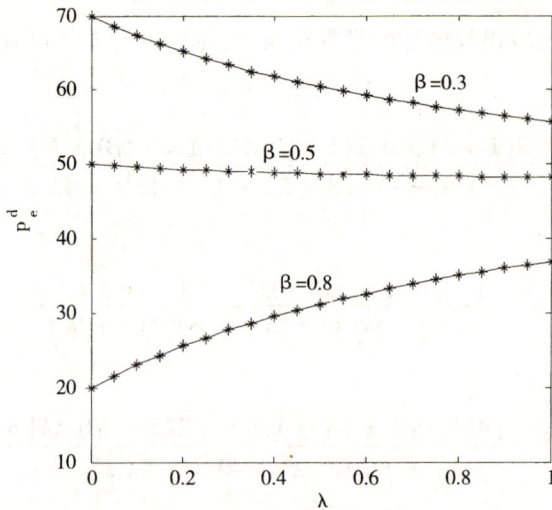

图 3-11　网店的销售价格随参照效应的变化趋势

结合命题3-8,进一步分析可以发现:当偏好网店的消费者群体比例较小时,网店的销售价格会降低,同时参照效应的存在会使网店的销售价格增大;相反,偏好网店的消费者群体比例较大时,网店的销售价格会提高,同时参照效应的存在会使网店的销售价格减小。所以可以看出,参照效应的存在可以有效降低消费者渠道偏好对网店销售价格的影响。

图3-12表明,当偏好实体店的消费者群体比例较小时,实体店的销售价格随着参照效应的增大而增大;当偏好实体店的消费者群体比例较大时,实体店的销售价格随着参照效应的增大而减小。

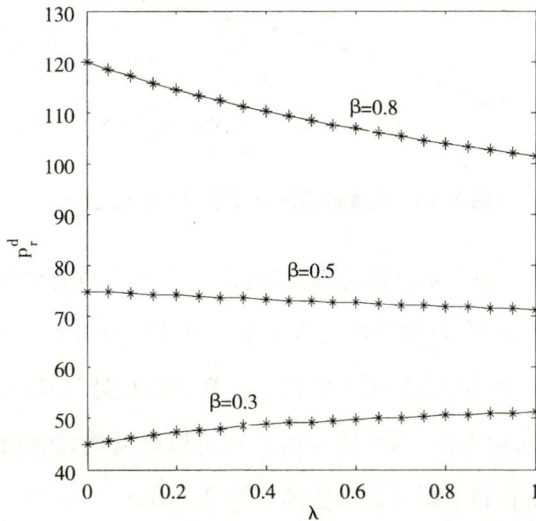

图3-12　实体店的销售价格随参照效应的变化趋势

结合命题3-8,进一步分析可以发现:偏好实体店的消费者群体比例较小时,实体店的销售价格会降低,同时参照效应的存在会使实体店的销售价格增大;相反,偏好实体店的消费者群体较大时,实体店的销售价格会提高,同时参照效应的存在会使实体店的销售价格减小。所以可以看出,参照效应的存在也会降低消费者渠道偏好对实体店销售价格的影响。

图3-13表明,当偏好实体店的消费者群体比例较小时,批发价格随着参照效应的增大而增大;当偏好实体店的消费者群体比例较大时,批发价格随着

参照效应的增大而减小。

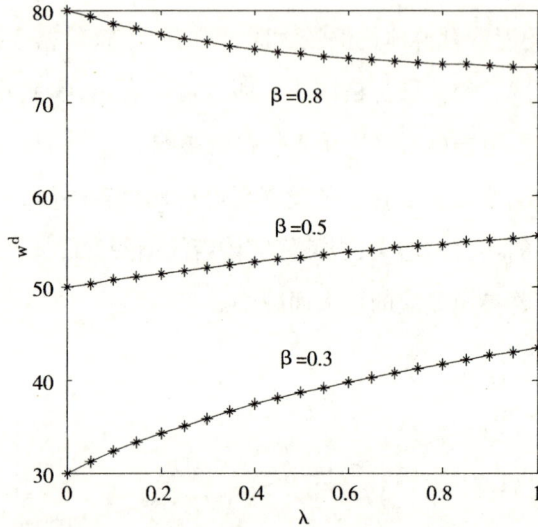

图 3-13 批发价格随参照效应的变化趋势

结合命题 3-8,进一步分析可以发现:偏好实体店的消费者群体比例较小时,批发价格会降低,同时参照效应的存在会使批发价格增大;相反,偏好实体店的消费者群体比例较大时,批发价格会提高,同时参照效应的存在会使批发价格减小。所以可以看出,参照效应的存在可以降低消费者渠道偏好对批发价格的影响,从而有利于制造商和实体店开展合作。

图 3-14 表明,网店和实体店的需求随消费者对其偏好的增大而增大,随着参照效应的变化,网店和实体店的需求变化是相反的。

综合分析图 3-11 至图 3-14,可以看出当较多的消费者愿意到实体店购买产品时,实体店销售价格往往会高于网店直销价格,同时较高的参照效应将吸引更多的消费者转移到网店进行购买,为了避免消费者的购买转移行为,实体店将不得不主动降低销售价格,而随着到网店购买的消费者增多,网店将提高直销价格。

分析网店和实体店的销售价格,可以发现:当 $\beta \geqslant$

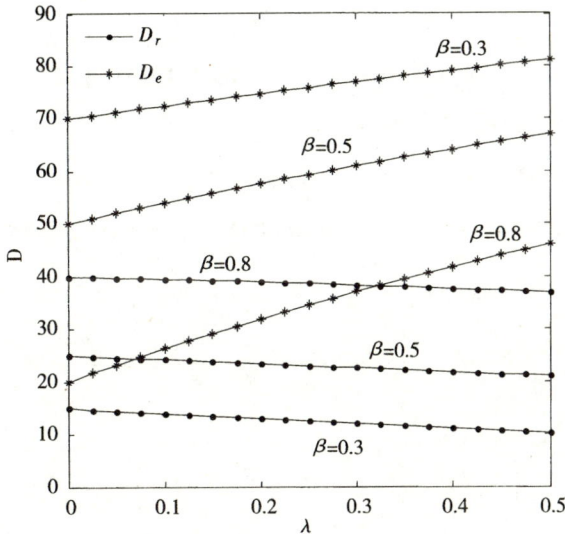

图 3-14　网店和实体店的需求随参照效应的变化趋势

$$\frac{4 + 5\lambda - 6\lambda k + \lambda^2 - 3\lambda^2 k + 2\lambda^2 k^2}{10 + 10\lambda - 8\lambda k}$$ 时，有 $p_r^{d*} \geqslant p_e^{d*}$ 成立；当 $\beta <$

$$\frac{4 + 5\lambda - 6\lambda k + \lambda^2 - 3\lambda^2 k + 2\lambda^2 k^2}{10 + 10\lambda - 8\lambda k}$$ 时，有 $p_r^{d*} < p_e^{d*}$ 成立。由此可以得到命

题 3-9：

命题 3-9　当消费者更加偏好网店时，分散决策模式下网店的销售价格高于实体店的销售价格；当消费者更加偏好实体店时，分散决策模式下网店的销售价格低于实体店的销售价格。

命题 3-9 说明，与网店相比，实体店的店面佣金、水电费用较高，员工薪酬也比网店高很多。此外，像服装、鞋帽等实体店还需要陈列一定数量的商品供消费者试穿，同时也需要配备一些店员进行讲解，导致营销成本远远高于网店。因此，实体店的销售价格常常高于网店的销售价格。当然，并非网店的销售价格一直低于实体店的销售价格，以飞牛网为例，像大米等生活必需品反而比实体店大润发超市的价格要高。像达芙妮、优衣库等服装品牌，专卖店促销时价格反而比官方旗舰店网店的价格要低。

对比分析集中决策模式和分散决策模式下两个渠道价格关系的临界点，由于 $\lim\limits_{\lambda \to 0} \dfrac{2 + \lambda - 2\lambda k}{4} = \dfrac{1}{2}$ 和 $\lim\limits_{\lambda \to 0} \dfrac{4 + 5\lambda - 6\lambda k + \lambda^2 - 3\lambda^2 k + 2\lambda^2 k^2}{10 + 10\lambda - 8\lambda k} = \dfrac{2}{5}$。因此，当参照效应很小时，分散决策时模式下 β 的临界点要小于集中决策模式下 β 的临界点（如图 3-15 和图 3-16 所示）。由于分散决策时制造商处于领导地位，地位的不平等导致满足网店的销售价格大于实体店销售价格的条件范围更大（如图 3-16 所示）。

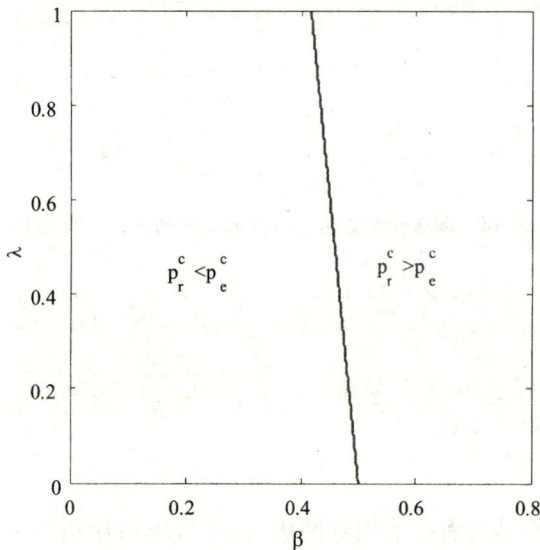

图 3-15　集中决策模式下价格关系随参照效应的变化

分析集中决策模式和分散决策模式供应链整体利润差额 $\Delta\pi_{sc}$（$\Delta\pi_{sc} = \pi_{sc}^c - \pi_{sc}^d$），可以发现：$\Delta\pi_{sc} > 0$，$\dfrac{\partial \Delta\pi_{sc}}{\partial \beta} > 0$。由此可以得到命题 3-10：

命题 3-10　相比于集中决策模式，分散决策模式下供应链整体收益会下降，下降幅度与偏好实体店的消费者群体比例正相关。

命题 3-10 说明，当偏好实体店的消费者群体比例越大时，分散决策情形下制造商和实体店之间的双重边际效应也会越严重，从而导致供应链整体利润水平的下降幅度越大。在双渠道供应链中，由于制造商和实体店之间的存

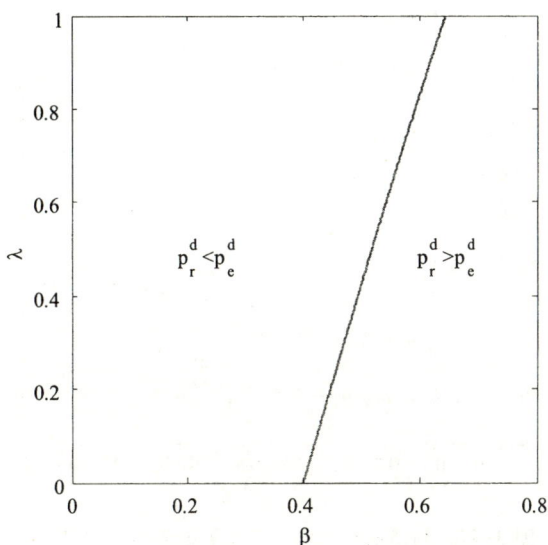

图 3-16　分散决策模式下价格关系随参照效应的变化

在利益冲突,所以偏好实体店的消费群体比例越大,双渠道供应链的边际效应越严重。

　　进一步利用数值仿真来刻画 λ 对 π_m^d、π_r^d、π_{sc}^d 和 $\Delta\pi_{sc}$ 的影响,可以得到图 3-17、图 3-18、图 3-19 和图 3-20。

　　图 3-17 表明,当偏好实体店(网店)的消费者群体比例较大(小)时,制造商利润水平随参照效应的增大而增大;而当偏好实体店(网店)的消费者群体比例较小(大)时,制造商利润水平随参照效应的增大而减小。

　　图 3-18 表明,当偏好实体店(网店)的消费者群体比例较大(小)时,实体店利润水平随着参照效应的增大而减小;而当偏好实体店(网店)的消费者群体比例较小(大)时,实体店利润水平随着参照效应的增大而增大。

　　对比分析图 3-17 和图 3-18,当偏好实体店(网店)的消费群体比例较大(小)时,制造商的收益下降,实体店的收益上升,但是参照效应会使制造商的收益上升,使实体店的收益下降;当偏好实体店(网店)的消费群体比例较小(大)时,制造商的收益上升,实体店的收益下降,但是参照效应会使制造商的

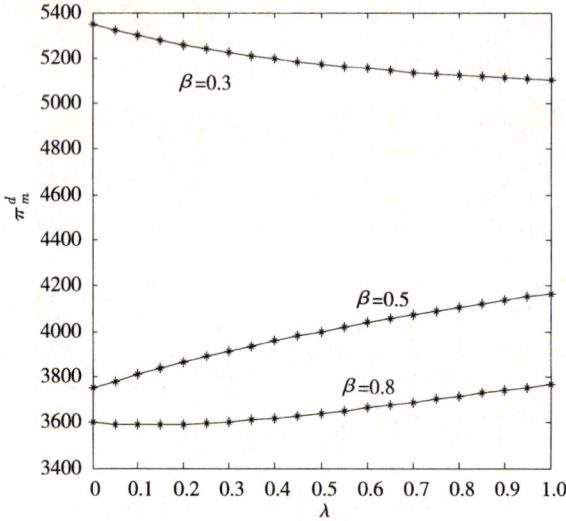

图 3-17　制造商利润水平随参照效应的变化趋势

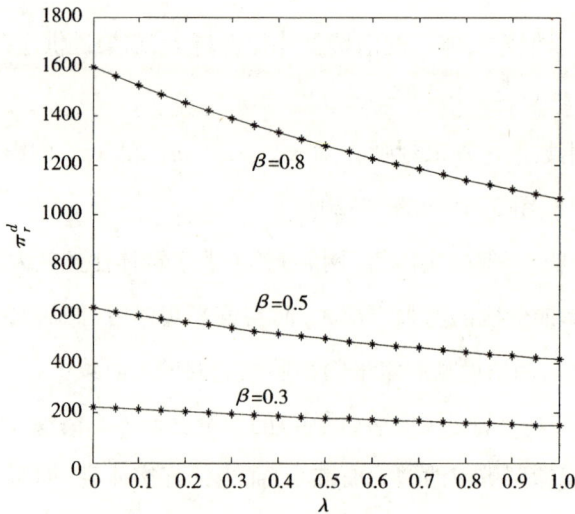

图 3-18　实体店利润水平随参照效应的变化趋势

收益下降，使实体店的收益上升。所以，参照效应的存在能够有效降低消费者渠道偏好对制造商和实体店收益产生的影响。

图 3-19 表明，当偏好实体店（网店）的消费群体比例较大（小）时，供应链

整体利润水平随着参照价格的增大而减小;反之亦然。这说明当市场上一种渠道占据主导地位时,参照效应会使供应链整体利润水平下降;但当市场上偏好不同渠道的消费者数量比较接近时,参照效应会使供应链整体利润水平提高。

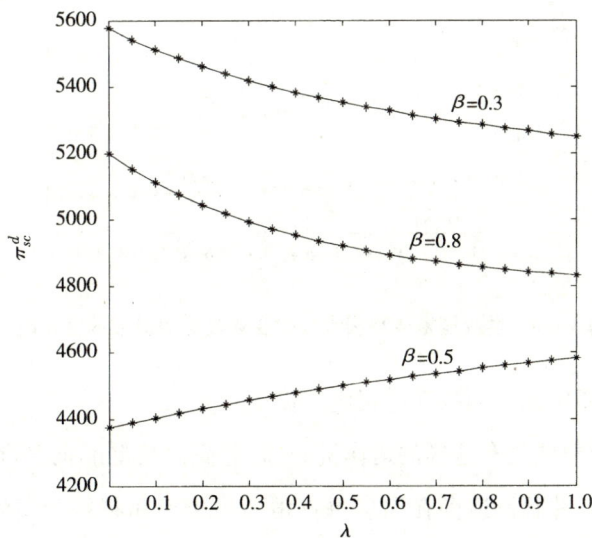

图3-19　供应链整体利润水平随参照价格的变化趋势

图3-20表明,随着参照效应的增大,分散决策模式下供应链整体利润水平的降低幅度将减小。这说明,参照效应的存在有助于缓解渠道间的价格竞争,从而提升双渠道供应链的运作效率。

四、协调契约设计

在分散决策模式下,双重边际效应以及渠道之间的价格竞争会使供应链整体利润水平下降,作为主导方的制造商可以尝试设计一个两部定价契约对供应链进行协调。两部定价是非线性定价中最简单的定价方式,广泛应用于铁路、通讯、电力企业等公共部门的定价决策。例如,通讯公司每月会收取一定的基本费用,然后再按超出的通话时间向用户收费。在打车时,也会先支付

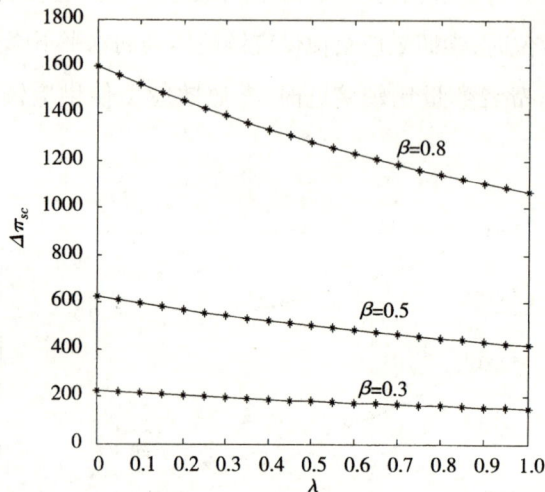

图 3-20　供应链整体利润水平的变化随参照效应的变化趋势

起步费，再按超出的里程数支付相应的费用。

两部定价契约具有这样的运作机制：制造商以较低的批发价格 w 将产品批发给实体店，并且制造商在网店每直销一单位产品将给予实体店补贴 m，作为主导方的制造商在销售结束后向实体店收取固定费用 T。此时，制造商和实体店的利润函数分别为：

$$\pi_m^o = wD_r + (p_e - m) D_e + T \tag{3-34}$$

$$\pi_r^o = (p_r - w) D_r + mD_e - T \tag{3-35}$$

同理，可以得到最优的实体店销售价格和网店直销价格为 p_r^{o*} 和 p_e^{o*}。供应链作为一个整体的决策变量只有 p_r^{o*} 和 p_e^{o*}，只有当两个决策变量全部等于集中决策模式下的决策变量，供应链整体利润才能达到最优，也就是说当同时满足 $p_r^{o*} = p_r^{c*}$，$p_d^{o*} = p_d^{c*}$ 的条件时，两部定价契约将实现供应链完全协调。此时，w^0 和 m 的取值分别为：

$$w^0 = \frac{[2(1 - \beta) \lambda k + (2 - 3\beta) \lambda^2 k + 2\beta\lambda^2 k^2 - (1 - \beta) \lambda^3 k + (3 - 4\beta) \lambda^3 k^2 - 2(1 - 2\beta) \lambda^3 k^3] a}{(1 + \lambda) (4 + 4\lambda - \lambda^2 + 4\lambda^2 k - 4\lambda^2 k^2)}$$

$$\tag{3-36}$$

$$m = \frac{\begin{bmatrix} 2\beta\lambda(1-k) + (1+\beta)\lambda^2 - (3-\beta)\lambda^2k + 2(1-\beta)\lambda^2k^2 \\ + (1-\beta)\lambda^3 - (4-5\beta)\lambda^3k + (5-8\beta)\lambda^3k^2 - 2(1-2\beta)\lambda^3k^3 \end{bmatrix}a}{(1+\lambda)(4+4\lambda-\lambda^2+4\lambda^2k-4\lambda^2k^2)}$$

$$(3-37)$$

利用数值仿真来分析 λ 对 Δw（ $\Delta w = w^{d*} - w^o$ ）和 m 的影响。图 3-21 和图 3-22 表明,在两部定价契约的协调作用下,随着参照效应的增大,制造商的批发价格将减小,制造商给予实体店的补贴将增大;随着偏好实体店的消费者群体比例增大,制造商给予实体店的批发价格将增大,而给予实体店的补贴也将增大。

当存在参照效应时,制造商一方面通过给予实体店补贴来缓解渠道间的价格竞争,另一方面也可以通过提高批发价格来挽回损失;而当有较多的消费者愿意到实体店购买产品时,由于双重边际效应的加剧,制造商必须作出更多的让步(降低批发价格、提高补贴)才能达到整体最优。

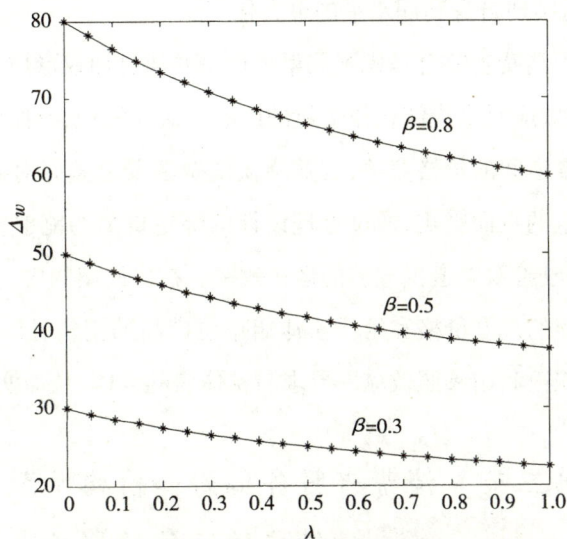

图 3-21　制造商的批发价格随参照效应的变化趋势

事实上,由于制造商在博弈过程中处于主导地位,因此制造商可以在保证协调后实体店利润不减少的前提下,要求实体店提供一个转移支付 T（ $T =$

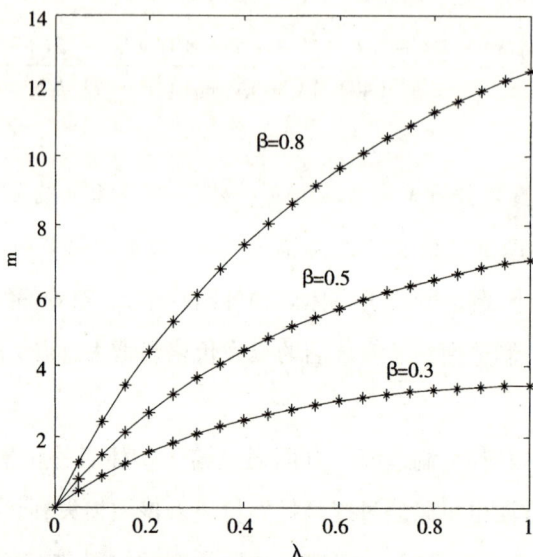

图 3-22　制造商给予实体店的补贴随参照效应的变化趋势

$\pi_r^o - \pi_r^d$），从而实现自身利润水平的最大化。

　　本节刻画了消费者综合考虑不同渠道价格并通过加权形成参照价格的机理，分析了参照效应对供应链运作造成的影响。研究发现，参照效应能够缓解实体店和电商渠道间的价格竞争，有效降低消费者渠道偏好对制造商收益和实体店收益产生的负面影响，通过合理设计两部定价契约能够实现双渠道供应链协调，从而改善双渠道供应链的运作效率。在协调契约中，参照效应会同时影响到制造商的批发价格和给予实体店单位产品的销售补贴，作为主导方的制造商应该积极利用参照效应去寻求与实体店的合作，从而实现共赢局面。

第三节　消费者服务偏好和价格参照效应对供应链运作的影响

一、问题描述

　　艾瑞公司的调查数据表明，与实体店相比，网店能够节省 60% 的运输成本和30%的运输时间,降低55%的营销成本和47%的渠道成本,因此网店的直销价格往往低于实体店。面对网店的低价冲击,许多商家不得不关闭其经营的实体店(如表3-1所示)。2016年12月31日,经营近二十年的上海知名购物地标太平洋百货淮海店因为租约到期也正式宣布停止营业。

表3-1　2016年上半年大型百货和购物中心关店统计

企业	城市	门店	面积（平方米）	关店时间	开店年份
百盛	西安	东大街店	19000	2016.6.11	1998
摩尔百货	成都	天府店	30000	2016.2.29	2002
NOVO百货店	重庆	大融城店	3500	2016.2.25	2013
来雅百货	泉州	中骏世界城店	35000	2016.3.31	2014
友谊商店	广州	南宁店	20000	2016.4.26	2007
天虹商场	深圳	深南君尚百货	20000	2016.2.7	2014
喜乐地购物中心	长沙	万家丽店	8000	2016.3.10	2007
西单商场	北京	十里堡店	14000	2016.1.10	2010
南京八佰伴	南京	南京店	25000	2016.5.16	2008
金鹰商贸	合肥	宿州路店	80000	2016.1.1	2010
新华百货	银川	东方红店	46000	2016.2.28	2011

资料来源:笔者整理。

面对网店的冲击,许多实体店正在利用直接面对消费者的优势来优化产品展示、体验、销售人员讲解、送货、退换货等服务项目,从而缓解竞争压力。2016年12月21日,国美电器总裁王俊洲接受《证券日报》记者专访时提出,在未来零售中实体门店的价值正在提升,实体店的零售越来越依赖于供应链和服务产品。零售咨询公司WD合伙人所公布的一份报告也显示,实体店可以通过不断优化自身服务项目来吸引更多消费者。例如,国美电器正通过"烘焙课堂""智创空间""电竞网咖""厨卫一体化展示"等一系列项目改造实体店,展示和提供优质的家庭全屋设计解决方案,从厨房到客厅、从净水到地暖为顾客提供全方位的服务。

事实上,实体店服务是影响双渠道供应链运作的重要因素之一。一方面,实体店服务产生需求正溢出效应。当两个渠道出售的是同质产品时,有些消费者会去实体店享受产品展示讲解、免费试用等促销服务,然后再去网店进行购买,消费者在渠道之间存在服务偏好以及服务"搭便车"行为。例如,国美、苏宁等家电零售实体店某种程度上正在成为像京东商城这样的线上零售商的体验店。实体店服务不仅能增加自身的需求,也能增加网店的需求,产生正溢出效应。另一方面,实体店服务改变消费者关于实体店出售产品的参照价格。消费者在购买决策过程中会受到市场环境因素和外部刺激的影响,最终形成参照价格。[1] 服务作为外部刺激,能够改变消费者心里的参照价格。以海底捞火锅为例,顾客从进店、用餐到离店整个过程都会享受到服务员高效、亲切、周到、热情的服务。另外,在等待就餐时还可以体验免费按摩、美甲、手部护理等特色服务,高质量、高标准化的服务使顾客很自然地接受较高的消费价格。

罗姆和斯瓦米纳坦(Rohm and Swaminathan)通过实证研究发现,商店服务水平是影响消费者购物的主要影响因素之一。[2] 多姆朗斯锐(Dumrongsiri)研究指出,服务是影响供应链运营效率非常重要的因素,实体店和网店的不同服务特征会对消费者行为选择产生影响。[3] 赵和王(Zhao and Wang)基于模糊需求的二层供应链(一个制造商和两个实体店),探讨实体店服务水平对供应链定价策略的影响,研究发现当两个实体店同时提供服务时,供应链的定价最高,而且由于服务成本系数不同,服务策略对两个零售商的收益影响结果存在着差异。[4] 范小军和刘艳通过将消费者分为高服务偏好和低服务偏好两类,研究发现当产品在线适合度足够高时,制造商引入线上渠道能够激励实体

① T. Mazumdar, S. R. Raj, I. Sinha, "Reference Price Reference Research: Review and Proposition", *Journal of Marketing*, Vol.69, No.4, 2005.

② A. J. Rohm, V. Swaminathan, "A Typology of Online Shoppers Based on Shopping Motivations", *Journal of Business Research*, Vol.57, No.7, 2004.

③ A. Dumrongsiri, M. Fan, A. Jain, K. Moinzadeh, "Supply Chain Model with Direct and Retail Channels", *European Journal of Operational Research*, Vol.187, No.3, 2008.

④ J. Zhao, L. S. Wang, "Pricing and Retail Service Decisions in Fuzzy Uncertainty Environments", *Applied Mathematics and Computation*, Vol.250, 2015.

店提高服务水平,而且产品在线的适合度越高,服务水平提高越显著,能够实现制造商和实体店双赢的效果。①

　　本节综合考虑消费者存在的服务偏好和价格参照行为,对消费者服务偏好和消费者价格参照效应因素影响双渠道供应链运作的机理进行深入分析,通过比较供应链主体利润水平在不同决策模式下的变化,尝试构建合适的契约来实现双渠道供应链协调。

二、模型构建

　　与前文类似,本节同样以制造商主导的两层供应链作为研究对象,制造商在通过实体店销售产品的同时,也自建网店进行产品销售(如图 3-23 所示)。其中,w 为制造商给予实体店的批发价格,p_r 和 p_e 分别为实体店与网店的销售价格,s_r 为实体店提供的销售服务。

图 3-23　实体店提供服务情形下的双渠道供应链

---

① 范小军、刘艳:《制造商引入在线渠道的双渠道价格与服务竞争策略》,《中国管理科学》2016 年第 7 期。

实体店服务会对双渠道供应链运作产生如下影响:

(1)产生需求正溢出效应。实体店提供的服务水平 s 不仅增加自身的需求 $\delta_2 s$,同时也增加网店的需求 $\delta_1 s$,$\delta_2(\delta_2 > 0)$ 为服务对实体店自身需求的提高系数,$\delta_1(\delta_1 > 0)$ 为由于存在"搭便车"消费者,实体店服务影响网店需求的正溢出系数,并且有 $\delta_2 > \delta_1 > 0$ 。

(2)改变消费者关于实体店出售产品的参照价格。参考张等(Zhang et al.)构建的参照价格函数,将实体店服务水平 s 影响下的参照价格 r 表示为:

$$\dot{r} = \varepsilon(p_r - r) + us \tag{3-38}$$

$\dot{r}$ 的函数形式表示:消费者关于实体店产品的参照价格同时受到产品实际售价和实体店服务水平的影响。其中,$\varepsilon(\varepsilon > 0)$ 为"记忆参数",ε 越大表示消费者对过去购买经历的记忆越短暂,$\varepsilon(p_r - r)$ 表示实际售价对参考价格变化的影响程度;us 为实体店服务对参照价格变化的影响,$u(u > 0)$ 表示实体店服务提高消费者参照价格的影响系数;$r_0 = p_r$ 表示初始时刻的参照价格等于实体店的实际售价。

考虑到实体店服务产生的上述影响,网店和实体店面临的市场需求可以分别表示为:

$$D_e = (1 - \beta)a - p_e + ep_r + \delta_1 s \tag{3-39}$$

$$D_r = \beta a - p_r + ep_e + \lambda(r - p_r) + \delta_2 s \tag{3-40}$$

其中,a 表示潜在的市场需求,$\beta(0 \leq \beta \leq 1)$ 和 $1 - \beta$ 表示消费者对实体店与网店的偏好程度。p_e 和 p_r 表示期初网店和实体店确定的实际售价,e ($0 \leq e \leq 1$)为交叉价格弹性系数,$\lambda(r - p_r)$ 表示参照效应引致的实体店需求,$\lambda(0 < \lambda < 1)$ 为参照效应对实体店需求的提高系数。

假设实体店因提供服务水平 s 需花费的成本为 $ks^2/2$,进一步假设服务成本系数相对较大,即有 $k > \delta_1^2/2$ 。制造商将产品以价格 w 批发给实体店,同时制定销售价格 p_e 在网店直销;实体店以价格 p_r 销售产品,单位销售成本为 c ,并根据现实的合理性,令 $w + c < p_r$ 。为不失一般性,本节假设产品的单位生产成本为 0,网店的销售成本也为 0。

在现实的市场运作过程中,网店直销价格变动相对频繁,实体店销售价格往往比较稳定。例如,在 2014 年的圣诞购物季中,亚马逊网店对所有商品所做的价格调整次数高达 100 亿次,而一些传统零售商,往往每隔三个月才会调整一次价格。因此,在分析的过程中假设实体店销售价格 p_r 保持不变。

基于上述假设,可以得到制造商和实体店在时刻 t 的利润函数分别为:

$$\pi_m(t) = p_e D_e + w D_r \tag{3-41}$$

$$\pi_r(t) = (p_r - w - c) D_r - \frac{1}{2} k s^2 \tag{3-42}$$

在长期的供应链运作过程中,制造商和实体店的利润现值决策函数分别为:

$$\max_{p_e} J_m = \int_0^\infty e^{-\rho t} (p_e D_e + w D_r) \, dt \tag{3-43}$$

$$\max_s J_r = \int_0^\infty e^{-\rho t} \left[(p_r - w - c) D_r - \frac{1}{2} k s^2 \right] dt \tag{3-44}$$

供应链整体的利润现值决策函数为:

$$\max_{p_e, s} J_{sc} = \int_0^\infty e^{-\rho t} \left[p_e D_e + (p_r - c) D_r - \frac{1}{2} k s^2 \right] dt \tag{3-45}$$

在这里,ρ 为折现系数。

考虑到资金成本的现实约束,实体店不可能无限制地提高服务水平,因此实体店的服务水平小于上限 S ,即有 $0 \leqslant s(t) \leqslant S$ 。

三、结果分析

(一)集中决策模式

在集中决策模式下,供应链实现纵向一体化。作为主导的制造商以供应链整体收益最大为决策目标,决策实体店最优服务水平和网店直销价格。由于在静态优化问题中,目标函数未能体现时间维度,而通过最优控制理论构建哈密尔顿函数可以来研究随时间变化的确定性能指标使整体系统达到最优化的动态问题。在这类问题中,考虑一个计划期间,比如从初始点 $t = 0$ 到终点

$t = T$，尝试发现在这个时间段中的最佳行动过程，即反映供应链成员实现收益最大化的决策过程。

首先构建哈密尔顿函数为：

$$H^c = p_e[(1 - \beta) a - p_e + ep_r + \delta_1 s] + (p_r - c) [a_r - p_r + ep_e +$$
$$\lambda(r - p_r) + \delta_2 s] - \frac{1}{2} ks^2 + \gamma[\varepsilon(p_r - r) + us] \qquad (3-46)$$

函数 H^c 达到最优必须满足控制方程、状态方程以及伴随方程的条件：

控制方程：

$$\frac{\partial H^c}{\partial s} = 0 \qquad (3-47)$$

状态方程：

$$\frac{\partial H^c}{\partial \gamma} = \dot{r} \qquad (3-48)$$

伴随方程：

$$\dot{\gamma} = \rho\gamma - \frac{\partial H^c}{\partial r} \qquad (3-49)$$

通过化简伴随方程式可以得到：

$$\gamma u = ks - [\delta_2(p_r - c) + \delta_1 p_e] \qquad (3-50)$$

又由于有 $\frac{\partial^2 H^c}{\partial s^2} = -k < 0$，因此可以判定 $\gamma u = ks - [\delta_2(p_r - c) + \delta_1 p_e]$ 的解能够实现 H^c 最大化。

化简式 $\gamma u = ks - [\delta_2(p_r - c) + \delta_1 p_e]$ 可以得到：

$$\dot{\gamma} = (\rho + \varepsilon) \gamma - \lambda(p_r - c) \qquad (3-51)$$

在式 $\dot{\gamma} = (\rho + \varepsilon) \gamma - \lambda(p_r - c)$ 中求解 s 关于 t 的变化率得到：

$$\dot{s} = (\rho + \varepsilon) s - \frac{\rho + \varepsilon}{k}[\delta_2(p_r - c) + \delta_1 p_e] - \frac{\lambda u}{k}(p_r - c) \qquad (3-52)$$

求解式(3-52)可以得到 s 的通解：

$$s(t) = \frac{1}{k}[\delta_2(p_r - c) + \delta_1 p_e] + \frac{\lambda u}{k(\rho + \varepsilon)}(p_r - c) + Ce^{(\rho+\varepsilon) t} \qquad (3-53)$$

其中, C 为常数。很显然, 若 $C \neq 0$, 那么当 $t \rightarrow +\infty$ 时, 必然有 $s(t) \rightarrow +\infty$, 这将不满足 $0 \leqslant s(t) \leqslant S$ 的约束条件, 因此必须有 $C = 0$。此时实体店的服务水平为:

$$s = \frac{1}{k}[\delta_2(p_r - c) + \delta_1 p_e] + \frac{\lambda u}{k(\rho + \varepsilon)}(p_r - c) \tag{3-54}$$

同时, 由一阶最优条件 $\dfrac{\partial J_{sc}}{\partial p_e} = 0$ 得到:

$$p_e = \frac{(1 - \beta)a + 2ep_r + \delta_1 s - ec}{2} \tag{3-55}$$

又由于有 $\dfrac{\partial^2 J_{sc}}{\partial p_e^2} = -\dfrac{2}{\rho} < 0$, 因此可以判定式 p_e 的解能使 J_{sc} 最大化。因此, 实体店服务水平和网店直销价格的均衡解分别为:

$$s^{c*} = \frac{2(\delta_2 + \delta_1 e)p_r + \delta_1(1 - \beta)a}{2k - \delta_1^2} + \frac{2\lambda u(p_r - c)}{(2k - \delta_1^2)(\rho + \varepsilon)} \tag{3-56}$$

$$p_e^{c*} = \frac{k(1 - \beta)a + (2ke + \delta_1\delta_2)p_r - (\delta_1\delta_2 + ke)c}{2k - \delta_1^2} + \frac{\lambda u\delta_1(p_r - c)}{(2k - \delta_1^2)(\rho + \varepsilon)} \tag{3-57}$$

参照价格的变化趋势为:

$$r^c = p_r + \frac{u}{\varepsilon}s^{c*} - \frac{u}{\varepsilon}s^{c*}e^{-\varepsilon t} \tag{3-58}$$

由于 $\lim\limits_{t \rightarrow \infty} r^c = \overline{r^c} = p_r + \dfrac{u}{\varepsilon}s^{c*}$, 这说明在集中决策模型下, 参照价格长期将趋向一个定值, 并且这个定值与实体店的服务水平正相关。

此时供应链整体的利润现值为:

$$J_{sc}^{c*} = \frac{(1 - \beta)a + 2ep_r - ec}{\rho}p_e^{c*} - \frac{1}{\rho}p_e^{c*2} + \frac{(\rho\delta_2 + \varepsilon\delta_2 + \lambda u)(p_r - c)}{\rho(\rho + \varepsilon)}s^{c*}$$

$$+ \frac{\delta_1}{\rho}p_e^{c*}s^{c*} - \frac{k}{2\rho}s^{c*2} + \frac{\beta a - p_r}{\rho}(p_r - c) \tag{3-59}$$

（二）分散决策模式

在分散决策模式下,制造商和实体店都是以自身利益最大化为前提进行决策。制造商和实体店之间仅存在简单的批发价格契约,双方进行序贯的斯坦克尔伯格博弈,制造商先决定网店直销价格,在网店销售价格已知的前提下,实体店决定提供的服务水平。利用逆推归纳法来分析上述博弈过程,首先构建实体店利润现值的哈密尔顿函数为:

$$H_r^d = (p_r - w - c)\left[\beta a - p_r + ep_e + \lambda(r - p_r) + \delta_2 s\right]$$

$$- \frac{1}{2}ks^2 + \gamma\left[\varepsilon(p_r - r) + us\right] \tag{3-60}$$

同理,可以得到:

$$s^{d*} = \frac{\left[\delta_2(\rho + \varepsilon) + \lambda u\right](p_r - w - c)}{k(\rho + \varepsilon)} \tag{3-61}$$

分析 s^{d*} 的表达式容易发现有 $\dfrac{\partial s^{d*}}{\partial w} < 0$,进一步求解得到满足 $s^{d*} = s^{c*}$ 时的 w 为:

$$\bar{w} = \frac{-\left\{\begin{array}{l}\left[k(\rho + \varepsilon)\delta_1 e + \lambda u\delta_1^2\right](p_r - c) + (\rho + \varepsilon)(2k - \delta_1^2)\delta_2 c \\ + (1 - \beta)k(\rho + \varepsilon)\delta_1 a + (\rho + \varepsilon)(k\delta_1 e + \delta_1^2\delta_2)p_r\end{array}\right\}}{(2k - \delta_1^2)\left[(\rho + \varepsilon)\delta_2 + \lambda u\right]}$$

$$\tag{3-62}$$

依据前文约束条件 $k > \delta_1^2/2$ 和 $p_r > c$,容易证明 $\bar{w} < 0$,这说明在 $w > 0$ 时,始终有 $s^{d*} < s^{c*}$。由此可以得到命题 3-11:

命题 3-11 与集中决策模式相比,分散决策模式下实体店服务水平始终更低,服务水平随着批发价格的提高而降低。

命题 3-11 说明,在分散决策模式下,由于网店可以搭实体店服务的便车,实体店不愿进行过多的服务努力,而且随着制造商批发价格的提高,实体店会通过降低服务水平来节省成本。

此时参照价格的变化趋势为 $r^d = p_r + \dfrac{u}{\varepsilon}s^{d*} - \dfrac{u}{\varepsilon}s^{d*}e^{-\varepsilon t}$。分析 r^d 的表达式

可以发现：$\lim\limits_{t \to \infty} r^d = \overline{r^d} = p_r + \dfrac{u}{\varepsilon} s^{d*}$，这说明在分散决策模式下，参照价格的长期

变化也将趋向一个定值，并且有 $\overline{r^c} - \overline{r^d} = \dfrac{u}{\varepsilon}[s^{c*} - s^{d*}]$。由此可以得到命题

3-12：

命题 3-12　从长期来看，集中决策模式与分散决策模式下的参照价格差额与实体店服务水平差额成正比。

命题 3-12 说明，实体店服务作为外部刺激会改变消费者的参照价格。服务水平越高，消费者能够接受的消费价格也越高。

将 s^{d*} 和 r^d 代入 J_m^d 的表达式，由一阶最优条件 $\dfrac{\partial J_m^d}{\partial p_e} = 0$ 可以得到：

$$p_e^{d*} = \frac{(1 - \beta) a + e(p_r + w)}{2} + \frac{\delta_1 \delta_2 (\rho + \varepsilon) + \lambda u \delta_1 (p_r - w - c)}{2k(\rho + \varepsilon)}$$

$$(3-63)$$

容易发现：当 $w \leqslant \tilde{w}$ 时，有 $p_e^{d*} \leqslant p_e^{c*}$；当 $w > \tilde{w}$ 时，有 $p_d^{d*} > p_d^{c*}$。其中

$$\tilde{w} = \frac{[(\rho + \varepsilon)(2k^2 e + \delta_1^3 \delta_2) + \lambda u \delta_1^3](p_r - c) + k(\rho + \varepsilon)[(1 - \beta)a + ep_r]\delta_1^2}{(2k - \delta_1^2)[(\rho + \varepsilon)(ke - \delta_1 \delta_2) - \lambda u \delta_1]}$$

同时分析 s^{d*} 的表达式还可以发现：$\dfrac{\partial s^{d*}}{\partial \lambda} > 0$。由此可以得到命题

3-13：

命题 3-13　在分散决策模式下，实体店的服务水平会随着参照效应的增大而提高。

命题 3-13 说明，实体店服务作为外部刺激会影响消费者的参照价格，在分散决策模式下，实体店为了提高消费者对产品的参照价格会提高自身服务水平，也就是说参照效应的存在会促使实体店愿意提供更多的服务。

此时制造商、实体店和供应链整体的利润现值分别为：

$$J_m^{d*} = \frac{(1 - \beta)a + e(p_r + w)}{\rho} p_e^{d*} - \frac{1}{\rho} p_e^{d*2} + \frac{(\rho \delta_2 + \varepsilon \delta_2 + \lambda u) w}{\rho(\rho + \varepsilon)} s^{d*} +$$

$$\frac{\delta_1}{\rho}p_e^{d*}s^{d*} + \frac{(\beta a - p_r)w}{\rho} \tag{3-64}$$

$$J_r^{d*} = \frac{e(p_r - w - c)}{\rho}p_e^{d*} + \frac{(\rho\delta_2 + \varepsilon\delta_2 + \lambda u)(p_r - w - c)}{\rho(\rho + \varepsilon)}s^{d*}$$

$$- \frac{k}{2\rho}s^{d*2} + \frac{(\beta a - p_r)(p_r - w - c)}{\rho} \tag{3-65}$$

$$J_{sc}^{d*} = J_m^{d*} + J_r^{d*} \tag{3-66}$$

根据上述分析可以知道:不存在一个 w ,可以使得 $s^{d*} = s^{c*}$ 和 $p_e^{d*} = p_e^{c*}$ 同时成立,这意味着简单的批发价格契约无法实现供应链整体协调。

进一步通过数值仿真分析分散决策模式下的供应链需求和利润水平变化情况,考虑到前面的约束条件 $a, w, c, \varepsilon, u > 0, 0 < w + c < p_r, 0 \leqslant \beta, \lambda, e \leqslant 1, \delta_2 > \delta_1 > 0, k > \delta_1^2/2$,这里对参数做如下赋值: $a = 200, p_r = 80, c = 10, \lambda = 0.8, \beta = 0.5, u = 1, e = 0.3, \delta_1 = 0.1, \delta_2 = 0.5, \varepsilon = 0.4, k = 2, \rho = 0.2, w \in (10, 70)$,绘制图 3-24、图 3-25 和图 3-26。

图 3-24 说明,随着批发价格的增大,实体店、制造商和供应链整体的需求都会减小。因为随着批发价格的增大,实体店获得的单位产品的收益减少,实体店不得不通过降低服务水平来节省成本,因此会对实体店的需求造成直接影响,导致实体店需求减少。又因为存在网店"搭便车"的现象,实体店降低服务水平会对网店的需求产生间接影响。

图 3-25 说明,随着批发价格的提高,制造商的利润水平有一个先增加后减少的趋势,但实体店以及供应链整体的利润水平始终在减少。这说明,当制造商提高批发价格的幅度相对较小时,虽然实体店降低服务水平会减少制造商获得的整体需求,但是批发价格的提高仍然可以保证制造商的利润水平得到提高;但当批发价格的提高幅度过大时,实体店降低服务水平给制造商带来的损失会超过其提高批发价格获得的超额利润,制造商的利润水平反而会减少。

图 3-26 说明,分散决策模式下供应链整体利润随着批发价格的增大而

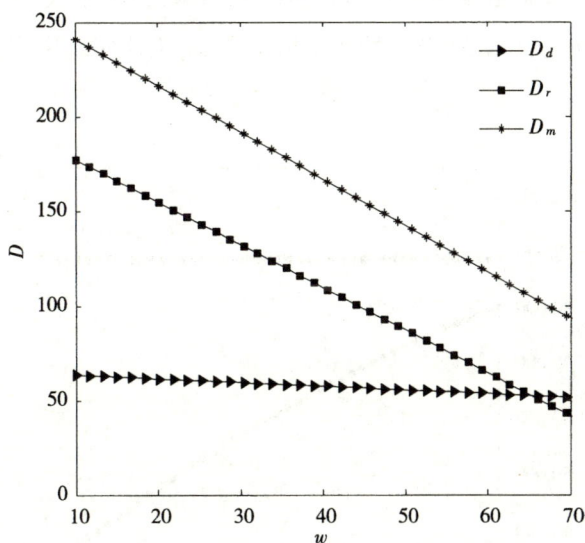

图 3-24 分散决策模式下的供应链需求

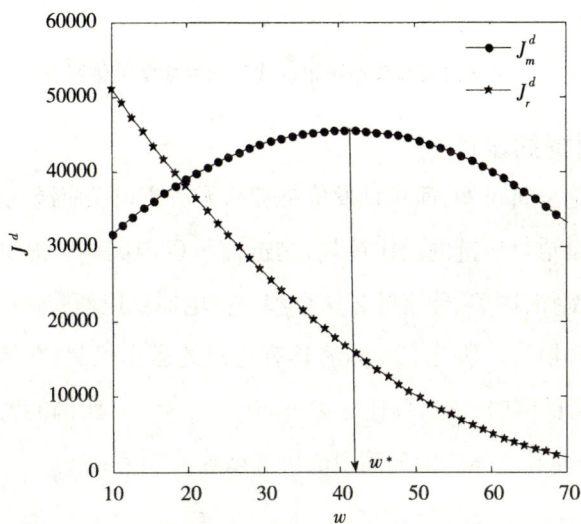

图 3-25 分散决策模式下的实体店和制造商利润水平

降低。与集中决策模式相比,分散决策模式下供应链整体利润水平降低,而且随着批发价格的增大,下降的幅度越大。因为在分散决策模式下,网店和实体店之间存在着渠道竞争，另外，在传统销售渠道中，制造商与实体店之间存在着利益冲突，所以在简单批发价格契约下，无法实现供应链整体收益最大化。

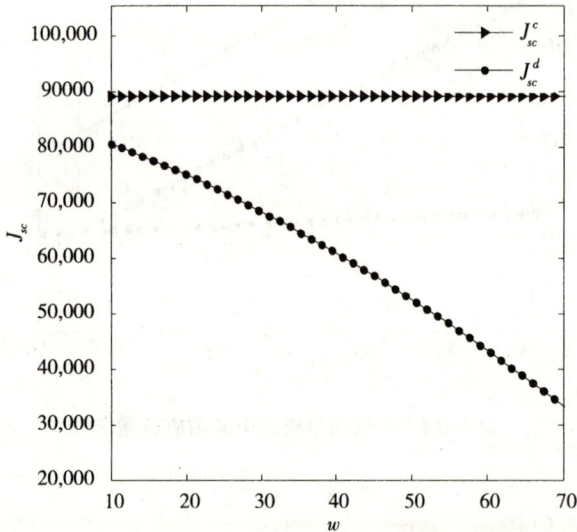

图 3-26　分散决策和集中决策模式下的供应链整体利润水平

四、协调契约设计

由上述结论分析可知，简单批发价格契约无法实现供应链收益最大化，为进一步提高双渠道供应链的运作绩效，制造商可以向实体店提供一个服务成本分担契约。例如，国美、苏宁等公司会和一些电器供应商就售后服务成本分担问题签订合作协议。服务成本契约具有这样的运作机制：在将产品以价格 w 批发给实体店的同时，制造商还分担 $\eta\,(0 < \eta < 1)$ 比例的实体店服务成本。此时，制造商和实体店的利润现值决策函数分别为：

$$J_m^o = \int_0^\infty \mathrm{e}^{-\rho t}\left[p_e D_e + w D_r - \frac{1}{2}\eta k s^2\right]\mathrm{d}t \tag{3-67}$$

$$J_r^o = \int_0^\infty \mathrm{e}^{-\rho t}\left[(p_r - w - c)D_r - \frac{1}{2}(1 - \eta)\,k s^2\right]\mathrm{d}t \tag{3-68}$$

同理，可以得到：

$$s^{o*} = \frac{\delta_2}{(1-\eta)\,k}(p_r - w - c) + \frac{\lambda u}{(1-\eta)\,k(\rho + \beta)}(p_r - w - c) \quad (3-69)$$

此时,参照价格的变化趋势为:

$$r^o = p_r + \frac{u}{\varepsilon}s_r^{o*} - \frac{u}{\varepsilon}s_r^{o*}e^{-\varepsilon t} \quad (3-70)$$

将 s^{d*} 和 r^d 代入 J_m^d 的表达式,并由一阶最优条件 $\frac{\partial J_m^o}{\partial p_e} = 0$ 可以得到:

$$p_e^{o*} = \frac{(1-\beta)\,a + e(p_r + w)}{2} + \frac{(\rho + \varepsilon)\,\delta_1\delta_2 + \lambda u\delta_1}{2(1-\eta)\,k(\rho + \varepsilon)}(p_r - w - c)$$

$$(3-71)$$

供应链作为一个整体的决策变量只有 s^{o*} 和 p_e^{o*},因此要使双渠道供应链实现完全协调,必须同时满足条件 $s^{o*} = s^{c*}$ 和 $p_e^{o*} = p_e^{c*}$。可以得到 $w^{o*} = p_r - c - \frac{2\delta_1\delta_2 c}{e(2k - \delta_1^2)}$ 和 $\eta^{o*} = 1 - \dfrac{2[(\rho + \beta)\,\delta_2 + \lambda u]\,\delta_1\delta_2 c}{\left[\begin{array}{l} ke(\rho + \beta)\,\delta_1 a_d + 2ke(\rho + \beta)\,\delta_2 p_r \\ + ke^2(\rho + \beta)\,(2p_r - c)\,\delta_1 + 2ke\lambda u(p_r - c) \end{array}\right]}$。

因此,当批发价格为 w^{o*}、服务成本分担比例为 η^{o*} 时,服务成本分担契约可以实现双渠道供应链完全协调,相比于简单批发价格契约,供应链整体利润增加量为 $J_{sc}^{c*} - J_{sc}^{d*}$。

在契约运作过程中,制造商和实体店可以谈判得到一个利润增加量的分配比例 $\varphi(0 \le \varphi \le 1)$,从而保证双方收益得到帕累托改进。所谓帕累托改进,就是指在一方收益不改变的前提下,通过资源配置使另一方的收益增大。当制造商和实体店的收益都得到帕累托改进时,供应链成员更愿意通过合作来提高整体收益,从而使成本分担契约更加稳定。

由于交叉价格弹性系数 e、实体店服务的需求正溢出效应系数 δ_1、参照效应系数 λ 和成本系数 k 将影响成本分担比例 η^{o*} 的大小。下文将通过数值实验进行制造商服务成本分担比例的稳定性分析,刻画 η^{o*} 随交叉价格弹性系数 e、实体店服务的需求正溢出效应系数 δ_1、参照效应 λ、服务成本分担比例 k 的变化趋势,绘制为图 3-27 至图 3-30。

图 3-27 说明，服务成本分担比例随着交叉价格弹性系数的增大而增大，因为交叉价格弹性系数越大，实体店和网店出售产品的可替代程度越高，双方的市场竞争变得更加激烈，那么为了激励实体店提供同样的服务水平，制造商将不得不提高服务成本分担比例。

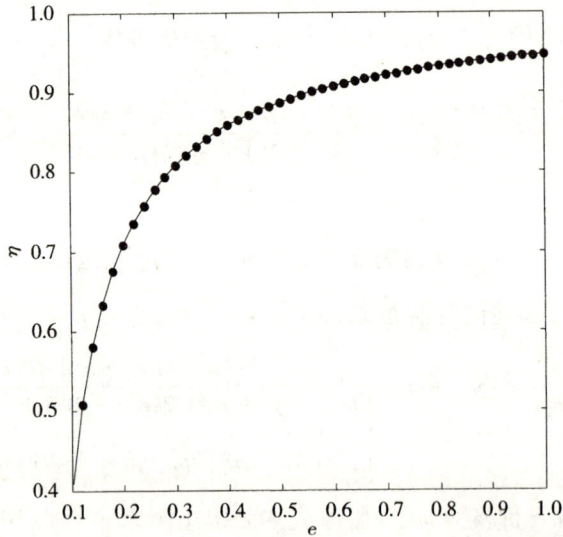

图 3-27　服务成本分担比例随交叉价格弹性系数的变化趋势
（$\delta_1 = 0.5$，$\delta_2 = 2$，$\lambda = 0.8$，$k = 2$）

图 3-28 说明，服务成本分担比例随着实体店服务的需求正溢出效应增强而减小，同样的实体店服务水平可以带来更多的网店需求，也就是说制造商获得的市场需求增加量会提高，此时制造商将降低服务成本分担比例。

图 3-29 说明，服务成本分担比例随着参照效应的增强而减小，因为参照效应越大，同样的服务水平可以带来更多的实体店需求，也就是说制造商获得的市场需求增加量会提高，此时制造商将降低服务成本分担比例。

图 3-30 说明，服务成本分担比例随着成本系数的增大而提高，因为服务成本系数越大，同样的服务水平将花费实体店更多的成本，实体店为了节省成本将降低服务水平，此时制造商将不得不提高服务成本分担比例对实体店进行激励。

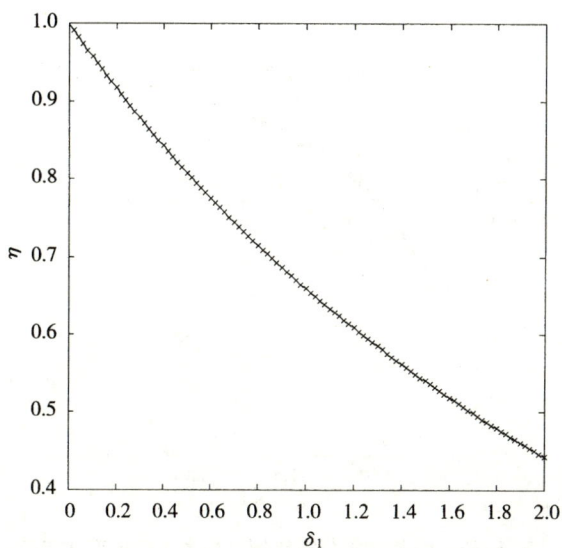

图 3-28 服务成本分担比例随实体店服务正溢出效应的变化趋势($\delta_2 = 2$, $e = 0.3$, $\lambda = 0.8$, $k = 2$)

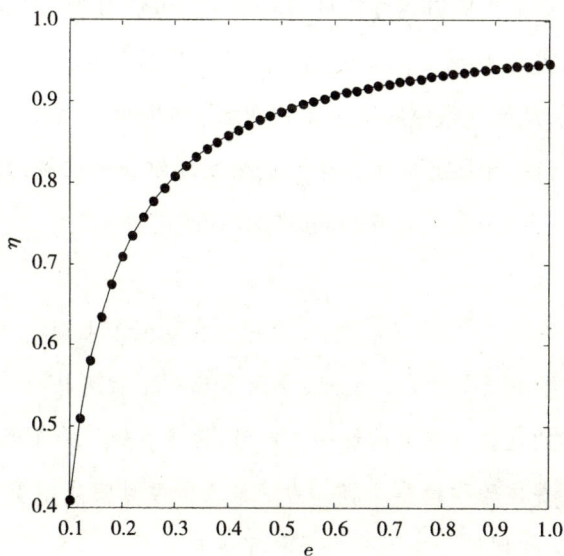

图 3-29 服务成本分担比例随参照效应的变化趋势
($\delta_1 = 0.5$, $\delta_2 = 2$, $e = 0.3$, $k = 2$)

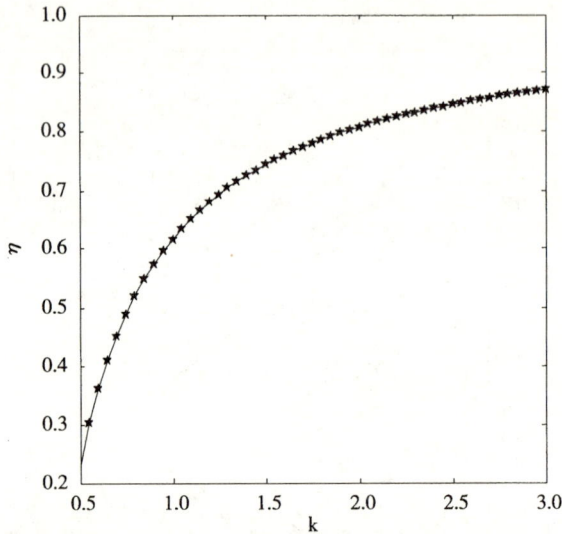

图 3-30　服务成本分担比例随成本系数的变化趋势
（ $\delta_1 = 0.5, \delta_2 = 2, e = 0.3, \lambda = 0.8$ ）

在综合考虑实体店服务产生需求正溢出效应和参照效应的基础上，本节对实体店服务影响供应链运作机理进行深入分析。研究发现，参照效应是一个促使实体店提高服务水平的积极因素，但分散决策模式下实体店的服务水平会显著降低，从而导致供应链整体利润水平的降低。因此，处于主导地位的制造商可以设计一个服务成本共担契约来实现供应链协调，并通过整体利润增加量的合理分配来保证双方利润的帕累托改进。

在网店与实体店并存的情形下，消费者在购买产品时有了更多的参照对象，也会产生"搭便车"行为。因此，参照效应和消费者搭便车行为的存在对双渠道供应链的运作有很大的影响。同时，消费者除了关注产品的价格外，也越来越重视消费体验和消费品质。为了最大限度地满足消费者，在竞争中获得优势，实体店和网店正在不断提高和完善自身服务水平。本章采用前景理论、博弈论、最优控制理论和契约经济学等相关理论，通过数理模型推导和数值模拟仿真，研究消费者"搭便车"行为和消费者价格参照效应对双渠道供应链运作的影响。首先,通过构建制造商和实体店间的斯坦克尔伯格模型,探讨了消费者"搭便车"行为对实体店促销努力水平的影响;然后,在分析了消费者价格参照效应因素对供应链主体定价策略的影响;最后,在双渠道供应链中引入实体店服务,探究消费者服务偏好和消费者价格参照因素对供应链运作以及供应链主体合作契约协调的影响。研究主要得到以下结论和管理启示:

(1)在实体店与制造商直属的网店存在横向竞争关系的双渠道供应链结构中,消费者的"搭便车"行为将会显著降低实体店的促销努力水平和供应链整体的利润水平。而根据"搭便车"消费者的比例,制造商可以采取成本共担协调契约,选择一个能够实现自身利润最大化的促销成本分担比例,分担实体店的部分促销成本,以实现制造商和实体店双方利润水平的帕累托改进,并能够改善供应链的运作效率。

(2)虽然在供应链渠道存在竞争情形下,消费者渠道偏好会对实体店销售价格和网店销售价格以及批发价格产生很大的影响,但是消费者参照价格效应的存在会减小渠道的价格波动,同时也降低批发价格的变化幅度,有利于渠道成员之间的合作。另外,消费者参照价格效应也使得制造商和实体店利润水平趋于稳定,进而增加供应链整体的利润水平。制造商可以积极利用消费者参照价格效应来缓解渠道间的价格竞争,通过设计和采取合理的两部定价契约以实现双渠道供应链的完全协调。

(3)实体店的服务不但影响传统渠道的需求,还会使得消费者存在服务偏好现象,会对网店的需求产生正溢出,同时也会改变消费者关于实体店销售产品的参照价格。从长期来看,集中决策模式和分散决策模式下参照价格的差额与实体店服务水平的差额成正比。由于网店搭实体店服务的便车,会影响实体店的服务水平,但是消费者参照价格效应的存在会使实体店付出更多的努力来提高自身服务水平。制造商在与实体店进行合作时,也可以利用消费者参照价格效应来降低自身分担成本。

在现实中,制造型企业开设电商渠道销售产品的现象越来越普遍,参照效应的存在可以有效缓解渠道之间的价格竞争,增大制造商和实体店之间合作的可能性。作为主导方的制造企业应该利用参照效应和消费者"搭便车"行为对供应链竞争策略和合作契约的影响,积极寻求与下游企业开展合作,在增加双方收益的同时改善供应链整体收益,提高供应链运作效率。

第四章　消费者和实体店公平关切心理
对供应链运作的影响

在电子商务蓬勃发展的时代背景下,越来越多的企业开始借助互联网开设线上渠道。由于供应链主体成员总是对自身收益是否公平存在着强烈的关注度,而随着线上网络渠道与线下传统实体店渠道并存局面的不断成熟,供应链成员会更加关注利益分配是否公平。同时,同一层次竞争者数量的不断增加以及供应链渠道结构日趋复杂化,都使得供应链成员的公平关切行为发生新的变化。

第一节　基于实体店公平关切的制造商
线上渠道模式选择

一、问题描述

网络渠道销售的多重优势使得制造商不断尝试在原有的实体店基础上开展线上销售,并逐渐形成了自建平台直销(Direct Selling)和第三方电商平台代销(Agency Selling)两种典型模式。自建网络平台直销模式是指制造商通过自主建立网站门户,通过网络接受消费者的订单并进行配送。例如,小米通过推出小米商城、华为通过华为商城来直接接受消费者的订单,进行线上销售。制造商自建网络直销渠道不仅可以扩大销售范围,直接接触市场消费者,了解市场消费者的产品偏好,通过数据挖掘技术实现精准营销,还可以避免强势电商的利益绑架危机。但是,自建网络渠道模式也导致制造商和实体店成为直接竞争者,加剧了实体店与制造商之间的渠道冲突。第三方电商平台代销模式是指制造商通过入驻第三方电商建设和管理的网络平台进行线上销售,制造商入驻平台时需缴纳一定的入场费用并在销售过程中向平台支付一定比例的销售抽成。例如,大量企业入驻苏宁易购、天猫开设自己的官方旗舰店进行网络销售,制造商以较低的入场费和佣金抽成进入电商平台,可以节约自身建立网络渠道的成本和日常运营管理成本,利用电商平台的用户流量,增加市场销量。但是,第三方电商代销模式也存在一定的运营风险,制造商可能会与实体店产生渠道冲突或被强势电商剥夺定价权,给自身收益造成一定损失。

公平理论又称社会比较理论,是由美国著名心理学家亚当斯首先提出的,该理论主要是研究人的动机和直觉关系的一种激励理论。公平理论反映了人的参与积极性不仅与个人实际获益多少有关,而且也与人们对于报酬的分配是否公平感有关,人们会不经意间将自己的报酬与他人进行比较,并对公平与否作出评价和判断。在供应链运营实践中,不公平的利益分配给供应链成员之间的合作关系带来严峻的考验。在双渠道供应链中,由于受到制造商和电商的双重压力,实体店的不公平感往往会非常强烈,从而增加供应链的内耗。

大量行为实验的结果证实,公平关切会对决策者的最终行动产生重要的影响。国内外学者将公平关切这一行为偏好从理论研究向模型过渡,并开始将公平关切行为纳入到供应链成员的决策模型中,分析公平关切行为对供应链整体决策和运作造成的影响。[①]

杜少甫等研究实体店公平关切行为对制造商和实体店之间合作契约对于供应链整体效用协调的影响。研究表明,实体店的公平关切行为将不会影响供应链的协调机制。[②] 李等(Li et al.)在一个制造商和两个先后进入市场的

[①]　F. Englmaier,S. Leider,"Contractual and Organizational Structure with Reciprocal Agents",*American Economic Journal:Microeconomics*,Vol.4,No.2,2012.

[②]　杜少甫、杜婵、梁樑、刘天卓:《考虑公平关切的供应链契约与协调》,《管理科学学报》2010 年第 11 期。

实体店组成的供应链结构中,探讨后进入市场的实体店只具有纵向公平关切和同时具有双向公平关切时会对供应链成员的定价决策产生何种影响。[①] 研究表明,后进入实体店纵向公平关切会提高自身零售价格,横向公平关切会降低自身零售价格。牛等(Niu et al.)分析实体店公平关切对于制造商开设线上渠道决策的影响,发现线上渠道的引入将导致线上产品质量和零售价格的下降,实体店公平关切会减少制造商开设线上渠道的动机。[②] 李秋香等分析了基于实体店考虑不同商业目标和公平关切下价格博弈的复杂性。[③] 研究发现,实体店公平关切行为会使自身稳定域减小;公平关切的水平越高,系统越容易进入混沌状态。

当制造商销售同质产品时,在自建网络直销模式下,实体店只具有纵向公平关切;在电商代销模式下,实体店同时具备纵向和横向两种公平关切。那么,两种情形下制造商该如何选择合理的线上渠道模式来实现自身利润最大化? 实体店和制造商之间是否存在共同偏好的渠道模式? 在不同的线上渠道模式下,供应链成员又该如何实施定价策略? 针对上述问题,本节将对不同情形下供应链成员的收益水平和定价策略展开分析。

二、模型构建

假设制造商在线下渠道通过实体店进行销售,在线上可以通过制造商自建网络平台进行销售或由电商平台代销(如图 4-1 所示)。制造商在线下实体店渠道先以价格 w_r 将产品批发给实体店,实体店再以零售价 p_r 出售给消费者;当线上渠道为自建网络直销时,制造商以价格 p_e 将产品直接出售给消费者;当线上为代销模式时,制造商入驻电商平台并以 p_e 进行直接销售,电商平

① J. Li, X. Fan, B. Dai, "Fairness in Performance of Supply Chain and Contract Design", *International Conference on Service Systems and Service Management*, IEEE, 2015.

② B. Niu, Q. Cui, J. Zhang, "Impact of Channel Power and Fairness Concern on Supplier's Market Entry Decision", *Journal of the Operational Research Society*, Vol.68, 2017.

③ 李秋香、张玉豪、黄毅敏:《考虑不同商业目标和公平关切的动态博弈模型及复杂性研究》,《运筹与管理》2019 年第 1 期。

台从销售价格中抽取比例 s($0 < s < 1$)的佣金。

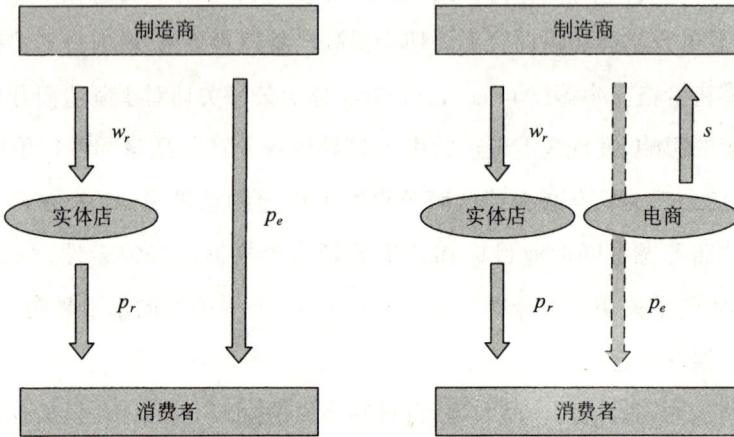

图 4-1　制造商线上渠道构建的两种模式

参考严和裴(Yan and Pei)的研究假设,用 α($0 < \alpha < 1$)表示线下渠道的消费者比例,$1 - \alpha$ 表示线上渠道的消费者比例;β($0 < \beta < 1$)表示渠道间的竞争系数,β 越大表示渠道间的竞争程度越激烈。[1] 不失一般性,假设渠道销售成本为 0。

在公平偏好的理论和模型方面,最有代表性的是费尔和施密特(Fehr and Schmidt)所建立的 $F - S$ 模型,在相同环境下,当决策者的收益低于他人收益时,决策者会产生嫉妒情绪,因而会产生不公平厌恶负效用;反之,若自己的收益高于他人收益,决策者又会产生同情情绪,因而会产生同情负效用。[2]

在双渠道供应链的纵向结构中,实体店将自身收益与制造商在纵向渠道收益进行比较,容易产生纵向分配公平关切;在横向结构中,实体店将自身收益与电商收益进行比较,容易产生横向同行公平关切。参考何等(Ho et al.)的模型假设,令 λ($\lambda > 0$)为实体店的纵向分配公平关切系数,u($u > 0$)为

① R. Yan,Z. Pei,"The Strategic Value of Cooperative Advertising in the Dual-channel Competition",*International Journal of Electronic Commerce*,Vol.19,No.3,2015.

② E. Fehr,K. Schmidt,"A Theory of Fairness,Competition and Cooperation",*Quarterly Journal of Economics*,Vol.114,No.3,1999.

实体店的横向同行公平关切系数。此时,考虑公平关切的实体店效用函数可以表示为:

$$U_r^D = \pi_r^D - \lambda(w_r^D d_r^D - \pi_r^D) \tag{4-1}$$

$$U_r^A = \pi_r^A - \lambda(w_r^A d_r^A - \pi_r^A) - u(sp_e^A d_e^A - \pi_r^A) \tag{4-2}$$

三、结果分析

(一)线上为直销模式

当线上为直销模式时,双渠道供应链中只有制造商和实体店两个成员,实体店仅具有纵向分配公平关切心理。此时,线下和线上的需求函数分别为:

$$d_r^D = \alpha - p_r^D + \beta p_e^D \tag{4-3}$$

$$d_e^D = 1 - \alpha - p_e^D + \beta p_r^D \tag{4-4}$$

当实体店具有纵向分配公平关切时,实体店不仅关注自身的利润,也会关注制造商通过实体店渠道销售所获得的利润。此时,制造商、实体店的利润函数表达式 π_m^D、π_r^D 和实体店的效用水平表达式 U_r^D 为:

$$\begin{cases} \pi_m^D = w_r^D d_r^D + p_e^D d_e^D \\ \pi_r^D = (p_r^D - w_r^D) d_r^D \\ U_r^D = \pi_r^D - \lambda(w_r^D d_r^D - \pi_r^D) \\ \text{s.t.} \quad p_e^D \geqslant w_r^D \end{cases} \tag{4-5}$$

作为主导者的制造商首先进行决策,确定给予实体店的批发价格 w_r^D 和直销价格 p_e^D;然后,实体店观测到制造商给定的 w_r^D 和 p_e^D,确定零售价格 p_r^D。

命题 4-1　当 $0 < \beta < \sqrt{\dfrac{8(1+\lambda)(1+2\lambda)}{8(1+\lambda)(1+2\lambda)+\lambda^2}}$ 时,存在最优的定价策略,使得制造商和实体店能够实现自身效用最大化。

命题 4-1 说明,作为主导者的制造商虽然占据着市场的主动权,但不一定能够实现自身利润水平的最大化,而实体店却能够实现效用水平的最大化。这意味着,当渠道间竞争程度较大时,制造商应该根据渠道之间的竞争程度,利用相应措施去缓解渠道间的价格竞争，从而达到实现最优利润的目的，而实体店只需时刻紧盯制造商的决策。

通过求解可以得到，存在 $\lambda_1 = \dfrac{4(2\alpha - 1)(1 - \beta)}{[8 - 6\beta - (\beta - 1)(\beta - 12)\alpha]}$，当

$\max\left(\dfrac{6}{13 - 2\beta}, \dfrac{1}{2}\right) < \alpha < 1$ 且 $\lambda_1 \leq \lambda \leq 1$ 时，此时 p_e^D、w_r^D 和 p_r^D 的最优解为：

$$p_e^{D*} = \frac{(1 + \lambda)[4(1 + 2\lambda)(1 - \alpha) + (4 + 7\lambda)\beta\alpha]}{8(1 + \lambda)(1 + 2\lambda)(1 - \beta^2) - \lambda^2\beta^2} \tag{4-6}$$

$$w_r^{D*} = \frac{1 + \lambda}{2(1 + 2\lambda)}\alpha + \frac{2 + 3\lambda}{2(1 + 2\lambda)}\beta p_e^{D*} \tag{4-7}$$

$$p_r^{D*} = \frac{3}{4}\alpha + \frac{4 + 5\lambda}{4(1 + \lambda)}\beta p_e^{D*} \tag{4-8}$$

当 $\max\left(\dfrac{6}{13 - 2\beta}, \dfrac{1}{2}\right) < \alpha < 1$ 且 $0 \leq \lambda < \lambda_1$ 时，此时 p_e^D、w_r^D 和 p_r^D 的最优

解为：

$$p_e^{D*} = w_r^{D*} = \frac{(1 + \lambda)(2 + \beta\alpha - \alpha)}{2[(2 + 3\lambda)(1 - \beta) + (1 + \lambda)(1 - \beta^2)]} \tag{4-9}$$

$$p_r^{D*} = \frac{1}{2}\alpha + \frac{(2 + \beta\alpha - \alpha)[(1 + \lambda)(1 + \beta) + \lambda]}{4[(2 + 3\lambda)(1 - \beta) + (1 + \lambda)(1 - \beta^2)]} \tag{4-10}$$

当 $0 < \alpha < \max\left(\dfrac{6}{13 - 2\beta}, \dfrac{1}{2}\right)$ 时，对于任意的 λ，此时 p_e^D、w_r^D 和 p_r^D 的最

优解为：

$$p_e^{D*} = \frac{(1 + \lambda)[4(1 + 2\lambda)(1 - \alpha) + (4 + 7\lambda)\beta\alpha]}{8(1 + \lambda)(1 + 2\lambda)(1 - \beta^2) - \lambda^2\beta^2} \tag{4-11}$$

$$w_r^{D*} = \frac{1 + \lambda}{2(1 + 2\lambda)}\alpha + \frac{2 + 3\lambda}{2(1 + 2\lambda)}\beta p_e^{D*} \tag{4-12}$$

$$p_r^{D*} = \frac{3}{4}\alpha + \frac{4 + 5\lambda}{4(1 + \lambda)}\beta p_e^{D*} \tag{4-13}$$

通过分析制造商最优批发价格、直销渠道销售价格、线下零售价格以及线下线下渠道需求与实体店纵向公平关切系数的关系，我们可以得到命题4-2：

命题 4-2　　$\dfrac{\partial p_e^{D*}}{\partial \lambda} < 0,\ \dfrac{\partial w_r^{D*}}{\partial \lambda} < 0,\ \dfrac{\partial p_r^{D*}}{\partial \lambda} > 0,\ \dfrac{\partial d_r^D}{\partial \lambda} < 0,\ \dfrac{\partial d_e^D}{\partial \lambda} > 0_\circ$

命题 4-2 表明,当制造商选择线上直销模式时,批发价格和线上直销价格、线下渠道需求随着实体店纵向分配公平关切系数的增大而减小,线下零售价格和线上渠道需求随着实体店纵向分配公平关切系数增大而增大。这说明,随着实体店纵向分配公平关切系数的不断增大,实体店将通过提高零售价格来获得更多的利润,从而抵消公平关切带来的负效应。同时,制造商一方面可以通过降低批发价格来让渡一部分线下利润以缓解实体店的公平关切心理,另一方面可以通过下调直销价格在线上渠道获取更多的市场需求,从而获取较高的线上利润来弥补向实体店让利导致的损失。例如,在 2014 年,三星手机制造商相较于小米同品质产品制定了更高的产品批发价格,导致各经销商在柜台减少了三星手机的售卖,而三星为了维系与经销商的合作,不得不将现有的手机批发价格下调 10%—20%。

（二）线上为代销模式

当线上为电商代销模式时,双渠道供应链中有制造商、电商和实体店三个成员,实体店同时具有纵向分配公平关切和横向同行公平关切。此时,线下和线上的需求函数分别为:

$$d_r^A = \alpha - p_r^A + \beta p_e^A \tag{4-14}$$

$$d_e^A = 1 - \alpha - p_e^A + \beta p_r^A \tag{4-15}$$

此时,实体店不仅关注自身的利润,也会关注制造商通过实体店渠道销售所获得的利润以及电商获得的利润。则 π_m^A、π_e^A 和 U_r^A 分别为:

$$
\begin{cases}
\pi_m^A = w_r^A d_r^A + (1 - s) p_e^A d_e^A \\[2mm]
\pi_e^A = s p_e^A d_e^A \\[2mm]
\pi_r^A = (p_r^A w_r^A) d_r^A \\[2mm]
U_r^A = \pi_r^A - \lambda (w_r^A d_r^A - \pi_r^A) - u (s p_e^A d_e^A - \pi_r^A) \\[2mm]
\mathrm{s.t.} p_e^A \geqslant w_r^A
\end{cases}
\tag{4-16}
$$

制造商作为主导者首先确定给予实体店批发价格 w_r^A 和电商代销价格 p_e^A;随后,实体店观测到制造商给定的 w_r^A 和 p_e^A,确定其零售价格 p_r^A。通过逆序归纳法求解可以得到命题4-3:

命题4-3　当 $0 < \beta <$

$$\sqrt{\frac{8(1-s)(1+2\lambda+u)(1+\lambda+u)}{\{4(1-s)(1+2\lambda+u)(1+\lambda+u-su)+[su+(2-s)(1+\lambda+u)]^2\}}}$$

时,存在最优的定价策略使得制造商和实体店能够实现自身效用最大化。

命题4-3与命题4-1的结果类似,综合命题4-1和命题4-3来看,当渠道间的竞争程度越来越激烈时,最优的定价策略在有些情形下并不存在,制造商在制定决策时会受到一定条件的限制,应该采取措施去缓解渠道间的价格竞争。

对于任意的 λ 和 u,最优的 p_e^A、w_r^A 和 p_r^A 为:

$$p_e^{A*} = \frac{(1+\lambda+u)\{(1-s)(1+2\lambda+u)(2+\beta\alpha)+[s(1+2u)+(3s-2)\lambda]\alpha\}}{8(1-s)(1+2\lambda+u)(1+\lambda+u)-\{4(1-s)(1+2\lambda+u)(1+\lambda+u-su)+[su+(2-s)(1+\lambda+u)]^2\}\beta^2}$$

$$(4-17)$$

$$w_r^{A*} = \frac{1+\lambda+u}{2(1+2\lambda+u)}\alpha + \frac{su+(2-s)(1+\lambda+u)}{2(1+2\lambda+u)}\beta p_e^{A*} \quad (4-18)$$

$$p_r^{A*} = \frac{3}{4}\alpha + \frac{(4-s)(1+\lambda+u)-su}{4(1+\lambda+u)}\beta p_e^{A*} \quad (4-19)$$

由于上述模型得出的市场均衡结果复杂,下文将通过数值仿真来进一步分析实体店公平关切对制造商给予实体店批发价、制造商代销渠道销售价格和实体店销售价格的影响(如图4-2、图4-3和图4-4所示)。

分析如图4-2、图4-3和图4-4,可以发现,批发价格和网络代销价格随实体店纵向分配公平关切系数的增大而减小,随实体店横向同行公平关切系数的增大而增大;实体店零售价格随实体店纵向分配公平关切系数的增大而增大,随实体店横向同行公平关切系数的增大而减小。这表明,实体店的纵向分配公平关切会使制造商批发价降低,并进一步导致自身零售价格的提高。实体店的横向同行公平关切却会促使实体店降低价格,从而保证其在与电商的竞争过程中占据优势。

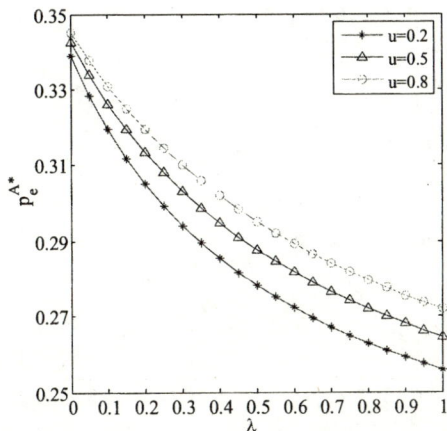

图 4-2　网络代销价格随实体店纵向和横向公平关切系数的变化趋势

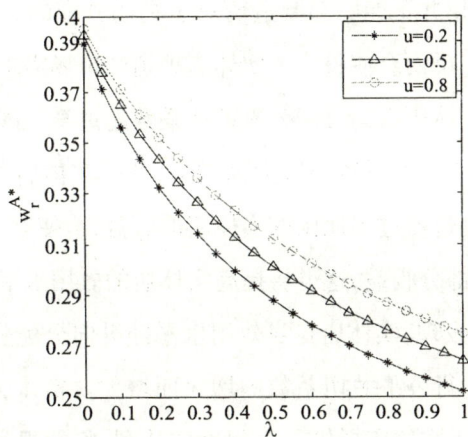

图 4-3　批发价格随实体店纵向和横向公平关切系数的变化趋势

　　进一步研究线上直销模式下实体店纵向分配公平关切影响实体店效用水平的变化趋势(如图 4-5 所示),线上代销模式下实体店纵向分配公平关切和横向同行分配公平关切影响实体店效用水平的变化趋势(如图 4-6 所示)。

　　分析图 4-5 可以发现,当实体店纵向分配公平关切系数小于某一阈值时,实体店自身效用水平会随着纵向公平关切系数的增大而减小。此时实体

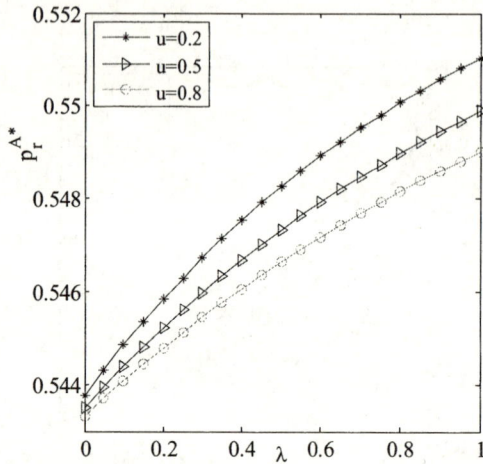

图 4-4　实体店销售价格随实体店纵向和横向公平关切系数的变化趋势

店较弱的纵向公平关切并不能引起制造商对于利润分配的关注,但实体店不断提高自身零售价格,反而会使得线下实体店渠道的市场需求减少,实体店自身效用水平降低;当实体店纵向分配公平关切系数超过某一阈值时,实体店自身效用水平随纵向公平关切系数的增大而增大,此时实体店的纵向公平关切程度较大,能够防止制造商过多地压榨实体店的收益,迫使制造商降低批发价格来向实体店让渡一部分收益,这也将提高实体店的效用水平。

　　分析图 4-6 可以发现,实体店自身效用水平随纵向分配公平关切系数的增大而增大,随横向同行公平关切系数的增大而增大。实体店的纵向分配公平关切能够使制造商为实体店提供一定程度的让利,将能提高实体店的效用水平;尽管实体店的横向同行公平关切会加剧横向竞争,实体店不得不通过降低零售价格来与电商开展竞争,但实体店通过降低价格提升了产品销量和利润水平,这导致自身效用水平也随之增加。

　　制造商选择不同线上渠道模式时的利润差额 $\Delta\pi_m$ 与实体店纵向分配公平关切、横向同行公平关切的关系如图 4-7 所示。在这里, $\Delta\pi_m = \pi_m^A - \pi_m^D$。

　　分析图 4-7 可以发现,当实体店纵向分配公平关切系数小于某一阈值

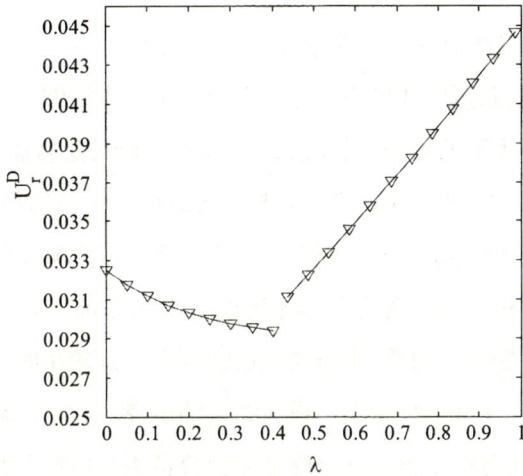

图4-5 实体店效用水平随实体店纵向分配公平关切的变化趋势

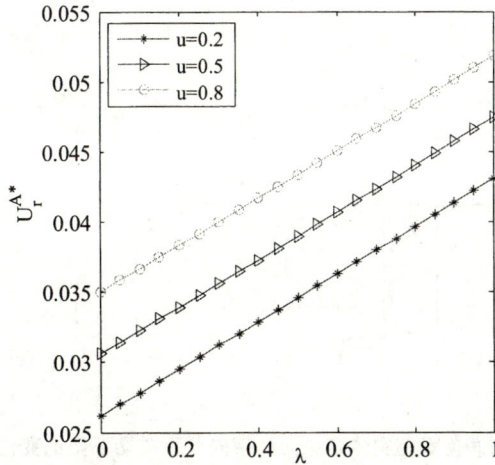

图4-6 实体店效用水平随实体店纵向和横向公平关切系数的变化趋势

时,制造商选择线上直销模式能够获得更高的利润水平。此时实体店较弱的纵向公平感并未引起制造商对于实体店收益过多的关注,制造商的小幅让利便能满足实体店的公平关切心理,并且由于实体店提高自身零售价格,使得直销渠道更加具有竞争优势,制造商在直销渠道获得的利润有所增加,从而可以维持较高的利润水平。

　　当实体店纵向分配公平关切系数超过某一阈值时,如果电商向制造商收取的佣金比例较小,制造商选择线上电商平台代销模式能够获得更高的收益;如果电商向制造商收取的佣金比例较大,制造商选择线上自建直销模式能够获得更高的利润水平。此时实体店具有较大的纵向公平关切程度会让制造商更多地关注实体店的收益,并通过降低批发价格提供较大幅度的让利,实体店不断提高自身零售价格将导致线下实体店渠道市场需求不断下降,制造商的收益将会受到较大影响。因此,当电商收取的佣金比例较小时,制造商采取电商代销模式,引入和实体店处于同一横向结构的电商,这会使得实体店产生横向同行公平关切,实体店不得不通过降低零售价格来与电商展开竞争,价格将导致市场整体需求上升,制造商可以获得更多的收益;但是,当电商所收取的佣金比例过大时,制造商为了避免支付高昂佣金,将愿意采取线上自建直销模式。

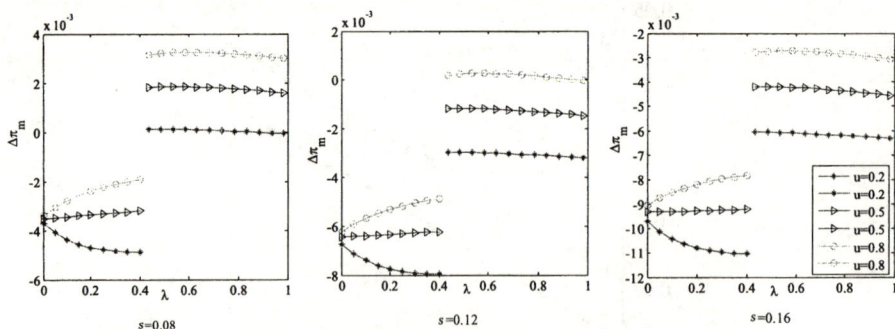

图 4-7　利润差额随实体店纵向和横向公平关切系数的变化趋势

　　在不同市场条件下,实体店和制造商对线上模式的共同偏好情况如图4-8所示。在这里,*RDMD* 表示制造商和实体店同时偏好线上直销模式;*RAMA* 表示制造商和实体店同时偏好线上代销模式。

　　分析图4-8可以发现,当实体店纵向分配公平关切系数较小时,实体店和制造商往往会共同偏好线上直销模式,而当实体店纵向分配公平关切系数较大且横向同行公平关切系数较小时,实体店和制造商往往会共同偏好电商代销模式。随着电商收取佣金比例的提高，制造商和实体店共同偏好线上代销模式的可能性将会增加，而制造商和实体店共同偏好电商直销模式的可能性将会下降。

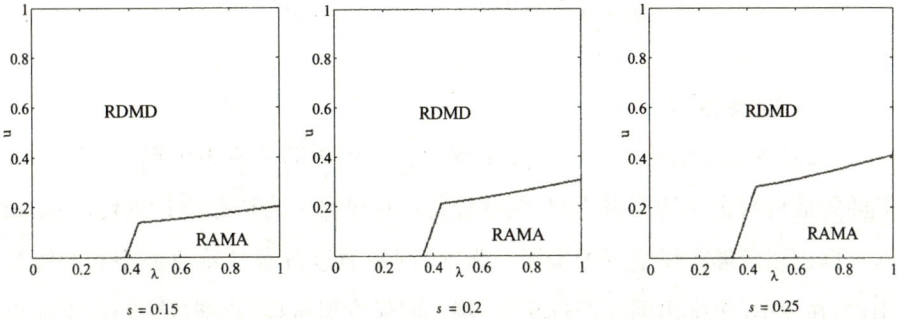

图 4-8　实体店和制造商对于线上渠道模式的偏好情况

　　结合上述分析可以知道，当实体店纵向分配公平关切程度较小时，实体店只能获取较小的让渡利润，相较于制造商引入横向电商平台竞争对于自身收益的冲击的影响，实体店倾向于制造商能够采取线上直销模式。此时，制造商能够通过把控直销渠道价格，在直销模式下获取高额的补偿利润，并不用去担心因为实体店存在纵向公平关切行为而导致线上利润水平的减少，所以制造商会选择线上直销模式。

　　本节研究发现，随着实体店纵向分配公平关切程度不断增大，一方面，实体店可以从制造商获取较多的让渡利润；另一方面，当实体店横向同行公平关切程度较大时，实体店与电商平台的激烈竞争将导致整体销量大幅度增加，实体店能够从纵向渠道中能够获得更多的利润，这两方面增加的利润将使得实体店倾向于制造商采取线上代销模式。当实体店纵向分配公平关切较大时，制造商收益会受到一定程度的冲击，若电商佣金比例较小时，制造商可以采取代销模式，引入和实体店进行竞争的电商，实体店会通过降低零售价格来与电商展开竞争，双方竞争导致整体销量的扩大，这将使得制造商获得更多的利润，在电商要求较小的佣金比例下合作，将使制造商获取更多的收益。但是，若电商要求的佣金比例较大，制造商为了避免支付佣金的压力，将愿意采取线上直销模式。

第二节　基于实体店公平关切的电商
转销和代销模式选择

一、问题描述

目前，第三方电商平台已经逐渐成为线上市场的主流销售渠道。第三方电商凭借自身积累的海量用户，能够轻易地在平台上为产品进行宣传，为制造商占据市场份额提供更好的资源。例如，网易通过自身邮箱业务积累的海量用户，在2016年推出网易严选平台，刚上线便发展迅猛，逐渐成为市场主流电商平台。而且在与第三方电商平台合作中，制造商既可以省去自身网络平台构建及运营的成本，还可以利用电商平台提供的物流配送服务和售后服务。例如，京东配送的"211及时送达"和随时随地秒退货的售后服务，极大地缩短了产品的配送时间和成本，提高了消费者的满意度。因此，大多数制造商在开设线上销售渠道的时候，更倾向于选择与第三方电商平台进行合作。在现实运作过程中，企业也会根据自身的实际情况选择不同的电商合作模式，来拓展自己的线上渠道销售。例如亚马逊就会根据电子产品类型，对不同属性的产品采取不同的销售模式（转销或代销）。

公平关切广泛存在于商业日常活动当中，强烈影响着人们对决策的制定，交易的公平性在市场商业活动中扮演着至关重要的作用。例如埃塞俄比亚的咖啡豆出口价格常年受批发商压榨，批发商和实体店通过"低价采购高价出售"的模式，获得了丰厚的收益，而咖啡豆供应商收入甚微，这种鲜明的收益反差，使得当地咖啡豆供应商产生了严重的收益分配不公平感。同样，公平关切对供应链运作也会产生深远影响，不仅仅影响着供应链成员的收益水平，而且对制造商电商渠道分销策略选择也会产生影响。随着电商平台日益成为制造商拓展销售市场和提升市场占有率的重要销售渠道，公平关切引发的渠道竞争会深刻影响着制造商的电商销售渠道策略选择。

当制造商销售同质产品时,考虑制造商批发价格外生和内生两种情形,实体店的公平关切将如何影响制造商电商平台交易模式的选择? 在不同的电商平台交易模式下,实体店的公平关切行为会对供应链成员的定价策略产生何种影响? 实体店不同类型的公平关切又会给实体店的效用水平带来怎样的影响? 本节将针对上述问题进行分析,力争能够为企业渠道构建提供一定的借鉴与参考。

二、模型构建

制造商在线下实体店渠道先以价格 w_r 将产品批发给实体店,实体店再以零售价 p_r 出售给消费者;当线上为电商转销模式时,制造商先以价格 w_o 将产品批发给电商平台,电商平台再以销售价 p_o 进行销售;当线上为电商代销模式时,制造商入驻电商平台以销售价 p_o 进行销售,电商平台从销售价格中抽取比例 $s(0 < s < 1)$ 的佣金(如图4-9所示)。

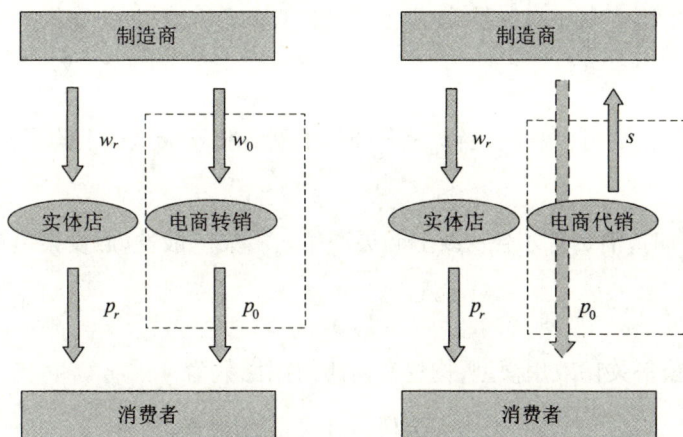

图4-9　两种电商平台销售模式

参考王等(Wang et al.)的模型假设,消费者通过线下实体店渠道购买产品时,获得的效用水平为 $u_r = v - p_r$;消费者在线上往往无法准确感知产品的质量水平、适合程度等特征,存在一定的购物风险(例如,购物后由于不适合而产生退货费用),所以消费者通过线上渠道购买产品获得的效用为 $u_o =$

$\theta v - p_o$，θ（$0 < \theta < 1$）表示消费者对线上渠道出售产品价值的感知度。通过线上线下消费者效用函数的比较，可以得到不同市场条件下消费者渠道偏好（如图 4-10 所示）。

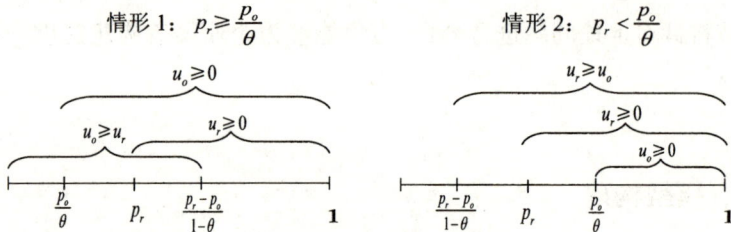

情形 1：$p_r \geq \dfrac{p_o}{\theta}$　　　　　　情形 2：$p_r < \dfrac{p_o}{\theta}$

$u_o \geq 0$　　　　　　　　　$u_r \geq u_o$

$u_o \geq u_r$　　$u_r \geq 0$　　　　　　$u_r \geq 0$

$u_o \geq 0$

$\dfrac{p_o}{\theta}$　p_r　$\dfrac{p_r - p_o}{1 - \theta}$　1　　　$\dfrac{p_r - p_o}{1 - \theta}$　p_r　$\dfrac{p_o}{\theta}$　1

图 4-10　不同市场条件下的消费者渠道偏好

因此，不同市场条件下的渠道需求函数可以表示为：

$$[D_r \,|\, D_o] = \begin{cases} \left[1 - \dfrac{p_r - p_o}{1 - \theta} \;\middle|\; \dfrac{\theta p_r - p_o}{\theta(1 - \theta)}\right], & p_r \geq \dfrac{p_o}{\theta} \\[4mm] [1 - p_r \,|\, 0], & p_r < \dfrac{p_o}{\theta} \end{cases} \qquad (4\text{-}20)$$

从需求函数可以看出，当 $p_r < \dfrac{p_o}{\theta}$ 时，消费者将不会从线上购买产品，只有当 $p_r \geq \dfrac{p_o}{\theta}$ 时，消费者才会从线上购买产品。不失一般性，假设渠道销售成本为 0。

参考公平关切效用模型，构建实体店效用函数为：

$$U_r^i = \pi_r^i - \lambda(w D_r^i - \pi_r^i) \qquad (i = R, A) \qquad (4\text{-}21)$$

其中，λ（$\lambda > 0$）为实体店的不公平厌恶系数。

在现实运营中，制造商和零售方的合作协议往往会规定双方产品供货价在长时间内保持稳定状态。因此，本节首先在制造商给予实体店的批发价格不变（批发价外生）的情形下进行分析，随后考虑制造商根据自身收益最大化来调整实体店批发价格（批发价格内生）的情形。

三、结果分析

（一）批发价格外生情形

1. 电商为转销模式

当实体店的批发价格外生时，即 w_r^0 保持不变。制造商、电商和电商的利润函数 π_m^{S-R}、π_o^{S-R} 和 π_r^{S-R} 分别为：

$$\pi_m^{S-R} = w_r^0 D_r^{S-R} + w_o^{S-R} D_o^{S-R} \tag{4-22}$$

$$\pi_o^{S-R} = (p_o^{S-R} - w_o^{S-R}) D_o^{S-R} \tag{4-23}$$

$$\pi_r^{S-R} = (p_r^{S-R} - w_r^0) D_r^{S-R} \tag{4-24}$$

实体店的效用函数为：

$$U_r^{S-R} = \pi_r^{S-R} - \lambda(w_r^0 D_r^{S-R} - \pi_r^{S-R}) \tag{4-25}$$

通过求解可以得到实体店最优反应函数为：

$$p_r^{S-R} = \max\left(\frac{p_o^{S-R}}{\theta}, \frac{a + (1 + \lambda) p_o^{S-R}}{2(1 + \lambda)} \right) =$$

$$
\begin{cases}
\dfrac{p_o^{S-R}}{\theta}, & p_o^{S-R} \geq \dfrac{\theta a}{(2 - \theta)(1 + \lambda)} \\[4mm]
\dfrac{a + (1 + \lambda) p_o^{S-R}}{2(1 + \lambda)}, & p_o^{S-R} < \dfrac{\theta a}{(2 - \theta)(1 + \lambda)}
\end{cases}
\tag{4-26}
$$

其中，$a = (1 - \theta)(1 + \lambda) + (1 + 2\lambda) w_r^0$。分析可以得到命题4-4：

命题4-4　当 $0 < \theta < \dfrac{2(1 + 2\lambda)}{3 + 7\lambda}$ 且 $w_r^0 \geq \dfrac{2\theta(1 - \theta)(1 + \lambda)}{2(1 + 2\lambda) - \theta(3 + 7\lambda)}$ 时，电商和实体店的销售价格 p_o^{S-R} 和 p_r^{S-R} 的最优解分别为：

$$p_o^{S-R*} = \frac{\theta[(1 - \theta)(1 + \lambda) + (1 + 2\lambda) w_r^0]}{(2 - \theta)(1 + \lambda)} \tag{4-27}$$

$$p_r^{S-R*} = \frac{(1 - \theta)(1 + \lambda) + (1 + 2\lambda) w_r^0}{(2 - \theta)(1 + \lambda)} \tag{4-28}$$

当 $0 < \theta < \dfrac{2(1 + 2\lambda)}{3 + 7\lambda}$ 且 $0 < w_r^0 < \dfrac{2\theta(1 - \theta)(1 + \lambda)}{2(1 + 2\lambda) - \theta(3 + 7\lambda)}$ 或

$\dfrac{2(1 + 2\lambda)}{3 + 7\lambda} \leq \theta < 1$ 时，制造商给予电商的批发价格 w_o^{S-R}、电商销售价格 p_o^{S-R}

和实体店销售价格 p_r^{S-R} 的最优解为:

$$w_o^{S-R*} = \frac{[\,2(1+2\lambda) + \theta(1+\lambda)\,]\,w_r^0 + 2\theta(1-\theta)(1+\lambda)}{4(2-\theta)(1+\lambda)} \quad (4-29)$$

$$p_o^{S-R*} = \frac{2(3-\theta)\,\theta(1-\theta)(1+\lambda) + [\,2(2-\theta)\,\theta(1+2\lambda) + 2(1+2\lambda) + \theta(1+\lambda)\,]\,w_r^0}{2(2-\theta)(4-\theta)(1+\lambda)}$$

$$\quad (4-30)$$

命题 4-4 说明,在线上为转销模式的情形下,当消费者对于电商渠道产品价值的感知度较低并且制造商制定的批发价较高时,制造商不会开设电商渠道销售。这是因为,在该市场条件下,消费者不会选择从线上渠道购买产品,同时由于给予实体店的批发价足够高,制造商通过实体店渠道销售就能够获得较大收益。

当消费者对于电商渠道产品的接受程度较低且制造商给予实体店的批发价较低时,制造商将选择同时在实体店和电商渠道销售。这是因为,在该市场条件下,由于给予实体店的批发价较低,制造商在与实体店的交易中只能获得较低的单位利润,因此制造商会积极与电商开展线上销售合作。

当消费者对于电商渠道产品价值的感知度较高时,制造商将会通过电商销售产品。这是因为,在该市场条件下,消费者更愿意在电商渠道购买产品,制造商通过与电商的合作可以扩大市场需求,获得更高的利润水平。

2. 电商为代销模式

制造商、电商和实体店的利润函数 π_m^{S-A}、π_o^{S-A} 和 π_r^{S-A} 分别为:

$$\pi_m^{S-A} = w_r^0 D_r^{S-A} + (1-s)\,p_o^{S-A} D_o^{S-A} \quad (4-31)$$

$$\pi_o^{S-A} = s p_o^{S-A} D_o^{S-A} \quad (4-32)$$

$$\pi_r^{S-A} = (p_r^{S-A} - w_r^0)\,D_r^{S-A} \quad (4-33)$$

实体店的效用函数为:

$$U_r^{S-A} = \pi_r^{S-A} - \lambda(w_r^0 D_r^{S-A} - \pi_r^{S-A}) \quad (4-34)$$

求解可以得到实体店最优反应函数为:

$$p_r^{S-A} = \max\left(\frac{p_o^{S-A}}{\theta}, \frac{a + (1 + \lambda) \, p_o^{S-A}}{2(1 + \lambda)}\right)$$

$$= \begin{cases} \dfrac{p_o^{S-A}}{\theta}, & p_o^{S-A} \geqslant \dfrac{\theta a}{(2 - \theta)(1 + \lambda)} \\[4mm] \dfrac{a + (1 + \lambda) \, p_o^{S-A}}{2(1 + \lambda)}, & p_o^{S-A} < \dfrac{\theta a}{(2 - \theta)(1 + \lambda)} \end{cases} \tag{4-35}$$

其中，$a = (1 - \theta)(1 + \lambda) + (1 + 2\lambda) \, w_r^0$，分析可以得到命题 4-5：

命题 4-5 当 $\dfrac{\lambda}{1 + 2\lambda} \leqslant s < 1$ 且 $w_r^0 \geqslant \dfrac{(1 - \theta)(1 - s)(1 + \lambda)}{1 + \lambda - (1 - s)(1 + 2\lambda)}$ 时，制造

商的线上销售价格 p_o^{S-A} 和实体店的销售价格 p_r^{S-A} 的最优解为：

$$p_o^{S-A*} = \frac{\theta[(1 - \theta)(1 + \lambda) + (1 + 2\lambda) \, w_r^0]}{(2 - \theta)(1 + \lambda)} \tag{4-36}$$

$$p_r^{S-A*} = \frac{(1 - \theta)(1 + \lambda) + (1 + 2\lambda) \, w_r^0}{(2 - \theta)(1 + \lambda)} \tag{4-37}$$

当 $0 < s < \dfrac{\lambda}{1 + 2\lambda}$ 或 $\dfrac{\lambda}{1 + 2\lambda} \leqslant s < 1$ 且 $0 < w_r^0 < \dfrac{(1 - \theta)(1 - s)(1 + \lambda)}{1 + \lambda - (1 - s)(1 + 2\lambda)}$

时，p_o^{S-A} 和 p_r^{S-A} 的最优解为：

$$p_o^{S-A*} = \frac{(1 - s)(1 - \theta)\theta(1 + \lambda) + [1 + \lambda + (1 - s)(1 + 2\lambda)] \, \theta w_r^0}{2(1 - s)(2 - \theta)(1 + \lambda)}$$

$$\tag{4-38}$$

$$p_r^{S-A*} = \frac{a + (1 + \lambda) \, p_o^{S-A*}}{2(1 + \lambda)} \tag{4-39}$$

命题 4-5 表明，在线上为代销模式的情形下，当电商平台的佣金比例较高且制造商给予实体店的批发价也较高时，制造商仅在线下实体店销售产品。这是因为，在该市场条件下，电商平台收取的佣金比例过高，制造商通过线上销售的利润率较低，而制造商通过线下销售的利润率较高，因此制造商会选择仅与实体店合作。当电商代销平台收取较高佣金比例并且制造商制定的批发价较低时，制造商将选择开展线上销售。这是因为，在该市场条件下，制造商

从实体店获得的单位利润较低,即使电商平台收取较高的佣金比例,制造商也会选择电商平台进行代销。当电商平台收取的佣金比例较低时,制造商将选择开展线上销售。这是因为,在该市场条件下,制造商与电商合作可以从线上渠道获得较高的单位利润,因此会积极开拓线上市场。

(二)批发价格内生情形

1. 电商为转销模式

当批发价内生时,制造商给予实体店的批发价格也将进行调整。则制造商、电商和实体店的利润函数 π_m^{L-R}、π_o^{L-R}、π_r^{L-R} 和实体店的效用水平函数 U_r^{L-R} 分别为:

$$\pi_m^{L-R} = w_r^{L-R} D_r^{L-R} + w_o^{L-R} D_o^{L-R} \tag{4-40}$$

$$\pi_o^{L-R} = (p_0^{L-R} - w_0^{L-R}) D_o^{L-R} \tag{4-41}$$

$$\pi_r^{L-R} = (p_r^{L-R} - w_r^{L-R}) D_r^{L-R} \tag{4-42}$$

$$U_r^{L-R} = \pi_r^{L-R} - \lambda(w_r^{L-R} D_r^{L-R} - \pi_r^{L-R}) \tag{4-43}$$

同理,可以得到制造商给予电商和实体店的批发价格的最优解为:

$$w_o^{L-R*} = \frac{2(1-\theta)\,\theta(1+\lambda)\,[(3-\theta)\,(1+2\lambda)+1+\lambda]}{4\,(2-\theta)^2(1+\lambda)\,(1+2\lambda)-(2+3\lambda)^2\theta} \tag{4-44}$$

$$w_r^{L-R*} = \frac{2(1-\theta)\,(1+\lambda)+(2+3\lambda)\,w_o^{L-R*}}{2(2-\theta)\,(1+2\lambda)} \tag{4-45}$$

进一步可以得到:

$$p_r^{L-R*} = \frac{2(1-\theta)\,(1+\lambda)+2(1+2\lambda)\,w_r^{L-R*}+(1+\lambda)\,w_o^{L-R*}}{(1+\lambda)\,(4-\theta)} \tag{4-46}$$

$$p_o^{L-R*} = \frac{(1-\theta)\,\theta(1+\lambda)+(1+2\lambda)\,\theta w_r^{L-R*}+2(1+\lambda)\,w_o^{L-R*}}{(1+\lambda)\,(4-\theta)} \tag{4-47}$$

2. 电商为代销模式

同理可以构建制造商、电商和 U_r^{L-A} 实体店的利润函数表达式 π_m^{L-A}、π_o^{L-A} 和 π_r^{L-A} 以及实体店的效用水平表达式分别为:

$$\pi_m^{L-A} = w_r^{L-A} D_r^{L-A} + (1 - s) p_o^{L-A} D_o^{L-A} \tag{4-48}$$

$$\pi_o^{L-A} = s p_o^{L-A} D_o^{L-A} \tag{4-49}$$

$$\pi_r^{L-A} = (p_r^{L-A} - w_r^{L-A}) D_r^{L-A} \tag{4-50}$$

$$U_r^{L-A} = \pi_r^{L-A} - \lambda (w_r^{L-A} D_r^{L-A} - \pi_r^{L-A}) \tag{4-51}$$

同理,可以得到制造商在电商渠道的销售价格和制造商给予实体店最优的批发价格以及为实体店最优销售价格分别为:

$$p_o^{L-A*} = \frac{(1+\lambda)\,\theta(1-\theta)\,[1+\lambda+3(1-s)\,(1+2\lambda)\,]}{4(1-s)\,(1+\lambda)\,(1+2\lambda)\,(2-\theta) - \theta\,[\,(1-s)\,(1+2\lambda) + (1+\lambda)\,]^2} \tag{4-52}$$

$$w_r^{L-A*} = \frac{(1+\lambda)\,(1-\theta) + [\,(1-s)\,(1+2\lambda) + 1 + \lambda\,]\,p_o^{L-A*}}{2(1+2\lambda)} \tag{4-53}$$

$$p_r^{L-A*} = \frac{(1-\theta)\,(1+\lambda) + (1+2\lambda)\,w_r^{L-A*} + (1+\lambda)\,p_o^{L-A*}}{2(1+\lambda)} \tag{4-54}$$

(三)数值仿真

1. 批发价格外生情形

通过比较实体店和电商销售价格,可以得到命题4-6:

命题4-6 $p_r^{S-R*} > p_o^{S-R*}$,$p_r^{S-A*} > p_o^{S-A*}$。

命题4-6说明,不管制造商在电商渠道选择转销模式还是代销模式,实体店的销售价格一直会高于电商的销售价格。这是因为,当电商为转销模式时,由于消费者对电商渠道产品的评价程度要低于实体店的产品评价程度,电商不得不降低销售价格来吸引消费者;而当电商为代销模式时,与实体店渠道相比,电商渠道不存在双重边际效应,因此电商渠道产品的销售价格也会相对较低。

在两种电商分销模式下,分析实体店和电商销售价格与实体店纵向分配公平关切关系,可以得到:$\dfrac{\partial p_r^{S-R*}}{\partial \lambda} > 0$,$\dfrac{\partial p_o^{S-R*}}{\partial \lambda} > 0$,$\dfrac{\partial p_r^{S-R*}}{\partial \lambda} > \dfrac{\partial p_o^{S-R*}}{\partial \lambda}$;$\dfrac{\partial p_r^{S-A*}}{\partial \lambda} > 0$,$\dfrac{\partial p_o^{S-A*}}{\partial \lambda} > 0$,$\dfrac{\partial p_r^{S-A*}}{\partial \lambda} > \dfrac{\partial p_o^{S-A*}}{\partial \lambda}$;$\dfrac{\partial w_o^{R*}}{\partial \lambda} > 0$。

　　这说明,不管制造商选择线上转销模式还是线上代销模式,实体店纵向分配公平关切对电商渠道和实体店渠道销售价格都产生正向作用,并且对于实体店销售价格影响更大。因此,随着实体店公平关切的不断增强,实体店和电商渠道的销售价格差额会不断增大,渠道间的价格竞争程度会逐渐减弱。同时,当制造商选择电商渠道为转销模式时,随着实体店公平关切程度的增强,制造商将提高给予电商的批发价格。这是因为,实体店公平关切程度的增强将使得制造商在实体店渠道无法获得较高的产品边际利润,制造商只能通过提高给予电商的批发价格,从而可以从电商渠道获取更多的收益。

　　当制造商选择电商渠道不同的销售模式时,通过数值分析进一步分析实体店和电商的销售价格大小关系变化(如图4-11所示)。

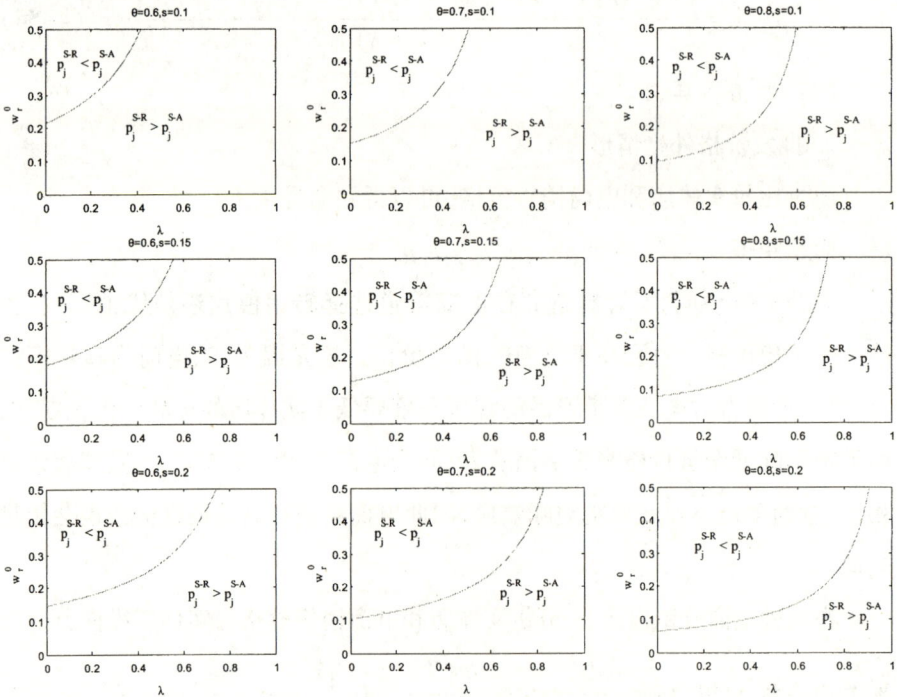

图4-11　在电商不同模式下销售价格比较

　　图4-11表明,当电商收取的佣金比例较低时,电商渠道产品销售价格在

转销模式下比在代销模式下要更高,这表明转销模式下双重边际效应对于电商销售价格的提升影响较大;随着电商收取的佣金比例逐渐增加,代销模式下电商销售价格高于转销模式下的可能性逐渐增大;当电商收取的佣金比例较高时,制造商只能通过更多地提高电商代销模式的销售价格来争取更多的收益,并且这种可能性转变随着消费者对电商渠道接受程度的增大而增大。在确定的市场条件下,当制造商给予实体店的批发价较大时,若实体店公平关切较小,代销模式下电商销售价格高于转销模式电商销售价格;若实体店公平关切较大,转销模式下电商销售价格高于代销模式电商销售价格。此时,在双重边际效应的作用下,转销模式下电商的销售价格提升得更快,这导致当实体店公平关切程度较大时,转销模式下电商销售价格高于代销模式下的可能性增大。

进一步通过数值讨论分析制造商如何选择不同的线上渠道模式策略(如图4-12所示)。图4-12表明,当实体店批发价格外生时,若其他条件保持不变,随着制造商给予实体店批发价格的不断提高,制造商在线上选择转销模式的可能性逐渐提高,选择代销模式的可能性逐渐下降。特别地,当消费者对线上出售产品的接受程度较高时,无论实体店的公平关切程度如何变化,制造商在线上渠道始终选择转销模式;当消费者对线上出售产品的接受程度较低时,无论实体店的公平关切程度如何变化,制造商在线上渠道始终选择代销模式。而当消费者对线上出售产品价值的感知度适中时,如果实体店具有较强的公平关切,制造商将选择与电商采取代销合作模式;如果实体店具有较弱的公平关切,制造商将选择与电商采取转销合作模式。

进一步分析实体店公平关切、消费者对电商渠道产品接受程度、电商佣金比例以及批发价对于实体店在电商模式差异情形下的偏好影响情况(如图4-13所示)。图4-13表明,当实体店的批发价较小时,实体店偏好电商转销模式。当实体店批发价适中或较大时,若实体店具有较小的公平关切,实体店偏好电商代销模式;若实体店具有较大的公平关切,实体店偏好电商转销模式。随着消费者对电商渠道认可程度的提高和电商收取佣金比例的增加,实

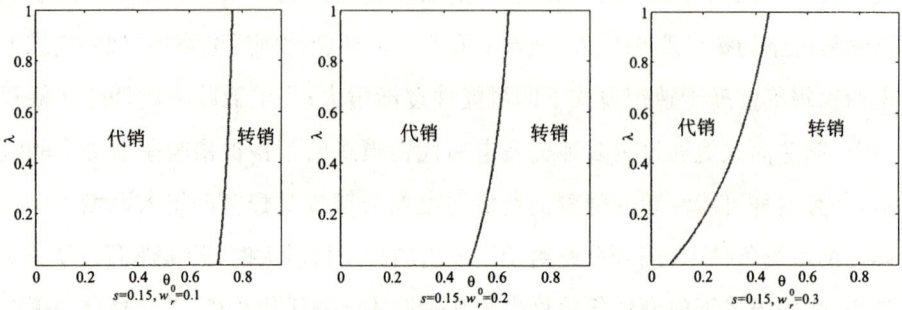

图4-12 制造商对于电商模式的选择策略

体店偏好电商代销模式的可能性会增大。结合图4-11可知,在一定的市场条件下,电商转销模式下的实体店销售价格低于电商代销模式下的可能性较大,并且随着实体店公平关切的增强,实体店渠道需求不断减小,而实体店在电商代销模式下具有较高的销售价格,能够获取更多的利润,因此实体店更偏好电商代销模式。

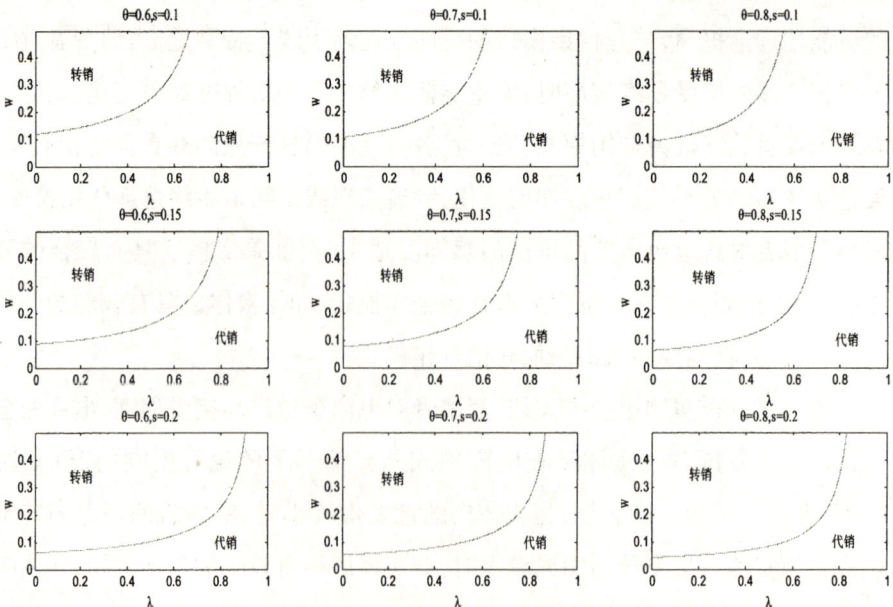

图4-13 实体店对于电商渠道模式偏好策略

2. 批发价格内生情形

在制造商给予实体店的批发价格内生情形下,通过数值仿真进一步分析实体店公平关切程度和电商佣金比例对实体店与电商销售价格差的影响变化情况(如图4-14和图4-15所示)。图4-14和图4-15表明,无论制造商在电商渠道选择转销模式还是代销模式,实体店销售价格始终高于电商渠道销售价格。这说明,制造商在开拓电商销售市场时,往往会采取较低的销售价来与实体店形成区隔,从而实现自身利润最大化。随着实体店公平关切程度的提高,实体店销售价格与电商的差额会不断增大。而随着消费者对电商渠道销售产品价值的感知度不断增加,实体店销售价格与电商的差额将不断减小。当实体店公平关切程度较大时,实体店会提高自身销售价格来获取更高的收益,从而弥补公平关切带来的负效用;而当消费者对电商渠道销售产品的接受程度较大时,渠道间的差异性减小,实体店与电商的销售价差额会趋近于零。

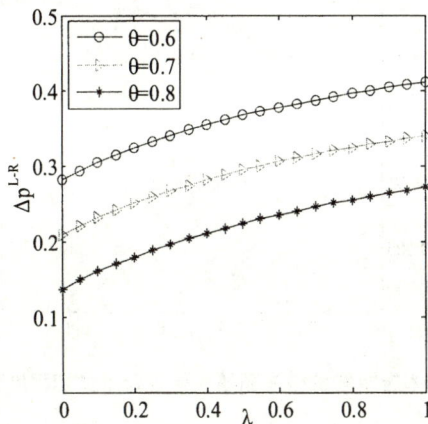

图4-14　实体店与电商销售价格差额随实体店公平关切程度变化的趋势

当制造商选择不同的线上销售模式时,实体店和电商的销售价随实体店公平关切程度的变化情况如图4-16和图4-17所示。在这里,$\Delta p_r = p_r^{L-R*} - p_r^{L-A*}$,$\Delta p_o = p_o^{L-R*} - p_o^{L-A*}$。图4-16和图4-17表明,与代销模式相比,制造商在电商渠道选择转销模式情形下的实体店销售价格更高。这是因

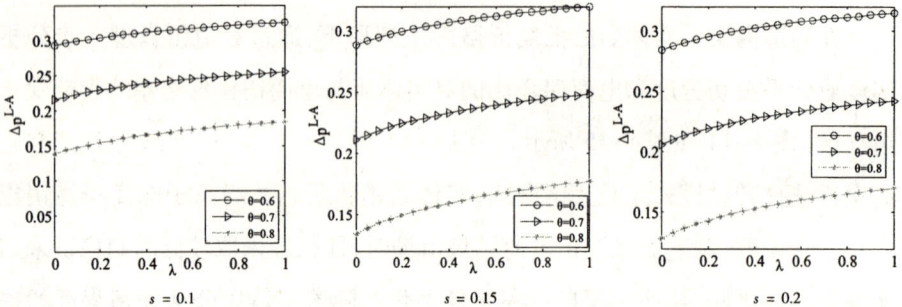

图 4-15　实体店与电商销售价格差额随电商佣金比例变化的趋势

为，当电商为转销模式时，双重边际效应的存在将提高电商渠道的销售价格，同时渠道间的竞争又会推动实体店制定的销售价格相应提高。

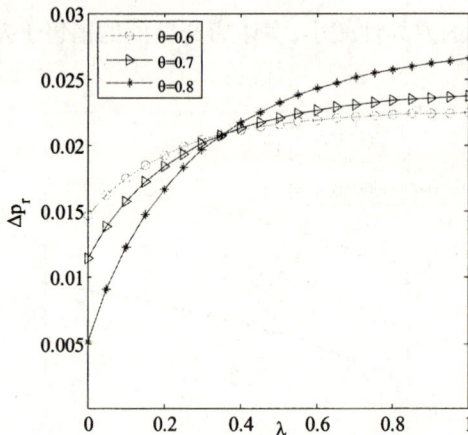

图 4-16　实体店销售价格差额随实体店公平关切程度变化的趋势

综合分析图 4-11、图 4-16 和图 4-17 可以发现一个有趣的现象：在实体店批发价外生情形下，实体店和电商的销售价格大小关系将受到制造商对于电商模式选择的影响；而在实体店批发价内生情况下，实体店和电商的销售价格大小关系不受制造商对于电商模式选择的影响。

在实体店批发价格内生情形下，进一步分析电商佣金比例、消费者对电商渠道认可度以及实体店公平关切程度对制造商选择电商渠道模式策略的影响

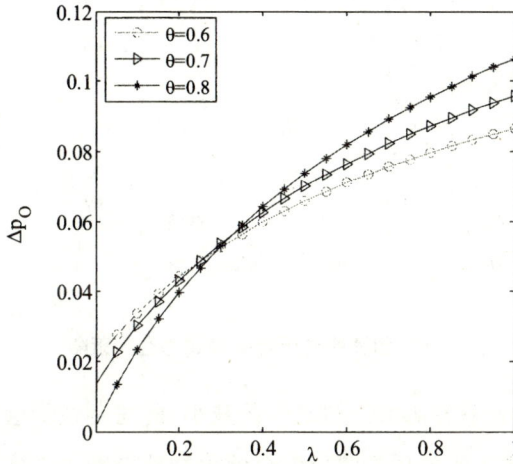

图 4-17　电商销售价格差额随实体店公平关切程度变化的趋势

（如图 4-18 所示）。图 4-18 表明，当实体店批发价为内生时，若其他条件保持不变，随着电商的佣金比例不断增大，制造商选择电商转销模式的可能性会逐渐提高，选择电商代销模式的可能性会逐渐下降。特别地，当消费者对电商渠道销售产品的接受程度较大时，无论实体店的公平关切程度如何变化，制造商始终选择电商转销模式；当消费者对电商渠道销售产品的接受程度较小时，无论实体店的公平关切程度如何变化，制造商始终选择电商代销模式。有趣的是，这一现象与批发价外生的情形正好一致。当消费者对电商渠道销售产品价值的感知度适中时，如果实体店具有较强的公平关切，制造商将与电商采取代销合作模式；如果实体店具有较弱的公平关切，制造商将与电商采取转销合作模式。

　　进一步分析实体店公平关切程度和电商佣金比例对不同模式下的实体店效用水平影响（如图 4-19 和图 4-20 所示）。

　　图 4-19 表明，当消费者对于电商渠道产品价值的感知度较低时，实体店效用水平随着自身公平关切系数的增大而增大，此时制造商会更加注重通过实体店销售，制造商会让渡一部分利润给实体店，给具有一定公平关切程度的实体店带来好的结果；当消费者对于电商渠道产品价值的感知度较高时，实体

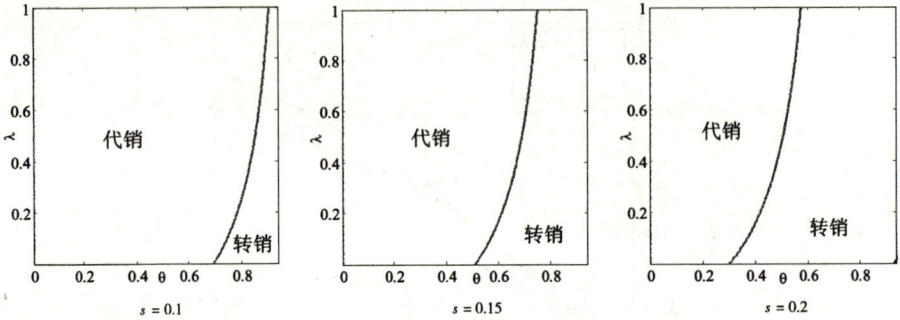

图4-18　制造商对于电商模式的选择策略

店效用水平随自身公平关切系数的增大而减小,此时制造商会更加注重通过
电商渠道销售,实体店的公平关切行为会使得制造商减少在实体店渠道的销
售量,从而导致实体店的效用水平降低。

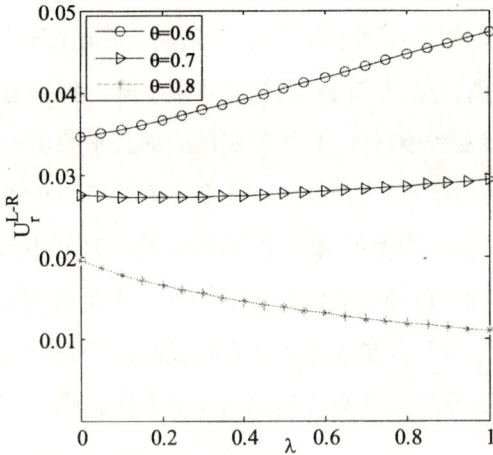

图4-19　实体店效用水平随实体店公平关切系数的变化趋势

图4-20表明,当消费者对电商渠道产品价值的感知度一定时,随着电商
收取的佣金比例增大,制造商获利的空间会逐渐减小,制造商将会增加实体店
的销售来维系自身的利润,并且会对实体店进行相应比例的让利,这在一定程
度上可以提高实体店的效用水平。当电商收取的佣金比例一定时,消费者对
于线上渠道产品价值的感知度较弱时,实体店公平关切会对实体店效用水平

产生正向作用。随着消费者对于电商渠道产品价值的感知度不断提高,制造商会开始注重利用电商渠道销售,实体店的销量将会减少,这也会对实体店造成一定的冲击,若此时实体店拥有强烈的公平感,实体店的效用水平会显著下降。

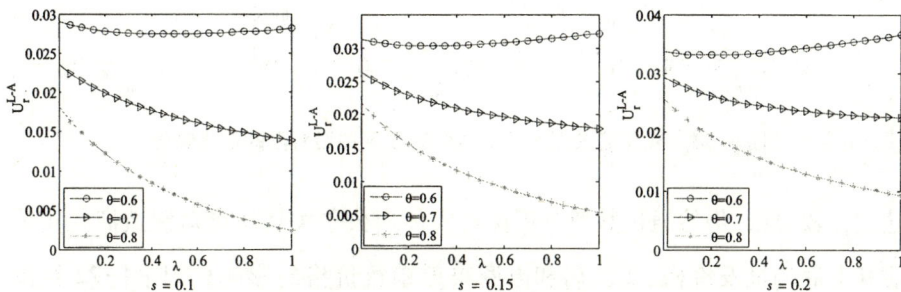

图4-20 实体店效用水平随电商佣金比例的变化趋势

综合分析图4-19和图4-20可知,在一定的市场条件下,实体店公平关切行为将会使自身效用水平提高,但在某一市场条件下,实体店公平关切行为将会使自身效用水平降低。因此,公平关切作为一把双刃剑,在合适的市场环境下,实体店保持合适的公平感可以为自己争取更多的利益。

进一步分析消费者对电商渠道认可程度、电商佣金比例以及实体店公平关切程度对实体店效用水平影响(如图4-21所示)。分析发现,当消费者对电商渠道产品的接受程度较大、电商收取的佣金比例较大并且实体店公平关切较小时,制造商选择电商代销模式下实体店的效用水平要大于制造商选择电商转销模式时的效用水平;当电商收取的佣金比例较大并且实体店公平关切较大时,制造商选择电商代销模式下的实体店效用水平会小于制造商选择电商转销模式时的效用水平。在大部分市场条件下,电商转销模式下的实体店效用水平超过电商代销模式下实体店效用水平的可能性更大。

在上述研究的基础上进行模型拓展,考虑实体店同时具有纵向分配公平关切和横向同行公平关切的情形,验证上述研究结论是否依旧成立。

求解得到制造商选择不同电商销售模式时的市场均衡结果,由于函数表

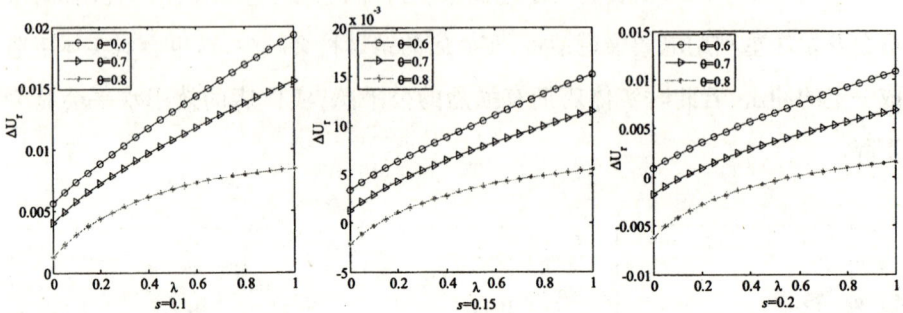

图4-21　实体店效用水平随实体店公平关切系数的变化趋势

达式比较复杂,仍然通过数值分析探讨实体店公平关切程度对制造商给实体店和电商的批发价格、实体店和电商渠道销售价格的影响(如图4-22至图4-25所示)。分析发现,在电商转销模式下,实体店和电商的批发价格和电商销售价格随实体店纵向分配公平关切系数的增大而减小,随实体店横向同行公平关切系数的增大而增大。因此,实体店纵向分配公平关切会对实体店销售价格和电商批发价格产生正向作用,而实体店横向同行公平关切会对实体店销售价格和电商批发价格产生反向作用。

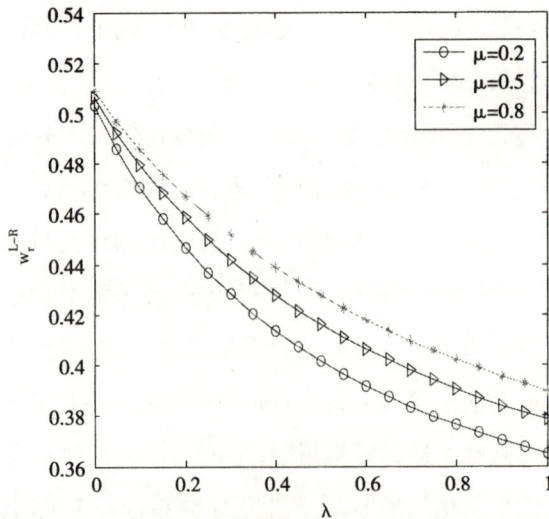

图4-22　实体店批发价随自身公平关切系数的变化趋势

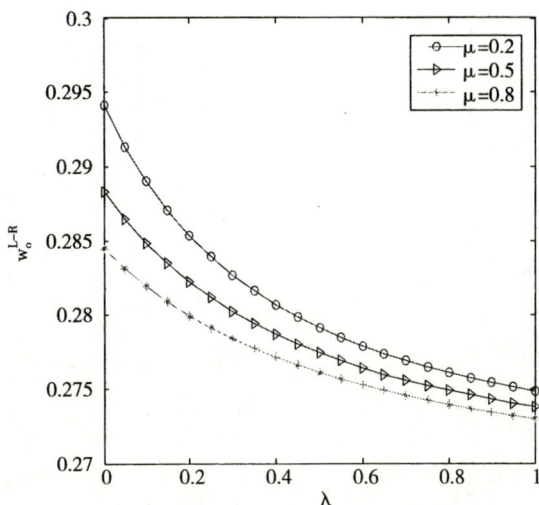

图 4-23 电商批发价随实体店公平关切系数的变化趋势

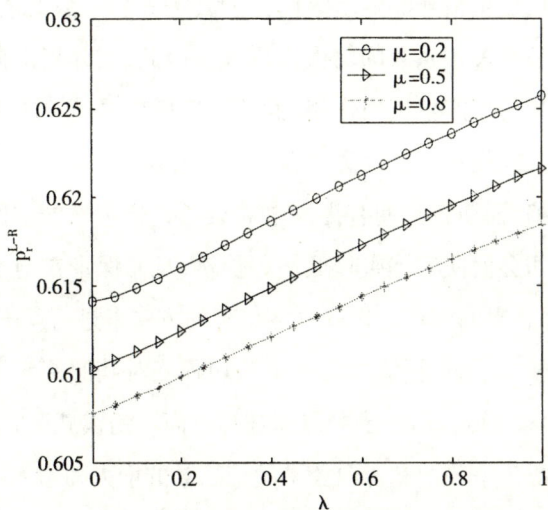

图 4-24 实体店销售价格随自身公平关切系数的变化趋势

在电商代销模式下,通过数值分析探讨实体店公平关切程度对实体店批发价格、制造商在电商渠道制定的销售价格和实体店的销售价格影响(如图4-26 至图 4-28 所示)。分析发现,在电商代销模式下,实体店批发价格和制

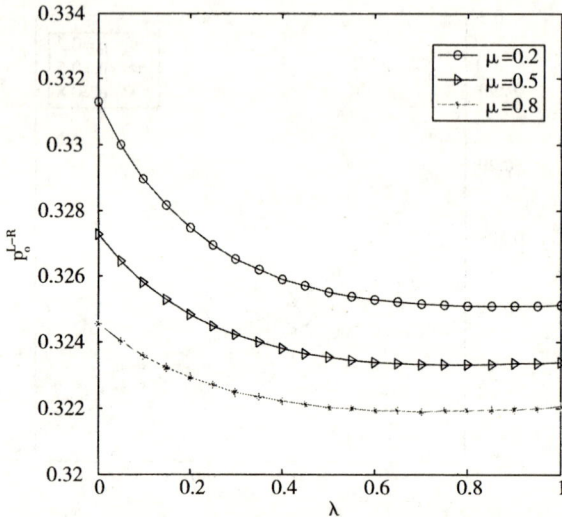

图4-25　电商销售价格随实体店公平关切系数的变化趋势

造商在电商渠道销售价格随实体店纵向分配公平关切系数的增大而减小，随实体店横向同行公平关切系数的增大而增大。因此，实体店纵向分配公平关切会对实体店销售价格产生正向作用，而实体店横向同行公平关切会对实体店销售价格产生反向作用。这也意味着实体店的纵向分配公平关切会迫使制造商降低批发价格，而使自身拥有提高电商渠道销售价格的空间。实体店的横向同行公平关切会促使实体店降低销售价格，从而保证在与电商的竞争过程中占据优势，并且电商同样会以降低零售价的方式来进行反击。

在电商转销模式下，分析实体店公平关切程度对其效用水平的影响情况（如图4-29所示）。分析发现，当制造商选择电商转销模式时，实体店效用水平随自身纵向分配公平关切和横向公平关切系数的增大而增大。实体店具有较强的纵向公平关切能够让制造商更多地关注实体店收益，并对实体店进行一定程度的利润补偿，从而提高实体店的效用水平。实体店的横向公平关切会导致自身销售价格降低，从而在与电商的竞争过程中占据优势，使得自身效用水平得到一定程度的提升。

在电商代销模式下，分析实体店公平关切程度对其效用水平的影响情况

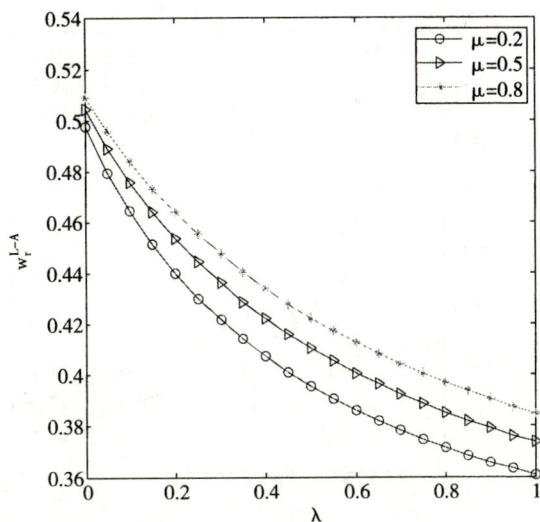

图 4-26 实体店批发价随自身公平关切系数的变化趋势

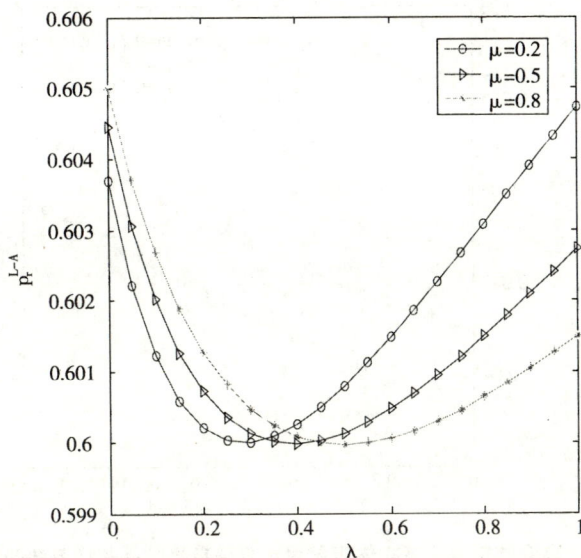

图 4-27 实体店销售价格随自身公平关切系数的变化趋势

（如图 4-30 所示）。分析发现，当制造商选择电商代销模式时，实体店效用水平随自身纵向分配公平关切系数的增大而减小，随自身横向公平关切的系数

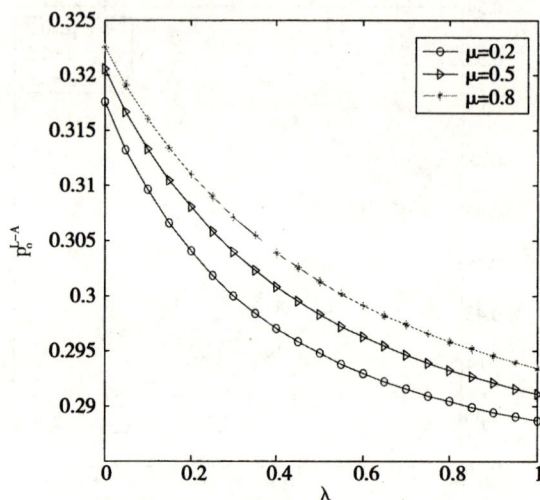

图 4-28 电商销售价格随实体店公平关切系数的变化趋势

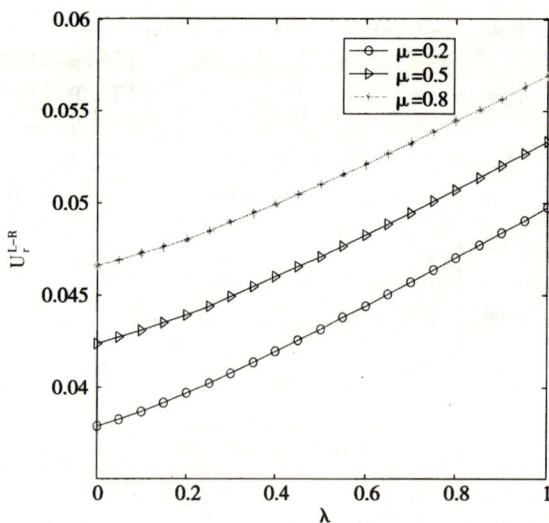

图 4-29 电商转销模式下实体店效用水平随自身公平关切系数的变化趋势

增大而增大。在电商代销模式下,实体店如果过多地关注制造商纵向利益分配的公平性,会让制造商转向电商进行代销,导致实体店的销量减少,使得实体店效用水平不断降低;实体店的横向公平关切使自身销售价格会降低,在与电商的竞争过程中占据优势,自身效用水平得到一定程度的提升。

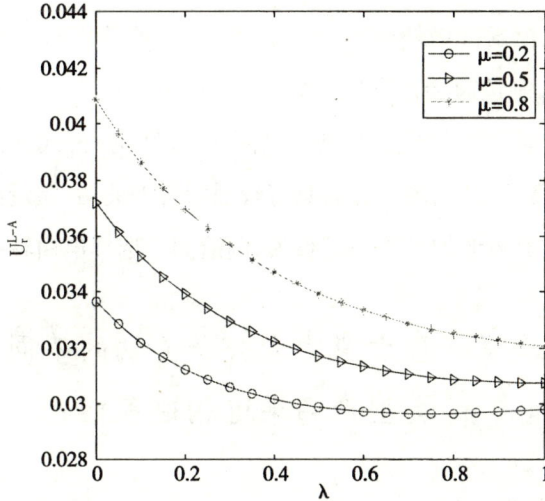

图 4-30　电商代销模式下实体店效用水平随自身公平关切系数的变化趋势

进一步分析实体店横向公平关切、实体店纵向公平关切以及电商收取的佣金比例对制造商选择不同线上渠道模式策略的影响情形(如图 4-31 所示)。分析发现,在实体店纵向公平关切较小,横向公平关切较大的情形下,制造商倾向于选择电商代销模式进行销售;反之,制造商选择与电商进行转销合作的可能性更高。有趣的是,随着电商收取的佣金比例越来越高,制造商选择代销模式的可能性也越来越大。

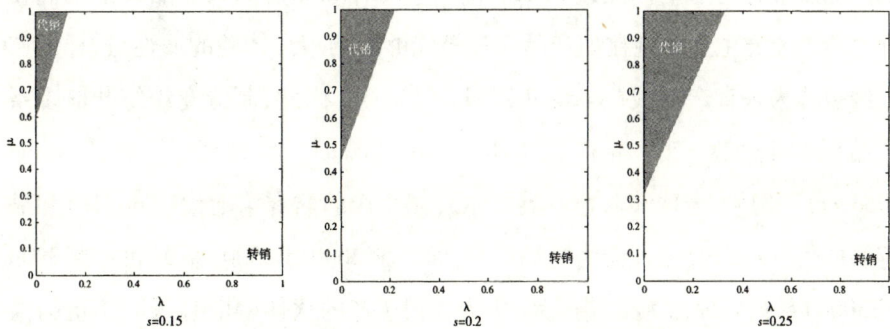

图 4-31　制造商对于电商渠道模式选择策略

　　本节针对电商转销和代销两种典型的销售模式,在实体店的批发价格外生和批发价格内生情形下分析实体店公平关切对制造商选择电商模式的影响。研究发现,在批发价格外生(内生)情形下,当消费者对电商渠道的感知程度较强(弱)时,制造商会选择电商转销(代销)模式;当消费者对电商渠道的感知程度较弱(强)时,制造商会选择电商代销(转销)模式。当消费者对电商渠道的感知程度适中时,若实体店具有较强的公平关切,制造商会选择代销模式;若实体店具有较弱的公平关切行为,制造商会选择电商转销模式。

第三节　基于消费者公平关切的不同
类型产品渠道构建策略

一、问题描述

　　企业管理人员十分重视产品线从开发、生产到销售等整个流程事项,并且逐渐受到包括经济学、运作管理、信息管理等其他领域学者的广泛关注。产品线设计主要指在考虑设计成本等限制条件的前提下,从质量、形状、颜色等属性入手对某一类产品进行差异化,从而为不同细分的消费者需求提供最适合的产品设计,最终最大化企业利润。其中,产品线被分为水平产品线(Horizontal Product Line)和垂直产品线(Vertical Product Line)。如果产品线中不同设计之间的差异主要体现在如颜色等不会影响用户体验的属性,这样的产品线被称为水平产品线(Horizontal Product Line);如果产品线中不同设计之间的差异主要体现在如产品质量等能够影响用户体验的属性,这样的产品线被称为垂直产品线(Vertical Product Line)。因此,制造商纷纷开辟多条产品线,同时生产高端产品(High-end Product)和低端产品(Low-end Product)。例如,全球知名企业英特尔公司生产的酷睿第七代(Core i7)和酷睿第九代(Core i9)处理器为高端产品,而奔腾2000(E2000)系列和奔腾3000(E3000)系列处理器为低端产品;华为公司生产的伙伴(Mate)系列手机为高端产品,而荣耀系列手机却为低端产品;海尔公司生产的卡萨帝系列电器为高端产品,而统帅系列电器为低端产品。而且每个系列的同类型中又有多种颜色、形状属性产品供消费者体验,满足消费者购物喜好和需求。

电商渠道的引入有助于制造商产品市场份额的增长和利润水平的提高,但同时因为侵蚀了传统实体店的市场占有率和收益,也可能引发渠道冲突。例如,李维斯(Levis)品牌制造商曾开辟电商渠道进行销售,但因损害了传统实体店的利益而遭到实体店抵制,最终作出退出电商渠道的决定。为缓解线上线下的渠道冲突,制造商往往会积极选择异质品的销售策略,即在不同的销售渠道上同时销售高端产品和低端产品。在现实中,异质品的销售策略存在两种典型模式:(1)线下渠道销售高端产品,线上渠道销售低端产品。例如,夏普公司会把最新研发的高端产品放在大型零售实体店,而在线上渠道只出售普通功能的低端电子产品给消费群。(2)线下渠道销售低端产品,线上渠道销售高端产品。例如,小米手机会选择将新款的高端电子产品投放在线上渠道销售,在线下渠道却销售性能较低端的电子产品。

大量行为经济学表明,产品的质量差距和销售渠道价格的公平性将会共同影响消费者的购买决策,并且消费者购买产品之后,会与其他顾客进行购买价格交流,其中高价购买产品的顾客往往会产生消费不公平的感觉。研究发现,当制造商在双渠道配置差异化产品时,消费者会对不同渠道上的产品利润幅度进行比较,并以此来识别自己在交易中是否受到了公平的对待,如果制造商获取的利润幅度较高,消费者会产生不公平感并会减少购买该产品的意愿。① 戈德法布等(Goldfarb et al.)认为在消费过程中,众多因素都将引发消费者产生公平关切心理,并且消费者在不同的环境中会采取不同的参照点。②

制造商采取双渠道供应链和产品差异化策略已经成为互联网时代的重要趋势,并且随着产品成本信息更加透明化,消费者更乐意从合适的渠道去购买

① L. E. Bolton,L. Warlop,J. W. Alba,"Consumer Perceptions of Price Unfairness",*Journal of Consumer Research*,Vol.29,No.4,2003.

② A. Goldfarb,T. H. Ho,W. Amaldoss,et al.,"Behavioral Models of Managerial Decision-making",*Marketing Letters*,Vol.23,No.2,2012.

自我感觉定价更为公平的产品，因此，考虑到消费者的公平关切心理，制造商如何在实体店和电商渠道合理配置不同质量的产品？质量差异化产品该如何进行定价？哪些市场条件将会对制造商的渠道和定价策略产生影响？本节将对上述问题进行分析，努力为制造商更加高效地运用双渠道供应链提供管理启示。

二、模型构建

假设制造商生产差异化产品，以成本 c_H 生产质量为 q_H 的高质量产品，以成本 c_L 生产质量为 q_L 的低质量产品，其中 $c_H > c_L > 0$，$q_H > q_L > 0$。制造商在双渠道供应链中可以采取 $R^H E^L$ 策略（即实体店分销高质量产品，网络直销低质量产品）和 $R^L E^H$ 策略（即实体店分销低质量产品，网络直销高质量产品）。在 $R^H E^L$ 策略中，制造商以价格 p_H 通过线下渠道分销高质量产品，同时制造商以价格 p_L 通过线上渠道直销低质量产品。在 $R^L E^H$ 策略中，制造商以价格 p_L 通过实体店渠道分销低质量产品，同时制造商以价格 p_H 通过网络渠道直销高质量产品（如图 4-32 所示）。假设在实体店分销渠道，制造商和实体店可以通过入驻店铺的模式进行合作，实体店不参与定价，只负责提供销售平台，实体店向制造商抽取 α（$0 \leqslant \alpha \leqslant 1$）佣金比例。不失一般性，假设渠道销售成本为 0。

这里将消费者产品质量的感知程度定义为 θ（$0 < \theta < 1$）。考虑到商业实际，假设高质量产品的利润幅度大于低质量产品的利润幅度（即在 $R^H E^L$ 策略下，有 $\dfrac{p_H - (1 - \alpha) p_H}{(1 - \alpha) p_H} > \dfrac{p_L - c_L}{c_L}$；在 $R^L E^H$ 策略下，有 $\dfrac{p_H - c_H}{c_H} > \dfrac{p_L - (1 - \alpha) p_L}{(1 - \alpha) p_L}$），消费者公平关切系数为 λ（$0 < \lambda < 1$）。

当实体店分销渠道和网络直销渠道市场需求均大于零时，消费者才可以对线上和线下渠道产品的利润幅度进行比较。如果双渠道市场需求均大于

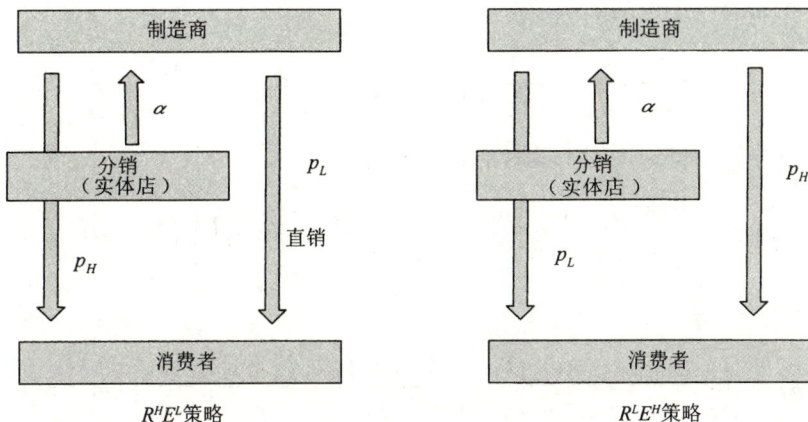

图 4-32　制造商产品差异化供应链构建策略

零，$c_H \in (\underline{c}, \overline{c})$，其中 $\underline{c} \equiv \max\left[0, \dfrac{c_L q_H - (1-\alpha) q_H q_L + (1-\alpha) q_L{}^2}{(1-\alpha) q_L}\right]$，$\overline{c} \equiv$

$$\dfrac{(1-\alpha) [c_L q_H + 2q_H{}^2 - 2q_H q_L]}{2q_H - q_L}。$$

在 $R^H E^L$ 策略中，具有公平关切心理的消费者效用水平分别为：

$$U_H = \theta q_H - p_H - \lambda \max\left[0, \frac{p_H - (1-\alpha) p_H}{(1-\alpha) p_H} - \frac{p_L - c_L}{c_L}\right] \tag{4-55}$$

$$U_L = \theta q_L - p_L - \lambda \max\left[0, \frac{p_L - c_L}{c_L} - \frac{p_H - (1-\alpha) p_H}{(1-\alpha) p_H}\right] \tag{4-56}$$

在 $R^L E^H$ 策略中，具有公平关切心理的消费者效用水平分别为：

$$U_H = \theta q_H - p_H - \lambda \max\left[0, \frac{p_H - c_H}{c_H} - \frac{p_L - (1-\alpha) p_L}{(1-\alpha) p_L}\right] \tag{4-57}$$

$$U_L = \theta q_L - p_L - \lambda \max\left[0, \frac{p_L - (1-\alpha) p_L}{(1-\alpha) p_L} - \frac{p_H - c_H}{c_H}\right] \tag{4-58}$$

当制造商选择 $R^H E^L$ 策略时，将消费者购买不同产品获得的效用水平进行比较，可以得到实体店分销渠道的高质量产品需求为：

$$D_H = 1 - \frac{p_H - p_L}{q_H - q_L} - \frac{\lambda}{q_H - q_L}\left[\frac{p_H - (1-\alpha) p_H}{(1-\alpha) p_H} - \frac{p_L - c_L}{c_L}\right] \tag{4-59}$$

网络直销渠道的低质量产品需求为：

$$D_L = \frac{p_H - p_L}{q_H - q_L} + \frac{\lambda}{q_H - q_L}\left[\frac{p_H - (1 - \alpha)\,p_H}{(1 - \alpha)\,p_H} - \frac{p_L - c_L}{c_L}\right] - \frac{p_L}{q_L} \quad (4-60)$$

则制造商销售不同产品时的利润分别为：

$$\pi_H = \left\{1 - \frac{p_H - p_L}{q_H - q_L} - \frac{\lambda}{q_H - q_L}\left[\frac{p_H - (1 - \alpha)\,p_H}{(1 - \alpha)\,p_H} - \frac{p_L - c_L}{c_L}\right]\right\}[(1 - \alpha)\,p_H - c_H]$$

$$(4-61)$$

$$\pi_L = \left\{\frac{p_H - p_L}{q_H - q_L} + \frac{\lambda}{q_H - q_L}\left[\frac{p_H - (1 - \alpha)\,p_H}{(1 - \alpha)\,p_H} - \frac{p_L - c_L}{c_L}\right] - \frac{p_L}{q_L}\right\}(p_L - c_L)$$

$$(4-62)$$

制造商同时确定 p_H 和 p_L 来实现自身利润水平最大化，联立 $\frac{\partial \pi_H}{\partial p_H} = 0$ 和

$\frac{\partial \pi_L}{\partial p_L} = 0$，可以得到实体店最优的销售价格 p_H^* 和制造商线上渠道最优的销售

价格 p_L^* 分别为：

$$p_H^* = \frac{c_L\left\{\begin{array}{l}q_H[2c_H - \lambda(1 + \alpha)] + (1 - \alpha)\,q_H[c_L + 2(q_H - q_L)] \\ + \lambda q_L[2c_H + (2 - \alpha)\,c_L + 2(q_H - q_L) - \lambda\alpha]\end{array}\right\}}{(1 - \alpha)[3\lambda q_L + c_L(4q_H - q_L)]}$$

$$(4-63)$$

$$p_L^* = \frac{c_L\{q_L[c_H + \lambda(3 - 2\alpha) - (1 - \alpha)\,q_L] + (1 - \alpha)\,q_H(2c_L + q_L)\}}{(1 - \alpha)[3\lambda q_L + c_L(4q_H - q_L)]}$$

$$(4-64)$$

当制造商选择 $R^H E^L$ 策略时，可以得到实体店和制造商线上渠道的市场需求分别为：

$$D_L = \frac{p_H - p_L}{q_H - q_L} + \frac{\lambda}{q_H - q_L}\left[\frac{p_H - c_H}{c_H} - \frac{p_L - (1 - \alpha)\,p_L}{(1 - \alpha)\,p_L}\right] - \frac{p_L}{q_L} \quad (4-65)$$

$$D_H = 1 - \frac{p_H - p_L}{q_H - q_L} - \frac{\lambda}{q_H - q_L}\left[\frac{p_H - c_H}{c_H} - \frac{p_L - (1 - \alpha)\,p_L}{(1 - \alpha)\,p_L}\right] \quad (4-66)$$

则制造商销售不同产品时的利润分别为:

$$\pi_H = \left\{ 1 - \frac{p_H - p_L}{q_H - q_L} - \frac{\lambda}{q_H - q_L}\left[\frac{p_H - c_H}{c_H} - \frac{p_L - (1 - \alpha)p_L}{(1 - \alpha)p_L} \right] \right\}(p_H - c_H)$$

(4-67)

$$\pi_L = \left\{ \frac{p_H - p_L}{q_H - q_L} + \frac{\lambda}{q_H - q_L}\left[\frac{p_H - c_H}{c_H} - \frac{p_L - (1 - \alpha)p_L}{(1 - \alpha)p_L} \right] - \frac{p_L}{q_L} \right\}[(1 - \alpha)p_L - c_L]$$

(4-68)

制造商同时确定 p_H 和 p_L 来实现自身利润最大化,联立 $\frac{\partial \pi_H}{\partial p_H} = 0$ 和 $\frac{\partial \pi_L}{\partial p_L} = 0$,可以得到制造商线上渠道最优的销售价格 p_H^{**} 和实体店制定的最优的销售价格 p_L^{**} 分别为:

$$p_H^{**} = \frac{c_H\{2(1 - \alpha)q_H(c_H + q_H) + q_H[c_L + 2\lambda(2 - \alpha)] - 2(1 - \alpha)q_Hq_L - \lambda\alpha q_L\}}{(1 - \alpha)(\lambda + c_H)(4q_H - q_L)}$$

(4-69)

$$p_L^{**} = \frac{2q_Hc_L + (1 - \alpha)q_L(c_H + q_H - q_L) - \lambda\alpha}{(1 - \alpha)(4q_H - q_L)}$$

(4-70)

三、结果分析

在 R^HE^L 策略下,差异化产品销售价格差额为 $\Delta p^* = p_H^* - p_L^*$,分析发现当

$$\frac{q_H}{q_L} \geqslant \frac{[\lambda + \lambda^2 + (1 - 2\lambda)c_H - \lambda c_L]}{2c_H - \lambda}$$ 时,有 $\frac{\partial \Delta p^*}{\partial \alpha} \geqslant 0$;当 $1 < \frac{q_H}{q_L} <$

$$\frac{[\lambda + \lambda^2 + (1 - 2\lambda)c_H - \lambda c_L]}{2c_H - \lambda}$$ 时,有 $\frac{\partial \Delta p^*}{\partial \alpha} < 0$。

在 R^LE^H 策略下,差异化产品销售价格差为 $\Delta p^{**} = p_H^* - p_L^*$,分析发现当

$$\frac{q_H}{q_L} \geqslant \frac{\lambda^2}{c_Hc_L - 2\lambda(c_H - c_L)}$$ 时,有 $\frac{\partial \Delta p^{**}}{\partial \alpha} \geqslant 0$;当 $1 < \frac{q_H}{q_L} < \frac{\lambda^2}{c_Hc_L - 2\lambda(c_H - c_L)}$

时,有 $\frac{\partial \Delta p^{**}}{\partial \alpha} < 0$。

由此可以得到命题4-7:

命题4-7 当产品的质量差异大于某一阈值时,产品价格差额随实体店佣金比例的增大而增大;而当产品的质量差异小于某一阈值时,产品价格差额随实体店佣金比例的增大而减小。

命题4-7表明,实体店的佣金比例会影响差异化产品的价格竞争程度。当产品质量存在较大的差异时,实体店的佣金比例会对产品的价格差额产生反向作用,双渠道间的产品价格竞争将会得到缓解;反之,产品价格竞争会进一步加剧。当产品质量存在较小的差异时,实体店的佣金比例会对产品的价格差额产生正向作用,双渠道间的产品价格竞争将会进一步加剧;反之,产品价格竞争会得到缓解。

在 $R^H E^L$ 策略下,差异化产品的需求差额为 $\Delta D^* = D_H^* - D_L^*$,分析发现:

当 $1 < \dfrac{q_H}{q_L} \leqslant \dfrac{\lambda [c_L q_L (c_L - \lambda) - q_L c_H - \lambda c_L]}{c_L [q_L (c_H + 2\lambda) + \lambda c_L]}$ 时,有 $\dfrac{\partial \Delta D^*}{\partial \alpha} \geqslant 0$;当 $\dfrac{q_H}{q_L} >$

$\dfrac{\lambda [c_L q_L (c_L - \lambda) - q_L c_H - \lambda c_L]}{c_L [q_L (c_H + 2\lambda) + \lambda c_L]}$ 时,有 $\dfrac{\partial \Delta D^*}{\partial \alpha} < 0$ 。

在 $R^L E^H$ 策略下,差异化产品的需求差额为 $\Delta D^{**} = D_H^{**} - D_L^{**}$,分析发现

$$\frac{\partial \Delta D^{**}}{\partial \alpha} = \frac{\lambda q_L (3 q_H - q_L) + c_L q_H (2 q_H - q_L)}{(1 - \alpha)^2 q_L (q_H - q_L)(4 q_H - q_L)} > 0 。$$

由此可以得到命题4-8:

命题4-8 在 $R^H E^L$ 策略下,当产品的质量差异大于某一阈值时,差异化产品需求差随实体店佣金比例的增大而减小;而当产品的质量差异小于某一阈值时,差异化产品需求差随实体店佣金比例的增大而增大。但在 $R^L E^H$ 策略下,产品间的需求差额始终随着实体店佣金比例的增大而增大。

这说明,与产品价格差额的变化机理不同,在不同的双渠道供应链构建策略下,实体店佣金比例影响产品需求差额的机理具有差异性。在 $R^H E^L$ 策略下,当产品质量差异较小时,实体店佣金比例的提高将增大产品需求差额;当产品质量差异较大时,实体店佣金比例的提高将减少产品需求差额。而在

$R^L E^H$ 策略下,实体店佣金比例的提高将始终增大产品需求差额。

鉴于均衡解表达式较复杂,这里利用数值仿真方法来分析不同双渠道策略下的高质量产品价格差额 Δp_H、低质量产品价格差额 Δp_L、高质量产品需求差 ΔD_H、低质量产品需求差 ΔD_L 和制造商利润差 $\Delta \pi_M$ 随消费者公平关切系数的变化趋势。参数设定为 $q_H = 1$,$q_L = 0.9$,$c_H = 0.25$,$c_L = 0.2$。

不同双渠道策略下的高质量产品价格差额 Δp_H 和低质量产品价格差额 Δp_L 随消费者公平关切系数 λ 的变化趋势如图 4-33 和图 4-34 所示。分析发现:当消费者公平关切程度较小时,无论是高质量产品还是低质量产品,其网络直销渠道的销售价格会低于实体店分销渠道的销售价格;但随着消费者公平关切程度不断增强,其网络直销渠道的销售价格会高于实体店分销渠道的销售价格。

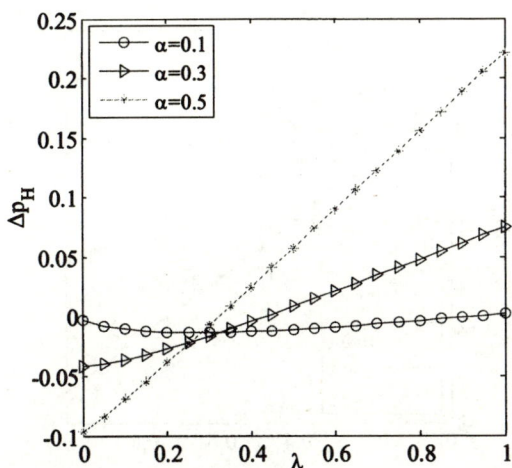

图 4-33　高质量产品价格差额随消费者公平关切系数的变化趋势

不同双渠道策略下的高质量产品需求差额 ΔD_H 和低质量产品需求差额 ΔD_L 随消费者公平关切系数 λ 的变化趋势如图 4-35 和图 4-36 所示。分析发现:当消费者公平关切程度较小时,无论是高质量产品还是低质量产品,其通过直销渠道销售的数量会超过通过分销渠道销售的数量;而当消费者公平关切程度较大时,其通过直销渠道销售的数量会低于通过分销渠道销售的数量。

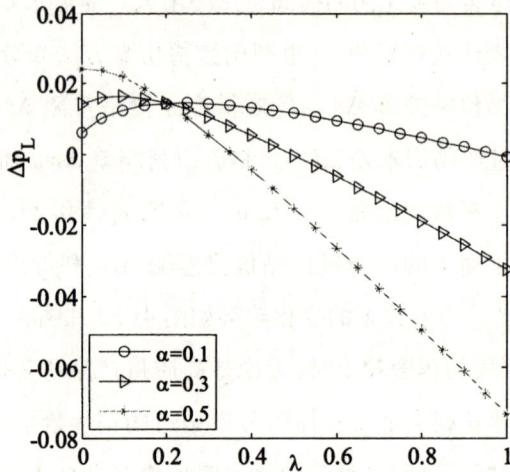

图4-34　低质量产品价格差额随消费者公平关切系数的变化趋势

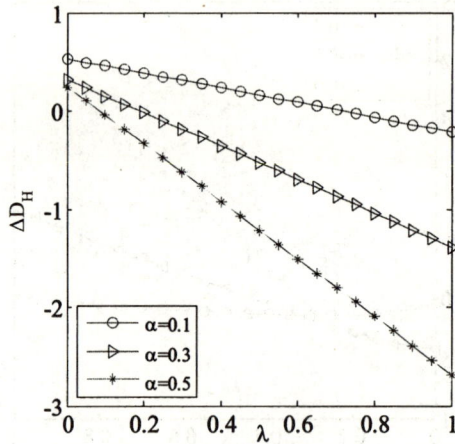

图4-35　高质量产品需求差额随消费者公平关切系数的变化趋势

　　通过数值方法进一步分析制造商利润差随消费者公平关切程度和实体店佣金比例因素的变化情况（如图4-37所示），可以发现：当消费者公平关切程度较小时，制造商在 $R^L E^H$ 的策略下能够获得更多的收益；当消费者公平关切程度较大时，制造商在 $R^H E^L$ 策略下能够获得更多的收益。而且，随着实体店佣金比例的不断提高，制造商策略选择的消费者公平关切临界阈值会逐渐提

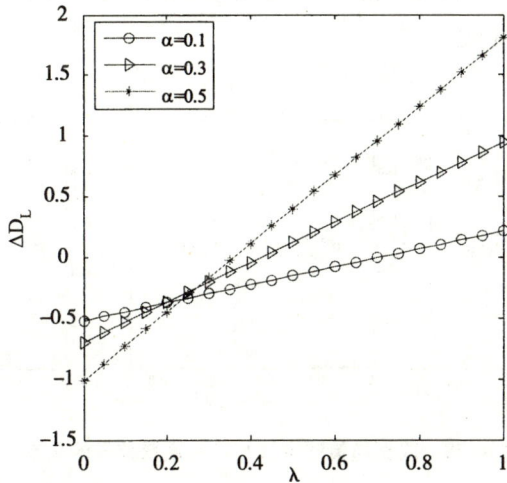

图 4-36　低质量产品需求差额随消费者公平关切系数的变化趋势

高。这意味着，制造商应该根据消费者的公平关切程度以及实体店销售提成比例来选择合理的双渠道策略。

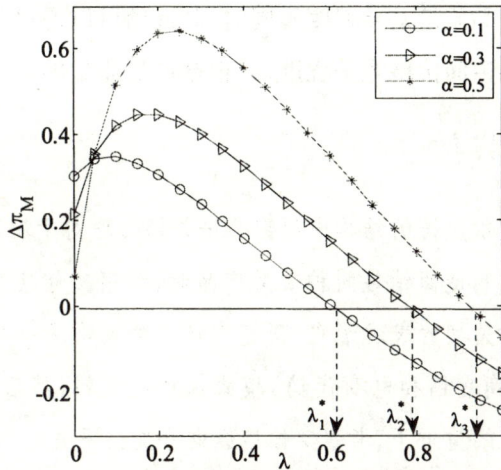

图 4-37　制造商利润差额随消费者公平关切程度的变化趋势

　　进一步分析高低质量产品的差异化程度对制造商选择不同分销策略的影响情况（如图 4-38 所示），可以发现，当高低质量产品的差异化程度逐渐减小时,制造商选择 $R^H E^L$ 策略的可能性呈现出减小的趋势,而选择 $R^L E^H$ 策略的可能性呈现出增大的趋势。

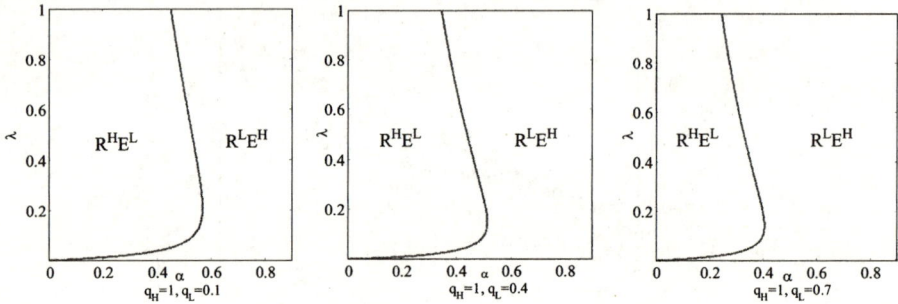

图4-38 双渠道策略选择与产品质量差异的关系

制造商采用产品差异化的销售策略可以扩大市场份额,获取更多的收益。本节研究发现,当市场消费者公平关切程度较大时,制造商应选择实体店分销高质量产品,网络直销低质量产品的渠道策略;当市场消费者公平关切程度较小时,制造商应选择实体店分销低质量产品,网络直销高质量产品的渠道策略。当线上线下产品质量差异程度不同时,制造商可以通过与实体店协调佣金比例来调节双渠道间价格竞争程度,并根据产品质量的差异化程度对产品进行合理定价。

本章在双渠道供应链的结构中研究公平关切心理对于制造商渠道构建策略的影响,首先,当制造商销售同种质量产品时,考察实体店纵向分配公平关切和横向同行公平关切的表现形式,研究实体店的两类公平关切影响制造商对于电商渠道(电商直销和电商代销)模式选择的逻辑;然后,分别在批发价外生和批发价内生的情形下,考察实体店纵向分配公平关切的表现形式,通过研究制造商与电商的两种交易模式(转销和代销),探讨实体店的纵向分配公平关切如何影响制造商选择电商交易模式;最后,当制造商销售不同质量产品时,针对一条制造商同时销售高质量产品和低质量产品的供应链,探究当消费者具有公平关切行为时,制造商如何构建最优的渠道分销策略。研究得到以下结论和管理启示：

（1）当实体店的纵向分配公平关切程度较低时，制造商应该选择电商直销模式。当实体店的纵向分配公平关切程度较高时，若电商要求的佣金比例较小，制造商应该选择电商代销模式；若电商要求的佣金比例较大，制造商应该选择直销模式。当实体店纵向分配公平关切程度较低时，实体店和制造商会共同偏好电商直销模式；而当实体店横向同行公平关切系数较高时，实体店和制造商会共同偏好电商代销模式。

（2）在实体店批发价外生（内生）情形下，当消费者对电商渠道产品价值的接受程度较低时，制造商始终采取电商转销（代销）模式；而当消费者对电商渠道产品价值的接受程度较高时，制造商始终采取电商代销（转销）模式。而当消费者对电商渠道产品价值的接受程度适中时，若实体店的纵向分配公平关切程度较高，制造商会选择电商代销模式；若实体店的公平关切程度较低，制造商会选择电商转销模式。

（3）当消费者公平关切程度高于某一阈值时，制造商应采取实体店分销高质量产品、网络直销低质量产品策略，而当消费者公平关切程度低于某一阈值时，制造商应采取实体店分销低质量产品，网络直销高质量产品策略；当消费者公平关切程度较小时，无论是高质量产品还是低质量产品，网络直销价格一直会低于实体店分销的价格，而当消费者公平关切程度较大时，网络直销的价格一直会高于实体店分销的价格。

在不同市场条件下，制造商通过构建合理的双渠道策略，能够更好地发挥双渠道优势，从而有效调节渠道间的竞争冲突。此外，制造商应当意识到供应链成员的公平关切行为将对各方能否高效合作和决策产生重要影响，关注供应链成员收益的公平性，能够更好地为供应链全体成员创造合作共赢、互惠互利的市场环境。

第五章　线上交易模式的选择
机制和影响因素分析

在互联网信息时代，网络作为一种跨越空间和地理分布的渠道载体，能够实时响应消费者需求以及为消费者提供优质的服务水平。此外，伴随互联网信息化水平的逐步提升以及智能化应用范围的扩展，互联网的社交性能够更好地掌握消费者的需求信息，并对照需求信息来提供关联性较强的服务措施。因此，网络渠道赋予了企业在经济新常态背景下实施渠道营销战略新的内涵，国内外制造业和实体零售业通过开辟网络渠道来销售产品，能够更好改善企业生产和销售关系，加速布局和推动网络消费发展业务，逐渐提高销售服务水平和供应链运行的效率，实现消费满意程度最大化。

第一节　基于线上模式差异的
实体店服务竞争策略

一、问题描述

随着社会经济由高速发展转向高质量发展，人们对于购买商品提出了更高的要求，使得以销售为主的传统营销模式的影响力在不断减弱，这也促进生产销售企业逐渐关注和重视销售服务在市场营销中的重要作用。企业将销售服务贯穿到市场营销整个过程中，打造以销售服务为关键环节的市场营销体系。在销售服务模式下，消费者能够在置身体验产品销售服务的同时，对企业及其相关产品进行积极评价和有效传播,在消费者合力之下逐步形成正面市场舆论,促进产品销售并不断增加市场销售份额。企业专注于提升用户服务,也就能够不断优化消费者对企业的评价,在积极评价的影响下逐步提升企业的竞争力。在服务营销中,企业通过与消费者的沟通交流,能够让消费者对产品信息有更全面的了解,在提升产品体验的同时为企业带来更多潜在用户,提升市场占有份额。因此,只有确保产品和服务的双重质量,企业才能赢得更大的市场空间,才能实现可持续发展。

受互联网发展的冲击,实体店销售形势日趋严峻,沃尔玛、八佰伴、华润万家等实体店相继关门歇业,茵曼于 2011 年开设的实体店因为利润较低而纷纷关店;好想你专卖店因渠道收入下降也关闭部分门店。对于下游面向消费者的实体店来说,在创造渠道收益中占有重要的角色。此外,互联网快速发展给实体经济带来的挑战使得实体经营主体不断寻求应对策略。例如,面对线上低价的竞争,苏宁开设体验店,这种体验店能让消费者切实地感受到产品的特性、品质等。除了为消费者提供体验店服务外,实体店可以通过增加附加服务来提高消费者的满意度。例如,国美、苏宁等零售巨头为消费者提供全方位的产品讲解和性能参数比较,为消费者挑选合适的产品,同时为消费者提供后期的技术支持与售后服务,及送货上门、安装调试等附加服务。为了更好地满足消费者的需求,卫龙食品企业开设了营销展位,追求苹果的高端体验店风格,被称为辣条界的爱马仕,展位展示了多系列不同口味的辣条,消费者可以品尝,满意后再购买。2015 年 4 月,蚁视宣布开设线下体验店,以提供虚拟现实技术(Virtual Reality, VR)设备、虚拟现实技术游戏、虚拟现实技术体感外设等来增加大众对于虚拟现实的认知,进而增加他们的需求。实体店利用多年的零售经验为消费者创造附加价值,提高消费者的期望价值,利用新的零售模式为实体店寻找到新的经济增长点,不仅刺激了需求,增加了效益,还培养了一批忠实的消费者。

多姆朗斯锐(Dumrongsiri)研究指出,服务是影响供应链运作非常重要的因素,实体店的不同服务特点会对消费者行为选择产生影响。在现有文献中,专家们对实体店服务的研究非常丰富。[1] 夏和吉尔伯特(Xia and Gilbert)对比分析了制造商自己提供服务和服务外包给实体店两种服务策略对供应链运行结果的影响。[2] 罗美玲等研究了不同渠道间的双向搭便车行为对供应链销售价格、服务水平、市场份额和收益的影响,探讨供应链愿意构建直销网络渠道的条件。[3] 赵和王(Zhao and Wang)基于模糊需求的二层供应链中(一个制造商和两个实体店),研究实体店服务对供应链定价策略的影响,发现当两个实体店同时提供服务时,供应链的定价最高,而且由于服务成本系数不同,服务策略对两个实体店的收益影响产生了不同的结果。[4]

本节在实体店和网络销售渠道共存的双渠道结构下,分析实体店服务水平对双渠道供应链运作的影响,并提出实体店最优的服务竞争策略。

二、模型构建

在实体店提供服务情形下的三种双渠道供应链模式(如图 5-1 至图 5-3 所示):

(1)"实体店+制造商直销"(实体店提供服务)模式:制造商将产品以价格 w_r^{sd} 批发给实体店,实体店以价格 p_r^{sd} 出售产品,提供服务 s^d(例如更长的保修服务、全方位的售后服务、体验店的产品体验、科技产品解读和使用服务、化妆品免费试用等),同时制造商也通过自建网站以价格 p_e^{sd} 出售。

(2)"实体店+电商转销"(实体店提供服务)模式:制造商将产品以价格 w_r^{ss} 批发给实体店,实体店以价格 p_r^{ss} 出售产品,提供服务 s^s,同时制造商也可以价格 w_e^{ss} 批发给第三方电商,电商再以价格 p_e^{ss} 出售产品。

① A. Dumrongsiri, M. Fan, A. Jain, K. Moinzadeh, "Supply Chain Model with Direct and Retail Channels", *European Journal of Operational Research*, Vol.187, No.3, 2008.

② Y. Xia, S. M. Gilbert, "Strategic Interaction between Channel Structure and Demand Enhancing Services", *European Journal of Operational Research*, Vol.181, No.1, 2007.

③ 罗美玲、李刚、张文杰:《双渠道供应链中双向搭便车研究》,《系统管理学报》2014 年第 3 期。

④ J. Zhao, L. S. Wang, "Ricing and Retail Service Decisions in Fuzzy Uncertainty Environments", *Applied Mathematics and Computation*, VoL. 250, 2015.

（3）"实体店+电商代销"（实体店提供服务）模式：制造商将产品以价格 w_r^{sa} 批发给实体店，实体店以价格 p_r^{sa} 出售产品，提供服务 s^a，同时制造商也可以租用第三方电商平台并以价格 p_e^{sa} 出售产品，电商要求制造商根据产品销售额缴纳租金 λ（$0 < \lambda < 1$）。

假定消费者对在实体店购买产品的评价值为 v，对在网店购买产品的评价值为 θv，其中 v 服从 $[0,1]$ 上的均匀分布，$0 < \theta < 1$。θ 表示消费者对网店的接受程度，θ 越大表明消费者通过网店购买产品承担的风险越小，消费者对网店的接受程度越高。同样地假设实体店销售成本为 c（$c > 0$），网店销售成本为 0，制造商生产成本为 0。

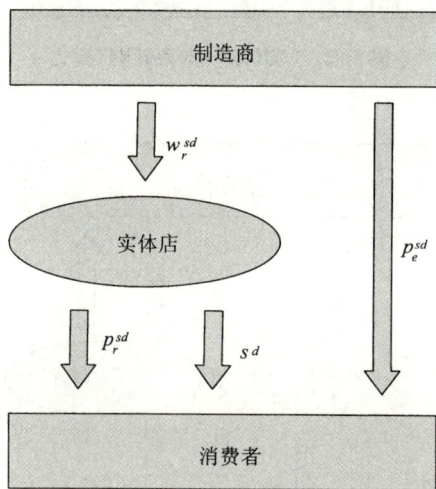

图 5-1　"实体店+制造商直销"模式

（一）"实体店+制造商直销"模式

首先制造商先确定实体店批发价格 w_r^{sd} 和自建网店的销售价格 p_e^{sd}，随后实体店确定零售价格 p_r^{sd} 和服务水平 s^d。制造商自建网店投入的一次性固定成本为 f。此时消费者从实体店购买产品得到的效用为 $U_r^d = v + s^d - p_r^{sd}$，存在临界值 $v_r = p_r^{sd} - s^d$，只有当 $v \geq v_r$ 时，消费者才会从实体店购买产品；而从网店购买产品得到的效用水平为 $U_e^d = \theta v - p_e^{sd}$，存在临界值 $v_e = p_e^{sd}/\theta$，只有当 v

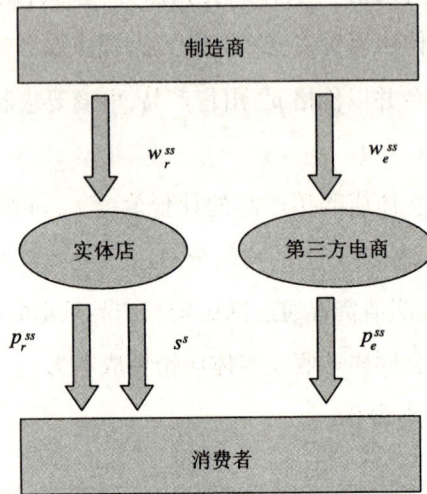

图5-2　"实体店+电商转销"模式

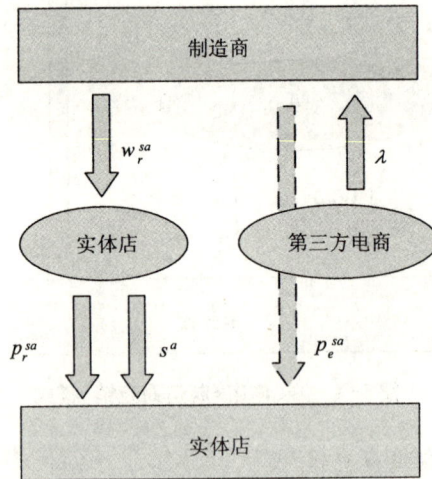

图5-3　"实体店+电商代销"模式

$\geqslant v_e$ 时，消费者才会从网店购买产品；当 $U_r^d = U_e^d$ 时，即 $\nu = v_{re} = (p_r^{sd} - p_e^{sd} - s^d)/(1 - \theta)$ 时，消费者从两个渠道购买产品所获得的效用没有差别。实体店的服务成本函数为：$c(s^d) = \eta (s^d)^2/2$，η（$\eta > 0$）为服务成本系数。$c(s^d)$ 满足 $c'(s^d) > 0$，$c''(s^d) > 0$。此外，由于研究是在实体店和网店并存的

情形下进行的,因此必须保证双方都存在市场需求,因此有约束条件 $0 < c < 1 - \theta$、$\eta > 1/1 - \theta + c$ 成立。

当不同渠道均有市场需求时,实体店和网店的需求函数分别为:

$$d_r^{sd} = 1 - \frac{p_r^{sd} - p_e^{sd} - s^d}{1 - \theta} \tag{5-1}$$

$$d_e^{sd} = \frac{p_r^{sd} - p_e^{sd} - s^d}{1 - \theta} - \frac{p_e^{sd}}{\theta} \tag{5-2}$$

此时制造商和实体店的利润函数分别为:

$$\pi_m^{sd} = w_r^{sd} d_r^{sd} + p_e^{sd} d_e^{sd} - f \tag{5-3}$$

$$\pi_r^{sd} = (p_r^{sd} - w_r^{sd} - c) d_r^{sd} - \frac{1}{2} \eta (s^d)^2 \tag{5-4}$$

根据逆序归纳法,可以得到制造商给实体店的最优批发价 w_r^{sd}、制造商直销渠道最优价格 p_e^{sd}、实体店最优销售价格 p_r^{sd} 和服务水平 s^d 分别为:

$$w_r^{sd} = \frac{1 - c}{2} \tag{5-5}$$

$$p_e^{sd} = \frac{\theta}{2} \tag{5-6}$$

$$p_r^{sd} = \frac{[\eta(1 - \theta)(3 - \theta) - 1] + [\eta(1 - \theta) - 1]c}{2[2\eta(1 - \theta) - 1]} \tag{5-7}$$

$$s^d = \frac{1 - \theta - c}{2[2\eta(1 - \theta) - 1]} \tag{5-8}$$

为了满足两个渠道均有需求的情况,即 $d_r^{sd} > 0$、$d_e^{sd} > 0$,所以有约束条件:

$$\begin{cases} \eta(1 - \theta - c) > 0 \\ 2\eta(1 - \theta) - 1 > 0 \\ \eta(1 - \theta + c) - 1 > 0 \end{cases} \Rightarrow \begin{cases} 0 < c < 1 - \theta \\ \eta > \dfrac{1}{1 - \theta + c} \end{cases} \tag{5-9}$$

(二)"实体店+电商转销"模式

首先制造商先确定实体店批发价格 w_r^{ss} 和网店的批发价格 w_e^{ss},随后实体

店确定零售价格 p_r^{ss} 和服务水平 s^s,电商最后确定零售价格 p_e^{ss}。当不同渠道均有市场需求时,实体店和网店的需求函数分别为:

$$d_r^{ss} = 1 - \frac{p_r^{ss} - p_e^{ss} - s^s}{1 - \theta} \tag{5-10}$$

$$d_e^{ss} = \frac{p_r^{ss} - p_e^{ss} - s^s}{1 - \theta} - \frac{p_e^{ss}}{\theta} \tag{5-11}$$

此时制造商、实体店和电商的利润函数分别为:

$$\pi_m^{ss} = w_r^{ss} d_r^{ss} + w_e^{ss} d_e^{ss} \tag{5-12}$$

$$\pi_r^{ss} = (p_r^{ss} - w_r^{ss} - c) d_r^{ss} - \frac{1}{2}\eta (s^s)^2 \tag{5-13}$$

$$\pi_e^{ss} = (p_e^{ss} - w_e^{ss}) d_e^{ss} \tag{5-14}$$

同理,利用逆序归纳法进行求解,可以得到制造商给予实体店的最优批发价为:

$$w_r^{ss} = \frac{1 - c}{2} \tag{5-15}$$

因此,实体店和电商的最优销售价格和实体店最优的服务水平分别为:

$$p_r^{ss} = \frac{[2\eta(1 - \theta) + \theta - 2] c + (2 - \theta) [3\eta(1 - \theta) - 1]}{2[\eta(1 - \theta)(4 - \theta) + \theta - 2]} \tag{5-16}$$

$$p_e^{ss} = \frac{\theta[\eta(1 - \theta) c - 2\eta\theta(1 - \theta) + 5\eta(1 - \theta) + 2\theta - 3]}{2[\eta(1 - \theta)(4 - \theta) + \theta - 2]} \tag{5-17}$$

$$s^s = \frac{2(1 - \theta) - (2 - \theta) c}{2[\eta(1 - \theta)(4 - \theta) + \theta - 2]} \tag{5-18}$$

为了满足两个渠道均有需求的情况,即 $d_r^{ss} > 0$、$d_e^{ss} > 0$,所以有约束条件:

$$\begin{cases} \eta(1 - \theta + c) - 1 > 0 \\ 2(1 - \theta) - (2 - \theta) c > 0 \end{cases} \Rightarrow \begin{cases} \eta > \dfrac{1}{1 - \theta + c} \\ c < \dfrac{2(1 - \theta)}{2 - \theta} \end{cases} \tag{5-19}$$

(三)"实体店+电商代销"模式

由于电商在渠道中具有强势地位,电商首先确定制造商入驻平台所需缴

纳的佣金 λ ,制造商随后决定给予实体店的批发价格 w_r^{sa} 以及代销价格 p_e^{sa} ,实体店最后确定销售价格 p_r^{sa} 和服务水平 s^a ,当不同渠道均有市场需求时,实体店和网店的需求函数分别为:

$$d_r^{sa} = 1 - \frac{p_r^{sa} - p_e^{sa} - s^a}{1 - \theta} \tag{5-20}$$

$$d_e^{sa} = \frac{p_r^{sa} - p_e^{sa} - s^a}{1 - \theta} - \frac{p_e^{sa}}{\theta} \tag{5-21}$$

此时制造商、实体店和电商的利润函数分别为:

$$\pi_m^{sa} = w_r^{sa} d_r^{sa} + (1 - \lambda) p_e^{sa} d_e^{sa} \tag{5-22}$$

$$\pi_r^{sa} = (p_r^{sa} - w_r^{sa} - c) d_r^{sa} - \frac{1}{2} \eta (s^a)^2 \tag{5-23}$$

$$\pi_e^{sa} = \lambda p_e^{sa} d_e^{sa} \tag{5-24}$$

同理,利用逆序归纳法进行求解,可以得到制造商给予实体店的最优批发价格和制造商制定网店渠道的最优销售价格分别为:

$$w_r^{sa} = \frac{(4\eta\theta - \eta\theta\lambda - 4\eta + 2)(1 - \lambda)c + \eta(1 - \lambda)(1 - \theta)(4 - \theta\lambda) - (1 - \lambda)(2 - \theta\lambda)}{8\eta\theta\lambda - 8\eta\lambda - 8\eta\theta - \eta\theta\lambda^2 + 8\eta + 4\lambda - 4} \tag{5-25}$$

$$p_e^{sa} = \frac{\theta(-\eta\lambda c + 3\eta\theta\lambda - 3\eta\lambda - 4\eta\theta + 4\eta + 2\lambda - 2)}{8\eta\theta\lambda - 8\eta\lambda - 8\eta\theta - \eta\theta\lambda^2 + 8\eta + 4\lambda - 4} \tag{5-26}$$

因此容易得到实体店制定的最优销售价格和服务水平分别为:

$$p_r^{sa} = \frac{-[(1 - \lambda)(2 - 2\eta + \eta\theta) + \eta\theta]c + (1 - \lambda)(2\eta\theta^2 - 8\eta\theta + \theta\lambda + 6\eta - 2)}{8\eta\theta\lambda - 8\eta\lambda - 8\eta\theta - \eta\theta\lambda^2 + 8\eta + 4\lambda - 4} \tag{5-27}$$

$$s^a = \frac{(1 - \lambda)[2(1 - \theta - c) + \theta\lambda]}{8\eta\theta\lambda - 8\eta\lambda - 8\eta\theta - \eta\theta\lambda^2 + 8\eta + 4\lambda - 4} \tag{5-28}$$

为了研究渠道最优定价随平台入驻佣金 λ 的变化趋势,绘制图5-4,其中 $c = 0.2$, $\theta = 0.5$, $\eta = 2$ 。可以发现,制造商给予实体店的批发价格、制造商直销渠道销售价格和实体店的销售价格随着电商平台收取佣金比例的增大而增大。

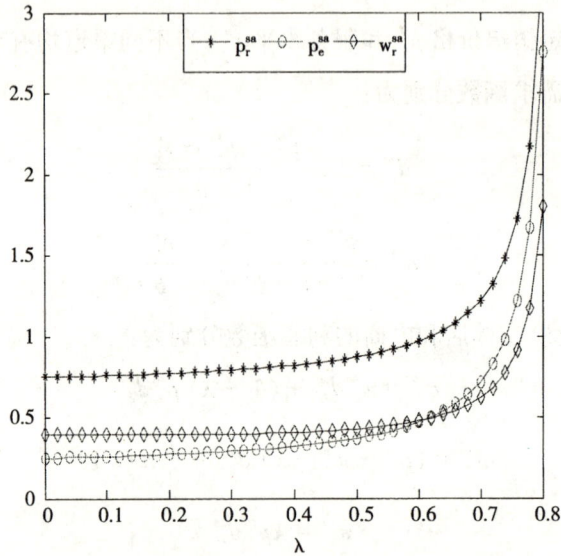

图 5-4　产品价格随入驻平台佣金的变化趋势

三、结果分析

(一)不同模式下的实体店服务水平比较

分析"实体店+制造商直销""实体店+电商转销"和"实体店+电商代销"三种模式下实体店的最优服务水平,可以发现: $s^s - s^d = \dfrac{\theta(1-\theta)\,[\eta(1-\theta+c)-1]}{2[2\eta(1-\theta)-1]\,[\eta(1-\theta)(4-\theta)+\theta-2]} > 0$。进一步分析三种销售模式下实体店提供的最优服务水平随电商平台佣金比例的变化情况(如图 5-5 所示),可以发现,在电商代销模式下,实体店提供的最优服务水平随着电商平台佣金比例的增大而增大。而且,在实体店不提供服务的情况下,实体店在"实体店+电商转销"模式下的收益大于"实体店+制造商直销"模式下的收益,所以当制造商与电商采取转销的合作模式时,实体店会提高服务水平来获取更多的收益;而在"实体店+电商代销"模式下,随着平台租金比例 λ 的增大,处于决策劣势的制造商和实体店的收益受损,实体店必须通过提高服务水平来增加竞争力,从而提高自身的收益。

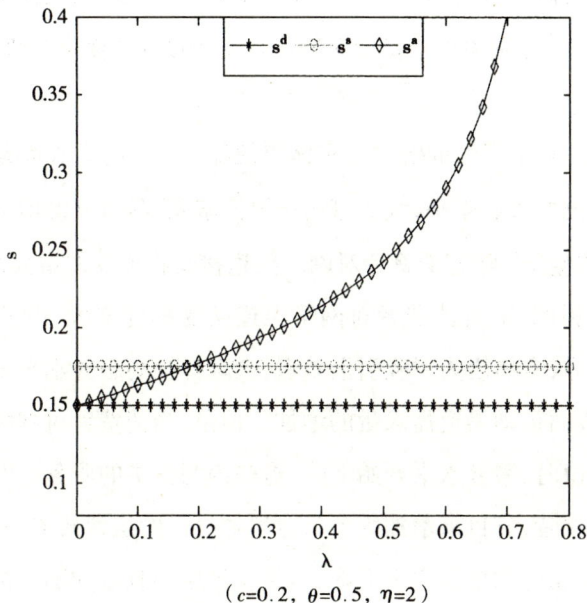

（ $c=0.2$ ， $\theta=0.5$ ， $\eta=2$ ）

图5-5　实体店服务水平随平台佣金比例的变化趋势

（二）"实体店+制造商直销"模式下的市场结果分析

1. 参数变化对最优值影响的敏感性分析

由于有 $\dfrac{\partial p_r^{sd}}{\partial c}>0$ ， $\dfrac{\partial s^d}{\partial c}<0$ ， $\dfrac{\partial d_r^{sd}}{\partial c}<0$ ， $\dfrac{\partial d_e^{sd}}{\partial c}>0$ ， $\dfrac{\partial \pi_r^{sd}}{\partial c}<0$ ， $\dfrac{\partial \pi_m^{sd}}{\partial c}<0$ 成立，可以得到命题5-1：

命题5-1　实体店服务水平 s^d 、实体渠道需求 d_r^{sd} 、实体店收益 π_r^{sd} 、制造商收益 π_m^{sd} 与实体店的经营成本 c 负相关；而实体零售价格 p_r^{sd} 、线上直销渠道需求 d_e^{sd} 与实体店的经营成本 c 正相关。

命题5-1说明，随着实体店经营成本的增加，实体店通过不断提高价格来转移过高的经营成本，实体店提供的服务水平也逐渐下降，由此带来的消费者的消费剩余降低，消费者选择到网店购买所需要的产品。因此，网络渠道需求增加，实体渠道需求下降，实体店的总收益下降，对于制造商来说，网络渠道增加的销售额不能弥补实体渠道减少的销售额，所以制造商的总收益也是下降的。

通过分析实体零售价格 p_r^{sd}、实体渠道需求 d_r^{sd}、网络渠道需求 d_e^{sd} 以及实体店收益水平 π_r^{sd} 分别关于消费者对网店接受程度 θ 的变化趋势,可以得到命题 5-2:

命题 5-2　实体零售价格 p_r^{sd}、实体渠道需求 d_r^{sd} 随着消费者对网店接受程度 θ 的增大先增大后减小,线上直销渠道需求 d_e^{se} 随着 θ 的增大先减小后增大;而实体店收益 π_r^{sd} 随着消费者对网络渠道接受程度 θ 的增大而减小。

命题 5-2 说明,随着消费者对网络渠道接受程度增大,他们更愿意选择在网店购买产品,实体店为了吸引消费者,会选择提高服务水平来增加消费者的消费剩余,进而带动渠道需求量的增加。但是,当消费者对网络渠道接受程度达到某一阈值时,服务水平开始下降,这是因为提供的服务已经不能吸引被网店固化的消费者,盲目地增加服务只会增加自己的运营成本,所以实体店会降低服务水平,相应的渠道需求下降,但是实体店的收益却随着消费者对网店接受程度的提高而逐渐下降。

由于有 $\dfrac{\partial p_r^{sd}}{\partial \eta} < 0$，$\dfrac{\partial s^d}{\partial \eta} < 0$，$\dfrac{\partial d_r^{sd}}{\partial \eta} < 0$，$\dfrac{\partial d_e^{sd}}{\partial \eta} > 0$，$\dfrac{\partial \pi_r^{sd}}{\partial \eta} < 0$，$\dfrac{\partial \pi_m^{sd}}{\partial \eta} < 0$ 成立,可以得到命题 5-3:

命题 5-3　实体零售价格 p_r^{sd}、实体服务水平 s^d、实体渠道需求 d_r^{sd}、实体店收益 π_r^{sd}、制造商收益 π_m^{sd} 与实体店的服务成本 η 负相关;而线上直销渠道需求 d_e^{sd} 与实体店的服务成本 η 正相关。

命题 5-3 说明,实体店服务成本系数增加,意味着提供单位服务的成本增加,过高的服务费用使得实体店提供服务的质量会有所下降,实体店通过降价来弥补服务水平的不足,但是消费者能明显感受到服务的下降,消费者的购买剩余降低,消费者会转向网店购买,更为重要的是,服务成本系数增加使得制造商和实体店的收益均受影响,所以实体店会努力使得服务成本系数维持在最佳的水平。

2. 横向跨渠道比较分析

在实体店提供服务与实体店不提供服务两种情形下,通过比较实体店销售价格可得，$p_r^{sd} - p_r^d = \dfrac{1 - \theta - c}{4[2\eta(1 - \theta) - 1]} > 0$，所以 $p_r^{sd} > p_r^d$。

实体店提供服务后，实体店的零售价格提高。这是因为，在实体店提供服务后，实体店的经营成本增加，而增加的成本必然转移到其零售价格上，所以实体店的零售价格上升，但是网络渠道的价格并未发生变化。

在实体店提供服务与实体店不提供服务两种情形下，通过比较实体渠道需求可以得到 $d_r^{sd} - d_r^d = \dfrac{1 - \theta - c}{4[2\eta(1 - \theta) - 1](1 - \theta)} > 0$，所以 $d_r^{sd} > d_r^d$。

在实体店提供服务与实体店不提供服务两种情形下，通过比较网络渠道需求可以得到 $d_e^{sd} - d_e^d = \dfrac{-(1 - \theta - c)}{4[2\eta(1 - \theta) - 1](1 - \theta)} < 0$，所以 $d_e^{sd} < d_e^d$。

在实体店提供服务后，实体渠道的需求量增加，网络渠道的需求量降低，这是因为实体店提供服务后，消费者从实体渠道购买产品的消费剩余大于消费者从网络渠道购买产品的消费剩余，理性的消费者会选择实体渠道购买，这必然导致实体渠道的需求量增加，由于总的消费群体数量是固定的，所以网络渠道的需求量下降，实体渠道的增加量与网络渠道的降低量是相等的，因为整个市场需求量保持不变。

在实体店提供服务与实体店不提供服务两种情形下，通过比较实体店收益可以得到 $\pi_r^{sd} - \pi_r^d = \dfrac{(1 - \theta - c)^2}{16(1 - \theta)[2\eta(1 - \theta) - 1]} > 0$，所以 $\pi_r^{sd} > \pi_r^d$。

在实体店提供服务与实体店不提供服务两种情形下，通过比较制造商收益比可以得到 $\pi_m^{sd} - \pi_m^d = \dfrac{(1 - \theta - c)^2}{8[2\eta(1 - \theta) - 1](1 - \theta)} > 0$，所以 $\pi_m^{sd} > \pi_m^d$。

从上述分析可以看出，在双渠道模式下，为了应对制造商引进网络渠道带来的收益降低，实体店选择提供服务来与网络渠道进行竞争，实体店的收益将增加，有意思的是，制造商的收益也将增加，渠道整体实现了帕累托改进。在现实生活中，这种现象也较为普遍，例如苏宁以经营电器起家，并在短时间内迅速发展壮大，开设了很多实体店，但是随着互联网时代的发展，苏宁家电的很多供应商开设了自己的网络直销渠道,例如海尔、格力、康佳等。为了应对网络渠道发展给实体店带来的冲击,苏宁运用自己庞大的实体渠道优势以及多年的经营管理经验,在原有的实体经营基础上开设体验店,体验店是集休闲、娱乐、购物于一体的综合服务店,消费者体验后购买产品,实体店和电商渠道均能实现购物的需求,弥补了网络购物中消费者无法真实感受和体验等在实体店才能享受的劣势。事实证明,这种模式为实体店增加了效益,同时使整个供应链受益。

(三)"实体店+电商转销"模式下的市场均衡结果分析

1. 参数变化对最优值影响的敏感性分析

由于有 $\frac{\partial p_r^{ss}}{\partial c} > 0$,$\frac{\partial p_e^{ss}}{\partial c} > 0$,$\frac{\partial s^s}{\partial c} < 0$,$\frac{\partial d_r^{ss}}{\partial c} < 0$,$\frac{\partial d_e^{ss}}{\partial c} > 0$,$\frac{\partial \pi_r^{ss}}{\partial c} < 0$,$\frac{\partial \pi_m^{ss}}{\partial c} <$

0,$\frac{\partial \pi_e^{ss}}{\partial c} > 0$ 成立,可以得到命题5-4:

命题5-4　实体店服务水平 s^s、实体店渠道需求 d_r^{ss}、实体店收益 π_r^{ss}、制造商收益 π_m^{ss} 与实体店的经营成本 c 负相关;而实体店零售价格 p_r^{ss}、线上转销价格 p_e^{ss}、线上转销渠道需求 d_e^{ss}、电商收益 π_e^{ss} 与实体店的经营成本 c 正相关。

命题5-4说明,随着实体店经营成本的增加,实体店通过提高零售价格来抵消销售服务成本,但是实体店的服务是下降的,较高的运营成本使得实体店无法继续承受更高的服务水平,所以实体店降低服务的水平来减少成本,提高的零售价格与降低的服务水平大大降低了消费者的消费剩余,他们转向消费剩余较高的网店购买,所以实体渠道的需求下降,网店的需求增加,从而导致实体店的收益下降,电商的收益增加,但总体而言制造商的整体收益是下降的。

由于有 $\frac{\partial p_r^{ss}}{\partial \eta} < 0$,$\frac{\partial p_e^{ss}}{\partial \eta} > 0$,$\frac{\partial s^s}{\partial \eta} < 0$,$\frac{\partial d_r^{ss}}{\partial \eta} < 0$,$\frac{\partial d_e^{ss}}{\partial \eta} > 0$ 成立,可以得到命题5-5:

命题5-5　实体店零售价格 p_r^{ss}、实体店服务水平 s^s、实体店渠道需求 d_r^{ss}

与实体店服务成本系数 η 负相关;而线上转销价格 p_e^{ss}、线上转销渠道需求 d_e^{ss} 与实体店的服务成本 η 正相关。

命题 5-5 说明,随着服务成本系数的增大(即提供单位服务所需要的成本增加),为了降低成本提高收益,实体店降低服务水平,但是单单降低服务水平必然造成消费者的流失,所以实体店同时降低价格来缓解消费者心理的落差;对于网店来说,服务成本系数使得网店的低成本运营优势更加明显,电商会增加零售价格来攫取更大的收益,网店的需求量增加,实体店的需求量下降,因此电商的收益增加,实体店的收益下降。

2. 横向跨渠道比较分析

在实体店提供服务与实体店不提供服务两种情形下,通过比较实体店零售价格可以得到 $p_r^{ss} - p_r^s = \dfrac{(2 - \theta)\,[2(1 - \theta) - (2 - \theta)\,c]}{2(4 - \theta)\,[\eta(1 - \theta)\,(4 - \theta) + \theta - 2]} > 0$,所以 $p_r^{ss} > p_r^s$。

在转销模式下,当实体店提供服务后,实体店的销售价格比未提供服务时高,而实体店提供产品讲解、休息场所、产品展览等服务是需要花费成本的,作为以盈利为目的的实体店会将增加的成本转嫁给消费者,即提高产品的销售价格,所以出现了价格上升的现象。

在实体店提供服务与实体店不提供服务两种情形下,通过比较线上零售价格可以得到 $p_e^{ss} - p_e^s = \dfrac{-\theta[2(1 - \theta) - (2 - \theta)\,c]}{2(4 - \theta)\,[\eta(1 - \theta)\,(4 - \theta) + \theta - 2]} < 0$,所以 $p_e^{ss} < p_e^s$。

对于电商来说,较低的经营成本以及无时间和地域限制的经营范围让电商在销售中独占鳌头,但是作为新颖的销售模式,其也存在一定的弊端,而最为明显的就是虚拟经营。虚拟经营让消费者不能像在实体店一样感受商品材质、手感等信息,这对部分特殊产品来说是无法逾越的缺陷。此外,实体店提供更加多元化、更加贴心的服务让实体店在竞争中获得优势。所以,为了应对实体店提供服务带来的需求的冲击,电商会降低零售价格来保持显著的优势,因此出现销售价格下降的情况。

在实体店提供服务与实体店不提供服务两种情形下，通过比较实体渠道需求可以得到 $d_r^{ss} - d_r^s = \dfrac{(2-\theta)[2(1-\theta)-(2-\theta)c]}{2(1-\theta)(4-\theta)[\eta(1-\theta)(4-\theta)+\theta-2]} > 0$，所以 $d_r^{ss} > d_r^s$。

实体店提供服务使得消费者在实体渠道购买产品的附加值增加，所以消费者会选择从实体渠道购买，这必然使得实体渠道的需求增加。

在实体店提供服务与实体店不提供服务两种情形下，通过比较线上渠道需求可以得到 $d_e^{ss} - d_e^s = \dfrac{-[2(1-\theta)-(2-\theta)c]}{2(1-\theta)(4-\theta)[\eta(1-\theta)(4-\theta)+\theta-2]} < 0$，所以 $d_e^{ss} < d_e^s$。

尽管电商采取降低网络销售价格来应对实体店提供服务带来的冲击，但是依然没能阻止渠道需求下滑的事实，实体店提供服务在很大程度上增加了消费者从实体渠道购买的消费剩余，所以消费者由网络渠道转移到实体渠道购买，导致网络渠道需求下降。

在实体店提供服务与实体店不提供服务两种情形下，通过比较线上与线下渠道总需求可得 $(d_r^{ss} + d_e^{ss}) - (d_r^s + d_e^s) = \dfrac{[2(1-\theta)-(2-\theta)c]}{2(4-\theta)[\eta(1-\theta)(4-\theta)+\theta-2]} > 0$，所以 $d_r^{ss} + d_e^{ss} > d_r^s + d_e^s$。

市场总需求增大，是实体店提供服务使得市场总需求增加。即在实体店提供服务后，市场的总需求是增加的。这是因为，在实体店提供服务后，消费者从实体渠道购买的消费剩余增加，所以总的市场需求增加。

在实体店提供服务与实体店不提供服务两种情形下，比较实体店收益随服务成本系数的变化趋势（如图5-6所示）。分析发现，在约束条件范围内，随着实体店服务成本系数增大，"实体店+电商转销"（实体店提供服务）模式下实体店的收益在缓慢下降，而"实体店+电商代销"模式下，仍维持较高水平。

在实体店提供服务与实体店不提供服务两种情形下，通过比较制造商收

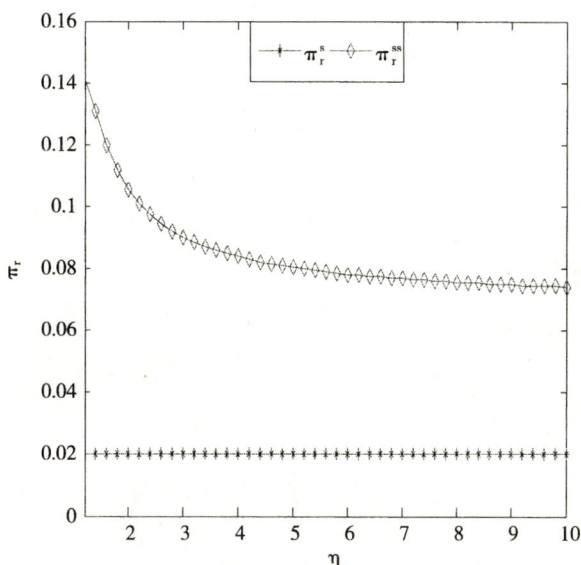

$(\theta = 0.5, c = 0.2)$

图 5-6 实体店收益随服务成本系数的变化趋势

益可以得到 $\pi_m^{ss} - \pi_m^s = \dfrac{[(2-\theta)c - 2(1-\theta)]^2}{4(1-\theta)(4-\theta)[\eta(1-\theta)(4-\theta)+\theta-2]} > 0$，所

以 $\pi_m^{ss} > \pi_m^s$，即实体店提供服务后，制造商的总收益增加。

在实体店提供服务与不提供服务两种情形下，比较电商收益（如图5-7所示）。分析发现，与实体店收益变化情况相反，随着服务成本系数的增大，"实体店+电商转销"模式下电商的收益增加，但低于提供服务前的收益。

（四）"实体店+电商代销"模式下的市场均衡结果分析

在实体店提供服务与实体店不提供服务两种情形下，通过比较实体店渠道和网店销售量可以得到 $d_e^{sa} < d_e^a$，$d_r^{sa} > d_r^a$。这说明实体店提供服务后，实体渠道需求量增加，网络渠道的需求量下降。这是因为，在实体店提供服务后，消费者从实体店购买产品的消费剩余增加，所以会转向实体渠道购买，因此实体店的需求增加。同时，实体店提供服务提高了消费者的满意度，网店销售价格提高更进一步地降低了消费者的消费剩余，因此消费者会优先购买消

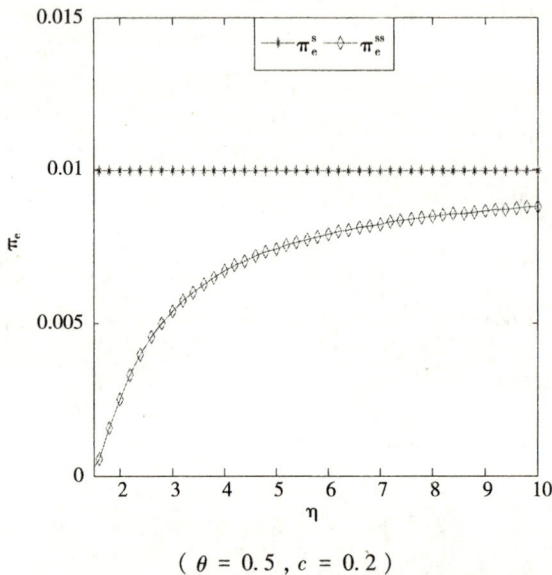

$(\theta = 0.5, c = 0.2)$

图 5-7　电商收益随服务成本系数的变化趋势

费剩余较高的实体渠道产品。

　　在实体店提供服务与实体店不提供服务两种情形下,通过比较制造商收益可以得到 $\pi_m^{sa} > \pi_m^{a}$。这说明在电商代销模式下,实体店提供服务增加了传统渠道的需求量,虽然电商渠道的需求量下降,但是电商通过提高销售价格来保障自身的收益。对于制造商而言,消费者无论是在传统的电商渠道购买还是选择在实体店选购,需求都会沿着供应链条向上传送到制造商处,所以制造商的总收益是增加的。

　　本节在三种电商渠道模式基础上引入实体店服务这一竞争要素,分析不同模式下供应链成员决策变化情况。研究发现,无论是在直销、转销还是代销模式下,实体店提供的服务水平随着实体店的经营成本和服务成本系数的增大而减小,电商渠道价格和产品需求量随着实体店服务成本的增大而增大。同时,制造商开设电商渠道不仅可以提高自身收益,还可以准确把握市场信息,能够更好快速地响应市场要求。此外,电商渠道的引入能够扩大市场总需求,当实体店通过提供服务来改善自身收益时,整个市场需求变化与电商渠道模式的差异有关。

第二节　基于线下权力结构的线上交易模式选择

一、问题描述

渠道权力理论研究始于 1969 年,其理论基础为社会交换理论、资源依赖理论以及社会学、政治学、社会心理学相关理论。著名渠道理论学家贝尔(Beier)和斯特恩(Stern)首次将权力概念引入到渠道系统中。渠道权力表现为供应链甲成员对于不同层次上的渠道乙成员的把控能力或彼此之间决策的影响能力,充分体现于渠道主体间相互决策的影响程度,反映了供应链主体彼此间的控制主导关系。例如,当甲依赖于乙时,乙在某种程度上相对于甲拥有了权力,占据着主导地位。相反,当乙依赖于甲时,甲相对于乙来说就拥有了更多的权力,占据着主导地位。从渠道权力的含义可以发现,在供应链中上下游成员之间进行博弈的情形下,渠道权力结构具有非常关键的作用。

伴随互联网的可持续发展和科学技术的更新升级,消费者逐渐热衷在电商渠道购买各种类型的消费产品,这也促使更多的生产制造企业积极布局网络零售渠道,通过在线上渠道销售产品来不断扩展产品市场份额并提升自身竞争力。从中国互联网信息中心的报告统计来看,接近 45.3% 的生产企业运营网络渠道来销售产品,公司通过网络渠道采购商品的比例也达到了45.6%。制造商在开展线上销售的过程中逐渐形成了两种典型销售模式:转销(Reselling)和代销(Agency Selling)。此外,制造型企业与实体店的合作模式主要包含了产品批发和收益共享运营模式,供应链成员间的渠道权力大小也表明了双方产品销售所获得收益水平的高低。例如,海尔集团与国美电器实体店之间的实力相对均等,能够建立平等的合作关系;苹果、卡特彼勒、耐克等知名品牌制造商在与加盟实体店的合作中占有主导地位,实体店基本上没有议价的权力;沃尔玛、百思买、特易购等规模较大的线下零售企业相较于生产规模较小电子产品制造商来说,线下实体店在双方交易中通常占据着垄断的地位。尽管线上购物渠道的开设能够重新分配市场中供应链成员的权力大小并且能够有效提升生产企业的权力,但是渠道权力的失衡也会造成渠道成员间的利益矛盾,使得消费者剩余以及社会福利水平发生变化,进一步会对市场中产品供应链运营和发展带来深远的影响。

国内外许多学者都认为,渠道权力结构是影响供应链运作效率的重要因素。埃尔泰克和格里芬(Ertek and Griffin)在一个制造商和一个实体店组成的供应链中,研究渠道权力结构对经济订购模型的影响,发现供应链总收益在实体店主导情形下最大。① 罗等(Luo et al.)以分别生产优质产品和普通产品的两个制造商和一个实体店组成的供应链为研究对象,研究了不同的渠道权力结构对供应链成员定价策略和收益的影响,发现两个制造商间竞争程度增加会导致制造商的收益降低、实体店的收益提高。② 此外,如何发挥不同渠道的优势,实现线下渠道和线上渠道的融合运作正在成为一个新兴的研究领域。阿布希什克等(Abhishek et al.)研究了电商间竞争程度和电商销量对实体店销量存在溢出效应等因素对电商销售模式(转销/代销)选择的影响问题。③哈古和赖特(Hagiu and Wright)研究发现,当市场活动能够通过产品创造溢出和在供应商参与下网络效应导致不利的期望时,实体店倾向选择转销模式。④

线上渠道和线下渠道的协同发展已经成为制造商的整体营销战略,那么线下渠道权力结构与线上渠道模式之间是否存在匹配关系? 在线下权力结构存在差异的市场条件下,制造商如何理性采用最优的线上渠道运营模式? 线下渠道权力结构和线上渠道模式将如何影响供应链的定价决策? 本节将对上述问题进行分析和解答,力争将为制造商更好地实现线上线下的融合发展提

---

① G. Ertek, P. M. Griffin, "Supplier-and Buyer-driven Channels in a Two-stage Supply Chain", *IIE Transactions*, Vol.34, No.8, 2002.

② Z. Luo, X. Chen, J. Chen, X. J. Wang, "Optimal Pricing Policies for Differentiated Brands under Different Supply Chain Power Structures", *European Journal of Operational Research*, Vol.259, No.2, 2016.

③ V. Abhishek, K. Jerath, Z. J. Zhang, "Agency Selling or Reselling? Channel Structures in Electronic Retailing", *Management Science*, Vol.62, No.8, 2015.

④ A. Hagiu, J. Wright, "Marketplace or Reseller?", *Management Science*, Vol.61, No.1, 2015.

供理论参考。

二、模型构建

在双渠道供应链背景下,制造商利用线下实体店渠道和线上电商渠道同时销售同种商品。在线下渠道,制造商先给实体店制定产品批发价 w_r ,然后实体店再以销售价 p_r 将产品出售给市场中的消费者;在线上渠道,制造商可以选择以线上转销模式或线上代销模式与电商进行合作。若制造商选择线上转销运营模式,制造商先给电商制定产品批发价 w_e ,然后电商以销售价 p_e 出售产品(如图 5-8 所示);若制造商选择线上代销运营模式,制造商在电商渠道上以销售价 p_e 直接出售产品,电商从制造商在线上渠道的销售额中收取比例 k 的销售佣金(如图 5-9 所示)。

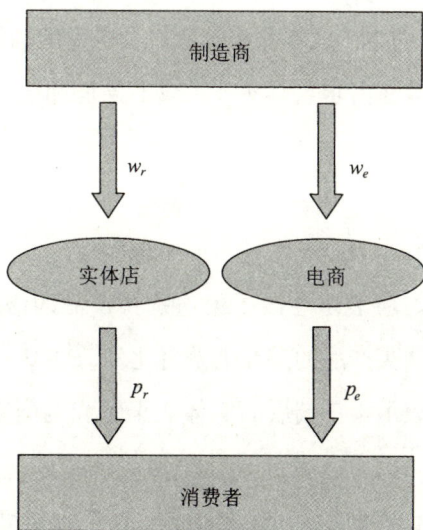

图 5-8　制造商选择线上转销模式

" VN "" MS "和" RS "分别表示垂直实力对等、制造商主导和实体店主导三种线下渠道权力结构;" m "" r "和" e "分别表示供应链主体成员制造商、实体店以及电商;" R "表示线上转销模式," A "表示线上代销模式;" a/b "表示制造商在 b 类型的线下权力结构下选择线上销售模式 a ,其中 a

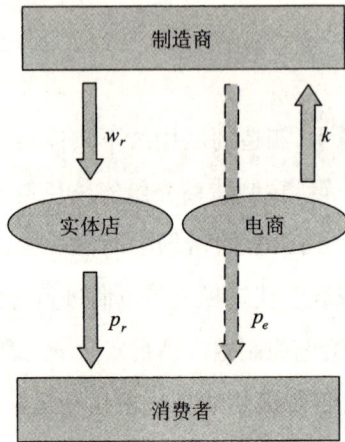

图5-9 制造商选择线上代销模式

$\in \{R,A\}$，$b \in \{VN,MS,RS\}$。

假设不考虑制造商的生产成本和实体店以及电商的销售成本。不失一般性，假定消费市场中的潜在需求整体为1。线下渠道和线上渠道的需求函数分别为：

$$D_r = \alpha - p_r + \beta p_e \qquad (5-29)$$

$$D_e = 1 - \alpha - p_e + \beta p_r \qquad (5-30)$$

其中，α（$0 < \alpha < 1$）表示在线下渠道购买产品的潜在消费者的比例，$1 - \alpha$ 表示在线上渠道购买产品的潜在消费者比例，β（$0 < \beta < 1$）表示交叉价格弹性系数，β 越大表示零售端层面实体店渠道和电商渠道间的竞争程度越大。

当制造商选择线上转销模式时，制造商、实体店和电商的利润函数分别为：

$$\pi_m^R = w_r D_r + w_e D_e \qquad (5-31)$$

$$\pi_r^R = (p_r - w_r) D_r \qquad (5-32)$$

$$\pi_e^R = (p_e - w_e) D_e \qquad (5-33)$$

其中，$p_r = w_r + m_r$，$p_e = w_e + m_e$，w_r 和 w_e 分别表示实体店和电商从制造

商采购产品的批发价格，m_r 和 m_e 分别表示实体店和电商决定的边际利润。

而当制造商选择线上代销模式时，制造商、实体店和电商的利润函数分别为：

$$\pi_m^A = w_r D_r + (1 - k) p_e D_e \tag{5-34}$$

$$\pi_r^A = (p_r - w_r) D_r \tag{5-35}$$

$$\pi_e^A = k p_e D_e \tag{5-36}$$

其中，k 表示电商要求的佣金比例。

三、结果分析

（一）VN 情形

1. 制造商选择线上转销模式

在线下渠道垂直实力对等的分析情形下，首先，制造商和实体店分别制定销售产品批发价格 w_r 和边际利润 m_r；然后，制造商给电商制定批发价 w_e；最后，电商决定边际利润 m_e。采取逆序归纳法来求解均衡博弈过程可以得到 w_r 和 m_r 的最优解分别为：

$$w_r^{R/VN*} = \frac{(4 - 5\beta - 2\beta^2 + 3\beta^3) \alpha + (5 - 3\beta^2) \beta}{4(1 - \beta^2)(3 - 2\beta^2)} \tag{5-37}$$

$$m_r^{R/VN*} = \frac{(2 - \beta) \alpha + \beta}{2(3 - 2\beta^2)} \tag{5-38}$$

进一步得到 w_e 和 m_e 的最优解分别为：

$$w_e^{R/VN*} = \frac{1 - (1 - \beta) \alpha}{2(1 - \beta^2)} \tag{5-39}$$

$$m_e^{R/VN*} = \frac{(-6 + 2\beta + 3\beta^2) \alpha + 6 - 3\beta^2}{8(3 - 2\beta^2)} \tag{5-40}$$

因此，p_r 和 p_e 的最优解分别为：

$$p_r^{R/VN*} = \frac{(8 - 7\beta - 6\beta^2 + 5\beta^3) \alpha + \beta(7 - 5\beta^2)}{4(1 - \beta^2)(3 - 2\beta^2)} \tag{5-41}$$

$$p_e^{R/VN*} = \frac{18 - 17\beta^2 + 3\beta^4 + (-18 + 14\beta + 17\beta^2 - 10\beta^3 - 3\beta^4)\alpha}{8(1 - \beta^2)(3 - 2\beta^2)}$$

(5-42)

2. 制造商选择线上代销模式

首先,制造商和实体店分别制定销售产品的批发价 w_r 和边际利润 m_r;然后,制造商制定线上销售价格 p_e。同理,采取逆序归纳法来求解均衡博弈过程,可以得到 w_r 和 m_r 的最优解分别为:

$$w_r^{A/VN*} = \frac{(1-k)[4-(6-4k)\beta-2k\beta^2+(2-k)\beta^3]\alpha+(1-k)[(6-4k)\beta-(2-k)\beta^3]}{4(1-k)(1-\beta^2)(3-\beta^2)+(-2+\beta^2)\beta^2 k^2}$$

(5-43)

$$m_r^{A/VN*} = \frac{2(1-k)[(2-k\beta-2\beta^2+k\beta^2)\alpha+k\beta]}{4(1-k)(1-\beta^2)(3-\beta^2)+(-2+\beta^2)\beta^2 k^2}$$

(5-44)

因此,p_r 和 p_e 的最优解分别为:

$$p_r^{A/VN*} = \frac{(1-k)[2(1-\beta)(4+\beta-\beta^2)+k\beta(2-\beta^2)]\alpha+\beta(1-k)[6-2k-(2-k)\beta^2]}{4(1-k)(1-\beta^2)(3-\beta^2)+(-2+\beta^2)\beta^2 k^2}$$

(5-45)

$$p_e^{A/VN*} = \frac{[6(-1+k)+(6-4k)\beta+2(1-k)\beta^2-(2-k)\beta^3]\alpha+(1-k)(6-2\beta^2)}{4(1-k)(1-\beta^2)(3-\beta^2)+(-2+\beta^2)\beta^2 k^2}$$

(5-46)

(二)MS 情形

1. 制造商选择线上转销模式

在线下渠道制造商占据主导权力的分析情形下,首先,制造商同时决定批发价 w_r 和 w_e;然后,实体店决定边际利润 m_r;最后,电商决定边际利润 m_e。同理,采取逆序归纳法来求解均衡博弈过程,可以得到 w_r 和 w_e 的最优解分别为:

$$w_r^{R/MS*} = \frac{(1-\beta)\alpha+\beta}{2(1-\beta^2)}$$

(5-47)

$$w_e^{R/MS*} = \frac{1-(1-\beta)(1-\beta)\alpha}{2(1-\beta^2)}$$

(5-48)

进一步得到 m_r 和 m_e 的最优解分别为：

$$m_r^{R/MS*} = \frac{(2 - \beta) \alpha + \beta}{4(2 - \beta^2)} \tag{5-49}$$

$$w_e^{R/MS*} = \frac{(-4 + 2\beta + \beta^2) \alpha + 4 - \beta^2}{8(2 - \beta^2)} \tag{5-50}$$

同理，p_r 和 p_e 的最优解分别为：

$$p_r^{R/MS*} = \frac{(6 - 5\beta - 4\beta^2 + 3\beta^3) \alpha + \beta(5 - 3\beta^2)}{4(1 - \beta^2)(2 - \beta^2)} \tag{5-51}$$

$$p_e^{R/MS*} = \frac{(-12 + 10\beta + 9\beta^2 - 6\beta^3 - \beta^4) \alpha + 12 - 9\beta^2 + \beta^4}{8(1 - \beta^2)(2 - \beta^2)} \tag{5-52}$$

2. 制造商选择线上代销模式

首先，制造商同时决定给予线上销售价格 p_e 和实体店批发价格 w_r；然后，实体店决定线下渠道边际利润 m_r。同理，采取逆序归纳法来求解均衡博弈过程，可得 w_r 和 p_e 的最优解分别为：

$$w_r^{A/MS*} = \frac{(1 - k)(4\beta - 2k\beta) + (1 - k)(4 - 4\beta + 2k\beta - k\beta^2) \alpha}{4(1 - k)(2 - \beta^2) - (2 - k)^2 \beta^2} \tag{5-53}$$

$$p_e^{A/MS*} = \frac{4(1 - k) + [-4(1 - k) + (4 - 3k)\beta] \alpha}{4(1 - k)(2 - \beta^2) - (2 - k)^2 \beta^2} \tag{5-54}$$

进一步得到 m_r 的最优解为：

$$m_r^{A/MS*} = \frac{(1 - k)[(2 - k\beta - 2\beta^2 + k\beta^2) \alpha + k\beta]}{4(1 - k)(2 - \beta^2) - (2 - k)^2 \beta^2} \tag{5-55}$$

因此，p_r 的最优解为：

$$p_r^{A/MS*} = \frac{(1 - k)[(6 + k\beta - 4\beta - 2\beta^2) \alpha + (4 - k)\beta]}{4(1 - k)(2 - \beta^2) - (2 - k)^2 \beta^2} \tag{5-56}$$

（三）RS 情形

1. 制造商选择线上转销模式

在线下渠道实体店占据主导权力的分析情形下，首先，实体店决定边际利

润 m_r;然后,制造商决定给予实体店和电商的批发价格 w_r 和 w_e;最后,电商决定边际利润 m_e。同理,采取逆序归纳法来求解均衡博弈过程,可以得到 w_r、w_e 和 m_e 的最优解分别为:

$$w_r^{R/RS*} = \frac{(2 - 3\beta + \beta^3)\,\alpha + 3\beta - \beta^3}{4(2 - \beta^2)(1 - \beta^2)} \tag{5-57}$$

$$w_e^{R/RS*} = \frac{1 - (1 - \beta)\,\alpha}{2(1 - \beta^2)} \tag{5-58}$$

$$m_e^{R/RS*} = \frac{(\beta^2 + 2\beta - 4)\,\alpha + 4 - \beta^2}{8(2 - \beta^2)} \tag{5-59}$$

因此,p_r 和 p_e 的最优解分别为:

$$p_r^{R/RS*} = \frac{(6 - 5\beta - 4\beta^2 + 3\beta^3)\,\alpha + \beta(5 - 3\beta^2)}{4(2 - \beta^2)(1 - \beta^2)} \tag{5-60}$$

$$p_e^{R/RS*} = \frac{(-12 + 10\beta + 9\beta^2 - 6\beta^3 - \beta^4)\,\alpha + 12 - 9\beta^2 + \beta^4}{8(2 - \beta^2)(1 - \beta^2)} \tag{5-61}$$

2. 制造商选择线上代销模式

首先,实体店决定边际利润 m_r;然后,制造商分别制定批发价格 w_r 和线上销售价格 p_e。同理,采取逆序归纳法来求解均衡博弈过程,可以得到 m_r 的最优解为:

$$m_r^{A/RS*} = \frac{(2 - k\beta - 2\beta^2 + k\beta^2)\,\alpha + k\beta}{4(1 - \beta^2)} \tag{5-62}$$

因此,w_r 和 p_e 的最优解分别为:

$$p_r^{A/RS*} = \frac{\begin{array}{c}(1 - k)\left[(4 - (8 - 6k)\beta - 4k\beta^2 + (8 - 6k + k^2)\beta^3 - (2 - k)^2\beta^4)a\right] \\ + (1 - k)\left[(8 - 6k)\beta - (8 - 6k + k^2)\beta^3\right]\end{array}}{4(1 - \beta^2)\left[4(1 - k) - (2 - k)^2\beta^2\right]} \tag{5-63}$$

$$p_e^{A/RS*} = \frac{\begin{array}{c}-\left[8(1 - k) - (8 - 6k)\beta - (8 - 8k + k^2)\beta^2 + (8 - 6k + k^2)\beta^3\right]a \\ + 8(1 - k) - (8 - 8k + k^2)\beta^2\end{array}}{4(1 - \beta^2)\left[4(1 - k) - (2 - k)^2\beta^2\right]} \tag{5-64}$$

进一步得到 p_r 的最优解为:

$$
p_r^{A/RS*} = \frac{\begin{array}{c}(1 - \beta(\,[\,12(1-k) + 2(2-k-k^2)\beta^2 - (2-k)^2\beta^3\,]a \\ + (8 - 10k + 2k^2)\beta - (8 - 10k + 3k^2)\beta^3\end{array}}{4(1-\beta^2)\,[\,4(1-k) - (2-k)^2\beta^2\,]}
$$

$$(5-65)$$

在线下权力结构存在差异的市场条件下,比较制造商选择线上转销运营模式以及代销运营模式得的销售利润水平,可以得到命题 5-6:

命题 5-6　在线下渠道权力结构存在差异的情形下,对于任意给定的 α,分　别　存　在　k　的　集　合:　$k^{VN} =$ $\left\{k \,\middle|\, \pi_m^{R/VN*} = \pi_m^{A/VN*}, 0 < k < \dfrac{2\sqrt{(1-\beta^2)(3-\beta^2)(3-2\beta^2)} - 2(1-\beta^2)(3-\beta^2)}{\beta^2(2-\beta^2)}\right\}$、$k^{MS} =$ $\left\{k \,\middle|\, \pi_m^{R/MS*} = \pi_m^{A/MS*}, 0 < k < \dfrac{2\sqrt{2(2-\beta^2)(1-\beta^2)} - 4(1-\beta^2)}{\beta^2}\right\}$ 和 $k^{RS} =$ $\left\{k \,\middle|\, \pi_m^{R/RS*} = \pi_m^{A/RS*}, 0 < k < \dfrac{2\sqrt{1-\beta^2}}{1+\sqrt{1-\beta^2}}\right\}$。当 $k \in k^{VN}$,$k \in k^{MS}$,$k \in k^{RS}$ 时,制造商选择线上转销模式或代销模式获得的利润水平相等;而当 $k \notin k^{VN}$,$k \notin k^{MS}$,$k \notin k^{RS}$ 时,制造商选择线上转销模式或代销模式获得的利润水平存在差异。

命题 5-6 说明,在线下渠道权力结构存在差异的情形下,制造商的线上渠道模式选择会受到渠道间竞争程度、电商在代销模式中的佣金比例等因素的综合影响。当电商要求的佣金比例满足一定的取值范围时,制造商面临着一条分界线,在分界线上选择线上转销或代销模式无差异;而在分界线之外,制造商会倾向于选择某种特定的线上模式。

为了更清晰地描绘制造商线上渠道模式选择的机理,下文采用数值仿真方法来研究不同市场因素对于制造商线上渠道模式选择的影响(如图 5-10 至图 5-12 所示)。

分析图 5-10 可以发现,在线下垂直实力对等的权力结构下,若电商要求收取制造商的佣金比例较小,理性的制造商应该选择线上代销模式;若电商要求收取制造商的佣金比例较大,制造商应该选择线上转销模式。同时,随着实体店渠道与电商渠道间的竞争程度逐步增大,线上转销和代销模式的无差异阈值不断减小,即制造商选择线上代销模式的可能性随着线下和线上渠道在市场上销售竞争程度的加剧而减小,而选择线上转销模式的可能性随着线下和线上渠道在市场上销售竞争程度的加剧而增大。

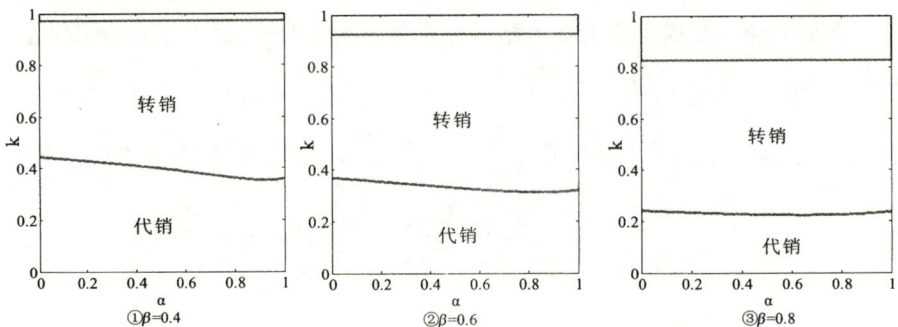

图5-10　在垂直实力对等的情形下制造商线上渠道模式选择

分析图5-11和图5-12可以得到,在线下渠道制造商(实体店)占据主导地位的权力结构下,如果电商要求的佣金比例较小,制造商选择线上代销模式,而且制造商选取线上代销模式的可能性随着线下和线上渠道销售竞争程度的加剧而减小,而选择线上转销模式的可能性随着线下和线上渠道在市场上销售竞争程度的加剧而增大。如果电商要求收取制造商的佣金比例处于适中范围,制造商倾向于选择线上转销模式。如果电商要求收取制造商的佣金比例较大,当偏好在线下渠道购买产品的潜在消费者比例较小时,制造商会倾向于选择线上转销模式;而当偏好在线下渠道购买产品的潜在消费者比例较大时,制造商会倾向于选择线上代销模式;而且制造商选择线上代销模式的可能性随着线下和线上渠道在市场上销售竞争程度的加剧而增大,而选择线上转销模式的可能性随着线下和线上渠道在市场上销售竞争程度的加剧而减小。

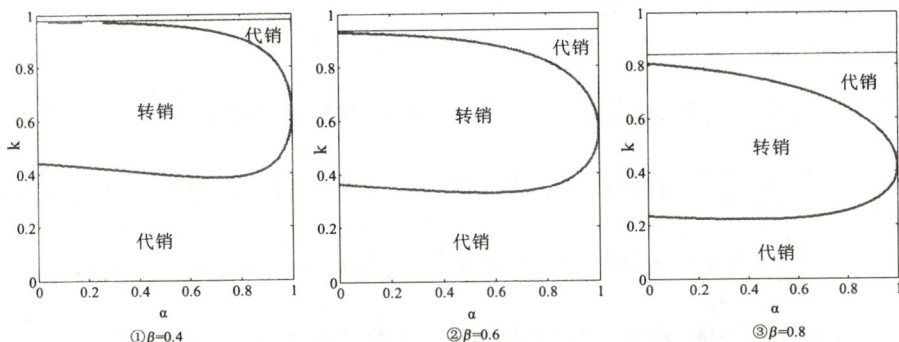

图 5-11　制造商主导情形下的制造商线上渠道模式选择

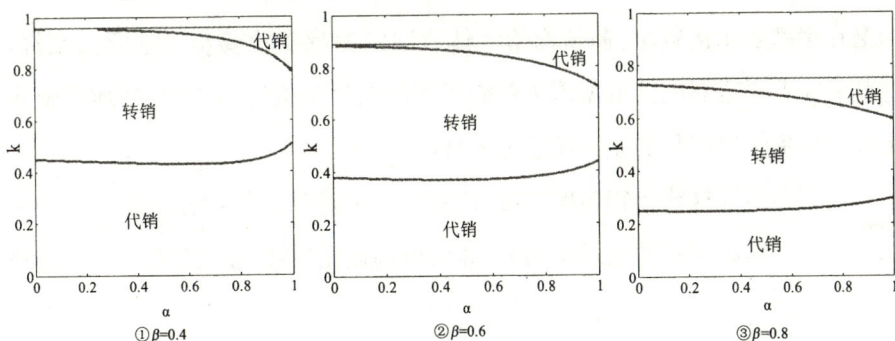

图 5-12　实体店主导情形下的制造商线上渠道模式选择

综合分析图 5-10、图 5-11 和图 5-12 可以得到一个有趣的结论：在其他市场条件和影响因素保持不变的前提下，若电商要求收取制造商的佣金比例较小，制造商选择线上代销模式的可能性在线下制造商主导权力结构下最大，在线下实体店主导权力结构下次之，在线下实力对等权力结构下最小；若电商要求收取制造商的佣金比例较大，制造商选择线上转销模式的可能性在线下实力对等权力结构下最大，在线下实体店主导权力结构下次之，在线下制造商主导权力结构下最小。

在三种渠道权力结构下，通过比较分析线上转销模式下制造商给予实体店和电商的批发价格，可以得到命题 5-7：

命题5-7 在 VN 情形下，存在 $\alpha_0 = \dfrac{6 + \beta - 3\beta^2}{10 - \beta - 7\beta^2}$，当 $\alpha \leqslant \alpha_0$ 时，$w_r^{R/VN\,*} \leqslant$ $w_e^{R/VN\,*}$；当 $\alpha > \alpha_0$ 时，$w_r^{R/VN\,*} > w_e^{R/VN\,*}$；在 MS 情形下，存在 $\alpha_1 = \dfrac{1}{2}$，当 $\alpha \leqslant \alpha_1$ 时，$w_r^{R/MS\,*} \leqslant w_e^{R/MS\,*}$；当 $\alpha > \alpha_1$ 时，$w_r^{R/MS\,*} > w_e^{R/MS\,*}$；在 RS 情形下，存在 $\alpha_2 = \dfrac{4 + \beta - \beta^2}{6 - \beta - 3\beta^2}$，当 $\alpha \leqslant \alpha_2$ 时，$w_r^{R/RS\,*} \leqslant w_e^{R/RS\,*}$；当 $\alpha > \alpha_2$ 时，$w_r^{R/RS\,*} > w_e^{R/RS\,*}$。

命题5-7说明，在线下权力结构存在着差异的条件下，如果制造商选择线上转销模式，那么若偏好在线下渠道购买产品的潜在消费者比例较大，制造商给实体店制定的批发价要大于电商批发价；而若偏好在线下渠道购买产品的潜在消费者比例较小，制造商给实体店制定的批发价要小于电商批发价。这就意味着制造商应该根据消费者购买产品的渠道偏好行为，合理地实施线上线下渠道销售产品的差异化定价策略。

当制造商选择线上转销模式时，比较线下渠道权力结构存在差异情形下制造商给实体店制定的批发价格 w_r 和给电商制定的批发价格 w_e，可以得到命题5-8：

命题5-8　（1）$w_r^{R/RS\,*} < w_r^{R/VN\,*} < w_r^{R/MS\,*}$；（2）$w_e^{R/RS\,*} = w_e^{R/VN\,*} = w_e^{R/MS\,*}$。

命题5-8说明，制造商给实体店制定的批发价在线下渠道制造商主导权力结构的情形下最大，在线下渠道垂直实力对等权力结构情形下次之，在线下渠道实体店主导权力结构情形下最小。在线下渠道制造商主导的权力结构下，制造商在和实体店进行批发价格博弈时具有主导权，将最大限度地提高批发价格；而在线下实体店主导结构下，实体店为了能让自身获得最大利润水平，在价格博弈中会极力压低批发价格。有趣的是，线下渠道权力结构的变化不会影响电商的批发价格，电商在线下渠道权力结构差异化的情形下制定的销售价格相同。

当制造商选择线上转销模式时，比较线下渠道权力结构存在差异情形下的实体店销售价格 p_r 和电商销售价格 p_e，可以得到命题5-9和命题5-10：

命题 5-9　（1）$p_r^{R/VN*} < p_r^{R/MS*} = p_r^{R/RS*}$；（2）$p_e^{R/VN*} < p_e^{R/MS*} = p_e^{R/RS*}$。

命题 5-10　在 VN 情形下，存在 $\alpha_3 = \dfrac{18 + 4\beta - 13\beta^2 - 3\beta^3}{34 + 6\beta - 23\beta^2 - 3\beta^3}$，当 $\alpha \leqslant \alpha_3$

时，$p_r^{R/VN*} \leqslant p_e^{R/VN*}$；当 $\alpha > \alpha_3$ 时，$p_r^{R/VN*} > p_e^{R/VN*}$；在 MS（RS）情形下，存在

$\alpha_4 = \dfrac{12 + 2\beta - 7\beta^2 - \beta^3}{24 + 4\beta - 13\beta^2 - \beta^3}$，当 $\alpha \leqslant \alpha_4$ 时，$p_r^{R/c*} \leqslant p_e^{R/c*}$；当 $\alpha > \alpha_4$ 时，$p_r^{R/c*} >$

$p_e^{R/c*}$。其中 $c \in \{MS, RS\}$。

命题 5-9 和命题 5-10 说明，如果制造商选择线上转销模式，那么在线下垂直实力对等结构下，供应链成员实体店和电商的产品销售价格最小，并且实体店（电商）在线下制造商主导和线下实体店主导结构下的产品销售价格相同。

当制造商选择线上代销模式时，比较实体店销售价格 p_r 和电商销售价格 p_e，可以得到命题 5-11：

命题 5-11　（1）$p_r^{A/VN*} < p_r^{A/RS*} < p_r^{A/MS*}$；（2）$p_e^{A/MS*} < p_e^{A/RS*} < p_e^{A/VN*}$。

命题 5-11 说明，如果制造商选择线上代销模式，那么在线下渠道制造商主导的权力结构情形下，实体店制定的产品销售价格最高；在线下渠道垂直实力对等权力结构情形下，实体店制定的产品销售价格最低。同时，在线下渠道垂直实力对等权力结构情形下，制造商制定的线上产品销售价格最高；在线下渠道制造商主导权力结构情形下，制造商制定的线上产品销售价格最低。这表明，当制造商和实体店分别对线上渠道和线下渠道制定销售价时，两者往往会采取差异化的定价策略，线下渠道权力结构和线上销售模式的不同将会导致线上线下定价策略发生相应变化，形成差异化的供应链渠道竞争局面。

本节将线下渠道权力结构归纳为线下垂直实力对等、线下制造商主导和线下实体店主导这三种类型，分析线下渠道权力结构与线上渠道运营模式选择之间的匹配关系。研究发现，若电商要求收取制造商的佣金比例较小，在线下渠道权力结构存在差异的情形下，制造商都应该选择线上代销模式；而若电

商要求收取制造商的佣金比例较大,在线下垂直实力对等权力结构情形下,制造商应该选择线上转销模式,而在线下制造商主导和线下实体店主导的权力结构情形下,制造商应该选择线上代销模式。

第三节　线上交易模式与制造商分销
模式的匹配关系研究

一、问题描述

产品质量被视作企业经济增长的重要力量,也是众多消费者认可和购买市场产品的重要因素,一直以来备受业界关注。越来越多的制造商通过探索切实高效的质量管理方法,追求创新有效的科学技术来持续提升企业的产品质量。随着消费群体对高质量生活水平的迫切追求,消费者对于购买商品的类型也日趋多样化以及充满个性化。消费者购买的不仅是为了满足于自身需求的产品,更多的是追求差异化和个性化的产品。为了迎合市场需求的变化,许多制造型企业不仅要保证产品的质量,更要在此基础之上开发和设计更多产品生产线。

制造商往往拥有多条产品线,同时生产高端产品(High-end Product)和低端产品(Low-end Product),并根据不同的消费市场特征和运营环境来制定差异化的销售策略。制造商可以采用在线下渠道投放高端产品、线上渠道投放低端产品的销售策略。例如,知名女性箱包品牌古缇线下销售产品是线上销售产品的高级版本,线下渠道销售的产品在整体设计、制作水平以及加工原料等各层面都要优于线上销售的产品。制造商也可以采用在线下渠道投放低端产品、线上渠道投放高端产品的销售策略。例如,戴尔和东芝将高端的电脑产品投放在线上渠道销售,而将低端产品出售给百思买和环城百货等大型实体店。

如何有效实施线上线下渠道产品差异化策略已经成为学术界和产业界共同关注的热点问题。库拉塔等(Kurata et al.)研究指出,在消费者存在产品品牌偏好的情形下,采取产品差异化策略对制造商和实体店都是有利的。① 严(Yan)研究发现,制造商采取产品差异化策略可以缓解渠道冲突,提高制造商和实体店的利润水平,而且合理的利润共享契约可以实现供应链协调。② 刘晓峰和顾领指出,通过线上线下产品的差异化配置可以减少消费者渠道转换行为,缓解渠道竞争和提高电商的利润水平。③ 独立的电商平台已经成为线上销售的重要载体,并形成了转销和代销两种典型模式。曼汀等(Mantin et al.)在市场上已经存在线上转销模式的情形下,探讨了实体店是否应该进一步引入线上代销模式的问题。研究结果表明,引入代销模式能够提高实体店与制造商谈判的议价能力。④ 丹尼斯等(Dennis et al.)分析了实体店在零售端的实力影响制造商选择线上渠道模式机理。⑤ 研究结果表明,当实体店占主导地位时,制造商倾向于选择线上转销模式。在线上线下渠道并存的市场中,产品差异化的分销策略是缓解渠道冲突、促进线上线下融合发展的有效举措。艾伯特等(Albert et al.)针对一条由传统线下渠道和制造商自建线上渠道组成的双渠道供应链进行分析。⑥ 研究发现,当线上渠道销售高端产品、线下渠道销售低端产品时,制造商能够获得更多的利润。

　　未来新零售的核心就是要打通线上和线下渠道,更好达到线上渠道与线下渠道协同创新以及可持续发展的目标,从而实现线上线下产品差异化。那

---

① H. Kurata, D. Q. Yao, J. J. Liu, "Pricing Policies under Direct vs. Indirect Channel Competition and National vs. Store Brand Competition", *European Journal of Operational Research*, Vol.180, No. 1, 2007.

② R. Yan, "Managing Channel Coordination in a Multi-channel Manufacturer-retailer Supply Chain", *Industrial Marketing Management*, Vol.40, No.1, 2011.

③ 刘晓峰、顾领:《基于消费者转换行为的线上线下产品定价策略的研究》,《管理科学》2016 年第 2 期。

④ B. Mantin, H. Krishnan, T. Dhar, "The Strategic Role of Third-party Marketplaces in Retailing", *Production and Operations Management*, Vol.23, No.11, 2014.

⑤ Z. Y. Dennis, T. Cheong, D. Sun, "Impact of Supply Chain Power and Drop-shipping on a Manufacturer's Optimal Distribution Channel Strategy", *European Journal of Operational Research*, Vol. 259, No.2, 2017.

⑥ H. Albert, X. Y. Long, J. Nasiry, "Quality in Supply Chain Encroachment", *Manufacturing & Service Operations Management*, Vol.18, No.2, 2015.

么,制造商应该如何理性且有效实施线上线下产品质量差异化的销售策略?不同的分销策略和线上销售模式之间是否存在匹配关系? 在不同的分销策略下,供应链主体成员如何制定最优的价格策略? 对于上述问题的分析和解答能够为线上渠道和线下渠道达到相互协同以及创新零售布局的目标提供理论决策参考。

二、模型构建

本节主要考察一条由制造商、实体店以及电商所建立的双渠道供应链结构,制造商同时在线上和线下渠道分别出售高端产品或低端产品给市场上的消费群体。例如华为销售的手机伙伴(Mate)系列为高端产品,而畅享系列为低端产品。制造商可以选择将高端产品投放线下渠道分销,将低端产品投放线上渠道分销(高端产品线上分销,低端产品线下分销)。在线下渠道,制造商先制定以批发价 w_r^h (w_r^l)将产品出售给实体店,实体店再制定以零售价 p_r^h (p_r^l)分销给消费群体;当线上为转销模式时,制造商先制定以价格 w_e^l (w_e^h)将产品出售给电商,电商再制定以零售价 p_e^l (p_e^h)出售给消费群体(如图5-13所示);当线上为代销模式时,制造商通过电商渠道直接制定零售价 p_e^l (p_e^h)将产品出售给消费群体且电商收取比例 $k(0 < k < 1)$ 的销售佣金(如图5-14所示)。

将线下渠道分销高端产品,线上渠道分销低端产品的策略定义为" HL "策略,而将线下渠道分销低端产品,线上渠道分销高端产品的策略定义为" LH "策略。采用上标" h "和" l "分别表示高端产品和低端产品;下标" m "" r "和" e "分别表示制造商、实体店以及电商;上标" R "表示线上转销模式," A "表示线上代销模式;" a/c "表示制造商在 c 类型的线上渠道模式下选择 a 类型的分销策略," b/c "表示制造商在 c 类型的线上渠道模式下选择销售 b 类型的产品,其中 $a \in \{HL, LH\}$, $b \in \{h, l\}$, $c \in \{R, A\}$ 。

假定消费者从低端产品获得的初始效用价值为 u ,而且初始效用价值 u 服从 $[0,1]$ 的均匀分布。假设消费者从高端产品获得初始效用价值为

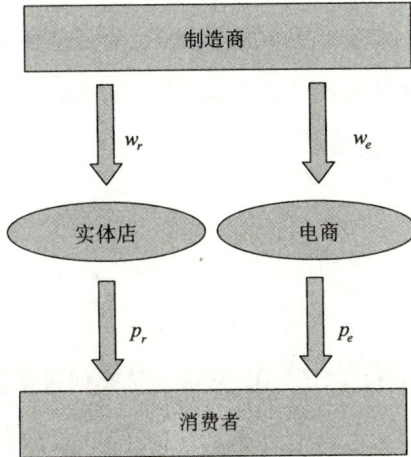

图 5-13　线上为转销模式的双渠道供应链

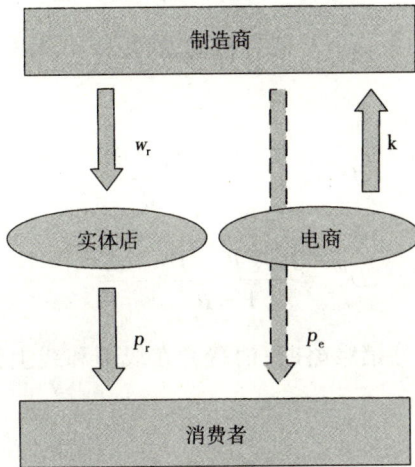

图 5-14　线上为代销模式的双渠道供应链

$u+v$，v（$v>0$）表示高端产品超出低端产品的价值（更加新颖的产品款式、更加先进的科技配置、更加时尚的外观设计等），体现两者的质量差异程度。β（$0<\beta<1$）表示消费者对市场上出售的产品质量差异的敏感因素；相较于线下渠道由于消费群体在线上渠道往往不能够精准感知产品的质量，θ（$0<\theta<1$）表示消费者对于在线上渠道销售产品的认可程度。假设企业生产高端

和低端产品的成本分别为 c_h 和 c_l，不失一般性，这里令 $c_h = c(c > 0)$ ，$c_l = 0$。假定实体店和电商渠道销售产品的成本为 0。为了使研究有意义，进一步假设有 $c < v$ 成立，即生产高端产品的成本增量不应大于其价值增量。

当制造商选择 HL 分销策略时，消费者在线下和线上渠道获得的产品效用价值分别为：

$$U_r^{HL} = u + \beta v - p_r^h \tag{5-66}$$

$$U_e^{HL} = \theta u - p_e^l \tag{5-67}$$

消费者通过比较 $\max\{U_r^{HL}, U_e^{HL}, 0\}$ 来决定选择何种渠道来购买消费产品，有以下选择情形：(1) $U_r^{HL}, U_e^{HL} < 0$，不购买任何产品；(2) $U_r^{HL} > U_e^{HL}$ 且 $U_r^{HL} > 0$，仅在线下渠道购买消费产品；(3) $U_e^{HL} > U_r^{HL}$ 且 $U_e^{HL} > 0$，仅在线上渠道购买消费产品；(4) $U_r^{HL} = U_e^{HL} > 0$，在任一渠道购买消费产品。由于本章节是在线下和线上需求同时存在的情形下开展分析的，所以线下和线上渠道的产品需求总量分别为：

$$D_r^{HL} = 1 - \frac{p_r^h - p_e^l - \beta v}{1 - \theta} \tag{5-68}$$

$$D_e^{HL} = \frac{p_r^h - p_e^l - \beta v}{1 - \theta} - \frac{p_e^l}{\theta} \tag{5-69}$$

当制造商选择 LH 分销策略时，消费者在线下和线上渠道所得到的产品效用价值分别为：

$$U_r^{LH} = u - p_r^l \tag{5-70}$$

$$U_e^{HL} = \theta(u + \beta v) - p_e^h \tag{5-71}$$

线下和线上渠道的产品需求总量分别为：

$$D_r^{LH} = 1 - \frac{p_r^h - p_e^h - \theta \beta v}{1 - \theta} \tag{5-72}$$

$$D_e^{LH} = \frac{p_r^l - p_e^h + \theta \beta v}{1 - \theta} - \frac{p_e^h - \theta \beta v}{\theta} \tag{5-73}$$

三、结果分析

（一）线上为转销模式

1. 制造商选择 *HL* 分销策略

制造商、实体店以及电商的利润水平函数分别为：

$$\pi_m^{HL/R} = (w_r^h - c)\, D_r^{HL} + w_e^l D_e^{HL} \tag{5-74}$$

$$\pi_r^{HL/R} = (p_r^h - w_r^h)\, D_r^{HL} \tag{5-75}$$

$$\pi_e^{HL/R} = (p_e^l - w_e^l)\, D_e^{HL} \tag{5-76}$$

首先，制造商同时给实体店和电商制定产品批发价格 w_r^h 和 w_e^l；随后实体店和电商同时决策各自的产品销售价格 p_r^h 和 p_e^l。采用逆序归纳法求解博弈过程，可以得到 w_r^h 和 w_e^l 的最优解分别为：

$$w_r^{h/R*} = \frac{1 + \beta v + c}{2} \tag{5-77}$$

$$w_e^{l/R*} = \frac{\theta}{2} \tag{5-78}$$

进一步得到 p_r^h 和 p_e^l 的最优解分别为：

$$p_r^{h/R*} = \frac{6 - 3\theta + 2c + (6 - 2\theta)\,\beta v}{2(4 - \theta)} \tag{5-79}$$

$$p_e^{l/R*} = \frac{\theta(5 + c - 2\theta - \beta v)}{2(4 - \theta)} \tag{5-80}$$

2. 制造商选择 *LH* 分销策略

制造商、实体店以及电商的利润函数分别为：

$$\pi_m^{LH/R} = w_r^l D_r^{LH} + (w_e^h - c)\, D_e^{LH} \tag{5-81}$$

$$\pi_r^{LH/R} = (p_r^l - w_r^l)\, D_r^{LH} \tag{5-82}$$

$$\pi_e^{LH/R} = (p_e^h - w_e^h)\, D_e^{LH} \tag{5-83}$$

首先，制造商同时给实体店和电商制定批发价格 w_r^l 和 w_e^h；随后实体店和电商同时制定各自的产品销售价 p_r^l 和 p_e^h。同理，采用逆序归纳法求解博弈过程，可以得到 w_r^l 和 w_e^h 的最优解分别为：

$$w_r^{l/R*} = \frac{1}{2} \tag{5-84}$$

$$w_e^{h/R*} = \frac{\theta + \beta v + c}{2} \tag{5-85}$$

同理得到 p_r^l 和 p_e^h 的最优解分别为:

$$p_r^{l/R*} = \frac{6 - 3\theta + c - \theta\beta v}{2(4 - \theta)} \tag{5-86}$$

$$p_e^{h/R*} = \frac{\theta(5 - 2\theta) + 2c + (6 - 2\theta)\theta\beta v}{2(4 - \theta)} \tag{5-87}$$

(二)线上为代销模式

1. 制造商选择 HL 分销策略

制造商、实体店以及电商的利润函数分别为:

$$\pi_m^{HL/A} = (w_r^h - c) D_r^{HL} + (1 - k) p_e^l D_e^{HL} \tag{5-88}$$

$$\pi_r^{HL/A} = (p_r^h - w_r^h) D_r^{HL} \tag{5-89}$$

$$\pi_e^{HL/A} = k p_e^l D_e^{HL} \tag{5-90}$$

首先,制造商同时决定给实体店制定批发价 w_r^h 和线上销售价 p_e^l;随后实体店决定产品销售价 p_r^h。同理,采用逆序归纳法求解博弈过程,可以得到 w_r^h 和 p_e^l 的最优解分别为:

$$w_r^{h/A*} = \frac{k(1-k)\theta^2 - [(4-3k)(1+c)+(4-k)(1-k)\beta v - k^2]\theta + 4(1-k)(1+c+\beta v)}{8(1-k)(1-\theta) - \theta k^2} \tag{5-91}$$

$$p_e^{l/A*} = \frac{\theta[(1-\theta)(4-3k)] - k(c-\beta v)}{8(1-k)(1-\theta) - \theta k^2} \tag{5-92}$$

进一步得到 p_r^h 的最优解为:

$$p_e^{l/A*} = \frac{2(1-k)\theta^2 - [8(1-k)+(2-k)c+\beta(6-7k+k\beta)]\theta + 6(1+\beta v - k\beta v) - 2k(3+c)}{8(1-k)(1-\theta) - \theta k^2} \tag{5-93}$$

2. 制造商选择 LH 分销策略

制造商、实体店以及电商的利润函数分别为:

$$\pi_m^{LH/A} = w_r^l D_r^{LH} + (1 - k) (p_e^h - c) D_e^{LH} \qquad (5-94)$$

$$\pi_r^{LH/A} = (p_r^l - w_r^l) D_r^{LH} \qquad (5-95)$$

$$\pi_e^{LH/A} = k(p_e^h - c) D_e^{LH} \qquad (5-96)$$

首先,制造商给实体店制定产品批发价格 w_r^l 以及线上产品售价 p_e^h ;随后,实体店制定销售价格 p_r^l 。同理,采用逆序归纳法求解博弈过程,可以得到 w_r^l 和 p_e^h 的最优解分别为:

$$w_e^{l/A*} = \frac{(1 - k) [(1 - \theta) (4 - \theta k) + k(2 - \theta) (c - \theta \beta v)]}{8(1 - k) (1 - \theta) - \theta k^2} \qquad (5-97)$$

$$p_r^{h/A*} = \frac{-(4 - 3k) (1 + \beta v) \theta^2 + [(1 - k) (4 + kc - 4c + 4\beta v) + k] \theta + 4c(1 - k)}{8(1 - k) (1 - \theta) - \theta k^2}$$

$$\qquad (5-98)$$

进一步得到 p_r^l 的最优解为:

$$p_e^{l/A*} = \frac{(1 - k) [2(3 - 4\theta + \theta^2) + (c - \theta \beta v) (2 - 2\theta + k)]}{8(1 - k) (1 - \theta) - \theta k^2} \qquad (5-99)$$

在线上渠道为转销模式下,通过对比分析制造商在产品分销策略存在差异的情形下所获得的利润水平,可以得到命题 5-12:

命题 5 - 12　在线上转销模式下,对于任意给定的 θ ,存在 $\beta^m = \{\beta \mid \pi_m^{HL/R*} = \pi_m^{LH/R*}, 0 < \beta < 1\}$ 。存在 $\beta_1 \in \beta^m$,当 $\beta \in (0, \beta_1)$ 时,制造商应选择 LH 分销策略;当 $\beta \in (\beta_1, 1)$ 时,制造商应选择 HL 分销策略。

进一步通过数值仿真来更加清晰地描绘命题 5-12(如图 5-15 所示)。命题 5-12 和图 5-15 说明,当制造商采用线上转销模式策略时,制造商最优的销售策略主要受消费者对产品质量差异的敏感程度大小因素影响。若消费者对产品质量差异的敏感程度较小,制造商应采用 LH 销售策略;若消费者对产品差异的敏感程度较大,制造商应采用 HL 销售策略。随着产品质量差异水平的不断增大,制造商采用 HL 销售策略的可能性不断提高,而采用 LH 销售策略的可能性不断降低。这说明,当高端产品质量水平超过低端产品的程度越大时,制造商更加积极采取将高端产品投放在线下渠道销售,将低端产品投放在线上渠道销售的营销策略。例如,夏普公司会把最新研发的具备最新功能、高质量的电子产品投放在线下零售卖场,而在线上渠道销售只具有普通功能的电子产品。

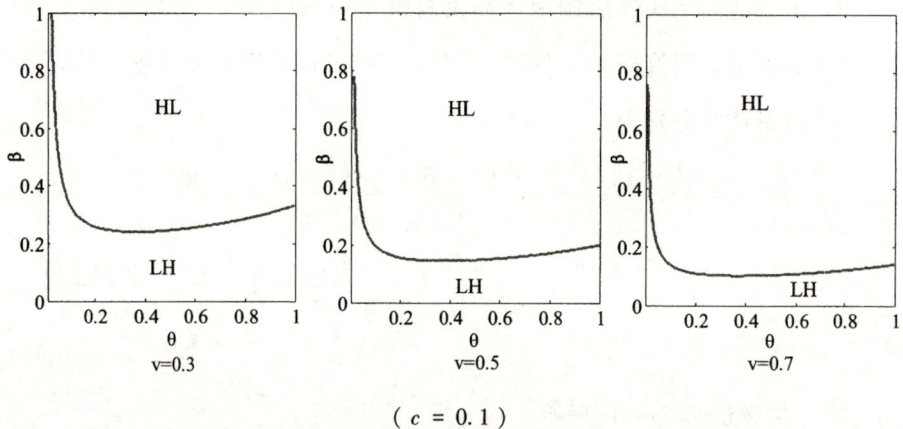

（ c = 0.1 ）

图 5-15　线上转销模式下制造商的分销策略选择

当线上为代销模式时,通过对比分析制造商在产品分销策略存在差异的情形下获得的利润水平,可以得到命题 5-13:

命题 5-13　在线上代销模式下,对于任意确定的 θ 值,存在阈值 $\underline{\beta}$、$\bar{\beta}$ 以及 $k^A = \left\{ k \mid \pi_m^{HL/A^*} = \pi_m^{LH/A^*}, 0 < k < \dfrac{2\sqrt{2(2-\theta)(1-\theta)} - 4(1-\theta)}{\theta} \right\}$。当 $\beta \in (0, \underline{\beta})$ 时,制造商应该选择 LH 分销策略;当 $\beta \in (\bar{\beta}, 1)$ 时,制造商应该选择 HL 分销策略;当 $\beta \in [\underline{\beta}, \bar{\beta}]$ 时,制造商的分销策略选择受到电商收取佣金比例 k 影响。

进一步通过数值仿真来更加清晰地描绘命题 5-13(如图 5-16 所示)。命题 5-13 和图 5-16 说明,当电商以代销模式与制造商进行合作时,制造商最优的分销策略主要受消费者对产品差异的敏感程度和电商收取佣金比例的综合影响。若消费者对产品质量差异的敏感程度较小,制造商倾向于选择 LH 分销策略;若消费者对产品质量差异的敏感程度较大,制造商倾向于选择 HL

分销策略。若消费者对产品质量差异的敏感程度处于适中范围,当电商要求收取制造商的佣金比例较小(大)时,此时制造商获得的利润在 HL 分销策略情形下比在 LH 分销策略情形下要大(小),故制造商应该选择 HL (LH)分销策略。随着产品质量差异水平不断增大,制造商选择 HL 分销策略的可能性不断提高,而选择 LH 分销策略的可能性不断降低。

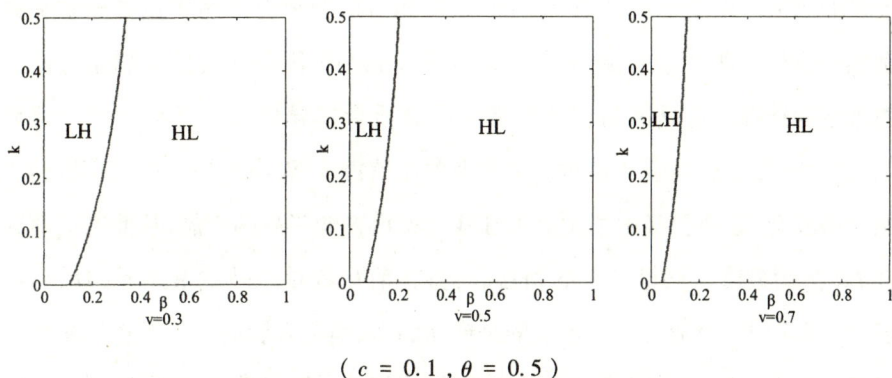

$(c = 0.1 , \theta = 0.5)$

图 5-16　线上代销模式下制造商的分销策略选择

综合命题 5-12 和命题 5-13 可以得出一个有趣的结论:在两种线上渠道模式下,制造商选择 HL 分销策略的可能性随着产品质量差异水平增大而增大,而选择 LH 分销策略的可能性随着产品质量差异水平增大而减小。这是因为,相比于网络购物,由于消费者在实体店能够当场体验产品质量,若消费者对产品质量的敏感性较强,消费者会优先考虑去实体店购买高端产品,从而能够获得更高的购物体验和消费品质,因此在两种线上运营模式下,制造商都应该将高端产品投放在线下渠道出售给消费者,而将低端产品投放在线上渠道出售给消费者。例如,耐克公司在线下实体店主推销售新款、高端产品,而在线上商店以销售样式过时以及低端产品为主,公司通过这种品类供应区隔形成产品差异化的销售策略,以发挥线上线下渠道融合发展和高效运作的优势。

通过图 5-17 和图 5-18 来对比在不同的线上渠道模式情形下制造商选择不同分销策略时的利润水平,并进一步通过图 5-19 来描绘和阐述线上运营模式与差异化产品销售策略间的匹配优化关系。综合分析图 5-17、图

5-18 和图 5-19 可以发现,当 $\beta \in (0, \beta^R)$ 时,在两种线上渠道模式下,制造商都应选择 LH 分销策略;当 $\beta \in (\beta^A, 1)$ 时,在两种线上渠道运营模式下,制造商都应选择 HL 分销策略;而当 $\beta \in (\beta^R, \beta^A)$ 时,制造商在线上转销运营模式下应选择 HL 分销策略,而在线上代销模式下应该选择 LH 分销策略。这意味着若消费者对产品差异敏感程度较小或者较大,线上渠道运营模式的差异不会影响制造商对于最优分销策略的选择;而若消费者对产品质量差异水平的敏感程度处于适中范围,线上渠道运营模式的差异因素就会影响到制造商销售策略的选择。这是因为在消费者对产品质量差异化的敏感程度较小情形下,消费者在购买高端产品时会更多地关注销售价格,由于线上渠道销售的产品价格较低,这样会吸引消费者前往线上渠道去购买高端产品,从而制造商选择 LH 分销策略以获得更大的销售收益;在消费者对产品质量差异的敏感程度较大情形下,消费者更多追求的是产品品质,消费者倾向于为了更高质量的消费产品而支付更多的价格,而且在实体店消费者能够准确地感知产品质量,消费者会理性选择线下渠道来购买高端产品,从而制造商选择 HL 分销策略以获得更大收益。

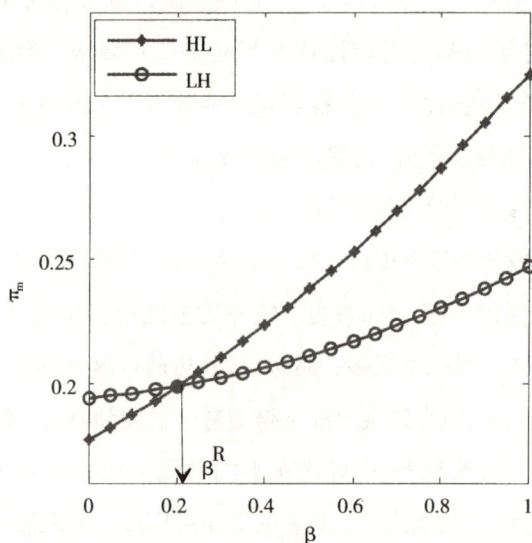

$(c = 0.1 , v = 0.5 , \theta = 0.7)$

图 5-17　线上转销模式下的制造商利润水平

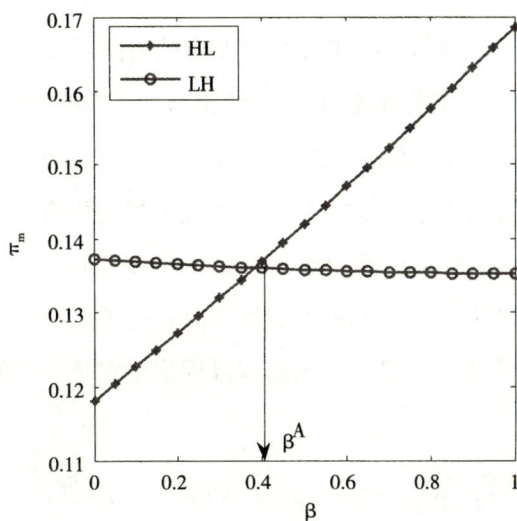

$(c = 0.1 , v = 0.5 , k = 0.2 , \theta = 0.7)$

图 5-18 线上代销模式下的制造商利润水平

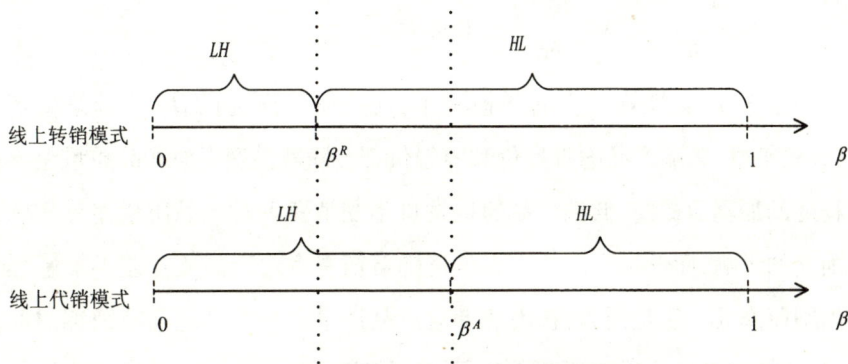

图 5-19 线上渠道模式与产品分销策略选择的关系

在线上转销模式下,分析实体店和电商的批发价格以及线上线下销售价格,可以得到命题 5-14:

命题 5-14 (1) $w_r^{h/R^*} > w_e^{h/R^*}$, $w_r^{l/R^*} > w_e^{l/R^*}$;(2) $p_r^{h/R^*} > p_e^{h/R^*}$, $p_r^{l/R^*} > p_e^{l/R^*}$ 。

命题 5-14 说明,在线上转销模式下,制造商无论选择 HL 分销策略还是

LH 分销策略,其给予实体店的批发价格都要高于电商的批发价格,这也导致实体店制定的产品销售价格要高于电商制定的销售价格。这是由于实体店渠道能够有效发挥产品消费体验的长处,使得消费者在线下渠道能够完全感知产品的适合度,导致市场上的消费群体选择在线下渠道购买产品,线下产品销售价高于线上产品销售价。这一结论也和现实情况相符,知名咨询公司克班(Keybanc)的统计调研结果显示沃尔玛(Wal-mart)和百思买(Best-buy)等实体店的数字产品销售价比亚马逊电商的售价分别高出 11% 和 8%。

进一步分析消费者产品差异敏感程度因素对定价水平的影响,可以得到命题 5-15:

命题 5-15 (1)若制造商选择 *HL* 分销策略,有 $\dfrac{\partial w_r^{h/R\,*}}{\partial \beta} > 0$,$\dfrac{\partial w_e^{l/R\,*}}{\partial \beta} = 0$,

$\dfrac{\partial p_r^{h/R\,*}}{\partial \beta} > 0$,$\dfrac{\partial p_e^{l/R\,*}}{\partial \beta} < 0$ 成立;(2)若制造商选择 *LH* 分销策略,有 $\dfrac{\partial w_r^{l/R\,*}}{\partial \beta} = 0$,

$\dfrac{\partial w_e^{h/R\,*}}{\partial \beta} > 0$,$\dfrac{\partial p_r^{l/R\,*}}{\partial \beta} < 0$,$\dfrac{\partial p_e^{h/R\,*}}{\partial \beta} > 0$ 成立。

命题 5-15 说明在线上转销模式下,无论制造商选择 *HL* 分销策略还是 *LH* 分销策略,高端产品的批发价和零售价都会随着消费者对产品质量差异敏感程度的加剧而提高;低端产品的批发价不受消费者对产品质量差异敏感程度因素的影响,而低端产品的零售价格随着消费者对产品质量差异敏感程度的加剧而降低。这是因为,在消费者对产品质量差异水平越来越敏感的前提条件下,注重消费品质的消费者会更加偏好高端产品,而且为获得更高质量的消费产品支付更多价格,此时制造商为获取更多利润,将提高高端产品的批发价格(低端产品批发价格不变),这将使得实体店和电商逐步提高高端产品的销售价格,而销售低端产品的实体店或电商通过降低产品销售价格来避免消费者过多转移而导致利润减少。

分析消费者对产品质量差异的敏感程度因素对制造商利润水平的影响,可以得到命题 5-16:

命题 5-16　(1) $\dfrac{\partial \pi_m^{HL/R*}}{\partial \beta} > 0, \dfrac{\partial \pi_m^{LH/R*}}{\partial \beta} > 0;$ (2) $\dfrac{\partial \pi_m^{HL/A*}}{\partial \beta} > 0, \dfrac{\partial \pi_m^{LH/A*}}{\partial \beta} > 0$。

命题 5-16 说明,在不同的线上渠道模式下,无论制造商选择 HL 分销策略还是 LH 分销策略,制造商的销售收益与消费者对产品质量差异的敏感程度因素正相关。这意味着,当制造商在线上线下渠道销售不同类型的产品时,可以通过增大产品差异程度来缓解渠道冲突,扩大产品市场覆盖率,从而提高利润水平。事实上,许多生产制造厂商已经采取产品差异化的销售策略来对线上线下渠道销售的产品进行品质和类型供应区分。例如,在明基电通(BenQ)公司采取的产品差异化销售策略中,在线上线下渠道供应品类就存在质量和功能这两面的区分,这可以有效避免消费者在实体店利用网络设备进行比价的行为,更好地消除"搭便车"行为效应。

本节考虑线上转销模式和代销模式的市场特征,分析制造商在产品销售策略存在差异情形下的市场均衡结果,并且进一步研究线上渠道运营模式与制造商产品差异化销售策略选择之间的匹配关系。研究发现,若消费者对产品质量差异的敏感程度较小(较大),线上渠道模式的差异不会影响制造商最优的分销策略选择,制造商都会选择 LH(HL)销售策略;若消费者对产品质量差异的敏感程度处于适中范围,制造商在线上转销模式下应该理性选择 HL销售策略,在线上代销模式下应该选择 LH 销售策略。此外,在产品销售策略存在差异的情形下,制造商通过增大实体店和电商渠道销售产品的质量差异水平能够有效提升自身的收益。

考虑到制造商和实体店在供应链中的地位和实力对比,传统线下销售渠道呈现出线下垂直实力对等、线下制造商主导和线下实体店主导三种权力结构。而且,制造商往往拥有多条产品线,同步加工生产高端以及低端产品,并依据市场环境和生产运营特征来实施产品质量差异化的分销运营策略。本章在双渠道供应链情形下,综合选择博弈理论、消费者行为学、数值模拟仿真和案例分析等理论和方法研究了线下渠道权力、异质品分销策略和线上渠道模式之间的匹配优化关系。首先,将"实体店+电商直销""实体店+电商转销"以及"实体店+电商代销"三种典型模式进行对比,在实体店提供服务水平的情形下,分析不同线上渠道模式下渠道成员价格决策和模式选择问题。其次,在线下垂直实力对等、线下制造商主导和线下实体店主导三种渠道权力结构下,考虑制造商与电商合作的线上渠道模式(转销和代销),研究线下渠道权力结构与制造商线上销售模式的匹配优化关系。最后,在产品差异化的分销策略下,阐释影响产品差异化分销策略的市场因素,剖析线上渠道模式与产品质量差异化销售策略的匹配关系。研究主要得到以下结论和管理启示:

(1)在实体店提供服务的三种线上模式下,实体店提供的服务水平与实体店经营成本、实体店服务成本系数负相关,线上渠道价格和需求与实体店服务成本系数正相关、实体店收益与实体店的经营成本负相关。和不提供服务相比,在实体店提供服务后,实体店的销售价格和市场需求明显提高,制造商、实体店的利润水平也得到提高,但是线上渠道的产品需求显著降低,导致电商的利润水平也显著降低。在市场总需求方面,"实体店+制造商直销"模式下市场总需求不变,"实体店+电商转销"模式下市场总需求增加,而在"实体店+电商代销"模式下市场总需求却会减少。

(2)若消费者对产品差异的敏感程度较小或较大,线上渠道模式的差异并不会影响制造商选择最优的异质品销售策略,制造商会将低端(高端)产品投放在实体店渠道销售,而将高端(低端)产品投放在电商渠道出售给市场中潜在的消费者。若消费者对产品差异的敏感程度处于适中范围,在线上渠道为转销模式情形下,制造商应该将高端产品投放在实体店渠道销售,而将低端产品投放在电商渠道出售给市场中潜在的消费者;在线上渠道为代销模式情形下,制造商应将低端产品投放在实体店渠道销售,而将高端产品投放在电商渠道出售给市场中潜在的消费者。

(3)若消费者对产品质量差异的敏感程度较小(较大),制造商和实体店为获得最大的销售收益都偏好线下渠道分销低端(高端)产品,线上渠道分销高端(低端)产品的策略;若消费者对产品质量差异的敏感程度处于适中范围,制造商和实体店为获得最大的销售收益会分别偏好不同的产品分销策略。

第六章　线上线下渠道的冲突原因
分析及运作机制设计

在如今的竞争环境下，企业所有的营销模式都应该面对消费者市场，分销渠道不是由企业决定，而是由消费者决定。在何时、何地、如何购买消费者所需要的商品，便利性是网络平台竞争力的关键点。企业在决定是否构建线上渠道的时候，需要重点关注"渠道策略"如何向"消费者购物便利"转化，将"消费者购物是否便利"作为决策的重要依据。必须清醒地认识到，线上线下没有绝对的渠道冲突，关键是如何进行有效整合。

第一节　基于异质品分销的渠道冲突
分析及运作机制设计

一、问题描述

目前，制造型企业纷纷布局网络零售来拓展销售渠道以提升市场份额和销售业绩。例如，海尔电器与苏宁电商战略合作进一步升级，授权苏宁电商销售海尔系列家电产品。联想与京东两大集团强强联合，由京东商城销售联想的全线产品，开展企业之间的全价值链合作。线上渠道的引入有助于制造商产品市场份额的增长和利润水平的提高，但同时因为侵蚀了传统实体店的收益，也可能引发渠道冲突。例如，服装企业李维斯通过开设电商销售渠道来扩大市场份额，但损害了实体经销商的收益而遭到联合抵制，最终作出关闭电商渠道的决定。为了缓解线上线下渠道冲突，制造商会选择异质品的销售策略，即在不同的渠道上分别销售高端和低端产品，产品差异化销售策略已经成为制造商在战略规划中满足消费者需求的重要内容。在现实运营中,异质品销售策略存在两种典型的模式:(1)在线下销售高端产品线上销售低端产品。例如,古缇公司会把最新款精细化产品放在实体店销售,而在线上渠道只出售普通款的产品。(2)在线下销售低端产品线上销售高端产品。例如,戴尔公司会选择将新款的高端电子产品投放在线上渠道销售,在线下渠道只销售普通功能的电子产品。

那么,当制造商生产多种可替代产品时,供应链成员分别偏好怎样的销售策略? 在不同的分销策略下,供应链成员如何制定产品的均衡价格策略? 在产品销售策略存在差异的情形下,产品差异化的销售策略会怎样影响供应链成员的利润? 本节将对上述问题进行分析和解答,尝试为市场中企业的产品分销策略设计提供理论决策参考。

二、模型构建

本节研究一条由制造商、实体店和电商共同构成的双渠道供应链。在双渠道供应链的情形下,制造商在线上渠道和线下渠道分别销售高质量产品和低质量产品,制造商可以选择差异化的销售策略:(1)在线下渠道投放高质量产品,在线上渠道投放低质量产品(HL 分销策略);(2)在线上渠道投放高质量产品,在线下渠道投放低质量产品(LH 分销策略)(如图6-1所示)。在线下渠道,制造商先给实体店制定批发价 w_r^h (w_r^l),实体店再确定销售价 p_r^h (p_r^l)将产品出售给消费者;在线上渠道,制造商先给电商制定批发价 w_e^l (w_e^h),电商再确定销售价 p_e^l (p_e^h)将产品出售给消费者。

参考巴克林等(Bucklin et al.)的模型假设,假设消费者从购买的低端产品中获得的消费价值为 u ,而且消费价值 u 服从 $[0,1]$ 的均匀分布;消费者从高端产品中获得的消费价值为 $u+v$, $v(0<v<1)$ 表示高端产品大于低端产品的消费价值,体现两者之间的质量差异程度。[1] β ($0<\beta<1$)表示消费者

① C. B. Bucklin,P. A. Thomas,E. A. Webster,"Channel Conflict:When is it Dangerous?",*The McKinsey Quart*,Vol.1997,No.3,1997.

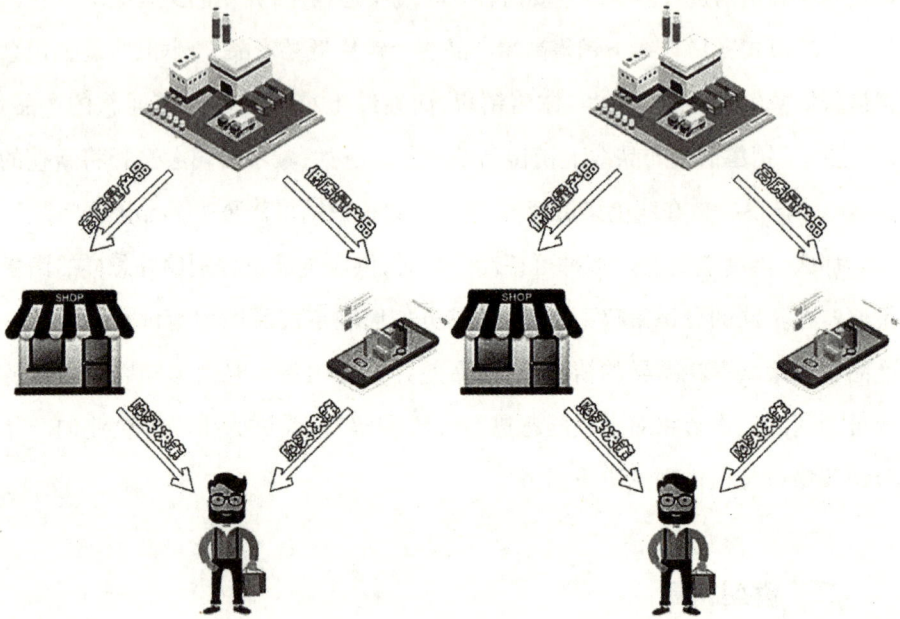

图6-1　*HL* 分销策略和 *LH* 分销策略

对产品质量差异的敏感程度;θ 表示消费者对线上出售产品的认可程度,全球知名咨询企业麦肯锡调查报告显示,超过 60% 的消费者认可线上消费渠道并且会在线上下单购买商品,这里假设 $\theta \in (0.5,1)$;假定生产高端和低端产品的成本分别为 c_h 和 c_l,不失一般性,这里令 $c_h = c(c > 0)$,$c_l = 0$;为了满足双渠道供应链中实体店和电商渠道的产品需求总量大于 0 的条件,进一步假设有 $c \leq 0.5v$ 成立。不失一般性,假设实体店和电商销售产品的成本均为零。

在 *HL* 销售策略下,消费者在线下和线上渠道所得到的效用价值分别为:

$$U_r^{HL} = u + \beta v - p_r^h \tag{6-1}$$

$$U_e^{HL} = \theta u - p_e^l \tag{6-2}$$

消费者通过比较 $\max\{U_r^{HL}, U_e^{HL}, 0\}$ 来决定从哪一种渠道购买:(1) $U_r^{HL}, U_e^{HL} < 0$,消费者不购买任一产品;(2) $U_r^{HL} > U_e^{HL}$ 且 $U_r^{HL} > 0$,消费者仅在线下渠道购买;(3) $U_e^{HL} > U_r^{HL}$ 且 $U_e^{HL} > 0$,消费者仅在线上渠道购买;(4) $U_r^{HL} = U_e^{HL} > 0$,消费

者在任一渠道购买。因此,线下渠道和线上渠道产品的需求量分别为:

$$
\begin{cases}
D_r^{HL} = 1 - \dfrac{p_r^h - p_e^l - \beta v}{1 - \theta} \\[3mm]
D_e^{HL} = \dfrac{p_r^h - p_e^l - \beta v}{1 - \theta} - \dfrac{p_e^l}{\theta} \\[3mm]
\text{s.t.} \dfrac{p_e^l}{\theta} + \beta v < p_r^h < 1 - \theta + \beta v + p_e^l
\end{cases}
\tag{6-3}
$$

在 LH 销售策略下,消费者在线下和线上渠道所得到的效用价值分别为:

$$
U_r^{LH} = u - p_r^l \tag{6-4}
$$

$$
U_e^{LH} = \theta(u + \beta v) - p_e^h \tag{6-5}
$$

同理,线下渠道和线上渠道产品的销售量分别为:

$$
\begin{cases}
D_r^{LH} = 1 - \dfrac{p_r^l - p_e^h + \theta \beta v}{1 - \theta} \\[3mm]
D_e^{LH} = \dfrac{p_r^l - p_e^h + \theta \beta v}{1 - \theta} - \dfrac{p_e^h - \theta \beta v}{\theta} \\[3mm]
\text{s.t.} \dfrac{p_e^h}{\theta} - \beta v < p_r^l < 1 - \theta - \theta \beta v + p_e^h
\end{cases}
\tag{6-6}
$$

三、结果分析

(一)HL 分销策略

制造商、实体店以及电商的利润函数分别为:

$$
\pi_m^{HL} = (w_r^h - c) D_r^{HL} + w_e^l D_e^{HL} \tag{6-7}
$$

$$
\pi_r^{HL} = (p_r^h - w_r^h) D_r^{HL} \tag{6-8}
$$

$$
\pi_e^{HL} = (p_e^l - w_e^l) D_e^{HL} \tag{6-9}
$$

首先,制造商同时给实体店和电商制定批发价 w_r^h 和 w_e^l;然后实体店和电商同时决定各自的销售价 p_r^h 和 p_e^l。运用逆序归纳法求解博弈过程,可以得到制造商给予实体店和电商的最优批发价格 w_r^h 和 w_e^l 分别为:

$$w_r^{h*} = \frac{1 + \beta v + c}{2} \tag{6-10}$$

$$w_e^{l*} = \frac{\theta}{2} \tag{6-11}$$

进一步得到实体店和电商最优的销售价格 p_r^h 和 p_e^l 分别为：

$$p_r^{h*} = \frac{6 - 3\theta + 2c + (6 - 2\theta)\beta v}{2(4 - \theta)} \tag{6-12}$$

$$p_e^{l*} = \frac{\theta(5 + c - 2\theta - \beta v)}{2(4 - \theta)} \tag{6-13}$$

（二）LH 分销策略

制造商、实体店和电商的利润函数分别为：

$$\pi_m^{LH} = w_r^l D_r^{LH} + (w_e^h - c) D_e^{LH} \tag{6-14}$$

$$\pi_r^{LH} = (p_r^l - w_r^l) D_r^{LH} \tag{6-15}$$

$$\pi_e^{LH} = (p_e^h - w_e^h) D_e^{LH} \tag{6-16}$$

首先，制造商给实体店和电商制定批发价 w_r^l 和 w_e^h；然后，实体店和电商同时决定各自的销售价格 p_r^l 和 p_e^h。同理，可以得到制造商给予实体店和电商的批发价 w_r^l 和 w_e^h 分别为：

$$w_r^{l*} = \frac{1}{2} \tag{6-17}$$

$$w_e^{h*} = \frac{\theta + \beta v + c}{2} \tag{6-18}$$

进一步得到实体店和电商的最优销售价格 p_r^l 和 p_e^h 分别为：

$$p_r^{l*} = \frac{6 - 3\theta + c - \theta\beta v}{2(4 - \theta)} \tag{6-19}$$

$$p_e^{h*} = \frac{\theta(5 - 2\theta) + 2c + (6 - 2\theta)\theta\beta v}{2(4 - \theta)} \tag{6-20}$$

在 HL 分销策略下，首先，制造商同时给实体店制定批发价 w_r^h 和直销渠道销售价 p_d^l；然后实体店决定销售价格 p_r^h。同理，可以得到均衡价格：

$$w_r^{h*} = \frac{1 + \beta v + c}{2} \tag{6-21}$$

$$p_d^{l*} = \frac{\theta}{2} \tag{6-22}$$

$$p_r^{h*} = \frac{3 + c - \theta + 3\beta v}{4(4 - \theta)} \tag{6-23}$$

在 LH 分销策略下,首先,制造商同时给实体店制定批发价 w_r^l 和直销渠道销售价 p_d^h;然后实体店决定销售价格 p_r^l。同理,可以得到均衡价格:

$$w_r^{l*} = \frac{1}{2} \tag{6-24}$$

$$p_r^{l*} = \frac{3 + c - \theta - \theta\beta v}{4} \tag{6-25}$$

$$p_d^{l*} = \frac{\theta + c + \theta\beta v}{2} \tag{6-26}$$

在线上转销模式下,通过对比分析销售策略存在差异情形下制造商获得的利润水平,可以得到命题 6-1:

命题 6-1　对于任意给定的 θ、v 和 c,存在 $\beta^m = \{\beta \mid \pi_m^{HL*} = \pi_m^{LH*}, 0 < \beta < 1\}$。存在 $\beta_1 \in \beta^m$,当 $\beta \in (0, \beta_1)$ 时,制造商偏好 LH 销售策略;当 $\beta \in (\beta_1, 1)$ 时,制造商偏好 HL 销售策略。

进一步通过数值仿真来更加清晰地描绘命题 6-1(如图 6-2 所示)。命题 6-1 和图 6-2 说明,制造商的销售策略偏好主要受到消费者对产品质量差异的敏感程度影响。若消费者对产品质量差异的敏感程度较小,制造商会偏好 LH 销售策略;若消费者对产品质量差异的敏感程度较大,制造商会偏好 HL 销售策略。这一结论与现实情况相符,戴尔将高质量的电脑产品放在线上销售,而将低质量的产品通过百思买和环城百货等实体店出售;国内轻奢品牌古缇(C&T)线下出售产品的整体品质比线上出售的产品更高。2018 年 8 月 30 日,京东联手戴尔为其打造了专属的"戴尔超级品牌日"活动,京东上线了戴尔几乎全系列的高质量产品,以齐全的品类、优惠的价格布局线上渠道。戴尔产品在仅上线 27 分钟就突破亿元销售大关,全天销售额同比 2017 年"双十一"增长 257%。

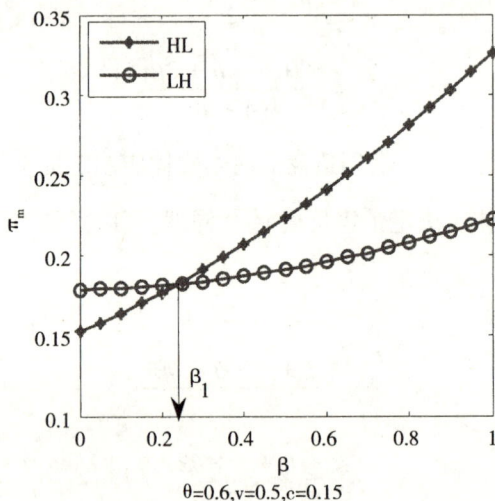

$\theta=0.6, v=0.5, c=0.15$

图 6-2   不同分销策略下制造商的利润水平

通过比较不同分销策略下实体店和电商获得的利润水平,可以得到命题 6-2:

命题 6-2   对于任意给定的 θ、v 和 c,存在 $\beta^{r} = \{\beta \mid \pi_{r}^{HL*} = \pi_{r}^{LH*}, 0 < \beta < 1\}$,$\beta^{e} = \{\beta \mid \pi_{e}^{HL*} = \pi_{e}^{LH*}, 0 < \beta < 1\}$。存在 $\beta_{2} \in \beta^{r}$,当 $\beta \in (0, \beta_{2})$ 时,实体店偏好 LH 销售策略;当 $\beta \in (\beta_{2}, 1)$ 时,实体店偏好 HL 销售策略。存在 $\beta_{3} \in \beta^{e}$,当 $\beta \in (0, \beta_{3})$ 时,电商偏好 LH 销售策略;当 $\beta \in (\beta_{3}, 1)$ 时,电商偏好 HL 销售策略。

进一步通过数值仿真来更加清晰地描绘命题 6-2(如图 6-3 和图 6-4 所示)。命题 6-2、图 6-3 和图 6-4 说明实体店和电商偏好不同分销策略的原因主要是受到消费者对产品质量差异的敏感程度因素影响。若消费者的产品质量差异敏感程度较小,实体店和电商都偏好 LH 销售策略;若消费者的产品质量差异敏感程度较大,实体店和电商都偏好 HL 销售策略。

综合分析命题 6-1 和命题 6-2,可以得到命题 6-3:

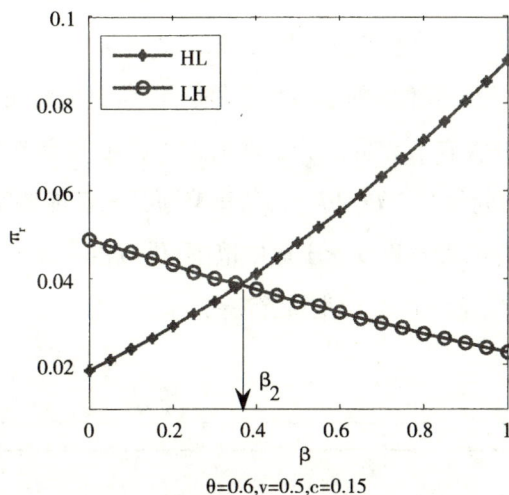

图 6-3 不同分销策略下实体店的利润水平

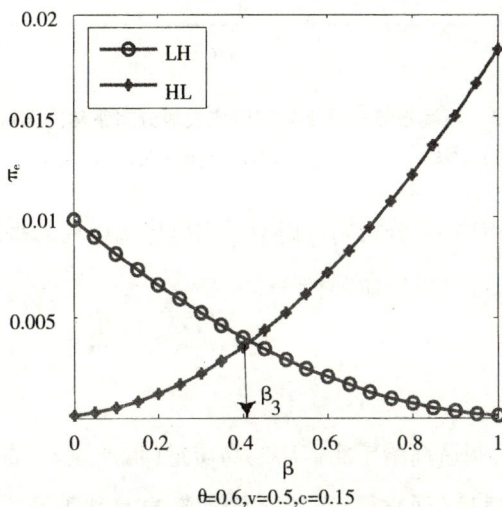

图 6-4 不同分销策略下电商的利润水平

命题 6-3 对于任意给定的 θ、v 和 c,分别有 $\beta_1 \in \beta^m$、$\beta_2 \in \beta^r$、$\beta_3 \in \beta^e$,当 $\beta \in (0, \beta_1)$ 时,制造商、实体店和电商都偏好 LH 销售策略;当 $\beta \in (\beta_1, \beta_2)$ 时,制造商偏好 HL 销售策略,而实体店和电商偏好 LH 销售策略;当 $\beta \in (\beta_2, \beta_3)$ 时,制造商和实体店偏好 HL 销售策略,而电商偏好 LH 销售策

略;当 $\beta \in (\beta_3, 1)$ 时,制造商、实体店和电商都偏好 *HL* 销售策略。

　　进一步通过数值仿真来更加清晰地描绘命题 6-3(如图 6-5 所示)。命题 6-3 和图 6-5 说明在不同的市场环境和条件下,供应链主体成员对于异质品分销策略的偏好存在着差异。若消费者对产品质量差异的敏感程度较小(较大),三者将共同偏好 *LH* (*HL*)销售策略而且三者能够实现多赢;若消费者对产品质量差异的敏感程度处于适中范围,供应链主体成员分别偏好不同的产品销售策略,三者可能会产生渠道冲突。

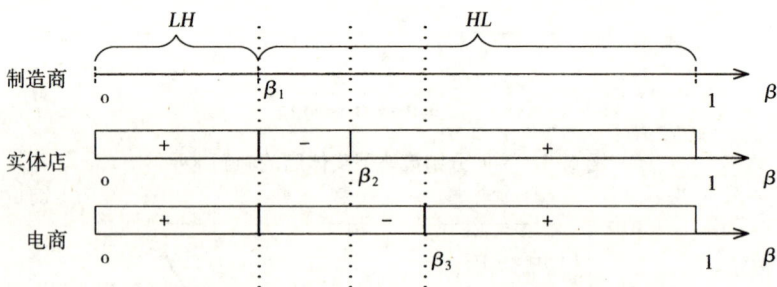

图 6-5　不同市场条件下供应链成员对分销策略的偏好

注:"+"表示供应链成员偏好策略一致;"-"表示供应链成员偏好策略不一致。

　　在不同的分销策略下,分析制造商给予实体店和电商的批发价、线上线下销售价格和销售量,可以得到命题 6-4:

　　命题 6-4 (1) $w_r^{h*} > w_e^{h*}$, $w_r^{l*} > w_e^{l*}$, $p_r^{h*} > p_e^{h*}$, $p_r^{l*} > p_e^{l*}$;(2) $D_r^{HL*} > D_e^{LH*}$, $D_e^{HL*} < D_r^{LH*}$ 。

　　命题 6-4 说明,制造商给予实体店的高质量(低质量)产品批发价格都要大于给予电商的高质量(低质量)产品批发价格,并且线下高质量(低质量)产品的销售量要大于线上高质量(低质量)产品的销售量,这也将进一步导致线下高质量(低质量)产品的销售价格大于线上高质量(低质量)产品的销售价格。这是由于相比于线上渠道,线下渠道具有购买体验的功能优势,消费者可以购买到合适的消费品来满足自身需求,线下渠道的销售量超过线上渠道,导致制造商为了获得更多的利润会提高实体店的产品批发价,因此实体店的销售价也会高于电商的产品销售价。这一结论也和现实情况相符,2017 年 6 月,中国消费者协会统计调查显示,从电商和实体店抽取的 62 对 124 个商品价格情况来看,多数同样商品线下样本价格明显高于线上样本价格。[①] 在不同的分销策略下,我们进一步分析消费者对产品质量差异的敏感程度因素对供应链主体成员利润水平的影响,可以得到命题 6-5:

命题 6-5 (1) 在 HL 策略下,有 $\dfrac{\partial \pi_m^{HL*}}{\partial \beta} > 0, \dfrac{\partial \pi_r^{HL*}}{\partial \beta} > 0, \dfrac{\partial \pi_e^{HL*}}{\partial \beta} < 0$ 成立;

(2) 在 LH 策略下,有 $\dfrac{\partial \pi_m^{LH*}}{\partial \beta} > 0, \dfrac{\partial \pi_r^{LH*}}{\partial \beta} < 0, \dfrac{\partial \pi_e^{LH*}}{\partial \beta} > 0$ 成立。

命题 6-5 说明,不管是在 HL 销售策略还是 LH 销售策略下,制造商的利润与消费者对产品质量差异的敏感程度因素正相关;而在 HL(LH)销售策略下,实体店(电商)的利润与消费者对产品质量差异敏感程度正相关。这意味着,当制造商在线上线下渠道销售不同类型的产品时,可以通过增大产品的质量差异程度来缓和渠道冲突,扩大产品市场的渗透率,覆盖到不同类型的消费者,从而提高利润水平。事实上,许多生产企业都是选择线上线下产品质量和类型差异化的销售措施。例如,长虹、创维等家电企业在线上供应的产品和与线下供应的产品相比就有质量和功能的区分,从而进一步缓解了渠道冲突。

在不同分销策略情形下,分析制造商从线上和线下渠道获得的利润比例,进一步阐释制造商偏好不同分销策略的机理,可以通过数值仿真得到图 6-6。分析发现,无论在 HL 销售策略还是 LH 销售策略下,制造商在线下渠道获得的利润比在线上渠道获得的利润要高。在 HL 销售策略下,制造商从线下(线上)渠道获得利润与消费者对产品质量差异敏感程度因素呈正(负)相关,而在 LH 销售策略下,制造商从线下(线上)渠道获得利润与消费者对产品质量差异敏感程度因素呈负(正)相关。若消费者对产品质量差异的敏感程度较

① 中国消费者协会:《部分商品线上线下质量、价格调查报告》,2017 年 6 月 28 日,见 http://www.cca.org.c n/jmxf/detail/27487. html。

小,消费者对产品销售价格相对敏感,由于电商渠道销售高质量产品的价格相对实体店销售价格要低,这会吸引市场中更多的潜在消费者去电商渠道购买高质量产品,而且制造商在实体店销售低质量产品获得的利润更多,因此制造商会偏好 *LH* 销售策略;若消费者的产品质量差异的敏感程度较大,消费者对产品价值相对敏感,由于实体店购物具有及时性、交互性和可感知性等优势,消费者倾向去实体店购买高质量产品,因此制造商在实体店销售高质量产品的利润水平增长幅度要大于在电商销售低质量产品的增长幅度,制造商偏好 *HL* 销售策略。

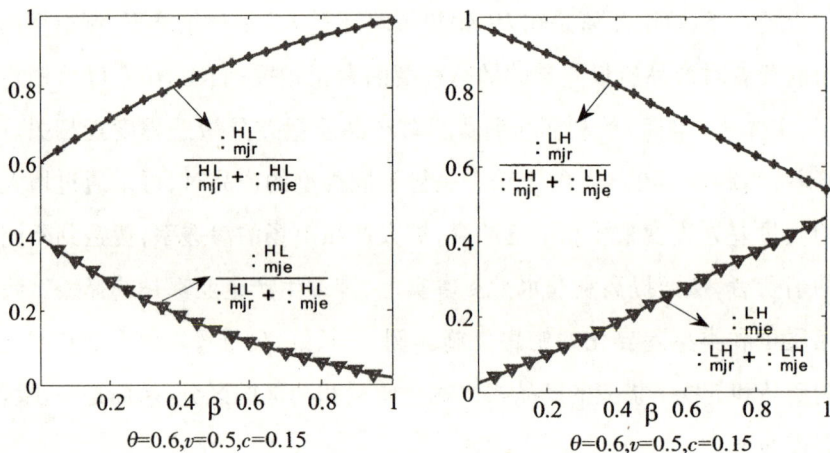

$\theta=0.6, v=0.5, c=0.15$　　　　　$\theta=0.6, v=0.5, c=0.15$

图 6-6　制造商在线下和线上销售渠道的利润比例

为了进一步分析差异化的销售策略对实体店和电商利润的影响,可以通过数值仿真得到图 6-7。与田和姜(Tian and Jiang)的做法一致,这里用利润占比(供应链成员的利润水平与供应链整体利润水平的比值)来表征供应链成员的渠道权力。[①] 图 6-7 说明,无论是在 *HL* 分销策略还是在 *LH* 分销策略情形下,相比于电商,实体店的渠道权力更大,这是因为线下渠道存在体验感知和及时配送服务优势,可以让市场中的消费者购买到满意的消费产品。在

---

① L. Tian,B. J. Jiang,"Effects of Consumer-to-consumer Product Sharing on Distribution Channel",*Production and Operations Management*,Vol.27,No.2,2017.

HL 策略下,实体店(电商)的利润占比与消费者产品质量差异的敏感程度因素正(负)相关;而在 LH 策略下,实体店(电商)的利润占比与消费者的产品质量差异敏感程度因素负(正)相关。若消费者对产品质量差异的敏感程度较小,实体店在 LH 销售策略下的渠道权力要大于在 HL 销售策略下的渠道权力,即实体店可以在 LH 销售策略情形下拥有较大的定价权力,获得更多销售利润,而且此时消费者对市场中产品的销售价格更加敏感,由于线上销售价格低于线下销售价格,消费者将更多地在线上渠道购买高质量产品,制造商、实体店和电商都偏好 LH 销售策略;若消费者对产品质量差异的敏感程度较大,实体店在 HL 销售策略下的渠道权力要大于在 LH 销售策略下的渠道权力,即实体店可以在 HL 策略下拥有较大的定价权力,获得更多利润,而且此时消费者对产品质量更加敏感,渠道权力优势较小的电商可以通过薄利多销策略来销售低质量产品,从而获得较大利润,制造商、实体店和电商都偏好 HL 销售策略。

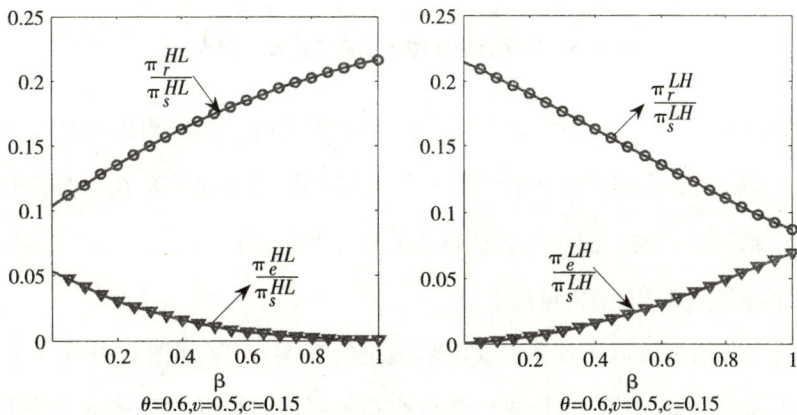

图 6-7 实体店和电商的利润占比

在制造商自己构建线上销售渠道的情形下,通过对比分析差异化销售策略情形下的制造商和实体店获得的利润,可以得到命题 6-6 和命题 6-7:

命题 6-6 对于任意给定的 θ、v 和 c,存在 $\beta_m = \{\beta \mid \pi_m^{HL*} = \pi_m^{LH*}, 0 < \beta < 1\}$, $\beta_r = \{\beta \mid \pi_r^{HL*} = \pi_r^{LH*}, 0 < \beta < 1\}$。存在 $\beta_4 \in \beta^m$,当 $\beta \in (0, \beta_4)$ 时,制

造商偏好 *LH* 销售策略；当 $\beta \in (\beta_5,1)$ 时，制造商偏好 *HL* 销售策略。存在 β_5 $\in \beta^r$，当 $\beta \in (0,\beta_5)$ 时，实体店偏好 *LH* 销售策略；当 $\beta \in (\beta_5,1)$ 时，实体店偏好 *HL* 销售策略。

进一步通过数值仿真来更加清晰地描绘命题 6-6（如图 6-8 所示）：

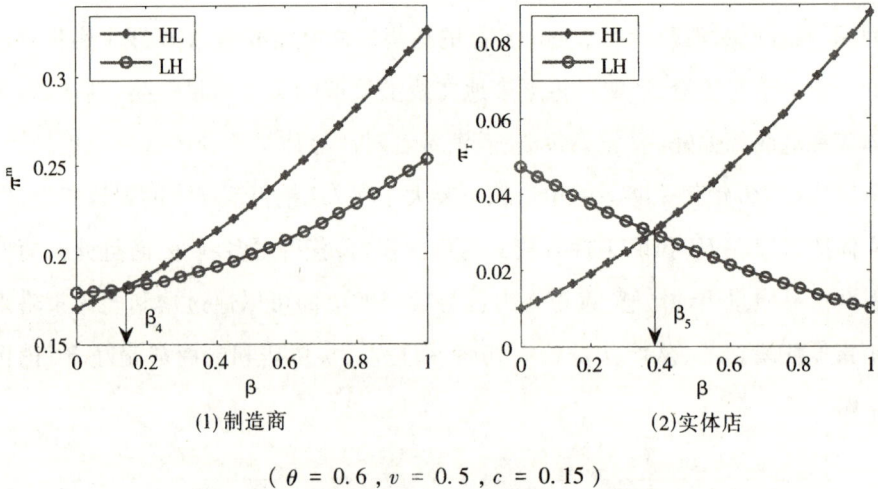

$$(\theta = 0.6 , v = 0.5 , c = 0.15)$$

图6-8　不同分销策略下供应链成员利润水平

命题 6-7　对于任意给定的 θ、v 和 c，分别存在 $\beta_4 \in \beta^m$ 和 $\beta_5 \in \beta^r$，当 $\beta \in (0,\beta_4)$ 时，制造商和实体店都偏好 *LH* 销售策略；当 $\beta \in (\beta_4,\beta_5)$ 时，制造商都偏好 *HL* 销售策略，而实体店偏好 *LH* 销售策略；当 $\beta \in (\beta_5,1)$ 时，制造商和实体店都偏好 *HL* 销售策略。

进一步通过数值仿真来更加清晰地描绘命题 6-7（如图 6-9 所示）。命题 6-6、命题 6-7、图 6-8 和图 6-9 说明在不同的市场环境和运营条件下，制造商和实体店对于异质品销售策略的偏好存在着差异。若消费者对产品质量差异的敏感程度较小（较大），制造商和实体店将共同偏好 *LH*（*HL*）销售策略，两者能够实现共赢；若消费者对产品质量差异的敏感程度处于适中范围，制造商和实体店偏好的销售策略存在差异，两者之间可能会产生渠道冲突。为了缓解线上线下的渠道冲突，制造商往往会积极选择异质品的销售策略。

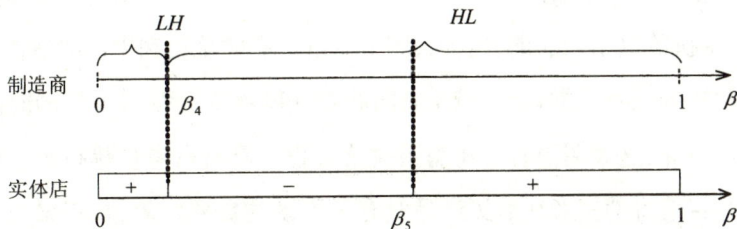

图 6-9　不同市场条件下供应链成员对分销策略的偏好

本节主要考察异质品销售策略的市场特征和运营条件,研究供应链主体成员对产品质量差异化销售策略的偏好机理,分析产品质量差异化的销售策略对供应链主体成员销售收益的影响。研究发现,若消费者对于产品质量差异化的敏感程度较小(较大),供应链成员都偏好线下销售低端(高端)产品,线上销售高端(低端)产品的销售策略;若消费者对于产品质量差异化的敏感程度处于适中范围,三者对于产品销售策略的偏好类型存在着差异并且会引发渠道冲突。

第二节　基于参照效应的渠道冲突分析及运作机制设计

一、问题描述

根据中国互联网络信息中心(CNNIC)发布的第 42 次中国互联网络发展状况统计报告显示,截至 2018 年 6 月,我国网络购物用户和使用网上支付的用户占总体网民的比例均为 71.0%,超过 50%的制造商已经通过网络渠道来销售产品。[①] 例如扬子空调与苏宁云商在 2017 年 12 月签订了 50 亿销售大单,由苏宁云商进行线上转销。在网店与实体店并存的情况下,消费者的消费习惯和生活方式正在发生着改变。例如,消费者在网上购买衣物时,为了确保

---

① 国家互联网信息办公室:《第 42 次中国互联网络发展状况统计报告》,2019 年 8 月 5 日,见 http://www.cac.gov.cn/2018-08/20/c_1123296882.htm。

买到适合自己的款式或尺寸,他们会去实体店进行试穿;消费者在实体店购买像电脑、手机等电子产品前,也会去网上了解产品的价格和用户的评价。尼尔森公司公布的调查数据显示,72%的网购者在购物前会花费大量的时间进行反复对比研究,这表明消费者在购买决策过程中具有参考依赖行为。网店与实体店并存使得消费者在购买产品时有了更多的参照对象,在双渠道供应链中参照效应会产生新的变化。另外,产品的同质化和信息的透明化越来越严重,简单的价格竞争已经无法适应激烈的竞争环境。为了满足消费者的需求,实体店和网店利用自身优势,正在不断提高和完善自身服务水平。在网店与实体店服务的刺激下,参照效应也会出现新的变化。

　　个体在进行决策时依据的不是比较拟选方案中各种可能结果的绝对效用值大小,而是以某个既存的心理中立基点(即参照点)为基准,把决策结果理解为实际损益量与心理参照点的偏离方向和程度。参照效应通常可以分为内部参照效应(IRE)和外部参照效应(ERE)。[1] 内部参照效应是指消费者将产品的历史信息作为参照点,例如产品的销售价格及预期、产品的质量等。[2] 外部参照效应是指消费者将其他类似产品的当前信息作为参照点,例如购买竞争产品所获得的效用、竞争产品的销售价格等。[3] 由于参照效应的存在,消费者在购买过程中会形成参照点,并将产品的感知结果与参照点进行比较,从而形成心理上的收益或损失。由于消费者对损失的感知更为敏感,因此当收益与损失的概率相同时,消费者在购买时更倾向于规避损失。为了尽可能扩大

　　① S. N. Kirshner, L. Shao, "Internal and External Reference Effects in a Two-tier Supply Chain", *European Journal of Operational Research*, Vol.267, No.3, 2018.

　　② X. Chen, P. Hu, Z. Y. Hu, "Efficient Algorithms for the Dynamic Pricing Problem with Reference Price Effect", *Management Science*, Vol.63, No.12, 2017. G. W. Liu, S. P. Sethi, J. X. Zhang, "Myopic vs Far-sighted Behaviours in a Revenue Sharing Supply Chain with Reference Quality Effect", *International Journal of Production Research*, Vol.54, No.5, 2016.

　　③ Z. F. Hong, H. Wang, Y. G. Yu, "Green Product Pricing with Non-green Product Reference", *Transportation Research Part E: Logistics and Transportation Review*, Vol.115, 2018. J. D. Zhou, "Reference Dependence and Market Competition", *Journal of Economics & Management Strategy*, Vol.20, No.4, 2011.

产品市场覆盖面,制造商在通过电商平台开展线上销售的同时,往往还与实体店合作进行线下销售。消费者已经不再单纯采用单一的线上或线下的购物方式,而是根据自己的需求,选择最适合他们的方式。因此,消费者将通过比较线上线下不同渠道的购物效用来确定最优的购买决策。当从某一渠道获得的效用高于另一渠道获得的效用时,消费者会感到物有所值,提高在该渠道的购买意愿;反之,则会觉得物非所值,降低在该渠道的购买意愿。因此,消费者的参照效应将导致渠道间的竞争变得更加复杂,从而影响制造商的线上销售模式选择策略。

那么,考虑到消费者进行购买决策时具有的参照效应,制造商应该如何选择合理的线上销售模式来实现自身利润最大化? 哪些市场因素将影响线上销售模式选择? 当制造商选择不同的线上销售模式时,供应链成员应该如何进行最优定价,实体店应该如何确定最优服务水平? 本节对于上述问题的探索将为线上线下渠道更好地实现融合发展提供决策借鉴。

二、模型构建

本节研究由一个制造商、一个实体店和一个电商组成的双渠道供应链,线上线下出售同质产品。在线下渠道,制造商先以批发价 w_r 将产品批发给实体店,实体店再以零售价 p_r 出售给消费者;同时,为了与电商展开竞争,实体店还向消费者提供差异化服务 s(例如,北京西单大悦城、凯德购物中心、蓝色港湾等大卖场通过建设停车场智能系统提升购买体验,香奈儿专卖店在日本东京表参道设快闪店可可咖啡来吸引客户等)。假设实体店为消费者提供差异化服务所产生的成本为 $0, k (k > 0)$ 为服务成本系数。

当线上为转销模式时,电商先以批发价 w_e 从制造商处购买产品,再以零售价 p_e 出售给消费者(如图 6-10 所示);当线上为代销模式时,制造商通过电商平台直接将产品以零售价 p_e 出售给消费者,并按照销售收入比例 τ(0 < τ < 1)向电商支付佣金(如图 6-11 所示)。

消费者从线下渠道购买产品所获得的价值为 V, V 服从 [0,1] 区间的均

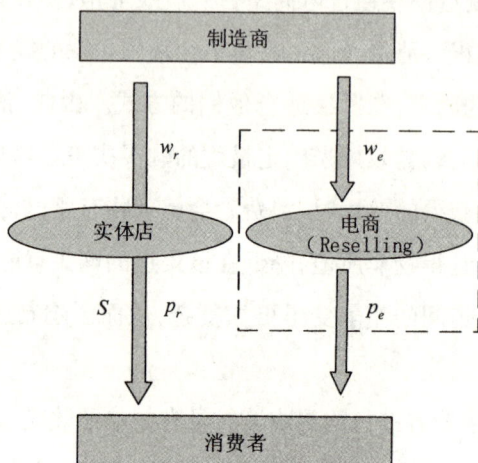

图 6-10　线上转销模式

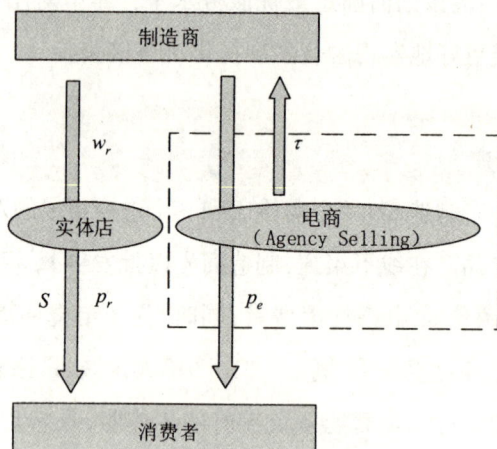

图 6-11　线上代销模式

匀分布;消费者在线上往往无法准确感知产品的质量水平、适合程度等特征,
因此消费者从线上渠道购物所获得的价值为 αV , α ($0 < \alpha < 1$)表示消费者
对线上销售产品的认可程度。$U_e = \alpha V - p_e$ 表示消费者从线上渠道购买产品所
得到的效用水平, $U_r = V - p_r$ 表示消费者从线下渠道购买产品所得到的效用
水平, β ($0 < \beta < 1$)为消费者在线下购物时的参照效应感知系数。此外,实

体店的线下服务将给消费者带来额外购物体验 us，其中 $u(u > 0)$ 为消费者对线下服务的敏感程度。因此，消费者从线上渠道和线下渠道购买产品所获得的实际效用 U_e、U_r 分别为：

$$U_e = \alpha V - p_e \qquad (6-27)$$

$$U_r = V - p_r + us - \beta(U_e - U_r) \qquad (6-28)$$

消费者通过比较 $\max\{U_r, U_e, 0\}$ 来决定产品的购买渠道。当 $U_r > \max\{U_e, 0\}$ 时，消费者选择在线下渠道购买产品；当 $U_e > \max\{U_r, 0\}$ 时，消费者选择在线上渠道购买产品；当 $U_r = U_e \geqslant 0$ 时，消费者选择在任一渠道购买产品；当 $U_r, U_e < 0$ 时，消费者放弃购买产品。

本节分析线上线下均存在需求的情形，因此线下渠道和线上渠道的需求函数分别为：

$$\begin{cases} D_r = 1 - \dfrac{(1 + \beta)(p_r - p_e) - us}{(1 + \beta)(1 - \alpha)} \\[3mm] D_e = \dfrac{(1 + \beta)(p_r - p_e) - us}{(1 + \beta)(1 - \alpha)} - \dfrac{p_e}{\alpha} \\[3mm] \text{s.t.} \, p_r - (1 - \alpha) - \dfrac{us}{1 + \beta} < p_e < \alpha p_r - \dfrac{\alpha us}{1 + \beta} \end{cases} \qquad (6-29)$$

上标" R "表示线上转销模式，" A "表示线上代销模式；下标" m "" r "" e "分别表示制造商、实体店和电商；上标" $*$ "表示最优决策量。

三、结果分析

（一）制造商选择线上转销模式

制造商、实体店和电商的利润函数分别为：

$$\pi_m^R = w_e D_e + w_r D_r \qquad (6-30)$$

$$\pi_r^R = (p_r - w_r) D_r - \frac{1}{2} ks^2 \qquad (6-31)$$

$$\pi_e^R = (p_e - w_e) D_e \qquad (6-32)$$

供应链各成员的博弈顺序为：首先，制造商同时确定电商和实体店的批发

价格 w_e^R 和 w_r^R；随后，电商确定线上零售价 p_e^R，实体店同时确定线下零售价 p_r^R 和服务水平 s^R。我们运用逆序归纳法来分析上述博弈过程，可以得到制造商给予实体店和电商的最优批发价格、实体店和电商销售价格以及实体店最优服务水平分别为：

$$w_e^{R*} = \frac{\alpha}{2} \tag{6-33}$$

$$w_r^{R*} = \frac{1}{2} \tag{6-34}$$

$$p_e^{R*} = \frac{\alpha[k(1+\beta)^2(5-7\alpha+2\alpha^2) - \mu^2(3-2\alpha)]}{2[k(1+\beta)^2(1-\alpha)(4-\alpha) - \mu^2(2-\alpha)]} \tag{6-35}$$

$$p_r^{R*} = \frac{(2-\alpha)[3k(1+\beta)^2(1-\alpha) - \mu^2]}{2[k(1+\beta)^2(1-\alpha)(4-\alpha) - \mu^2(2-\alpha)]} \tag{6-36}$$

$$s^{R*} = \frac{\mu(1+\beta)(1-\alpha)}{k(1+\beta)^2(1-\alpha)(4-\alpha) - \mu^2(2-\alpha)} \tag{6-37}$$

（二）制造商选择线上代销模式

制造商、实体店和电商的利润函数分别为：

$$\pi_m^A = (1-\tau)p_e D_e + w_r D_r \tag{6-38}$$

$$\pi_r^A = (p_r - w_r)D_r - \frac{1}{2}ks^2 \tag{6-39}$$

$$\pi_e^A = \tau p_e D_e \tag{6-40}$$

供应链各成员的博弈顺序为：首先，制造商同时确定实体店的批发价格 w_r^A 和线上零售价格 p_e^A；随后，实体店确定线下零售价格 p_r^A 和服务水平 s^A。同理，可以得到制造商给予实体店的最优批发价、实体店和制造商线上渠道销售价格以及实体店最优服务水平分别为：

$$w_r^{A*} = \frac{(1-\tau)[k(1+\beta)^2(1-\alpha)(4-\alpha\tau) - \mu^2(2-\alpha\tau)]}{k(1+\beta)^2[8(1-\tau)(1-\alpha) - \alpha\tau^2] - 4\mu^2(1-\tau)} \tag{6-41}$$

$$p_r^{A*} = \frac{(1-\tau)[2k(1+\beta)^2(1-\alpha)(3-\alpha) - \mu^2(2-\alpha\tau)]}{k(1+\beta)^2[8(1-\tau)(1-\alpha) - \alpha\tau^2] - 4\mu^2(1-\tau)} \tag{6-42}$$

$$p_e^{A*} = \frac{\alpha[k(1+\beta)^2(1-\alpha)(4-3\tau) - 2\mu^2(1-\tau)]}{k(1+\beta)^2[8(1-\tau)(1-\alpha) - \alpha\tau^2] - 4\mu^2(1-\tau)} \quad (6-43)$$

$$s^{A*} = \frac{\mu(1+\beta)(1-\tau)[2(1-\alpha) + \alpha\tau]}{k(1+\beta)^2[8(1-\tau)(1-\alpha) - \alpha\tau^2] - 4\mu^2(1-\tau)} \quad (6-44)$$

为了使研究有意义,结果讨论和分析是在线上转销模式和代销模式都可行(线上线下的需求均大于0)的前提下进行的。

比较分析不同渠道的零售价,可以得到命题6-8:

命题6-8 $p_r^{R*} > p_e^{R*}$,$p_r^{A*} > p_e^{A*}$。

命题6-8说明,无论制造商在线上选择转销模式还是代销模式,线下销售价格始终高于线上销售价格。这是因为,一方面,由于消费者在线下购物时会将线上购物获得的效用水平作为参照点,那么降低线上销售价格能让消费者在线上购物时避免产生价格维度的损失厌恶。另一方面,线下实体店利用差异化服务来和线上电商竞争,必然会增加自身的运营成本,从而需要通过提高价格来弥补成本支出。而电商的运营成本相对较低,因此往往具有价格优势。这一发现也和现实情况相符,艾瑞公司的调查数据表明,与实体店相比,电商能够节省60%的运输成本和30%的运输时间,降低55%的营销成本和47%的渠道成本,因此线上销售价格较低。

在线上渠道为转销模式和代销模式下,分析实体店和电商最优销售价格与消费者的参照效应感知系数关系,可以得到 $\frac{\partial p_r^{R*}}{\partial \beta} < 0$,$\frac{\partial p_e^{R*}}{\partial \beta} > 0$；$\frac{\partial p_r^{A*}}{\partial \beta} < 0$,$\frac{\partial p_e^{A*}}{\partial \beta} < 0$。

这说明,无论制造商在线上选择转销模式还是代销模式,线下销售价格始终与消费者的参照效应感知系数负相关。而线上销售价格与消费者参照效应的关系受到制造商线上渠道模式选择的影响,当线上为转销模式时,线上销售价格随着消费者的参照效应感知系数的增大而增大;而当线上为代销模式时,线上销售价格消费者的参照效应感知系数的增大而减小。这是因为,消费者参照效应的存在将加剧渠道间竞争的激烈程度,制造商在选择不同的线上渠道销售模式时,需要在高边际利润低需求和低边际利润高需求之间进行权衡。当线上为转销模式时,制造商和实体店、电商之间的交易均存在双重边际效应,并且随着消费者的参照感知系数的不断增大,线上渠道和线下渠道的竞争程度不断加剧。实体店有动力通过提供差异化服务和降低价格来获得更多的消费需求,而电商在同时面对实体店的薄利多销策略和激烈的渠道间竞争时,只能通过适当提价来弥补由于需求减少而导致的利润水平降低。当线上为代销模式时,消费者的参照效应会加剧渠道之间的竞争,拥有线上定价权的制造商将通过适当降价来获得更多的消费需求,而实体店在同时面对线上降价销售策略和双重边际效应时,也需要采用降价销售策略来提升线下渠道的消费需求,从而弥补自身的利润损失。

进一步分析实体店和电商销售价格差额与消费者的参照效应感知系数关系,可以得到:(1) $\dfrac{\partial \Delta p^R}{\partial \beta} < 0$;(2)当 $0 < \tau < \hat{\tau}$ 时,$\dfrac{\partial \Delta p^A}{\partial \beta} < 0$;当 $\hat{\tau} < \tau < 1$ 时,$\dfrac{\partial \Delta p^A}{\partial \beta} > 0$。在这里,$\Delta p^R = p_r^{R*} - p_e^{R*}$,$\Delta p^A = p_r^{A*} - p_e^{A*}$,$\hat{\tau} = \dfrac{2(\alpha - 1 + \sqrt{1-\alpha})}{\alpha}$。

这说明,当制造商在线上选择转销模式时,随着消费者的参照效应感知系数增大,线下和线上的销售价格差额会逐渐缩小。这意味着,消费者参照效应的增大会导致渠道间的销售价格趋同,线上线下的竞争程度更加激烈。当制造商在线上选择代销模式时,若电商佣金比例较低,那么随着消费者的参照效应感知系数增大,线下和线上销售价格差额会逐渐缩小,渠道间的竞争将变得更加激烈;若电商佣金比例较高,那么随着消费者的参照效应感知系数增大,线下和线上的销售价格差额会逐渐扩大,渠道间的竞争程度将相对减弱。这是因为,当电商佣金比例较低时,制造商通过线上渠道销售产品能获得较高比例的销售收入,因此更倾向于通过线上渠道销售产品,采用降低价格提升需求的方式与实体店竞争,从而导致渠道之间竞争程度加剧。当电商佣金比例较高时,制造商更倾向于通过线下渠道销售产品,并且愿意以较低的批发价将产品出售给实体店,因此实体店能够将更多资金投入到提高服务水平上,从而降低渠道间的竞争激烈程度。

比较分析实体店服务水平,可以得到命题6-9:

命题6-9　当 $\alpha \in (0,\hat{\alpha}]$ 时, $s^{A^*} \geqslant s^{R^*}$;当 $\alpha \in (\hat{\alpha},1)$ 时, $s^{A^*} < s^{R^*}$ 。其中 $\hat{\alpha} = \dfrac{2 - 6\tau + 3\tau^2}{2 - 3\tau + \tau^2}$ 。

命题6-9说明,线上渠道销售模式的变化将会对实体店服务水平产生影响。当消费者对于线上销售产品的认可程度较低时,实体店在线上为代销模式情形下会提供更高的服务水平;而当消费者对于线上销售产品的认可程度较高时,实体店在线上为转销模式情形下会提供更高的服务水平。这是因为,当消费者对线上销售产品的认可程度较低时,若线上为代销模式,制造商可以通过降低线上渠道的产品价格来吸引消费者。为了应对线上渠道的价格竞争,实体店需要通过提高服务水平来吸引消费者,此时的服务水平将高于线上为转销模式的情形。而当消费者对线上销售产品的认可程度较高时,若线上为代销模式,制造商不需要通过降低产品价格来刺激线上渠道的销售需求,实体店面临的渠道间竞争程度较小,无须投入资金来提高服务水平,此时的服务水平将低于线上为转销模式时的情形。

进一步分析实体店提供的最优服务水平,可以得到: $\dfrac{\partial s^{R^*}}{\partial \beta} < 0$; $\dfrac{\partial s^{A^*}}{\partial \beta} < 0$ 。这说明无论线上为转销模式还是代销模式,实体店服务水平始终与消费者的参照效应感知系数负相关。

这是因为,一方面,随着消费者参照效应感知系数的增加,渠道之间的竞争程度加剧,线下销售价格降低导致的需求增加幅度大于服务水平降低导致的需求降低幅度,从而能够弥补实体店一部分利润损失。另一方面,随着消费者参照效应感知系数的降低,消费者对于线上线下产品本身的效用差异关注度减弱,此时实体店只能通过提高服务水平来提升消费者的购物体验并与电商开展竞争。2017年9月发布的《中国购物中心新价值白皮书》显示,全国实体购物中心的面积大幅增长,2016年全国购物中心面积达到3.6亿平方米,与 2015 年 3.08 亿平方米相比增加了 16.8%。娱乐、个人服务和餐饮在购物中心的营业额占比中不断增大,新体验型业态客流和消费迅速增长,购物中心可以提供购物中心内一站式享受吃喝玩乐,为消费者提供更好的购物体验,从而与线上电商进行差异化竞争。

在满足线上线下需求均为正的约束条件下,利用数值仿真来刻画制造商的线上渠道模式选择逻辑(如图 6-12 所示)。在实际的运作中,电商平台对不同商品收取的佣金比例往往在一定范围之内。例如,亚马逊电商平台对不同类别的商品按照其销售金额收取 6%—25% 的佣金费用,而京东电商平台则对商品收取 5%—12% 的佣金费用。因此,将电商平台收取的佣金比例设定在 0—25% 之间,其他参数取值为: $\alpha = 0.8$, $k = 0.15$, $\mu = 0.2$。

分析图 6-12 可以发现,消费者参照效应和电商佣金比例将综合影响制造商的线上销售模式选择。当消费者参照效应感知系数较小($0 < \beta < \beta'$)时,若电商佣金比例较低或较高时,制造商在线上将选择代销模式;若电商佣金比例处于适中范围,制造商在线上将选择转销模式。当消费者的参照效应感知系数较大($\beta' < \beta < 1$)时,若电商的佣金比例较低,制造商在线上将选择代销模式;若电商的佣金比例较高,制造商在线上将选择转销模式。这是因为,在进行线上销售模式选择时,制造商会权衡渠道间竞争程度和双重边际效应之间的大小关系。若渠道竞争导致的负效应更为显著,制造商会倾向于选择转销模式来缓解渠道间的竞争,从而降低占主导地位的渠道竞争负效应;若转销模式存在的双重边际效应更为显著,制造商则会倾向于选择代销模式,通过向电商支付一定比例的佣金费用来避免双重边际效应。

进一步分析制造商利润水平和消费者的参照效应感知系数之间的关系,可以得到图 6-13。分析发现,无论线上为转销模式还是代销模式,制造商利润水平始终与消费者的参照效应感知系数负相关。这意味着,消费者参照效应的增强将使线上线下的渠道竞争变得更加激烈,制造商通过线上销售模式的选择来提高自身利润的空间变小,从而导致制造商利润水平下降。

同理,我们利用数值仿真来分析实体店的线上销售模式偏好(如图 6-14

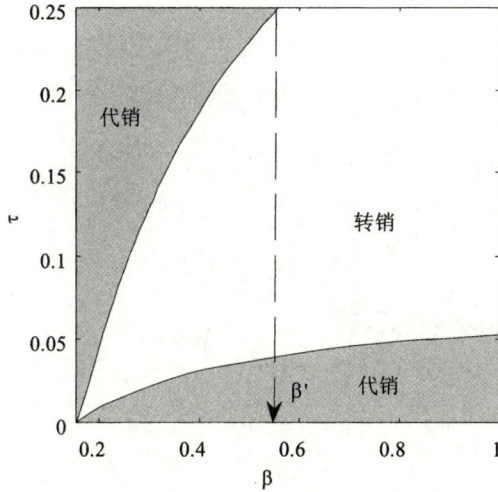

图 6-12　制造商的线上销售模式选择

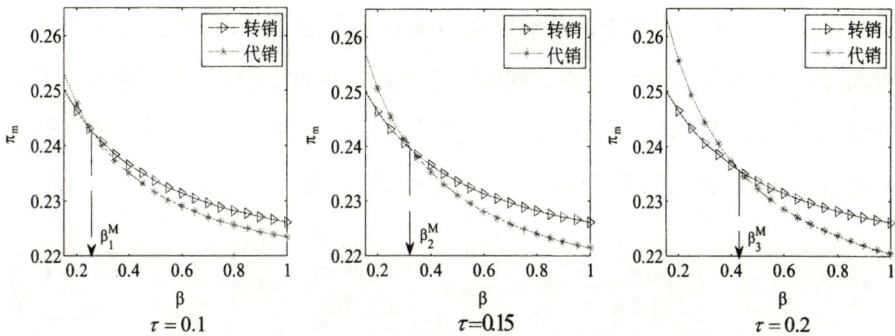

图 6-13　制造商利润水平随消费者的参照效应系数的变化趋势

所示）。分析发现，当电商的佣金比例较高时（$\tau > \tau'$），实体店始终偏好线上渠道代销模式。而当电商的佣金比例较低时（$\tau < \tau'$），消费者的参照效应和电商的佣金比例将综合影响实体店的线上渠道销售模式偏好，随着消费者的参照效应感知系数不断增大，实体店对线上渠道销售模式的偏好从代销模式转变为转销模式。

　　进一步分析实体店利润水平和消费者的参照效应感知系数之间的关系，可以得到图 6-15。分析发现，无论线上为转销模式还是代销模式，实体店利

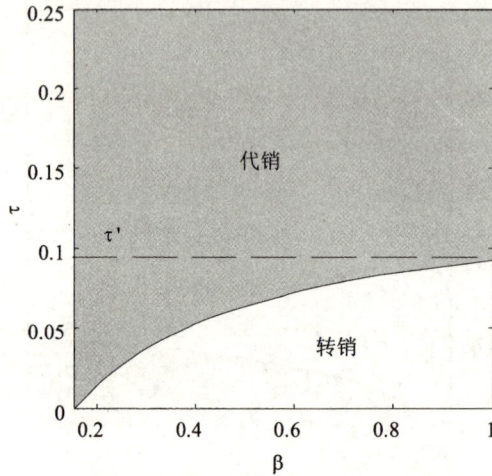

图6-14　实体店的线上销售模式偏好

润水平始终与消费者的参照效应感知系数负相关。这意味着，消费者参照效应的增强将使线上线下渠道的价格竞争变得更加激烈，实体店通过降价来与电商开展竞争，从而导致实体店利润水平下降。因此，实体店需要考察消费者的参照效应强度来确定线下销售价格和服务水平。事实上，实体店通过弱化消费者对效用"损失"或"收益"的敏感程度，可以提升利润水平。

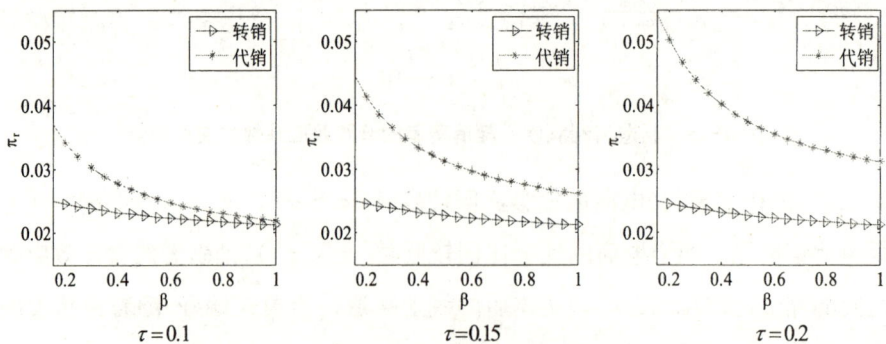

图6-15　实体店利润水平随消费者的参照效应系数的变化趋势

综合分析图6-12和图6-14，可以得到制造商线上销售模式选择和实体店线上销售模式偏好的关系（如图6-16所示）。其中，*MARA* 表示制造商选择代销模式,实体店也偏好代销模式; *MRRR* 表示制造商选择转销模式,实体店也偏好转销模式; *MRRA* 表示制造商选择转销模式,而实体店偏好代销模式; *MARR* 表示制造商选择代销模式,而实体店偏好转销模式。分析可以得到:在不同的市场条件下,制造商线上渠道销售模式选择和实体店线上渠道销售模式偏好可能相互一致,从而实现共赢,也可能存在差异,从而导致冲突。因此,在开辟线上销售渠道时,制造商如果能够综合考虑实体店对线上销售模式的偏好,可以有效缓解制造商和实体店之间的矛盾,更好地实现线上线下的融合发展。

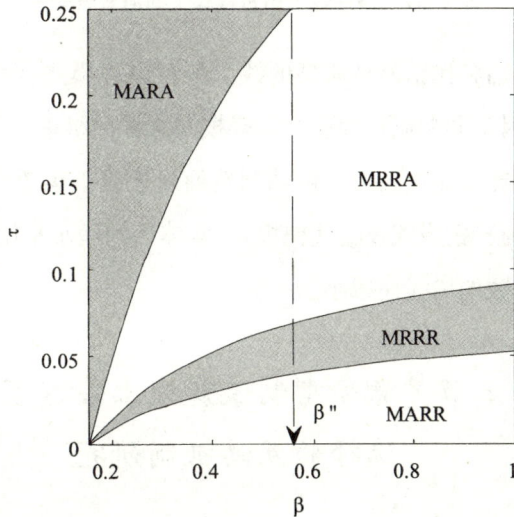

图 6-16　制造商线上销售模式选择和实体店线上销售模式偏好的关系

利用数值仿真来比较不同线上销售模式下的消费者剩余(如图 6-17 所示)。分析发现,当消费者的参照效应感知系数较小时,如果制造商在线上选择转销模式,此时消费者剩余较大,消费者可以获得更高的福利水平;当消费者的参照效应感知系数较大时,如果制造商在线上选择代销模式,此时消费者剩余较大,消费者可以获得更高的福利水平。这说明,一方面,消费者参照效应的增强将使线上线下渠道竞争变得更加激烈,这能够给消费者带来更多的利益;另一方面,与转销模式相比,代销模式不存在双重边际效应,线上销售价格相对较低,这使得消费者在代销模式下更为有利。

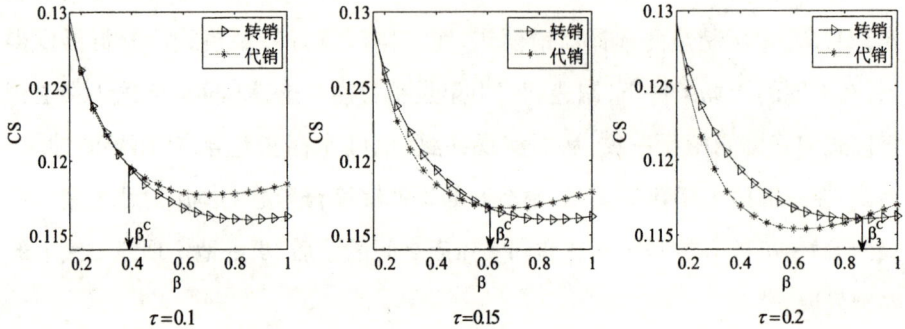

图 6-17　不同线上销售模式下的消费者剩余

　　本节针对转销和代销两种典型的线上渠道销售模式,考察消费者参照效应、渠道竞争等因素影响制造商线上销售模式选择的机理。研究发现,消费者参照效应和电商佣金比例将综合影响制造商对于线上渠道销售模式的选择。此外,无论线上为转销模式还是代销模式,实体店利润水平始终随着消费者的参照效应感知系数的增大而减小。

第三节　竞争型制造商线上渠道模式选择的互动机制研究

一、问题描述

　　伴随着互联网信息化水平的提升以及智能设备应用的扩展,制造企业和零售企业的线上渠道竞争也日趋激烈。在价格竞争方面,亚马逊会持续监控竞争电商的商品价格,以查看同一产品是否会出现更低的销售价格。当亚马逊发现某一产品销售价格在竞争电商更便宜时,亚马逊会提醒该产品企业提高在竞争电商的销售价格。在产品竞争层面,2017 年 2 月,华为发布荣耀 V9 手机,市场销售价格较高。2017 年 4 月,竞争对手小米发布与荣耀 V9 产品定位相似的小米 6 手机,这对荣耀 V9 手机的销售形成一定冲击,迫使华为下调荣耀 V9 手机的销售价格。在渠道竞争方面,三星公司在 2015 年同好乐买电商达成战略合作协议,进一步拓展线上销售渠道,由好乐买电商销售公司全系列产品。而竞争制造商小米公司则在 2016 年分别与天猫和京东电商合作,入驻电商平台开设网络旗舰店来销售产品。

面对日趋复杂的市场环境,制造商如何构建最优的线上渠道运营策略已经受到研究学者的广泛关注。艾莉亚等(Arya et al.)以零售商的销售成本和制造商的生产成本为研究切入点,探讨了制造商的线上渠道策略选择问题。研究发现,随着零售商销售成本和制造商生产成本的降低,制造商开辟线上渠道的可能性增加,且当这两个成本参数低于某阈值时,引入线上渠道能够提高供应链整体的运作效率。① 邓尼思等(Dennis et al.)研究了不同的权力主导结构对于制造商选择线上渠道模式(转销/代销)的影响,研究发现当制造商在零售端层面占主导地位时,选择线上代销模式对制造商和电商都是有利的。② 弋等(Yi et al.)探究了消费者公平关切行为对制造商分销模式策略的影响问题。研究发现若消费者公平关切程度较大,制造商会理性采用转销模式;若消费者公平关切程度较小,制造商会理性采用直销模式以获得较大收益。③

那么,市场上存在着线上竞争对手时,制造商如何理性选取最优的线上渠道模式策略?不同的线上渠道模式将如何影响供应链的定价决策?在何种条件下竞争型制造商的渠道策略选择会达到均衡状态,进而调节渠道冲突,实现互惠共赢?本节将对上述问题进行研究,努力为制造商在竞争环境下选择最优线上模式提供决策参考。

---

① A. Arya,B. Mittendorf,D. E. M. Sappington,"The Bright Side of Supplier Encroachment", *Marketing Science*,Vol.26,No.5,2007.

② Z. Y. Dennis,T. Cheong,D. Sun,"Impact of Supply Chain Power and Drop-shipping on a Manufacturer's Optimal Distribution Channel Strategy",*European Journal of Operational Research*,Vol. 259,No.2,2017.

③ Z. L. Yi,Y. L. Wang,Y. Liu,Y. J. Chen,"The Impact of Consumer Fairness Seeking on Distribution Channel Selection:Direct Selling vs. Agent Selling",*Production and Operations Management*, Vol.27,No.6,2018.

二、模型构建

本节研究对象是由两个竞争制造商和各自专属销售渠道的电商所构成的双渠道供应链。假设两个竞争性的制造商(M_1 和 M_2)在各自线上渠道(E_1 和 E_2)销售产品(产品 1 和产品 2),产品 1 和产品 2 具有可替代性。线上渠道销售模式有转销和代销两种类型。因此,两个制造商的线上渠道选择策略有以下四种情形(如图 6-18 所示):

(1) RR 策略:制造商 1 和制造商 2 都选择转销模式。首先,制造商 1 和制造商 2 分别给电商 1 和电商 2 制定批发价 w_1 和 w_2;然后电商 1 和电商 2 分别制定销售价 p_1 和 p_2。

(2) RA 策略:制造商 1 选择转销模式,而制造商 2 选择代销模式。首先,制造商 1 给电商 1 制定批发价 w_1;然后,电商 1 和制造商 2 分别制定销售价 p_1 和 p_2。

(3) AR 策略:制造商 1 选择代销模式,而制造商 2 选择转销模式。首先,制造商 2 给电商 2 制定批发价 w_2;然后,制造商 1 和电商 2 分别制定销售价 p_1 和 p_2。

(4) AA 策略:制造商 1 和制造商 2 都选择代销模式。制造商 1 和制造商 2 分别制定销售价 p_1 和 p_2。

参考库马和阮(Kumar and Ruan)的模型假设,假定制造商的生产成本和线上渠道销售产品的成本都为 0。[①] 不失一般性,假设市场中总的消费群体为 1。因此,产品 1 和产品 2 的需求函数分别为:

$$D_1^j = \theta - p_1^j + \gamma p_2^j \qquad (6\text{-}45)$$

$$D_2^j = 1 - \theta - p_2^j + \gamma p_1^j \qquad (6\text{-}46)$$

其中,θ 表示偏好产品 1 的潜在消费者比例,$1 - \theta$ 表示偏好产品 2 的潜在消费者比例,γ($0 < \gamma < 1$)表示产品的可替代性程度,γ 越大表明渠道间

---

① N. Kumar, R. R. Ruan, "On Manufacturers Complementing the Traditional Retail Channel with a Direct Online Channel", *Marketing and Economics*, Vol.4, No.3, 2006.

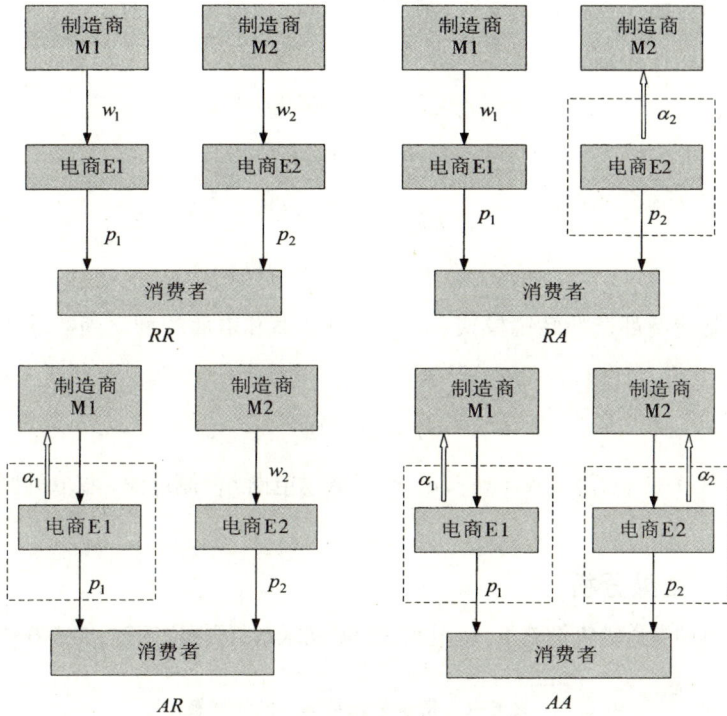

图 6-18　制造商分销策略选择

的竞争越激烈, $j \in \{RR, RA, AR, AA\}$ 。

当制造商 1 和制造商 2 都选择转销模式(RR)时,制造商和电商的利润函数分别为:

$$\pi_{M_i}^{RR} = w_i^{RR} D_i^{RR} \tag{6-47}$$

$$\pi_{E_i}^{RR} = (p_i^{RR} - w_i^{RR}) D_i^{RR} \tag{6-48}$$

当制造商 1 选择转销模式,制造商 2 选择代销模式(RA)时,制造商和电商的利润函数分别为:

$$\pi_{M_1}^{RA} = w_1^{RA} D_1^{RA} \tag{6-49}$$

$$\pi_{M_2}^{RA} = (1 - \alpha_2) p_2^{RA} D_2^{RA} \tag{6-50}$$

$$\pi_{E_1}^{RA} = (p_1^{RA} - w_1^{RA}) D_1^{RA} \tag{6-51}$$

$$\pi_{E_2}^{RA} = \alpha_2 p_2^{RA} D_2^{RA} \tag{6-52}$$

当制造商 1 选择代销模式，制造商 2 选择转销模式（AR）时，制造商和电商的利润函数分别为：

$$\pi_{M_1}^{AR} = (1 - \alpha_1)\, p_1^{AR} D_1^{AR} \tag{6-53}$$

$$\pi_{M_2}^{AR} = w_2^{AR} D_2^{AR} \tag{6-54}$$

$$\pi_{E_1}^{AR} = \alpha_1 p_1^{AR} D_1^{AR} \tag{6-55}$$

$$\pi_{E_2}^{AR} = (p_2^{AR} - w_2^{AR})\, D_2^{AR} \tag{6-56}$$

当制造商都选择转销模式（AA）时，制造商和电商的利润函数分别为：

$$\pi_{M_i}^{AA} = (1 - \alpha_i)\, p_i^{AA} D_i^{AA} \tag{6-57}$$

$$\pi_{E_i}^{AA} = \alpha_i p_i^{AA} D_i^{AA} \tag{6-58}$$

其中，$i \in \{1,2\}$，α_i（$0 < \alpha_i < 1$）表示电商 i 向制造商 i 收取的佣金比例。

三、结果分析

在每种渠道销售策略下，运用逆序归纳法求解，可得均衡解，如表 6-1 所示。

表 6-1　　每种分销策略下的均衡解

均衡解	分销策略			
	RR	**RA**	**AR**	**AA**
w_1	$\dfrac{A_1}{H}$	$\dfrac{A_3}{4 - 2\gamma^2}$	—	—
w_2	$\dfrac{A_2}{H}$	—	$\dfrac{A_4}{4 - 2\gamma^2}$	—
p_1	$\dfrac{2(3 - \gamma^2)\, A_1}{(4 - \gamma^2)\, H}$	$\dfrac{(3 - \gamma^2)\, A_3}{(2 - \gamma^2)\,(4 - \gamma^2)}$	$\dfrac{A_1}{2(2 - \gamma^2)\,(4 - \gamma^2)}$	$\dfrac{A_3}{4 - \gamma^2}$
p_2	$\dfrac{2(3 - \gamma^2)\, A_2}{(4 - \gamma^2)\, H}$	$\dfrac{A_2}{(2 - \gamma^2)\,(4 - \gamma^2)}$	$\dfrac{(3 - \gamma^2)\, A_4}{(2 - \gamma^2)\,(4 - \gamma^2)}$	$\dfrac{A_4}{4 - \gamma^2}$

注：$A_1 = 8\theta + 6(1 - \theta)\,\gamma - 3\theta\gamma^2 - 2(1 - \theta)\,\gamma^3$，$A_2 = 8(1 - \theta) + 6\theta\gamma - 3(1 - \theta)\,\gamma^2 - 2\theta\gamma^3$，$A_3 = 2\theta + (1 - \theta)\,\gamma$，$A_4 = 2(1 - \theta) + \theta\gamma$，$H = (16 - 17\gamma^2 + 4\gamma^4)$。

（一）产品销售价格比较

通过分析每种分销策略下产品的市场潜在规模因素对产品销售价格的影

响,可以得到 $\frac{\partial p_1^j}{\partial \theta} > 0$, $\frac{\partial p_2^j}{\partial \theta} < 0$。这表明在每种分销策略下,产品 1 的销售价格随偏好产品 1 的潜在消费者比例的增大而增大,而产品 2 的销售价格随偏好产品 1 的潜在消费者比例的增大而减小。当偏好产品 1 的潜在消费者比例增大,不管是线上转销模式还是代销模式下,制造商和电商为了获取更大的利润水平而制定较高的销售价格,此时,制造商 2 和电商 2 为了防止消费者过多流失,会相应降低产品 2 的销售价格。

在每种分销策略下,分析偏好产品 1 的潜在消费者比例和产品间可替代性程度这两个因素对产品销售价格差($\Delta p^j = p_1^j - p_2^j$)的影响,通过数值仿真

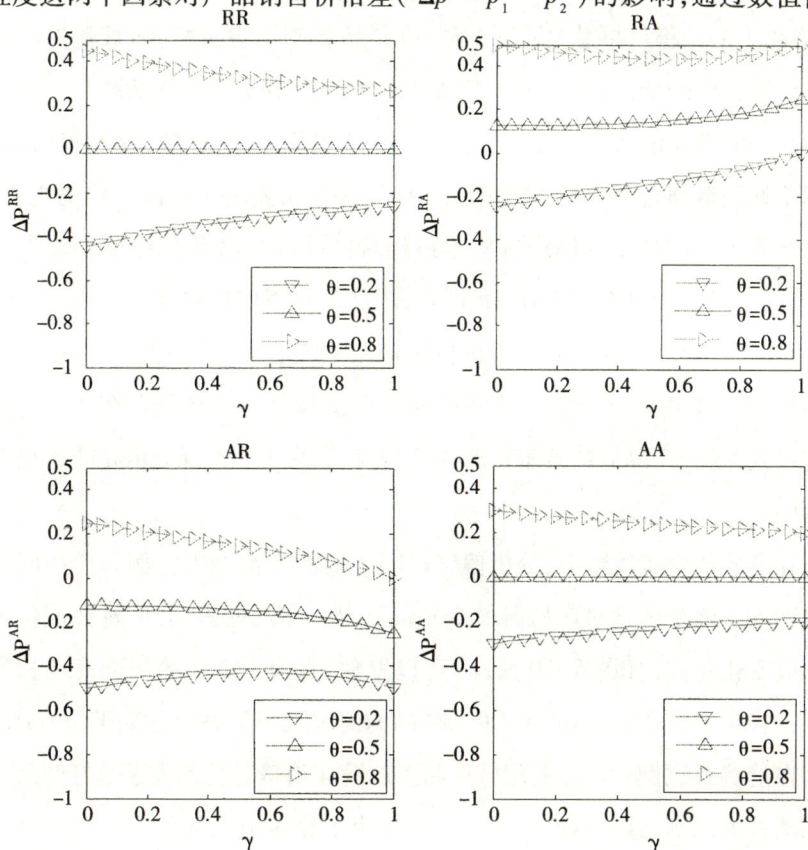

图 6-19　产品 1 和产品 2 的销售价格差变化趋势

得出相应变化趋势(如图6-19所示)。可以发现,当两个竞争制造商的线上渠道模式都为转销或代销模式(RR 或 AA)时,产品销售价格大小关系取决于偏好产品 1 的潜在消费者比例大小。若偏好产品 1 的潜在消费者比例大于偏好产品 2 的潜在消费者比例,电商 1 或制造商 1 为了获取更大的利润水平而制定较大的销售价格,使得产品 1 的销售价格要大于产品 2 的销售价格;反之亦然。而当两个竞争的制造商选择不同的线上渠道模式时(RA 或 AR),产品 1 和产品 2 的销售价格大小不仅取决于产品的潜在需求规模,而且产品间的替代性程度对产品 1 和产品 2 的销售价格大小也有影响。当偏好产品 1 的潜在消费者比例较小(较大)时,不管两个竞争的制造商选择 RA 模式还是 AR 模式,产品 1 的销售价格总是小于(大于)产品 2 的销售价格,而且随着产品间的替代性程度的增大,产品 1 和产品 2 的销售价格差距在逐渐减小。而当偏好产品 1 的潜在消费者的比例与偏好产品 2 的潜在消费者比例相等时,若两个竞争的制造商选择 RA 模式,产品 1 的销售价格要大于产品 2 的销售价格,而且产品 1 和产品 2 的销售价格差距随着产品间的替代性程度的增大而增大;若两个竞争的制造商选择 AR 模式,产品 1 的销售价格要小于产品 2 的销售价格,而且产品 1 和产品 2 的销售价格差距随着产品间的替代性程度的增大而减小。这说明,不管两个竞争的制造商选择相同的还是存在差异的线上渠道模式,随着产品间的竞争程度逐渐增大,产品 1 和产品 2 的销售价格会逐渐趋同。

在不同的分销策略下,分析偏好产品 1 的潜在消费者比例和产品间可替代性程度这两个因素对产品需求差($\Delta d^j = d_1^j - d_2^j$)的影响,通过数值仿真得出相应变化趋势(如图6-20所示)可以发现,当两个竞争的制造商选相同的线上销售渠道模式时(RR 或 AA),产品的需求大小关系仅取决于偏好产品 1 的潜在消费者比例大小。若偏好产品 1 的潜在消费者比例大于偏好产品 2 的潜在消费者比例,这时电商 1 或制造商 1 为了获得更大的利润会增加更多的需求,使产品 1 的需求大于产品 2 的需求,而且产品 1 和产品 2 的需求差距随着产品间的替代性程度的增大而减小;反之亦然。而当两个竞争的制造商选择不同的线上渠道模式时（ RA 或 AR ），产品间的替代性程度对需求所产生的影响则更为显著，产品 1 和产品 2 的需求不仅取决于偏好产品 1 的潜在消费者比例的大小，而且还受产品间的替代性程度大小的影响。当两个竞争制造商选择的线上渠道模式为 RA （ AR ）时，若偏好产品 1 的潜在消费者比例较大（较小），随着两个产品间的替代性程度逐渐增大，产品的需求差距会呈现先减小后增大的变化趋势。

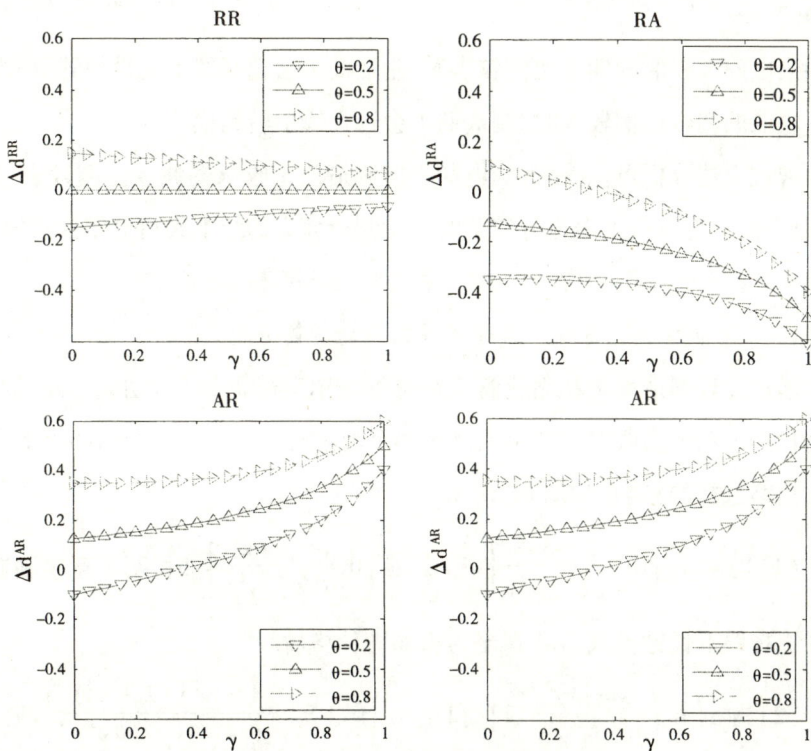

图 6-20　产品 1 和产品 2 的需求差变化趋势

（二）制造商 1 的线上渠道模式选择

1. 当制造商 2 选择转销时，制造商 1 的线上渠道模式选择

通过比较分析 RR 和 AR 策略下制造商 1 的利润大小，可以发现，当 $\alpha_1 \in$

$$\left(0, 1 - \frac{4(4 - \gamma^2)(2 - \gamma^2)^3}{(16 - 17\gamma^2 + 4\gamma^4)^2}\right] \quad \text{时，} \quad \pi_{M_1}^{RR} \quad \leq \quad \pi_{M_1}^{AR}\text{；} \quad \text{当} \quad \alpha_1 \quad \in$$

$\left(1 - \dfrac{4(4 - \gamma^2)\,(2 - \gamma^2)^{\,3}}{(16 - 17\gamma^2 + 4\gamma^4)^{\,2}}, 1 \right)$ 时, $\pi_{M_1}^{RR} > \pi_{M_1}^{AR}$。这表明当电商 1 收取的佣金比例

较小时,制造商 1 会选择线上代销模式;而当电商 1 收取的佣金比例较大时,
制造商 1 会选择线上转销模式。

2. 当制造商 2 选择代销时,供应商 1 的线上模式选择

通过比较分析 RA 和 AA 策略下制造商 1 的利润大小,可以发现,当 $\alpha_1 \in$

$\left(0, \dfrac{4 - 3\gamma^2}{4(2 - \gamma^2)} \right]$ 时, $\pi_{M_1}^{RA} \leqslant \pi_{M_1}^{AA}$;当 $\alpha_1 \in \left(\dfrac{4 - 3\gamma^2}{4(2 - \gamma^2)}, 1 \right)$ 时, $\pi_{M_1}^{RA} > \pi_{M_1}^{AA}$。这

表明当电商 1 收取的佣金比例较小时,制造商 1 会选择线上代销模式;而当电
商 1 收取的佣金比例较大时,制造商 1 会选择线上转销模式。

通过上述分析可以发现:当电商 1 向制造商 1 收取的佣金比例较小(大)
时,制造商 1 选择线上渠道分销策略不受制造商 2 的线上渠道分销模式影响,
制造商 1 都会选择线上代销(转销)模式来获得较高的利润水平。

(三)竞争型制造商线上渠道选择的市场均衡分析

通过比较制造商 1 和制造商 2 在每种分销策略下的利润水平,分析产品
间替代程度和电商收取的佣金比例这两个因素对两个竞争制造商的线上渠道
模式策略选择的影响(如图 6-21 所示),可以发现:

(1)当 $\alpha_1 \in \left(0, \dfrac{4 - 3\gamma^2}{4(2 - \gamma^2)} \right]$ 和 $\alpha_2 \in \left(0, \dfrac{4 - 3\gamma^2}{4(2 - \gamma^2)} \right]$ 时,两个竞争制造商

都会选择线上代销模式, AA 策略为市场纳什均衡。

(2)当 $\alpha_1 \in \left(\dfrac{4 - 3\gamma^2}{4(2 - \gamma^2)}, 1 \right)$ 和 $\alpha_2 \in \left(0, 1 - \dfrac{4(4 - \gamma^2)\,(2 - \gamma^2)^{\,3}}{(16 - 17\gamma^2 + 4\gamma^4)^{\,2}} \right]$ 时,制

造商 1 会选择线上转销模式,制造商 2 会选择线上代销模式, RA 策略为市场
纳什均衡。

(3)当 $\alpha_1 \in \left(0, 1 - \dfrac{4(4 - \gamma^2)\,(2 - \gamma^2)^{\,3}}{(16 - 17\gamma^2 + 4\gamma^4)^{\,2}} \right]$ 和 $\alpha_2 \in \left(\dfrac{4 - 3\gamma^2}{4(2 - \gamma^2)}, 1 \right]$ 时,制

造商 1 会选择线上代销模式,制造商 2 会选择线上转销模式, AR 策略为市场
纳什均衡。

（4）当 $\alpha_1 \in \left(1 - \dfrac{4(4 - \gamma^2)\,(2 - \gamma^2)^3}{(16 - 17\gamma^2 + 4\gamma^4)^2}, 1\right)$ 和 $\alpha_2 \in \left(1 - \dfrac{4(4 - \gamma^2)\,(2 - \gamma^2)^3}{(16 - 17\gamma^2 + 4\gamma^4)^2}, 1\right)$ 时，

两个竞争制造商都会选择线上转销模式，*RR* 策略为市场纳什均衡。

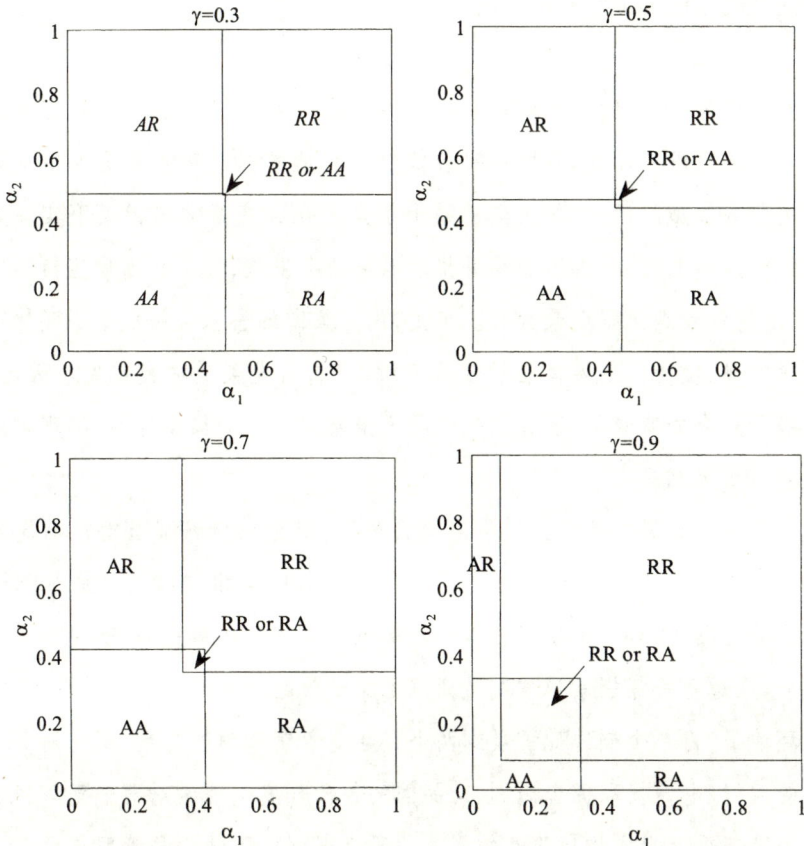

图 6-21　竞争型制造商线上渠道模式选择的纳什均衡

分析图 6-21 可以发现，两个竞争制造商的线上销售渠道模式选择的纳什均衡主要受电商收取佣金比例的大小（ α_i ）影响，而产品的替代性程度（ γ ）只会影响两个制造商纳什均衡存在的条件。这是因为电商收取的佣金比例较大程度上会影响制造商线上渠道模式选择的决策，当电商收取的佣金比例较大时，制造商倾向于选择线上转销模式来获得较高的利润；而当电商收取的佣金比例较小时，制造商倾向于选择线上代销模式来获得较高的利润。

此外,无论产品的替代性程度如何变化,制造商线上销售渠道模式选择的纳什均衡情形总是存在的,这也说明了产品的替代性程度本质上对两个竞争的制造商线上销售渠道模式选择的均衡情形没有影响,只会对制造商选择线上模式倾向性的可能性大小有所影响。

在互联网信息时代,网络被视作一种跨越时空分布的渠道载体,能够实时响应消费者需求。因此,互联网平台能够更好地掌握消费者的需求信息并提供相关服务措施。因此,线上渠道赋予了企业在经济新常态背景下实施渠道营销战略以新的内涵,加速布局并推动零售业务发展,逐渐提高供应链运行的效率,使消费者满意程度最大化。但是,线上渠道的引入会降低线下实体零售的市场份额,使得线下实体店的收益有所降低,引发渠道冲突现象。因此,在线上线下融合的背景下,研究供应链渠道策略对于缓解渠道冲突,实现供应链共赢具有重要意义。

本章首先在异质品双渠道供应链背景下,研究供应链成员对产品质量差异化销售策略的偏好机理,分析差异化的销售策略对供应链主体成员利润水平的影响。其次,针对消费者在作购物决策时具有的参照行为,研究消费者参照效应、渠道竞争等因素影响制造商线上渠道策略选择的机理。最后,在市场竞争环境下,将单个制造商扩展到两个存在竞争制造商的情形,研究消费者对产品的偏好、电商提取佣金比例、产品间的替代程度等因素对两个竞争制造商的线上销售渠道模式构建策略的影响。研究得到以下结论和管理启示:

(1)若消费者对产品质量差异的敏感程度较小(较大),供应链成员都偏好在线下渠道投放低质量产品,线上渠道投放高质量产品(线下渠道投放高质量产品,线上渠道投放低质量产品)的策略,而且供应链成员都能够实现共赢。若消费者对产品质量差异的敏感程度处于适中范围,供应链成员为了获得最大的利润水平会分别偏好不同的销售策略,存在着渠道冲突。

(2)制造商的线上渠道模式选择受消费者参照效应和电商佣金比例的综合影响。在不同的市场条件下,制造商线上渠道模式选择和实体店线上渠道模式偏好可能存在一致,供应链实现共赢,也可能存在差异情形,供应链会产生渠道冲突。此外,无论线上为转销模式还是代销模式,随着消费者的参照效应感知程度的增大,实体店的利润水平会逐渐减小。

(3)两个竞争制造商的线上渠道模式选择受产品间替代性程度和电商收取佣金比例因素综合影响。当电商收取的佣金比例较小时,两个竞争制造商选择线上代销模式策略会实现共赢;当电商收取的佣金比例较大时,两个竞争制造商选择线上转销模式策略会实现共赢。针对最优的线上渠道模式策略选择,两个竞争制造商选择以同种模式还是以混合模式策略来达到纳什均衡状态,随着产品间的替代性程度的增加,两种产品的销售价格差距都会减小,逐渐趋同。

第七章　不同市场竞争环境下的制造商渠道体系构建策略

随着网络科技的快速发展和物流服务设施的逐步完善，网购已经成为一种新兴的生活方式，并且被越来越多的消费者所接受，通过线上渠道分销产品成为越来越多企业的选择。在线上线下渠道共存的情况下，企业在构建产品渠道策略时有了更大的决策空间，如何根据外部市场条件选择合适的多元化渠道策略成为企业重要的战略问题。

第一节　市场垄断竞争情形下的制造商分销策略选择

一、问题描述

互联网技术的发展促使零售商业进行新一轮变革，制造商的销售渠道选择日趋多样化。一些有实力的制造商[如苹果（Apple）、卡特彼勒（Caterpillar）、耐克（Nike）、海尔、海澜之家等]在发展传统实体店的同时还建立线上销售店，率先搭建"线上＋线下"的双渠道销售模式。在电商市场份额持续增长的同时，实体零售商逐渐发挥自身的优势，在电商的冲击下寻找突围之路。报告显示，2017年的规模为4.8万亿美元的中国线下实体零售市场的销售额增速达到10%。其中在2015—2017年的三年里，中国购物中心总销售额平均增幅都高于8%，正是基于可观的增长潜力，这些购物中心吸引了耐克、小米、欧珀和新百伦等企业开设数百家线下零售店。

在这样的背景下,制造商销售渠道构建问题显得尤为重要,是进一步发掘实体零售的优势,坚守传统的实体渠道策略,还是决定要冒着引发渠道冲突、加剧与实体店之间纵向竞争的风险开辟线上渠道,以求进一步扩大市场占有率。事实上,制造商会选择仅在实体店销售产品。2017年6月6日,小米公司正式推出了亮蓝色版本小米6手机,并仅在线下的小米之家和实体零售店销售;香奈儿(Chanel)2018年春夏系列手提包率先投放在实体店渠道进行销售。制造商也会选择在线上线下渠道同时销售产品。2016年11月24日,维沃(Vivo)公司将新品手机在线上渠道(直营官网、京东商城等)和实体店渠道(维沃门店、苏宁门店)同时销售。

可见,要想构建合理的产品渠道策略,就必须了解不同市场条件对产品渠道策略选择所产生的影响。其中,渠道权力结构一定程度上决定了制造商与零售商的话语权,是影响制造商进行产品渠道策略决策的重要因素。本节通过构建由单一制造商和单一零售商组成的垄断市场,以权力结构作为切入点,深入探讨纵向竞争对制造商构建产品渠道策略的作用机制,并揭示渠道间替代性、消费者渠道偏好等市场因素对产品渠道策略构建存在的影响。

二、模型构建

研究的对象是由制造商和实体店组成的两层供应链,制造商通过实体店渠道进行线下销售,由于电子商务的出现使制造商自建线上直销渠道成为可能,因而制造商将围绕是否在传统实体渠道的基础上开辟线上渠道进行权衡。制造商可根据不同的市场条件选择以下产品渠道策略(如图7-1所示):

(1)仅开通线下渠道,即 BO (Brick only)策略。

(2)同时开通线上线下渠道,即 BC (Brick and Click)策略。

本节假设不考虑两个渠道的销售成本和制造商的生产成本。制造商给予实体店的批发价格为 w ,实体店销售单位产品的边际利润为 u_r ,则实体店销

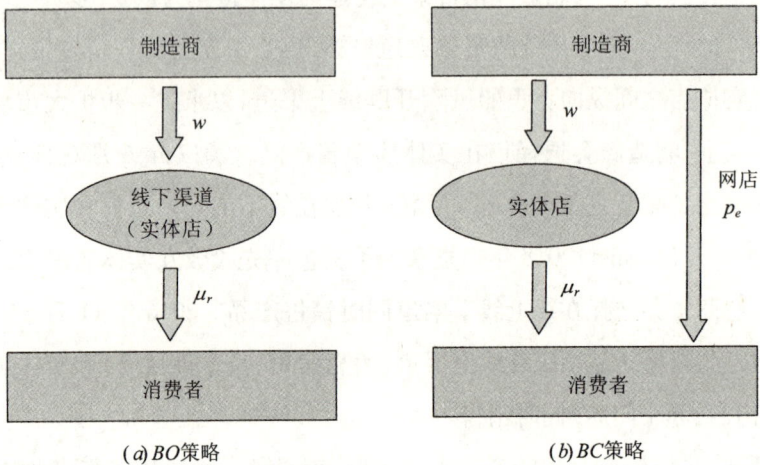

(a) BO策略　　　　　　　　　(b) BC策略

图7-1　不同策略下的供应链结构

售价格为 p_r（$p_r = w + u_r$），制造商制定的网络直销价格为 p_e。

本节参考黄和斯瓦米纳坦（Huang and Swaminathan）的需求函数构建模型。[①] 当制造商选择 BO 策略时,线下渠道的需求函数如下:

$$D_r^{BO} = a - \alpha p_r \tag{7-1}$$

当制造商选择 BC 策略时,线下渠道和线上渠道的需求函数 D_r^{BC} 和 D_e^{BC} 分别为:

$$D_r^{BC} = \beta a - \alpha p_r + e p_e \tag{7-2}$$

$$D_e^{BC} = (1 - \beta) a - \alpha p_e + e p_r \tag{7-3}$$

其中, a（$a > 0$）表示产品潜在的整体市场需求, β（$0 < \beta < 1$）表示偏好线下实体渠道的消费者比例, $1 - \beta$ 表示偏好线上直销渠道的消费者比例, α（$\alpha > 0$）为产品自身的价格弹性系数, e（$e > 0$）为交叉价格弹性系数, $\alpha > e$,令 $t = e/\alpha$ 表示渠道间替代性。

上标" BOM "" BOR "和" BON "分别表示传统单渠道策略（ BO 策略）下

---

① W. Huang, J. M. Swaminathan, "Introduction of a Second Channel: Implications for Pricing and Profits", *European Journal of Operational Research*, Vol.194, No.1, 2009.

制造商主导（M）、零售商主导（R）和垂直纳什均衡（N）三种渠道权力结构模式；同理，上标"BCM""BCR"和"BCN"分别表示双渠道策略（BC策略）下的三种渠道权利结构，上标"$*$"代表最优决策量。

（一）仅开通线下渠道（BO策略）

制造商选择BO策略时，仅通过线下渠道的实体店来销售产品，制造商的利润仅来自实体店的产品销售，此时可构建得到制造商和实体店的利润函数如下：

$$\pi_m^{BO} = w(a - \alpha p_r) \tag{7-4}$$

$$\pi_r^{BO} = u_r(a - \alpha p_r) \tag{7-5}$$

1. 制造商主导（BOM）

在制造商主导情形下，制造商与实体店进行博弈时，制造商首先决定产品的批发价格，实体店根据批发价格来确定产品的销售价格，运用逆序归纳法来分析上述博弈过程，可以得到制造商给予实体店的最优批发价格和实体店最优的销售价格为：

$$w^{BOM*} = \frac{a}{2\alpha} \tag{7-6}$$

$$p_r^{BOM*} = \frac{3a}{4\alpha} \tag{7-7}$$

2. 实体店主导（BOR）

在实体店主导情形下，实体店首先确定产品的销售价格，随后制造商确定批发价格。同理，利用逆序归纳法来求解，可以得到制造商给予实体店的最优批发价格和实体店最优的销售价格分别为：

$$w^{BOR*} = \frac{a}{4\alpha} \tag{7-8}$$

$$p_r^{BOR*} = \frac{3a}{4\alpha} \tag{7-9}$$

3. 垂直纳什均衡（BON）

在垂直纳什均衡情形下，制造商和实体店同时以自身利益最大化为出发

点作出决策。同理,可以得到制造商给予实体店的最优批发价格和实体店最优的销售价格分别为:

$$w^{BON*} = \frac{a}{3\alpha} \tag{7-10}$$

$$p_r^{BON*} = \frac{2a}{3\alpha} \tag{7-11}$$

(二)双渠道策略(BC)

当制造商选择 BC 策略时,制造商在通过线下实体店销售产品的同时,也自建线上直销渠道进行销售,制造商制定线上渠道的产品销售价格为 p_e。在 BC 策略下,线上直销渠道和实体店之间存在着竞争。线下渠道和线上渠道的需求函数 D_r 和 D_e 分别为:

$$D_r = \beta a - \alpha p_r + e p_e \tag{7-12}$$

$$D_e = (1 - \beta) a - \alpha p_e + e p_r \tag{7-13}$$

制造商和实体店的利润函数分别为:

$$\pi_m = w(\beta a - \alpha p_r + e p_e) + p_e [(1 - \beta) a - \alpha p_e + e p_r] \tag{7-14}$$

$$\pi_r = u_r(\beta a - \alpha p_r + e p_e) \tag{7-15}$$

1. 制造商主导(BCM)

在制造商主导的情形下,首先,制造商同时决定给予实体店的批发价格和线上渠道的销售价格;然后,实体店根据批发价格和网络直销价格来确定产品的销售价格。利用逆序归纳法可以得到最优的批发价格和网络直销价格分别为:

$$w^{BCM*} = \frac{[\beta\alpha + (1 - \beta) e] a}{2(\alpha^2 - e^2)} \tag{7-16}$$

$$p_e^{BCM*} = \frac{[(1 - \beta) \alpha + \beta e] a}{2(\alpha^2 - e^2)} \tag{7-17}$$

进一步可以得到实体店最优的销售价格为:

$$p_r^{BCM*} = \frac{[3\alpha^2\beta + 2\alpha(1 - \beta) e - \beta e^e] a}{4\alpha(\alpha^2 - e^2)} \tag{7-18}$$

2. 实体店主导(BCR)

在实体店主导的情形下,首先,实体店确定自身的销售价格;然后,制造商制定给予实体店的批发价格和线上渠道的直销价格。同理,可以得到制造商给予实体店的最优批发价格和实体店的最优销售价格分别为:

$$w^{BCR*} = \frac{[\beta\alpha^2 + 2(1-\beta)\alpha e + \beta e^2]a}{4\alpha(\alpha^2 - e^2)} \tag{7-19}$$

$$p_e^{BCR*} = \frac{[(1-\beta)\alpha + \beta e]a}{2(\alpha^2 - e^2)} \tag{7-20}$$

进一步可以得到实体店的最优销售价格为:

$$p_r^{BCR*} = \frac{[2(1-\beta)e\alpha - \beta e^2 + 3\beta\alpha^2]a}{4\alpha(\alpha^2 - e^2)} \tag{7-21}$$

3. 垂直纳什均衡(BCN)

在垂直纳什均衡情形下,制造商和实体店双方同时以自身利益最大化为出发点进行决策。同理,可以得到最优的网络直销价、批发价与实体店销售单位产品的利润分别为:

$$w^{BCN*} = \frac{[2\beta\alpha^2 + 3(1-\beta)\alpha e + \beta e^2]a}{6\alpha(\alpha^2 - e^2)} \tag{7-22}$$

$$p_e^{BCN*} = \frac{[(1-\beta)\alpha + \beta e]a}{2(\alpha^2 - e^2)} \tag{7-23}$$

$$p_r^{BCN*} = \frac{[3(1-\beta)e\alpha - \beta e^2 + 4\beta\alpha^2]a}{6\alpha(\alpha^2 - e^2)} \tag{7-24}$$

三、结果分析

(一)价格分析

通过对不同渠道权力结构情形下产品的批发价格和销售价格进行比较分析,可以得到命题7-1:

命题7-1　$w^{BOM*} > w^{BON*} > w^{BOR*}$；$w^{BCM*} > w^{BCN*} > w^{BCR*}$；$p_r^{BOM*} = p_r^{BOR*} > p_r^{BON*}$；$p_e^{BCM*} = p_e^{BCR*} = p_e^{BCN*}$。

　　命题7-1说明,随着制造商主导权力逐渐削弱,制造商给予实体店的批发价格逐渐降低,使得批发价格在制造商主导情形下最高,在垂直纳什均衡情形下次之,在实体店占主导模式下最低。制造商和实体店的权力差异的增大将会使双方交易逐步偏离理想状态,因此,实体店的销售价格在制造商主导和实体店主导两种情形下最高,在垂直纳什均衡情形下最低。由于渠道权力结构的变化只是体现在线下实体渠道中,在不同的渠道权力结构下制造商制定线上渠道的销售价格保持不变,这也说明了渠道权力的差异不会影响制造商制定线上渠道的销售价格。

　　下面通过数值仿真进一步分析偏好实体店的消费者比例 β 和渠道间替代性 t 这两个因素对双渠道策略下制造商给予实体店产品批发价格的影响。选取参数 $a = 200$, $\alpha = 1.5$, $\beta \in \{0.2, 0.5, 0.8\}$, $e \in [0, 1.5]$,绘制得到图7-2、图7-3和图7-4。分析发现,在不同的渠道权力结构下,制造商给予实体店的批发价格随着渠道间替代性程度的增加而增加,这说明了随着渠道间的竞争加剧,制造商会制定更高的批发价格来保证自身的利润水平。此外,当渠道间替代性程度小于某一阈值时,随着渠道间替代性程度的增加,产品的批

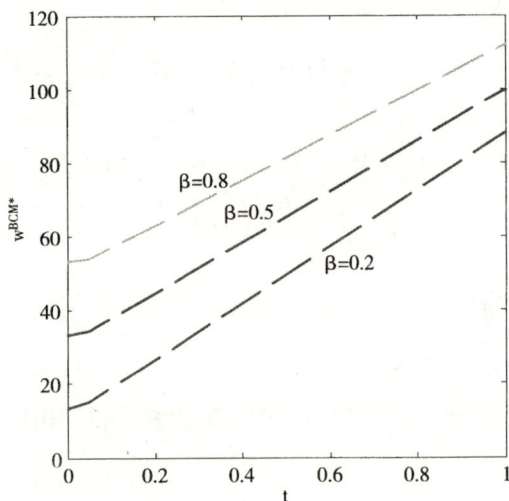

图7-2　制造商主导情形下产品批发价格随渠道间替代性的变化趋势

发价格增加幅度较小；当渠道间替代性程度大于某一阈值时，产品批发价格的增加幅度随渠道间替代性增加程度而变大。

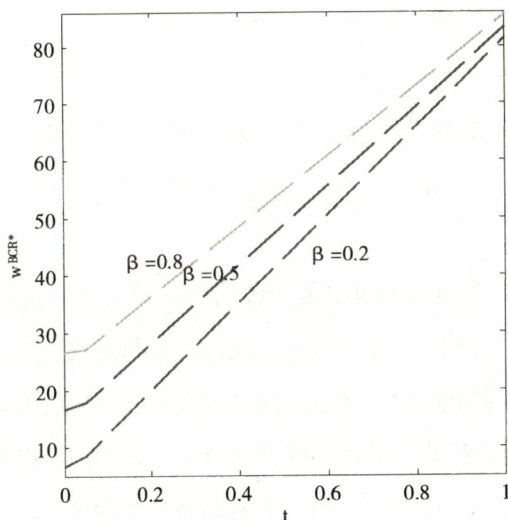

图 7-3　实体店主导情形下产品批发价格随渠道间替代性的变化趋势

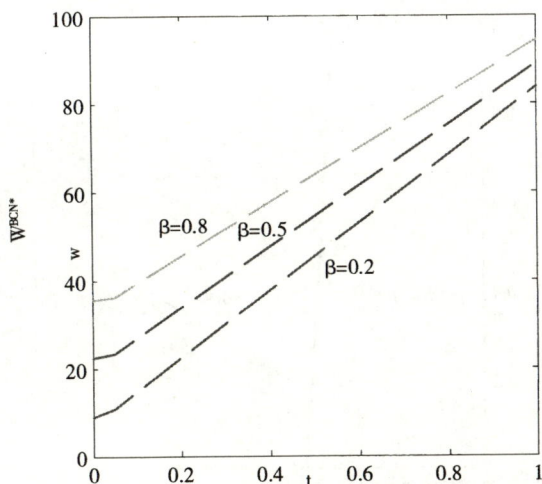

图 7-4　垂直纳什情形下产品批发价格随渠道间替代性的变化趋势

对比图 7-2、图 7-3 和图 7-4，分析消费者对实体店渠道偏好因素对产品批发价格的影响，可以发现，当偏好实体渠道的消费者比例越大时，制造商给予实体店的产品批发价格则越高,这表明当线下渠道的潜在市场较大时,制造商企图通过提高批发价格来从实体店渠道获取更大的利润。此外,随着偏好实体店渠道的消费者比例的增大,产品批发价格的增加幅度在逐渐降低,这表明当偏好线下实体渠道的消费者所占的比例较高时,产品批发价格随渠道间替代性程度增加的幅度较小,这是因为当偏好实体渠道的消费者较多时,线上渠道的重要性相对下降,此时制造商引入线上渠道对增强自身的权力作用相对减弱。

进一步分析偏好实体店渠道的消费者比例 β 对实体店销售价格 p_r、线上直销价格 p_e 的影响(如图 7-5 和图 7-6 所示)。分析发现,在不同的渠道权力结构下,当偏好实体店渠道的消费者比例 β 增大时,实体店的销售价格逐渐增大,因而当偏好线下渠道的消费者比例 β 超过某一阈值时,实体店的销售价格大于线上渠道的销售价格。而且,随着渠道间替代性程度的增大,制造商和实体店之间的渠道竞争加剧,实体店的双重边际效应更加明显,导致实体店的销售价格大于线上渠道销售价格的可能性逐渐增大。此外,制造商主导和实体

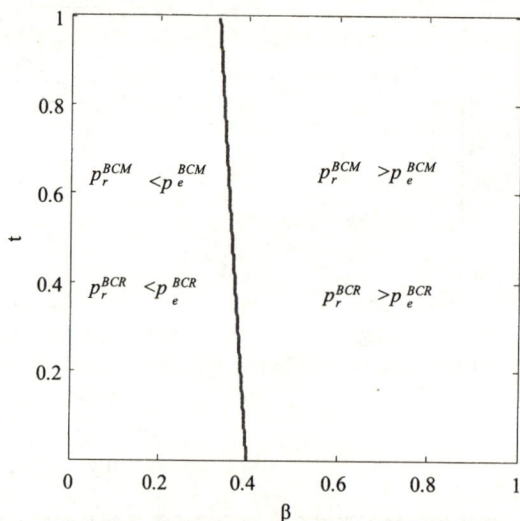

图 7-5　线上线下销售价格关系随偏好实体店的消费者
比例和渠道间替代性的变化趋势(M 和 R 情形)

店主导两种情形下,由于双方权力相差较大,供应链运作偏离理想状态,实体店销售存在双重边际效应,导致这两种权力结构情形下实体店销售价格大于线上渠道销售价格的可能性比在垂直纳什均衡情形下要大。

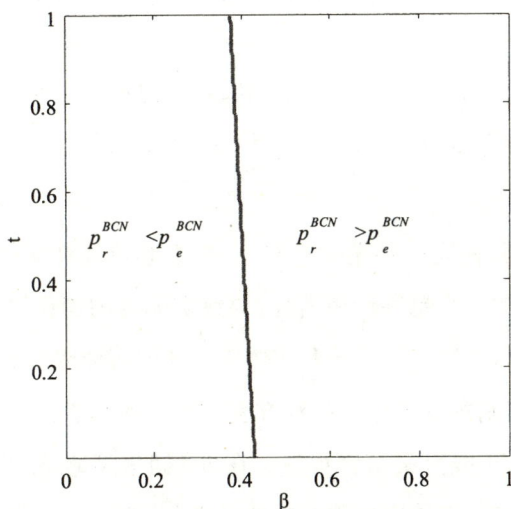

图7-6　线上线下销售价格关系随偏好实体店的消费者比例和渠道间替代性的变化趋势(N 情形)

比较分析制造商采取不同渠道策略时的批发价格、线下渠道产品价格,可以得到命题7-2:

命题7-2　当 $t > t_1$ 时,$w^{BCM*} > w^{BOM*}$;当 $t > t_2$ 时,$w^{BCR*} > w^{BOR*}$;当 $t > t_3$ 时,$w^{BCN*} > w^{BON*}$;当 $t > t_4$ 时,$p_r^{BCM*} > p_r^{BOM*}$,$p_r^{BCR*} > p_r^{BOR*}$;当 $t > t_5$ 时,$p_r^{BCN*} > p_r^{BON*}$。其中,$t_1 = \dfrac{\sqrt{5 - 6\beta + \beta^2} + \beta - 1}{2}$、$t_2 = \dfrac{\sqrt{2 - 2\beta} + \beta - 1}{1 + \beta}$、$t_3 = \dfrac{\sqrt{25 - 26\beta + \beta^2} + 3\beta - 3}{4 + 2\beta}$、$t_4 = \dfrac{\sqrt{10 - 14\beta + 4\beta^2} + \beta - 1}{3 - \beta}$、$t_5 = \dfrac{\sqrt{73 - 98\beta + 25\beta^2} + 3\beta - 3}{2(4 - \beta)}$。

由命题7-2可知,当渠道间的替代性程度较高时,制造商引入线上渠道可以增强制造商的话语权,使得在双渠道策略下制造商制定的批发价格要高于在单渠道策略下的产品批发价格,实体店的产品销售价格要大于线上渠道的销售价格。这表明当渠道间的替代性程度较高时,引入线上渠道会加剧制造商和实体店之间的竞争,从而降低供应链的整体运作效率。

（二）需求分析

对比分析不同权力结构下的产品销售量,可以得到命题 7-3:

命题 7-3　$D_r^{BON} > D_r^{BOM} = D_r^{BOR}$，$D_r^{BCN} > D_r^{BCM} = D_r^{BCR}$；$D_e^{BCM} = D_e^{BCR} > D_e^{BCN}$，$D^{BCN} > D^{BCM} = D^{BCR}$。

命题 7-3 说明,在同一种渠道策略下,由于制造商和实体店的实力差异逐渐增大,实体店的产品销售价格增高,导致实体店的销售量减少,线上渠道的销售量增加,所以在制造商主导和实体店主导这两种情形下,实体店的销售量要小于线上渠道销售量,反之,在双方实力相当的垂直纳什均衡情形下,实体渠道销售量要大于线上渠道销售量。在 BC 销售策略下,当制造商和实体店的权力差异增大时,实体店的需求减少量要大于线上渠道需求的增加量,从而使得供应链总销售量减少。因此,在制造商主导和实体店主导这两种情形下,供应链总销售量最少,而在垂直纳什均衡模式下,供应链总销售量最多。

对比分析不同渠道策略下的产品销售量,可以得到命题 7-4:

命题 7-4　$D_r^{BOM} > D_r^{BCM}$，$D_r^{BOR} > D_r^{BCR}$，$D_r^{BON} > D_r^{BCN}$；$D^{BCM} > D^{BOM}$，$D^{BCR} > D^{BOR}$，$D^{BCN} > D^{BON}$。

由命题 7-4 可知,在任意一种渠道权力结构情形下,制造商引入线上销售渠道必定会对实体店销售渠道造成一定的冲击,加剧了渠道间的竞争,导致实体店渠道的销售量减少。制造商引入线上渠道可以满足具有网络购物偏好的消费者的需求,由此形成的产品需求增量大于实体店渠道需求的减少量,从而使得供应链销售量增加。因此,在任意一种渠道权力结构情形下, BC 销售策略下的供应链销售量都大于在 BO 销售策略下的供应链销售量。

（三）利润分析

对比分析不同权力结构下实体店利润水平以及不同渠道策略下的实体店

利润水平,可以得到命题 7-5:

命题 7-5　　$\pi_r^{BOR} > \pi_r^{BON} > \pi_r^{BOM}$, $\pi_r^{BCR} > \pi_r^{BCN} > \pi_r^{BCM}$; $\pi_r^{BOM} > \pi_r^{BCM}$, $\pi_r^{BOR} > \pi_r^{BCR}$, $\pi_r^{BON} > \pi_r^{BCN}$ 。

命题 7-5 说明,在同一种渠道策略下,若实体店的渠道权力越大,其获得的利润水平也就越高。在同一种渠道权力结构情形下,由于制造商引入线上渠道(BC 策略)会与实体店销售渠道形成市场竞争,造成部分消费者去线上渠道购买产品,导致实体店的利润降低,此时实体店获得的利润总是低于制造商采用 BO 策略时获得的利润。

对比分析不同渠道权力结构下制造商的利润水平,可以得到命题 7-6:

命题 7-6　　$\pi_m^{BOM} > \pi_m^{BON} > \pi_m^{BOR}$, $\pi_m^{BCM} > \pi_m^{BCN} > \pi_m^{BCR}$ 。

命题 7-6 表明,在同一种渠道策略下,若制造商的渠道权力越大,制造商所获得的利润就越高。这是因为当制造商的渠道权力越大时,制造商给予实体店的产品批发价格就越高,制造商从单位产品中获取的利润也就越高,使得其总利润不断增大。

进一步比较不同渠道权力结构情形下制造商的利润水平(如图 7-7 所示),分析发现,制造商引入线上渠道并不总是对自身有利,当偏好实体店的消费者比例较大且渠道间的替代性程度较小时,引入线上渠道反而会降低制造商的利润水平。这是因为一方面潜在规模较大的实体店会对制造商利润来源有较大的影响,而且引入线上渠道会加剧制造商和实体店之间的竞争,实体渠道存在的双重边际效应造成的负面影响更为显著。另一方面,由于渠道间替代性的程度较小,引入线上渠道对制造商权力提升作用较小,不足以抵消实体店渠道存在的双重边际效应所造成的负面影响,导致制造商的利润水平减少。此外,随着渠道间替代程度的增加,制造商选择 BC 策略的可能性增加,当偏好线下实体渠道的消费者比例低于某一阈值时,制造商总是选择 BC 策略;当偏好线下实体渠道的消费者比例高于某一阈值时,随着偏好线下实体渠道的消费者所占比例的上升,制造商选择 BC 策略的可能性先减少后增加。

进一步分析权力结构对制造商构建产品渠道策略的影响,可以发现,随着

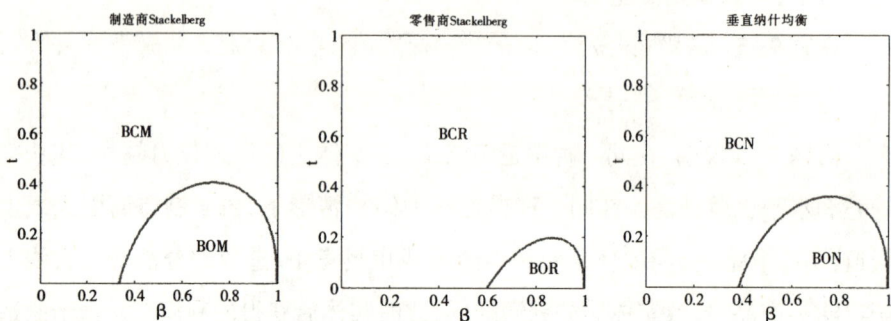

图 7-7　不同渠道权力结构下制造商的渠道策略

制造商在供应链中权力不断增加,制造商选择 BO 策略的可能性逐渐增加。制造商引入线上直销渠道可以加强自身的定价话语权,同时也加剧制造商和实体店之间的渠道竞争,导致供应链运作效率的降低。当制造商的渠道权力较大时,制造商能够在与实体店的博弈中占据主导地位,从而确保获得较大的利润水平,此时引入线上渠道对加强制造商权力的作用相对较小,不足以弥补供应链效率的损失,最终导致制造商的利润减少。因此,当制造商的渠道权力较大时,制造商倾向于选择 BO 策略;当制造商的渠道权力较小时,制造商通过引入线上直销渠道增强自身话语权,能够在与实体店的博弈过程中占据优势。

第二节　存在单渠道竞争对手的
制造商分销策略选择

一、问题描述

　　在现实产业背景中,横向竞争存在于各行各业。在智能手机领域,中国是全球最大的消费市场,品牌竞争十分激烈,其中有华为、小米、维沃等众多国内手机制造商以及苹果、三星等国外手机制造商。在运动服装领域,尽管耐克和阿迪达斯两大运动服装制造企业作为行业龙头,占据着市场主导地位,但免不了受到其他品牌商的冲击与挑战,其中颇具实力的安德玛公司通过一系列的重组措施改善公司经营状况,企图从耐克和阿迪达斯手中争夺更多的市场份额。针对安德玛公司的产品在欧美市场的销售现状,其首席执行官凯文·普兰克(Kevin Plank)强调运动休闲风潮带来了许多竞争对手,包括露露柠檬(Lululemon)和法布雷提(Fabletics)等运动品牌在内,整个欧美市场已有超过200个运动休闲服饰品牌在竞争消费市场资源。在家电产品领域,除了康佳、长虹、海信、索尼、夏普等传统实力品牌之外,一些互联网企业,诸如小米、乐视等公司相继推出各自的品牌电视机,并依据其新颖的功能设计在市场中占据一席之地。在其他类型的产品市场上,制造商间也存在着激烈的横向竞争。

基于上述分析,可知在构建产品渠道策略时,除了要考虑制造商与实体店之间的纵向竞争外,还要将制造商之间的横向竞争纳入考虑范畴。在考虑到制造商层面横向竞争的基础上,产品间差异性成为影响制造商构建产品渠道策略的关键因素。因为较高的产品差异性意味着宽松的市场竞争环境,这为制造商扩大市场份额提供了较大的战略空间,而较低的产品差异性则意味着高强度的市场竞争,这会迫使制造商在构建产品渠道策略时避免与竞争制造商在同一渠道销售同类型产品。

当某一制造商率先搭建"线上+线下"的渠道策略后,存在的单渠道竞争制造商将是其可能面对的一种竞争形态。因此,本节在垄断市场结构的基础上,引入单渠道竞争制造商,将垄断市场结构扩展为双寡头竞争市场结构,围绕制造商之间的博弈,分析单渠道横向竞争对制造商构建产品渠道策略产生的影响。同时分析产品间差异性、消费者组成结构以及实体店的渠道权力等因素对制造商销售渠道策略构建的作用机理。

二、模型构建

假设市场中存在制造商1和制造商2,制造商1通过单渠道策略,即仅开通线上直销渠道或仅开通线下实体渠道来销售其产品1。在这样的市场背景中,制造商2考虑进入该消费市场,其销售的产品2与产品1互为替代品,两

个产品的差异性为 t（$0 < t < 1$）。围绕与制造商 1 之间的博弈,制造商 2 将根据不同的市场条件来选择自身的产品渠道策略,制造商 2 可选择的产品渠道策略有以下三种:

（1）仅开通线下实体店渠道,即 BO（Brick only）策略。

（2）仅开通线上直销渠道,即 CO（Click only）策略。

（3）同时开通线下实体店渠道和线上直销渠道,即 BC（Brick and Click）策略。

为了研究制造商之间的横向竞争对制造商构建产品销售渠道策略的影响,假设在线下实体渠道,制造商与实体店(苹果与国美、红豆服饰与王府井百货等)通过"店中店"的模式进行合作,实体店不参与定价,实体店对于同类产品收取相同比例的销售提成,假设销售提成比例为 α（$0 < \alpha < 1$）。例如,北京华联(SKP)商场对钟表类产品收取 20% 的提成、对食品的提成比例在30% 左右。为了避免线上线下渠道的冲突,许多企业(拉夏贝尔、小米等)在销售商品时实行了线上线下同价策略,因此假设当制造商在两种渠道销售同一产品时,将采用线上线下同价的策略。不失一般性,假设制造商生产产品的单位成本和开设线上渠道的固定成本为 0。通过线上渠道销售产品时,制造商需承担由订单处理费用、物流配送费用等所构成的变动成本,参考张(Zhang)的研究假设,假设产品 1 和产品 2 的线上销售单位变动成本分别为 c_1 和 c_2,由于产品 2 刚刚进入销售市场,其销售成本相对较高,因此假设 $c_2 > c_1$。[①] 由于消费者在产品偏好方面存在异质性,购买产品 1 和产品 2 时产生的偏好负效应分别为 x 和 $1-x$,其中 x 服从 $[0,1]$ 区间上的均匀分布,x 趋近于 0 表示消费者更偏好产品 1,x 趋近于 1 代表消费者更偏好产品 2。此外,由于信息不足、到货延迟等原因,消费者在线上渠道购买产品 1 和产品 2 时会承担一定的麻烦成本,分别为 h_1 和 h_2。由于消费者对制造商 2 的产品信息了

① X. Zhang, "Retailers' Multichannel and Price Advertising Strategies", *Marketing Science*, Vol. 28, No.6, 2009.

解不够全面,物流配送效率也较低,因此有 $\Delta h = h_2 - h_1 > 0$。假设消费者在线上购物的购物成本均为零,而不同消费者到实体店购物的成本具有差异性(例如,上班年轻人去实体店购物的时间成本较高,而退休老年人的时间成本较低)。

本节将消费者分为低购物成本消费者和高购物成本消费者两类,其中低购物成本消费者比例为 u($0 < u < 1$),购物成本为 $k_L = 0$,高购物成本消费者比例为 $1 - \mu$,购物成本为 k_H。本节假设由于 k_H 较大($k_H > h_2$),因此高购物成本的消费者都会选择到线上购物。假设消费者购买单位产品的基本效用为 v。通过比较不同购物成本类型的消费者购买产品 1 和产品 2 所获得的价值大小,得出消费者无论是购买产品 1 还是购买产品 2,低购物成本消费者都会在实体店渠道购买,而高购物成本消费者都会在线上渠道购买。在实体店购买的消费者比例为 u,而在线上渠道购买的消费者比例为 $1 - \mu$。

本节考察在线下渠道横向竞争情形(制造商 1 仅开通线下实体渠道)和在线上渠道横向竞争情形(制造商 1 仅开通线上直销渠道)下制造商 2 构建的产品销售渠道策略。上标"r""d"分别代表制造商 1 开通线下实体渠道和线上直销渠道的情形,上标"BO""CO""BC"则分别代表制造商 2 采用仅开通线下实体渠道、仅开通线上直销渠道和同时开通双渠道的渠道策略。

（一）存在线下渠道横向竞争情形

在制造商 1 仅开通线下实体渠道的情形下,当制造商 2 选择不同的产品渠道策略时,构建得到三种不同的供应链结构(如图 7-8 所示)。

1. 仅开通线下渠道(rBO)

面对仅在线下实体渠道销售产品 1 的竞争制造商 1,当制造商 2 选择 BO 策略时,有意愿购买该类型产品的消费者仅可以在线下实体渠道购买。对于低购物成本消费者,其购买产品 1 和产品 2 所得效用分别为:

$$U_{r1} = v - p_1 - tx \qquad (7\text{-}25)$$

$$U_{r2} = v - p_2 - t(1 - x) \qquad (7\text{-}26)$$

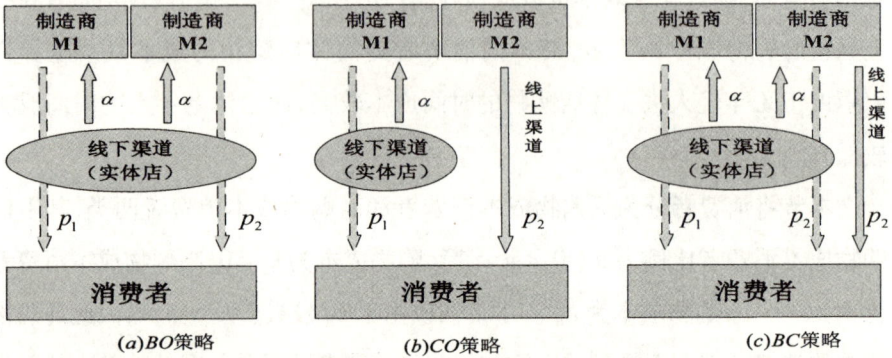

图7-8　制造商2采用不同策略下的市场结构

购买产品 1 和产品 2 的低购物成本消费者数量分别为 $\mu\left(\dfrac{p_2 - p_1 + t}{2t}\right)$ 和

$\mu\left(1 - \dfrac{p_2 - p_1 + t}{2t}\right)$。同理，购买产品 1 和产品 2 的高购物成本消费者数量分

别为 $(1 - u)\left(\dfrac{p_2 - p_1 + t}{2t}\right)$ 和 $(1 - u)\left(1 - \dfrac{p_2 - p_1 + t}{2t}\right)$。因此，产品 1 和产

品 2 的销售量分别为：

$$D_1^{rBO} = \frac{p_2 - p_1 + t}{2t} \tag{7-27}$$

$$D_2^{rBO} = 1 - \frac{p_2 - p_1 + t}{2t} \tag{7-28}$$

制造商 1 和制造商 2 的利润函数如下：

$$\pi_1^{rBO} = \left(\frac{p_2 - p_1 + t}{2t}\right) p_1 (1 - \alpha) \tag{7-29}$$

$$\pi_2^{rBO} = \left(1 - \frac{p_2 - p_1 + t}{2t}\right) p_2 (1 - \alpha) \tag{7-30}$$

首先，制造商 1 制定产品 1 的销售价格；然后，制造商 2 制定产品 2 的销售价格。运用逆序归纳法求解可得产品 1 和产品 2 的最优销售价格分别为：

$$p_1^{rBO*} = \frac{3t}{2} \tag{7-31}$$

$$p_2^{rBO*} = \frac{5}{4}t \qquad\qquad (7-32)$$

分析制造商 1 和制造商 2 的最优销售价格，可以得到命题 7-7：

命题 7-7　在 rBO 情形下，产品 1 和产品 2 的价格随两个产品差异性的增加而增加，而且产品 1 的价格大于产品 2 的价格。

命题 7-7 说明，随着产品间差异性的增加，两个制造商之间的竞争减弱，从而两个产品的最优销售价格均增加，此时制造商从单位产品上获取的边际利润增加，两个制造商获得的利润同时增加。而且，制造商 2 在观察到制造商 1 对于产品 1 的定价决策后再制定较低的销售价格，从而增加产品 2 的销售量，最终通过"以量取胜"的策略在与制造商 1 的博弈中占据优势，从而获得更高的利润。

2. 仅开通线上渠道（rCO）

面对仅在线下实体渠道销售产品 1 的竞争制造商 1，当制造商 2 选择 CO 策略时，两个产品分别可以满足具有不同渠道偏好消费者的购物需求，低购物成本消费者在线下实体渠道购买产品 1，高购物成本消费者在线上直销渠道购买产品 2。所以，产品 1 和产品 2 的需求分别为：

$$D_1^{rCO} = \frac{(v - p_1)\, u}{t} \qquad\qquad (7-33)$$

$$D_2^{rCO} = \frac{(v - p_2 - h_2)\,(1 - u)}{t} \qquad\qquad (7-34)$$

制造商 1 和制造商 2 的利润函数分别为：

$$\pi_1^{rCO} = p_1 \frac{(v - p_1)\, \mu}{t}(1 - \alpha) \qquad\qquad (7-35)$$

$$\pi_2^{rCO} = \frac{(v - p_2 - h_2)\,(1 - \mu)}{t}(p_2 - c_2) \qquad\qquad (7-36)$$

同理，可以得到产品 1 和产品 2 的最优销售价格分别为：

$$p_1^{rCO*} = \frac{v}{2} \qquad\qquad (7-37)$$

$$p_2^{rCO*} = \frac{c_2 - h_2 + v}{2} \tag{7-38}$$

分析制造商 1 和制造商 2 的最优销售价格和销售量,可以得到命题 7-8:

命题 7-8 在 rCO 情形下,当 $c_2 > h_2$ 时,产品 2 的销售价格大于产品 1 的销售价格,产品 1 和产品 2 的需求随产品间差异性的增加而减少。

命题 7-8 说明,当线上直销渠道销售产品 2 所发生的变动成本较大时,制造商 2 为了提高产品的边际利润而提高产品价格,导致产品 2 的销售价格大于产品 1 的销售价格。在 rCO 情形下,当产品间差异性增大时,两种产品的销售量均下降。这是因为,低购物成本消费者到线下渠道购物,高购物成本消费者到线上渠道购物,两个制造商在各自的渠道市场处于垄断地位,因此当产品间差异性发生变化时,两个制造商的价格决策不发生改变。当产品间差异性增加时,消费者购买产品所产生的偏好负效应随之增加,因此将有一部分消费者放弃购买相应的产品,从而两个产品的销售量随之减少。

3. 双渠道策略(rBC)

面对仅在线下渠道销售产品 1 的竞争制造商 1,当制造商 2 选择 BC 策略时,两个制造商在线下实体渠道存在竞争,而制造商 2 在线上渠道处于垄断地位。产品 1 和产品 2 的销售量分别为:

$$D_1^{rBC} = \frac{p_2 - p_1 + t}{2t} \tag{7-39}$$

$$D_2^{rBC} = 1 - \frac{p_2 - p_1 + t}{2t} + \frac{(1 - u)(v - p_2 - h_2)}{t} \tag{7-40}$$

制造商 1 和制造商 2 的利润函数分别为:

$$\pi_1^{rBC} = \mu\left(\frac{p_2 - p_1 + t}{2t}\right) p_1 (1 - \alpha) \tag{7-41}$$

$$\pi_2^{rBC} = \mu\left(1 - \frac{p_2 - p_1 + t}{2t}\right) p_2 (1 - \alpha) + \frac{(v - p_2 - h_2)(1 - \mu)}{t}(p_2 - c_2) \tag{7-42}$$

同理,可以得到产品 1 和产品 2 的最优销售价格为:

$$p_1^{rBC^*} = \frac{(4\mu - 8 + 4\mu\alpha)(c_2 - h_2 + v)(1 - \mu) + (2\mu - 4 + 2\mu\alpha)(4 - 3\mu\alpha - \mu)t}{4(\mu + \mu\alpha - 2)(4 - 3\mu - \mu\alpha)}$$

$$(7-43)$$

$$p_2^{rBC^*} = \frac{(10\mu - 16 + 6\mu\alpha)(c_2 - h_2 + v)(1 - \mu) + (12 - 7\mu - 5\mu\alpha)(\mu\alpha - \mu)t}{4(\mu + \mu\alpha - 2)(4 - 3\mu - \mu\alpha)}$$

$$(7-44)$$

分析制造商 1 和制造商 2 的最优销售价格和销售量,可以得到命题 7-9:

命题 7-9　在 rBC 情形下,产品 1 和产品 2 的销售价格都随产品间差异性的增加而增加,而且产品 1 销售价格的增加幅度要大于产品 2 销售价格的增加幅度。

命题 7-9 表明,当产品 1 和产品 2 之间的差异性增加时,竞争程度减弱,制造商 1 先提高产品 1 的销售价格,制造商 2 根据制造商 1 的价格调整行为再上调产品 2 的销售价格,并将调整后的销售价格控制在小于产品 1 销售价格的水平,从而保证在线下实体渠道和制造商的竞争中争取到更多的消费者。随着产品间差异性增加,在线下实体店渠道,消费者为了获得更多产品价值,一部分原是购买产品 1 的消费者转而购买产品 2,从而产品 1 在线下渠道销量减少,产品 2 在线下渠道销量增加。在线上渠道,当产品 1 销售价格随产品间差异性的增加而增加时,一部分高购物成本的消费者将放弃购买,因而产品 2 在线上渠道的需求量减少。

通过数值仿真对制造商采用不同渠道策略时的均衡解进行对比分析,选取参数组为 $h_2 = 1.5$, $h_1 = 0.5$, $c_2 = 1$, $c_1 = 0.5$, $v = 3$, $\alpha = 0.2$,绘制得到图 7-9 至图 7-12。

分析图 7-9 可以发现,当产品间的差异性增大时,rCO 情形下产品 1 的销售价格不发生变化,而在 rBO 和 rBC 情形下产品 1 的销售价格随着产品间的差异性增大而增大,且在 rBO 情形下增幅最大。当产品间的差异性较小时,rCO 情形下产品 1 的销售价格最高,而当产品间的差异性超过某一阈值时,rBO 情形下产品 1 的销售价格最高。当低购物成本消费者的比例增加时,rBO

和 rCO 情形下产品 1 的销售价格不发生变化,而 rBC 情形下产品 1 的销售价格随着产品间的差异性的增大而增大,而且增幅越来越大。这是因为在 rCO 情形下,制造商 1 和制造商 2 分别在线下实体渠道和线上渠道销售产品,从而避免了在同一渠道直接竞争,因此当产品间差异性较小时,产品竞争较为激烈,rCO 情形下博弈双方所受影响最小,因而此时产品 1 的销售价格最高。反之,当产品间差异性大于某一阈值时,rBO 情形下的博弈双方拥有足够大的提价空间,此时产品 1 的销售价格最高。当低购物成本消费者比例 u 发生变化时,一方面不影响 rBO 情形下的需求分布,另一方面不会对 rCO 情形下产品 1 的销售价格和产品间差异性之间的关系产生影响。在 rBC 情形下,当低购物成本的消费者比例增大时,产品 1 的潜在需求增加,此时制造商 1 为了获取更多的利润,会提高产品 1 的销售价格。

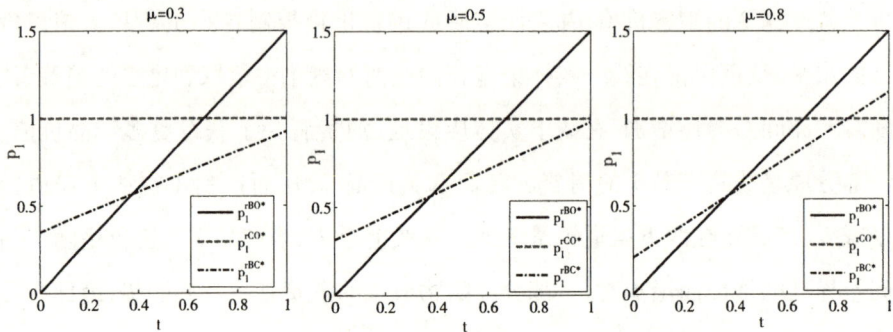

图 7-9　产品 1 销售价格随产品差异性和低购物成本消费者比例变化的变化趋势

分析图 7-10 可以发现,rCO 情形下产品 2 的销售价格不随产品间的差异性发生变化,rBO 和 rBC 情形下产品 2 的销售价格则随产品间的差异性的增加而增加,且在 rBO 情形下增幅更大。当产品间的差异性较小时,在 rCO 情形下产品 2 的销售价格最高,而当产品间的差异性超过某一阈值时,在 rBO 情形下产品 2 的销售价格最高。当低购物成本消费者的比例增加时,在 rBO 和 rCO 情形下产品 2 的销售价格不发生变化,而 rBC 情形下产品 2 的销售价格随产品间的差异性增加而增加,而且增幅越来越大。这是因为当产品间差异性较小时,渠道间竞争较激烈,若制造商 2 选择 rCO 策略,可以避免和制造商 1 在同一渠道直接竞争,有效减缓同质竞争带来的影响,从而令产品 2 的销售价格处于较高水平。反之,当产品间差异性较大时,rBO 和 rBC 情形下产品 2 拥有较大的提价空间,且在 rBO 情形下制造商 2 提高销售价格不会造成消费者过多流失。当低购物成本消费者比例发生变化时,一方面不影响 rBO 情形下的需求分布,另一方面不会对 rCO 情形下产品 2 的销售价格和产品差异性之间的关系产生影响。在 rBC 情形下,当低购物成本的消费者比例增大时,面对制造商 1 决策的销售价格调整,制造商 2 会相应提高销售价格,从而提高产品的边际利润,最终提高总利润水平。

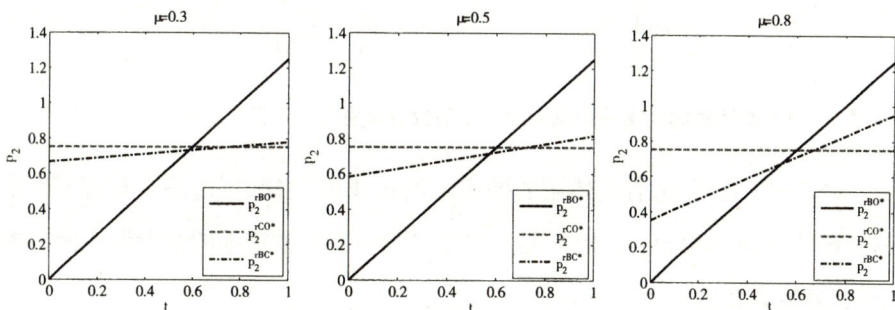

图 7-10　产品 2 销售价格随产品差异性和低购物成本消费者比例的变化趋势

分析图 7-11 可以发现,当低购物成本消费者的比例较大时,制造商 1 更希望制造商 2 选择 CO 策略。当产品差异性较大时,制造商 1 更希望制造商 2 选择 BO 策略。当低购物成本消费者的比例较小且产品间差异性较大时,制造商 1 的利润水平在 rBO 情形下最大,否则,制造商 1 的利润在 rCO 情形下最大。在 rBC 情形下,一方面制造商 1 要在线下实体渠道面对制造商 2 的竞争,另一方面制造商 2 占据了线上市场销售份额,进一步压缩制造商 1 的利润来源,因而无论市场条件如何,制造商 1 都不希望制造商 2 选择 BC 策略。随着低购物成本消费者的比例增加,使得 rCO 情形下产品 1 的需求增加,制造商 1 能够获得更多的利润,因而制造商 1 更希望制造商 2 选择 CO 策略。随着产品间的差异性增加,渠道间的竞争逐渐减弱,此时 rBO 情形下产品 1 的边际利润更高,因而制造商 1 能够获得更高的利润。

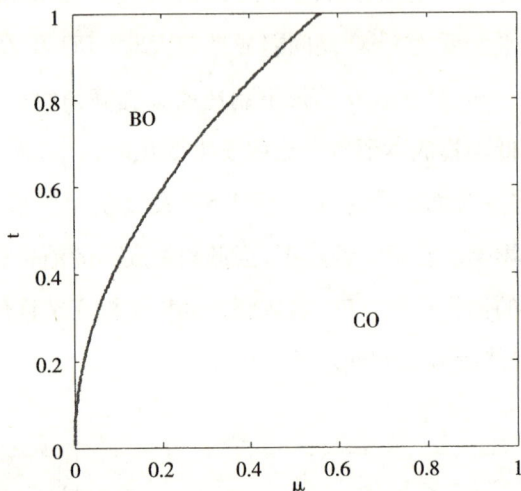

图 7-11　制造商利润水平随低购物成本消费者比例变化和产品差异性的变化趋势

　　图 7-12 表明,随着实体店的提成比例 α 不断增加,制造商 2 选择 CO 策略的可能性逐渐增大。随着产品间的差异性和低购物成本的消费者比例不断增加,制造商 2 选择 BO 策略的可能性逐渐增大。此外,当产品差异性较小时,制造商 2 选择 CO 策略;当实体店的提成比例较小且产品差异性较大时,制造商 2 选择 BO 策略;当实体店提成比例 α 较大且产品差异性较大时,制造商 2 选择 BC 策略。这是因为,实体店提成比例 α 越大,意味着实体店的主导权力越强,此时制造商在线下实体渠道销售产品所获得利润剩余减少。因此,rBO 和 rBC 情形下制造商 2 的利润水平均减少,其更倾向于选择 CO 策略。当产品间的差异性较大时,rBO 情形下产品 2 的销售价格提升幅度最大,此时制造商 2 的利润水平增长最多,因而其更倾向于选择 BO 策略。在 rCO 和 rBC 情形下,产品 2 在线上渠道处于垄断状态,因而制造商 2 可以获得较高的边际利润。随着低购物成本消费者的比例不断增加,会导致制造商 2 从线上渠道获得的利润减少,使得制造商 2 总的利润水平不断减少,因而制造商 2 选择 BO 策略的可能性增加。当产品间的差异性较小时,选择 CO 策略能够减轻同

质竞争造成的负面影响,为制造商 2 带来更多的利润。当产品间的差异性较大且实体店提成比例较大时,制造商 2 选择 BC 策略能够减轻高额提成的负面影响,在线上渠道获得更多的利润。

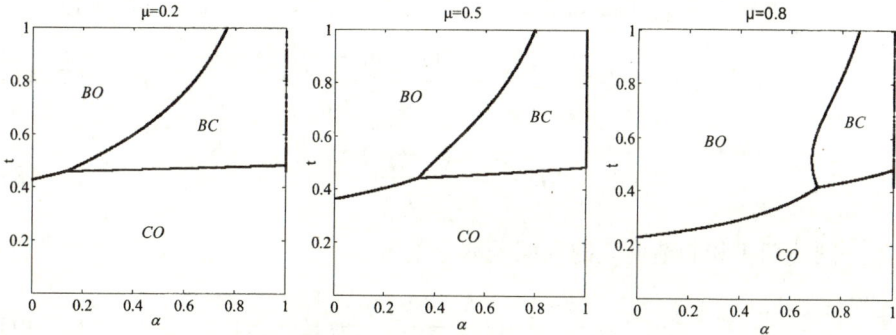

图 7-12 制造商 2 的销售渠道策略

(二)存在线上渠道横向竞争情形

在制造商 1 仅开通线上直销渠道的情形下,当制造商 2 选择不同的产品渠道策略时,构建得到三种不同的供应链结构(如图 7-13 所示)。

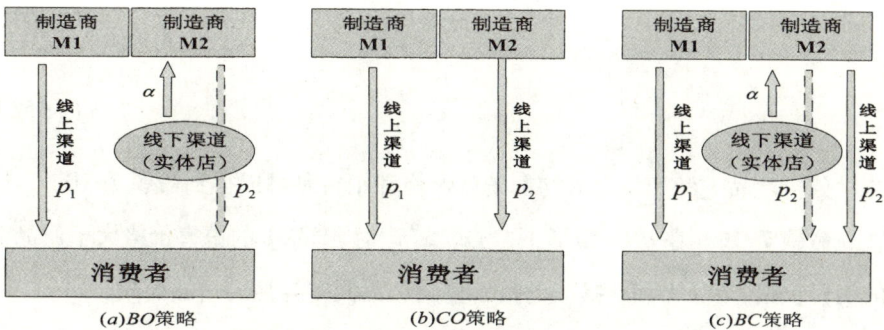

图 7-13 不同渠道策略下的市场结构

1. 仅开通线下渠道(dBO)

当制造商 1 仅在线上渠道销售产品而制造商 2 仅在线下渠道销售产品时,高购物成本消费者在线上渠道购买产品,低购物成本消费者在线下渠道购买产品,两类消费者购买产品所得的效用水平分别为:

$$U_{o1} = v - p_1 - tx - h_1 \tag{7-45}$$

$$U_{r2} = v - p_2 - t(1 - x) \tag{7-46}$$

当 $U_{o1} > 0$ 时,高购物成本消费者将会购买产品 1;当 $U_{r2} > 0$ 时,低购物成本消费者将会购买产品 2,由此可以求得产品 1 和产品 2 的需求分别为:

$$D_1^{dBO} = \frac{(1 - u)(v - p_1 - h_1)}{t} \tag{7-47}$$

$$D_2^{dBO} = \frac{u(v - p_2)}{t} \tag{7-48}$$

制造商 1 和制造商 2 的利润函数分别为:

$$\pi_1^{dBO} = \frac{(v - p_1 - h_1)(1 - \mu)}{t}(p_1 - c_1) \tag{7-49}$$

$$\pi_2^{dBO} = p_2 \frac{(v - p_2)\mu}{t}(1 - \alpha) \tag{7-50}$$

首先,制造商 1 制定产品 1 的销售价格,随后制造商 2 制定产品 2 的销售价格,运用逆序归纳法求解得到产品 1 和产品 2 的最优销售价格分别为:

$$p_1^{dBO*} = \frac{c_1 - h_1 + v}{2} \tag{7-51}$$

$$p_2^{dBO*} = \frac{v}{2} \tag{7-52}$$

分析产品 1 和产品 2 的均衡销售价格和销售量可以得到命题 7-10:

命题 7-10 在 dBO 情形下,当 $c_1 > h_1$ 时,产品 1 的销售价格大于产品 2 的销售价格,产品 1 和产品 2 的销售量随产品间差异性的增加而减少。

命题 7-10 说明,当在线上直销渠道销售产品 1 所发生的变动成本增加时,制造商 1 为了提高产品的边际利润会提高产品的销售价格,当这一变动成本较大时,产品 1 的销售价格要大于产品 2 的销售价格。在 dBO 情形下,制造商 1 和制造商 2 有各自的目标消费者,产品 1 满足高购物成本消费者的需求,而产品 2 满足低购物成本消费者的需求,因此,当产品间差异性发生变化时,两个制造商的价格决策不发生改变。随着产品间的差异性逐渐增加,消费者购买产品所产生的偏好负效应逐渐增大。因此,将有一部分消费者放弃购买相应的产品,从而导致产品 1 和产品 2 的销售量随之减少,并最终造成制造商 1 和制造商 2 获得的利润减少。

2. 仅开通线上渠道(dCO)

面对仅在线下渠道销售产品 1 的竞争制造商 1,当制造商 2 选择 CO 策略时,两类消费者的购物行为都发生在线上渠道。可以发现在 dCO 情形下,产品 1 和产品 2 的销售量分别为:

$$D_1^{dCO} = \frac{p_2 - p_1 + h_2 - h_1 + t}{2t} \tag{7-53}$$

$$D_2^{dCO} = 1 - \frac{p_2 - p_1 + h_2 - h_1 + t}{2t} \tag{7-54}$$

制造商 1 和制造商 2 的利润函数分别为:

$$\pi_1^{dCO} = \frac{p_2 - p_1 + h_2 - h_1 + t}{2t}(p_1 - c_1) \tag{7-55}$$

$$\pi_2^{dCO} = \left(1 - \frac{p_2 - p_1 + h_2 - h_1 + t}{2t}\right)(p_2 - c_2) \tag{7-56}$$

同理,可以得到产品 1 和产品 2 的最优销售价格分别为:

$$p_1^{dCO*} = \frac{c_1 + c_2 + h_2 - h_1 + 3t}{2} \tag{7-57}$$

$$p_2^{dCO*} = \frac{c_1 + 3c_2 + h_1 - h_2 + 5t}{4} \tag{7-58}$$

令 $\Delta c = c_2 - c_1$,Δc 越大表示制造商 1 在线上渠道销售产品的成本优势越大,通过分析制造商 1 和制造商 2 的最优销售价格和销售量,可以得到命题 7-11:

命题 7-11 在 dCO 情形下,当 $\Delta c < 3(h_2 - h_1) + t$ 时,产品 1 的销售价格大于产品 2 的销售价格;当 $\Delta c > t + h_1 - h_2$ 时,产品 1 的销售量大于产品 2 的销售量。

由命题 7-11 可知,当在线上渠道销售产品的成本优势较小时,制造商 1 为了提高产品边际利润而提高产品 1 的销售价格,因而产品 1 的销售价格大于产品 2 的销售价格;反之,当在线上渠道销售产品的成本优势较大时,即便产品 1 的销售价格处于较低水平,制造商 1 仍能够获得足够高的边际利润,并且较低的销售价格能够吸引更多的消费者,因而产品 1 的销售量大于产品 2 的销售量。

分析发现 $\frac{\partial p_1^{dCO*}}{\partial t} > 0$,$\frac{\partial p_2^{dCO*}}{\partial t} > 0$;$\frac{\partial p_1^{dCO*}}{\partial t} > \frac{\partial p_2^{dCO*}}{\partial t}$,$\frac{\partial D_1^{dCO*}}{\partial t} = \frac{\partial D_{o1}^{dCO*}}{\partial t} < 0$,

$\frac{\partial D_2^{dCO*}}{\partial t} = \frac{\partial D_{o2}^{dCO*}}{\partial t} > 0$,可以得到命题 7-12:

命题 7-12 在 dCO 情形下,两个产品的价格随产品间差异性的增加而增加,而且产品 1 销售价格增幅大于产品 2 销售价格增幅。此外,产品 1 的销售量随产品间差异性的增加而减少,产品 2 的销售量随产品间差异性的增加而增加。

由命题 7-12 可知,随着产品间的差异性逐渐增加,市场竞争会不断减弱,制造商 1 可以提高产品 1 的销售价格,制造商 2 根据制造商 1 的调整价格来提高产品 2 的销售价格,并将调整后的销售价格控制在小于产品 1 销售价格的水平,使得线下渠道在与制造商 1 的竞争中争取到更多的消费者。而且,随着产品间的差异性逐渐增加,在线上渠道,一部分原是购买产品 1 的消费者转而购买产品 2,从而产品 1 在线上渠道销售量减少,产品 2 在线上渠道的销售量增加。

3. 双渠道策略(dBC)

面对仅在线上直销渠道销售产品 1 的竞争制造商 1,当制造商 2 选择 BC 策略时,两个制造商在线上渠道存在竞争,制造商 2 在线下渠道则处于垄断地位。高购物成本消费者到线上渠道购买产品 1 和产品 2,而低购物成本消费者在线下渠道购买产品 2,可以得到制造商 1 和制造商 2 的销售量分别为:

$$D_1^{dBC} = \frac{p_2 - p_1 + h_2 - h_1 + t}{2t} \tag{7-59}$$

$$D_2^{dBC} = 1 - \frac{p_2 - p_1 + h_2 - h_1 + t}{2t} + \frac{u(v - p_2)}{t} \tag{7-60}$$

制造商 1 和制造商 2 的利润函数分别为:

$$\pi_1^{dBC} = (1 - \mu) \left(\frac{p_2 - p_1 + h_2 - h_1 + t}{2t} \right) (p_1 - c_1) \tag{7-61}$$

$$\pi_2^{dBC} = \left(\frac{(v - p_2) \mu}{t} \right) p_2(1 - \alpha) + (1 - \mu) \left(1 - \frac{p_2 - p_1 + h_2 - h_1 + t}{2t} \right) (p_2 - c_2)$$

$$\tag{7-62}$$

下面通过数值仿真对制造商 2 采用不同渠道策略时的产品销售价格与制造商 1 的利润进行对比分析,以进一步揭示产品间差异性 t、低购物成本消费者的比例 u 和实体零售商提成比例 α 对博弈均衡解的影响机理(如图 7-14 至图 7-17 所示)。

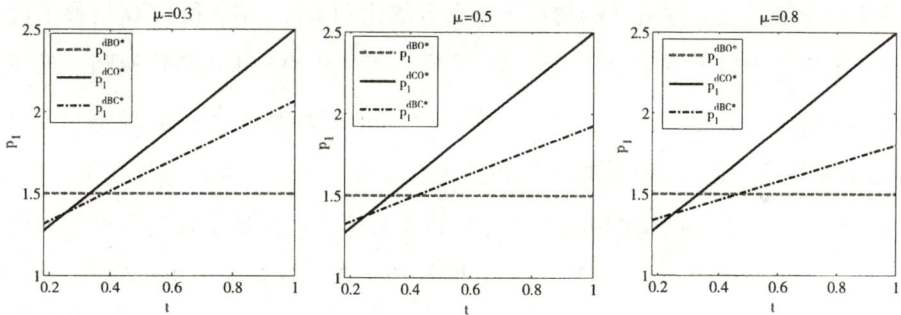

图 7-14　产品 1 销售价格随产品差异性和低购物成本消费者比例的变化趋势

分析图 7-14 可以发现,随着产品间的差异性逐渐增加,dBO 情形下产品 1 的销售价格不发生变化,dCO 和 dBC 情形下产品 1 的销售价格逐渐增大,且在 dCO 的情形下增幅更大。当产品间的差异性较小时,dBO 情形下的产品 1 的销售价格最高,而当产品间的差异性大于某一阈值时,dCO 情形下的产品 1 的销售价格最高。随着低购物成本消费者的比例逐渐增大,dBO 和 dCO 情形下产品 1 的销售价格不发生变化,而 dBC 情形下产品 1 的销售价格随产品间的替代性增幅越来越小。这是因为,在 dBO 情形下,制造商 1 和制造商 2 分别在线上渠道和线下实体店渠道销售产品,从而避免了在同一渠道直接竞争,因此当产品间的差异性较小时,dBO 情形下博弈双方所受影响最小,因而产品 1 的销售价格水平最高。当产品间的差异性大于某一阈值时,dCO 情形下的制造商 1 和制造商 2 都拥有足够大的提价空间,此时产品 1 的销售价格最高。当低购物成本消费者比例发生变化时,dCO 情形下制造商 1 的销售量不受影响,而且不会对 dBO 情形下产品 1 的销售价格产生影响。在 dBC 情形下,随着低购物成本的消费者比例逐渐增大,线上购物的消费者会不断减少,此时制造商 1 为了避免消费者过多流失,会降低销售价格以增加销量。

分析图 7-15 可以发现,dBO 情形下产品 1 的销售价格不随产品差异性的变化而变化,dCO 和 dBC 情形下产品 2 的销售价格则随产品差异性的增大而增大,且在 dCO 情形下增幅更大。当产品间的差异性较小时,dBO 情形下产品 2 的销售价格最大,而当产品间的差异性大于某一阈值时,dCO 情形下产品 2 的价格最大。随着低购物成本消费者的比例增加,dBO 和 dCO 情形下产品 2 的销售价格不发生变化,而 dBC 情形下产品 2 的销售价格增幅随产品间的差异性增加会越来越小。这是因为,当产品间的差异性较小时,渠道间竞争激烈,制造商 2 选择 BO 策略可以避免和制造商 1 在同一渠道直接竞争,有效减缓同质竞争带来的负面影响,使得产品 2 的销售价格处于较高水平。当产品间的差异性较大时,dCO 和 dBC 情形下产品 2 拥有较大的提价空间,且在 dCO 情形下制造商提高产品销售价格不会造成消费者过多流失,因而销售价格最大。在 dBC 情形下,随着低购物成本的消费者比例逐渐增大,面对制造商 1 作出的价格调整,制造商 2 会跟随性地降低销售价格随产品间差异性增加的幅度,以防止销售量大幅减少而造成利润水平降低。

分析图 7-16 可以发现,在 d 情形下,当低购物成本消费者的比例较大时,制造商 1 更倾向于制造商 2 选择 CO 策略。当产品间的差异性较小时,制造商 1 更希望制造商 2 选择 BO 策略。当低购物成本消费者的比例较小且产品间的差异性较小时,制造商 1 的利润水平在 dBO 情形下最大,否则,制造商 1 的利润水平在 dCO 情形下最大。

在 dBC 情形下,一方面制造商 1 要在线上渠道面对制造商 2 的竞争,另一方面制造商 2 占据了线下实体渠道的销售市场,进一步压缩制造商 1 的销售量。因此,不管在何种市场条件下,制造商 2 选择 BC 策略总是对自己不

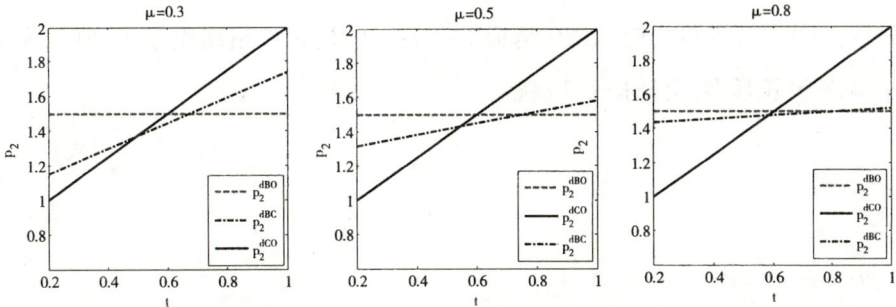

图 7-15　产品 2 销售价格随产品差异性和低购物成本消费者比例的变化趋势

利。当低购物成本消费者的比例较大时,如果制造商 2 引入线上渠道,则部分消费者会去线上渠道购买产品,必将导致产品 1 的需求减少,因而制造商 1 更希望制造商 2 选择 CO 策略,以避免消费者流失。当产品间的差异性较小时,渠道间竞争加剧,制造商 1 更希望制造商 2 选择 BO 策略,以减缓同质竞争造成的影响,从而获取更多的利润。

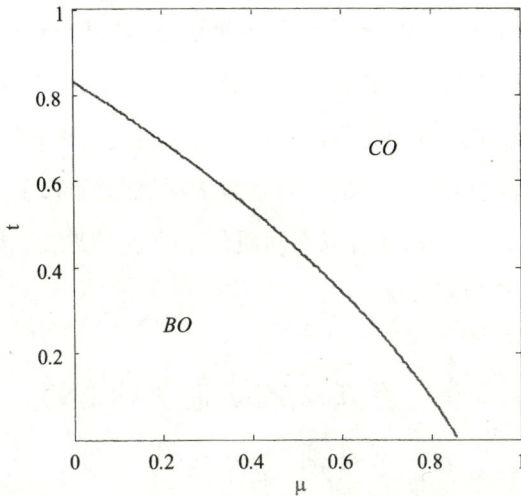

图 7-16　制造商 1 的利润随产品差异性和低购物成本消费者比例的变化趋势

图 7-17 表明,随着实体店提成比例逐渐增大,意味着实体店的话语权逐渐增大,此时制造商在线下实体渠道销售产品所获得的边际利润减少,因此,

在 rBO 和 rBC 情形下制造商 2 的利润均减少，制造商 2 会选择 CO 策略。当产品间的差异性较大时，dCO 情形下产品 2 的销售价格增幅最大，制造商 2 的利润增长最多，会选择 CO 策略。

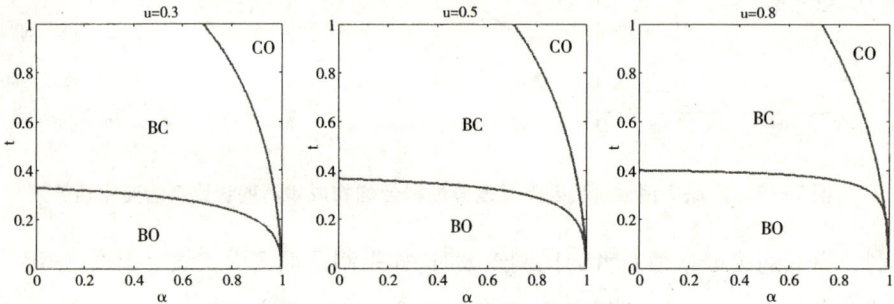

图 7-17　制造商 2 的销售渠道策略

在 dBO 情形下，随着低购物成本消费者的比例不断增加，产品 2 的销售量不断增加，使得制造商 2 总体利润水平逐渐增大，因而制造商 2 选择 BO 策略的可能性增加。当实体店提成比例较大时，制造商在线下实体渠道的利润剩余较小，这迫使制造商 2 放弃线下实体销售渠道，采用 CO 策略。当实体零售商提成比例较小且产品间的差异性较小时，制造商 2 选择 BO 策略可以避免与制造商 1 在线上渠道直接竞争，同时，在线下渠道获得较高的利润水平。当实体店提成比例较小且产品间的差异性较大时，制造商 2 选择 BC 策略不仅可以垄断线下渠道的利润，还可以在同质化竞争较弱的线上渠道获得较高的收入，因而此时 BC 策略最优。

第三节　存在双渠道竞争对手的制造商分销策略选择

一、问题描述

随着互联网技术的发展，制造商销售渠道类型选择日趋多样化，产品渠道策略的构建更加复杂，其承载的战略作用也越来越重要。例如，小米公司在创办之初仅通过电商渠道来销售产品,开拓销售市场。而作为竞争对手的维沃公司不仅通过电商渠道来销售产品,而且也深度经营线下实体店,通过实体店渠道销售产品,在手机市场占据一席之地。2017 年,小米公司重新调整渠道销售策略,通过开设实体店渠道来销售产品,实现线上线下渠道之间的融合,更好地满足消费者需求。

为了通过线上线下渠道融合来实现更高效的供应链运作,许多企业在线上销售的基础上,开始进入线下实体零售领域。虽然阿里巴巴与其竞争对手京东的平台交易总额占消费品网络销售额的比重已经接近 80%,但这两家企业都已开始将线下实体零售纳入自身的战略发展规划当中。2017 年 11 月,阿里巴巴进驻在线下零售具有重要地位的超市零售业,向高鑫零售进行了一笔总计 29 亿美元的投资;2018 年 1 月,京东首家线下生鲜超市开业。此外,亚马逊、当当、京东等企业纷纷到线下渠道建立了实体书店。

由上述分析可知,越来越多的企业通过双渠道策略来销售产品,市场竞争将由单渠道横向竞争演变为双渠道横向竞争。为此,本节依据现实市场竞争的演变趋势,将存在单渠道横向竞争的市场结构拓展为存在双渠道横向竞争的市场结构,在此基础上,研究在面临双渠道竞争制造商的情形下,产品进入市场时的最优渠道策略选择问题,并进一步剖析不同市场因素对产品渠道策略选择的影响机理。

二、模型构建

制造商 1 同时在线上直销渠道和线下实体渠道销售产品 1,制造商 2 考虑进入该市场,其销售的产品 2 与产品 1 互为替代品,两个产品间的差异性为 $t(0 < t < 1)$。针对与制造商 1 之间的博弈,制造商 2 将根据不同的市场条件来选择自身的产品渠道策略,制造商 2 可选择的产品渠道策略有以下三种:

(1)仅开通线下实体渠道,即 BO (Brick only)策略。

(2)仅开通线上直销渠道,即 CO (Click only)策略。

(3)同时开通线下实体渠道和线上直销渠道,即 BC (Brick and Click)

策略。

制造商 2 采用不同渠道策略时的供应链结构如图 7-18 所示。

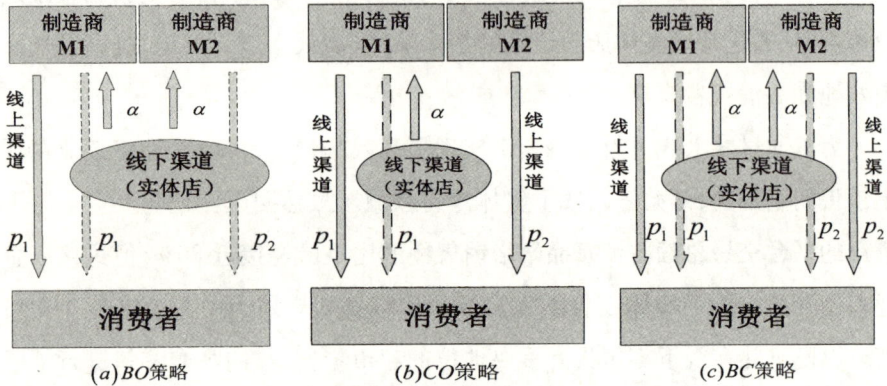

$(a)BO$策略　　　　　　　　$(b)CO$策略　　　　　　　　$(c)BC$策略

图 7-18　不同制造商渠道策略下的市场结构

低购物成本消费者在线下渠道购买产品 1 和产品 2 所获得的效用分别为：

$$U_{r1} = v - p_1 - tx \tag{7-63}$$

$$U_{r2} = v - p_2 - t(1 - x) \tag{7-64}$$

高购物成本消费者在线上购买产品 1 和产品 2 所获得的效用分别为：

$$U_{o1} = v - p_1 - tx - h_1 \tag{7-65}$$

$$U_{o2} = v - p_2 - t(1 - x) - h_2 \tag{7-66}$$

为了考察竞争效应对制造商 2 渠道策略选择所形成的影响，本节假设消费者购买产品的保留价格 v 足够大，从而保证产品市场被全部覆盖。

在线下渠道，制造商以店中店的模式和实体店合作，实体店向制造商收取比例为 α 的佣金；在线上直销渠道，制造商销售产品时承担变动成本 c_i（$i = 1,2$）。不失一般性，假设制造商生产产品的单位成本和开设线上渠道的固定成本为 0。令 $\Delta h = h_2 - h_1$、$\Delta c = c_2 - c_1$，上标"＊"表示最优决策量。

（一）仅开通线下渠道（BO 策略）

当制造商 2 选择 BO 策略时，即产品 2 仅通过线下渠道销售，此时制造商

1 在线上市场处于垄断地位,因此产品 1 在线上市场的需求为 $D_{o1}^{BO} = 1 - \mu$。制造商 1 和制造商 2 在线下渠道存在竞争,令 $U_{r1} = U_{r2}$,可求得消费者在线下渠道购买两种产品的效用无差别点 $x^{BO} = \dfrac{p_2 - p_1 + t}{2t}$,则产品 1 和产品 2 的销售量分别为:

$$D_1^{BO} = \frac{u(p_2 - p_1 + t)}{2t} + 1 - u \tag{7-67}$$

$$D_2^{BO} = u\left(1 - \frac{p_2 - p_1 + t}{2t}\right) \tag{7-68}$$

制造商 1 和制造商 2 的利润函数分别为:

$$\pi_1^{BO} = \mu\left(\frac{p_2 - p_1 + t}{2t}\right) p_1(1 - \alpha) + (1 - \mu)(p_1 - c_1) \tag{7-69}$$

$$\pi_2^{BO} = \mu\left(1 - \frac{p_2 - p_1 + t}{2t}\right) p_2(1 - \alpha) \tag{7-70}$$

运用逆序归纳法求解可以得到产品 1 和产品 2 的最优销售价格分别为:

$$p_1^{BO*} = \frac{(4 - \mu - 3\mu\alpha)\, t}{2\mu(1 - \alpha)} \tag{7-71}$$

$$p_2^{BO*} = \frac{(4 + \mu - 5\mu\alpha)\, t}{4\mu(1 - \alpha)} \tag{7-72}$$

分析 p_1^{BO*} 和 p_2^{BO*} 的表达式可以发现: $p_1^{BO*} > p_2^{BO*}$; $\dfrac{\partial p_1^{BO*}}{\partial t} > 0$, $\dfrac{\partial p_2^{BO*}}{\partial t} > 0$, $\dfrac{\partial p_1^{BO*}}{\partial t} > \dfrac{\partial p_2^{BO*}}{\partial t}$。这说明当制造商 2 仅开通线下渠道时,产品 1 的销售价格大于产品 2 的销售价格。此外,随着产品间的差异性逐渐增大,产品 1 和产品 2 的销售价格不断提高,且产品 1 销售价格增幅大于产品 2 销售价格增幅。当产品 2 仅通过线下渠道出售时,产品 1 在线上市场处于垄断地位。此时制造商 1 提高产品 1 的销售价格,虽然会在线下市场造成一部分消费者流失,但制造商 1 能够在线上市场获取更多的垄断利润。因此,在 BO 策略下,产品 1 的销售价格总是大于产品 2 的销售价格。当产品差异性增加时,渠道间竞争减弱,此时制造商 1 率先提高产品的销售价格,制造商 2 观察到制造商 1 的价格调整后会提高产品 2 的销售价格,并将其销售价格增加幅度控制在小于产品 1 销售价格增加幅度的水平,从而占据更多市场份额,获得更高利润。

(二)仅开通线上渠道(CO 策略)

当制造商 2 选择 CO 策略时,产品 2 仅通过线上渠道销售,此时制造商 1 在线下渠道处于垄断地位,与制造商 2 在线上渠道存在竞争。同理,可以得到产品 1 和产品 2 的销售量分别为:

$$D_1^{CO} = (1 - u)\left(\frac{p_2 - p_1 + h_2 - h_1 + t}{2t}\right) + u \tag{7-73}$$

$$D_2^{CO} = (1 - u)\left(1 - \frac{p_2 - p_1 + h_2 - h_1 + t}{2t}\right) \tag{7-74}$$

制造商 1 和制造商 2 的利润函数分别为:

$$\pi_1^{CO} = \mu p_1(1 - \alpha) + (1 - \mu)\left(\frac{p_2 - p_1 + h_2 - h_1 + t}{2t}\right)(p_1 - c_1) \tag{7-75}$$

$$\pi_2^{CO} = (1 - \mu)\left(1 - \frac{p_2 - p_1 + h_2 - h_1 + t}{2t}\right)(p_2 - c_2) \tag{7-76}$$

同理,可以得到产品 1 和产品 2 的最优销售价格分别为:

$$p_1^{CO*} = \frac{(3 + \mu - 4\mu\alpha)t}{2(1 - \mu)} + \frac{c_1 + c_2}{2} + \frac{\Delta h}{2} \tag{7-77}$$

$$p_2^{CO*} = \frac{(5 - \mu - 4\mu\alpha)t}{4(1 - \mu)} - \frac{\Delta h}{4} + \frac{c_1}{4} + \frac{3c_2}{4} \tag{7-78}$$

分析发现,当 $\Delta h \leqslant \dfrac{\Delta c}{3}$ 且 $t \leqslant \dfrac{(1 - u)(\Delta c - 3\Delta h)}{1 + 3u - 4u\alpha}$ 时,$p_1^{CO*} \leqslant p_2^{CO*}$,否则 $p_1^{CO*} > p_2^{CO*}$;$\dfrac{\partial p_1^{CO*}}{\partial t} > 0$, $\dfrac{\partial p_2^{CO*}}{\partial t} > 0$, $\dfrac{\partial p_1^{CO*}}{\partial t} > \dfrac{\partial p_2^{CO*}}{\partial t}$。这说明在制造商 2 仅开通线上渠道的情况下,当制造商 1 在控制消费者麻烦成本方面的优势较小且产品间的差异性较小时,产品 1 的销售价格小于产品 2 的销售价格。此外,随

着产品间的差异性逐渐增大,产品 1 和产品 2 的销售价格不断增大,且产品 1
的销售价格增幅大于产品 2 的销售价格增幅。这是因为,当 Δh 和 t 较小时,
一方面,这意味着产品 1 的销售优势不明显;另一方面,由于产品 1 和产品 2
的差异性较小,制造商 1 和制造商 2 之间的竞争较为激烈,消费者对价格变动
更加敏感。此时制造商 1 将主动降低产品 1 的销售价格以增加产品销售量,
从而获取更多的利润;反之,制造商 1 将主动提高产品 1 的销售价格。当两个
产品间差异性增大时,渠道间竞争减弱,此时制造商 1 率先提高产品的销售价
格,随后制造商 2 较小幅度增加产品 2 的销售价格,从而以相对低价占有更多
市场份额,获得更高利润。

（三）双渠道策略（BC 策略）

当制造商 2 选择 BC 策略时,产品 2 同时在线下渠道和线上渠道销售,制造
商 1 和制造商 2 在线下渠道和线上渠道均存在竞争。同理,可以得到产品 1 和
产品 2 的销售量分别为:

$$D_1^{BC} = u\left(\frac{p_2 - p_1 + t}{2t}\right) + (1 - u)\left(\frac{p_2 - p_1 + h_2 - h_1 + t}{2t}\right) \quad (7-79)$$

$$D_2^{BC} = u\left(1 - \frac{p_2 - p_1 + t}{2t}\right) + (1 - u)\left(1 - \frac{p_2 - p_1 + h_2 - h_1 + t}{2t}\right)$$

$$(7-80)$$

制造商 1 和制造商 2 的利润函数分别为:

$$\pi_1^{BC} = \mu\left(\frac{p_2 - p_1 + t}{2t}\right)p_1(1 - \alpha) + (1 - \mu)\left(\frac{p_2 - p_1 + h_2 - h_1 + t}{2t}\right)(p_1 - c_1)$$

$$(7-81)$$

$$\pi_2^{BC} = \mu\left(1 - \frac{p_2 - p_1 + t}{2t}\right)p_2(1 - \alpha) + (1 - \mu)\left(1 - \frac{p_2 - p_1 + h_2 - h_1 + t}{2t}\right)(p_2 - c_2)$$

$$(7-82)$$

同理,可以得到产品 1 和产品 2 的最优销售价格分别为:

$$p_1^{BC*} = \frac{3t}{2} + \frac{K\Delta h}{2} + \frac{K(c_1 + c_2)}{2} \quad (7-83)$$

$$p_2^{BC*} = \frac{5t}{4} - \frac{K\Delta h}{4} + \frac{K(c_1 + 3c_2)}{4} \tag{7-84}$$

分析发现，当 $\Delta h \leqslant \dfrac{\Delta c}{3}$ 且 $t \leqslant K(\Delta c - 3\Delta h)$ 时，有 $p_1^{BC*} \leqslant p_2^{BC*}$；$\dfrac{\partial p_1^{BC*}}{\partial t} > 0$，

$\dfrac{\partial p_2^{BC*}}{\partial t} > 0$，$\dfrac{\partial p_1^{BC*}}{\partial t} > \dfrac{\partial p_2^{BC*}}{\partial t}$ 成立。这说明，在制造商 2 采用双渠道策略的情形

下，当制造商 1 在控制消费者麻烦成本方面的优势较小且产品间的差异性较小时，产品 1 的销售价格小于产品 2 的销售价格。此外，产品 1 和产品 2 的销售价格随着产品间差异性的增大而增大，而且产品 1 销售价格的增幅要大于产品 2 销售价格的增幅。

三、结果分析

通过结合数理推导和数值仿真对不同情形下产品 1、产品 2 的销售价格和制造商获得的利润进行比较分析。选定的参数组为：$h_1 = 1.5$，$h_2 = 0.5$，$c_1 = 2$，$c_2 = 3$，$t \in \{0.3, 0.5, 0.7\}$，$\alpha \in [0, 1]$，$\mu \in [0, 1]$。

当制造商 2 选择不同的渠道策略销售产品 2 时，对比分析产品 1 的销售价格可以得到命题 7-13：

命题 7-13　当 $0 < \mu < \dfrac{1}{2 - \alpha}$ 且 $t \geqslant t_2$ 时，$p_1^{BO*} \geqslant p_1^{CO*} > p_1^{BC*}$；当 $0 < \mu <$

$\dfrac{1}{2 - \alpha}$ 且 $t_1 < t < t_2$ 或 $\dfrac{1}{2 - \alpha} \leqslant \mu < 1$ 且 $t > t_1$ 时，$p_1^{CO*} > p_1^{BO*} > p_1^{BC*}$；当 $0 <$

$t \leqslant t_1$ 时，$p_1^{CO*} > p_1^{BC*} \geqslant p_1^{BO*}$。其中 $t_1 = \dfrac{\mu(1 - \alpha)(\Delta h + c_1 + c_2)}{4(1 - \mu\alpha)}$，$t_2 =$

$\dfrac{(\mu - \mu\alpha)(1 - \mu)(\Delta h + c_1 + c_2)}{4(2\alpha\mu^2 - \alpha^2\mu^2 - 2\mu + 1)}$。

进一步通过数值仿真来分析产品间的差异性和低购物成本的消费者比例对制造商 1 销售价格的影响（如图 7-19 所示）。分析发现，当制造商 2 选择不同的渠道策略来销售产品 2 时，制造商 1 也会相应调整产品 1 的定价策略。

产品 1 在 CO 策略下的销售价格总是高于 BC 策略下的销售价格,这是因为在 BC 策略下两种渠道均存在竞争,其竞争强度高于 CO 策略下的竞争强度。此外,在 BC 策略下产品 1 在线上市场具有价格优势,产品间的竞争较激烈,消费者对价格敏感度增加,制造商 1 的销售价格优势更加明显,因而产品 1 销售价格较高;当产品间竞争较弱时,制造商 1 在线上渠道拥有的价格优势减弱,因而在 BO 策略下产品 1 的销售价格要大于在 BC 策略下的销售价格。

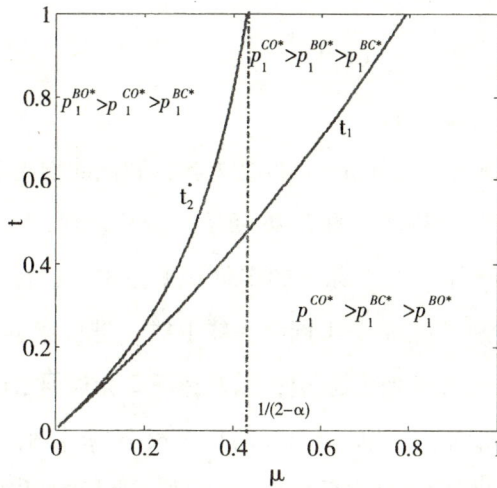

图 7-19　不同渠道策略下产品 1 的销售价格比较

由命题 7-13 还可以发现,在不同分销策略下,消费者的购物成本差异对产品 1 的销售价格也有影响。当低购物成本消费者的比例较小时$[\, 0 < \mu < 1/(2 - \alpha)\,]$,即线下市场规模较小,线上市场规模较大,在 BO 策略下制造商 1 更倾向于通过提高销售价格在线上渠道获取更多的垄断利润。随着产品 1 的销售价格逐渐提高,产品 1 在线下渠道的销售量会逐渐减少,当产品间的竞争强度较弱时($t \geq t_2$),提高销售价格的影响占据主导地位,此时制造商 1 在线上渠道垄断利润的增加量要大于在线下实体渠道的利润减少量,提高产品 1 的销售价格是最优决策。因此在这种市场条件下$[\, 0 < \mu < 1/(2 - \alpha)\,$ 且 $t \geq t_2 \,]$,BO 策略下产品 1 的销售价格最大。

当制造商 2 选择不同的渠道策略销售产品 2 时,对比分析产品 2 的销售价格可以得到命题 7-14:

命题 7-14　当 $0 < \mu < \dfrac{1}{2-\alpha}$ 且 $t \geqslant t_4$ 时, $p_2^{BO*} \geqslant p_2^{CO*} > p_2^{BC*}$;当 $0 < \mu < \dfrac{1}{2-\alpha}$ 且 $t_3 < t < t_4$ 或 $\dfrac{1}{2-\alpha} \leqslant \mu < 1$ 且 $t > t_3$ 时, $p_2^{CO*} > p_2^{BO*} > p_2^{BC*}$;当 $0 < t \leqslant t_3$ 时, $p_2^{CO*} > p_2^{BC*} \geqslant p_2^{BO*}$ 。其中 $t_3 = \dfrac{\mu(1-\alpha)(c_1 + 3c_2 - \Delta h)}{4(1 - \mu\alpha)}$, $t_4 = \dfrac{(\mu - \mu\alpha)(1-\mu)(c_1 + 3c_2 - \Delta h)}{4(2\alpha\mu^2 - \alpha^2\mu^2 - 2\mu + 1)}$ 。

进一步通过数值仿真来分析产品间的差异性和低购物成本的消费者比例对制造商 2 的销售价格影响(如图 7-20 所示),分析发现,当制造商 2 选择不同的渠道策略销售产品 2 时,产品 2 的定价水平会相应进行调整。制造商 2 选择 BC 策略意味着要与制造商 1 同时在线上线下进行竞争,此时产品 2 的定价水平较低。同理,在其他市场条件下,制造商 2 会根据制造商 1 的价格决策进行跟随性的价格调整。当线下市场的规模较小(u 较小)时,产品 2 在制造商 2 选择策略 BO 时的价格水平最高;而当线上市场的规模较小(u 较大)时,产品 2 在制造商 2 选择策略 CO 时的价格水平最高。

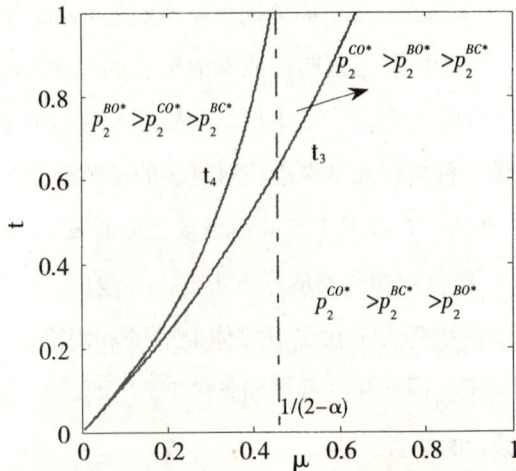

图 7-20　不同渠道策略下产品 2 的销售价格比较

通过数值仿真进一步分析实体店收取的佣金比例 α、低购物成本的消费者比例 u 和产品间的差异性 t 对制造商 1 分销策略的影响（如图 7-21 所示），分析发现，当制造商 2 选择策略 BC 时，制造商 2 和制造商 1 同时在线下线上进行竞争，此时市场竞争最为激烈。因此，无论市场条件如何变化，制造商 2 选择 BC 策略对制造商 1 不利。当线上市场的规模较大（u 较小）时，若制造商 2 选择 BO 策略，制造商 1 可以在规模较大的线上销售市场获取垄断利润，从而获得更多的利润水平，因此制造商 1 更希望制造商 2 选择 BO 策略。当线下市场的规模较大（u 较大）时，如果制造商 2 选择 CO 策略，制造商 1 可以在规模较大的线下销售市场获取垄断利润，从而获得更多的利润水平，因此制造商 2 倾向于选择 CO 策略。同时，随着实体店提成比例 α 逐渐增大，制造商 1 更希望制造商 2 选择 BO 策略；随着产品间的差异性不断增大，制造商 1 希望制造商 2 选择 BO 策略。

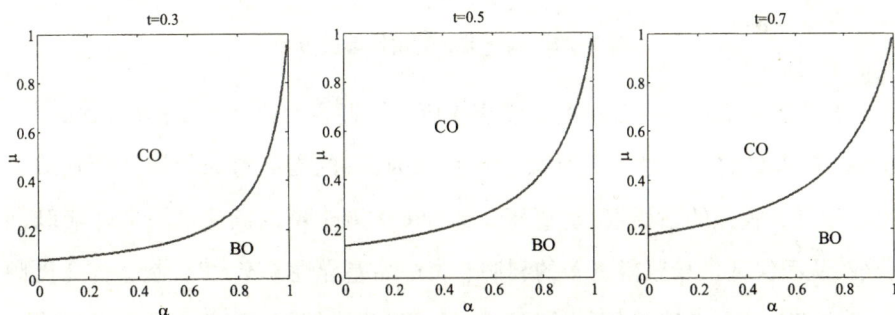

图 7-21　制造商 1 的销售渠道策略

通过数值仿真进一步分析实体店收取的佣金比例 α、低购物成本的消费者比例 u 和产品间的差异性 t 对制造商 2 分销策略的影响（如图 7-22 所示），分析发现，当线上线下渠道规模接近（u 适中）时，制造商 2 放弃任一渠道的损失都会很大，此时其会选择 BC 策略，在线上线下与制造商 1 进行市场竞争。当线上渠道规模较大（u 较小）时，制造商 2 会选择 CO 策略，只在线上与制造商 1 进行市场竞争。而当线下市场规模较大（u 较大）时，制造商 2 会选择 BO 策略，只在线下与制造商 1 进行市场竞争。事实上，在电子商务发展的初期,线上市场的规模较小,大多数企业(安踏、贵人鸟等运动服饰企业、海信和长虹等电视制造商)在推出新产品时会选择 BO 策略。随着线上市场的规模逐步提高,许多企业选择双渠道策略销售新产品。例如,乐视在 2013 年 5月 7 日推出并同时在线上线下销售旗下第一款品牌电视。当有些产品的线上市场日趋成熟后,企业会选择仅开通线上渠道。例如,手机生产商一加和小米则在网络购物最火热的时期专注于在线上渠道推广新产品。

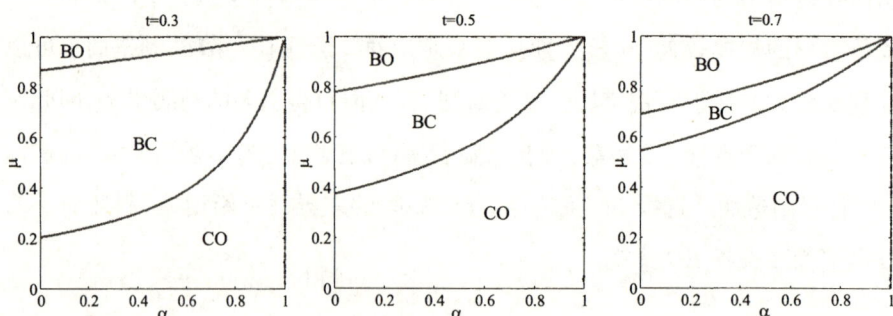

图 7-22　制造商 2 的销售渠道策略

分析图 7-22 还可以发现,随着实体店收取佣金的比例不断提高,制造商 2选择 CO 策略的可能性不断增大。这是因为,α 的提高意味着实体店在线下渠道中具有较强的话语权,制造商 2 选择 CO 策略可以避免给予实体店利润分成,从而保证自身获得更多的利润。当产品差异性 t 较大时,制造商 2 更倾向于构建单一渠道策略(BO 策略或 CO 策略)。例如,小米公司在推出第一代产品时,新颖的外观设计以及创造性的解决方案使其和其他竞争者存在明显差异,因此小米公司专营线上的单一渠道策略大获成功。但在其他制造商相继推出类似的手机产品后(例如华为推出的荣耀系列、魅族推出的魅蓝系列),小米手机的销售受到很大的冲击,小米出货量 2016 年同比下降 36%。针对这一问题,小米及时调整渠道策略,在 2017 年开始布局线下线上的双渠道策略,逐渐赢得更多的市场份额。互联网数据中心的数据表明,2017 年第一季度,小米手机出货量快速增长,国内市场所占比重环比增长 21.6%。

随着电子商务的快速发展,通过线上渠道分销产品成为越来越多企业的选择。在线上线下渠道共存的情况下,如何根据外部市场条件选择合适的产品渠道策略成为企业重要的决策问题。同时,渠道权力结构深刻影响制造商与零售商之间的博弈,成为决定制造商产品渠道策略选择的关键因素。在竞争市场环境下,供应链同级成员间的横向竞争不可避免,在考察制造商层面横向竞争的基础上,制造商产品渠道策略决策将会发生变化。

本章首先构建了垄断情形下制造商与实体店之间的权力主导博弈模型,以纵向竞争作为研究切入点,考察了渠道权力结构对制造商产品渠道构建策略的影响机理;随后,在垄断型市场结构的基础上,引入单渠道竞争制造商,通过构建一个双寡头竞争市场,深入刻画制造商之间的博弈行为,探讨各市场因素对纵向竞争与横向竞争并存情形下的产品渠道策略存在的影响;最后,依据现实产业发展背景,充分考察市场竞争演变的趋势,将单渠道竞争制造商扩展为双渠道竞争制造商,并揭示了产品间替代程度、实体店提成比例以及消费者结构等因素对制造商产品渠道构建策略的影响机理。研究得到以下结论和管理启示:

(1)当制造商渠道权力较弱时,制造商通过引入线上渠道来增强定价话语权,此时制造商更倾向于选择双渠道策略。当偏好实体渠道的消费者比例增加时,渠道权力结构差异不会影响制造商选择渠道策略,其都会选择双渠道策略来销售产品。当渠道间替代性越高,即渠道间竞争越激烈,制造商引入线上渠道后的定价权力加成就越大。

(2)面对单渠道竞争制造商的竞争,实体店过高的提成比例将促使制造商选择仅开通线上渠道。此外,当低购物成本消费者的比例较大时,仅开通线下渠道是制造商的最优选择。在竞争制造商仅开通线下渠道的情形下,制造商选择仅开通线下渠道的可能性随产品间差异的增大而增大;在竞争制造商仅开通线上渠道的情形下,制造商选择仅开通线上渠道的可能性随产品间差异的增大而增大。

(3)制造商分销策略选择受线上线下市场规模差距和实体店渠道权力的

综合影响。当线上线下市场的规模差距较小时,制造商应选择双渠道策略。当线上线下市场规模差距较大时,专营市场规模较大的渠道是最优选择。当线下实体店较为强势时,制造商在分销产品时倾向于选择仅开通线上渠道策略,而当产品间的差异性较大时,制造商倾向于选择仅开通单一渠道策略来获得更高的利润。

第八章 基于线上线下融合的生鲜农产品流通模式创新

近年来,互联网巨头先后入局生鲜电商,打造了一系列创新商业模式。线上线下融合的新零售业态,通过实体店、微店商城等多种灵活便利的方式帮助生鲜农产品销售,促进其商品价值的实现。同时,通过线上线下融合模式,生鲜电商可以将零售交易环节前置,突破供应链模式的局限,能够有效抑制供应链"牛鞭效应",基于实时信息流推动商流、物流、资金流的协同运作成为可能。

第一节 生鲜农产品供应链的特征

一、生鲜农产品供应链的概念

生鲜农产品供应链是指将生鲜农产品的生产、供应、营销与配送等环节进行有机衔接,整合一切可联系的资源,通过产、购、销形成获取农产品附加值的链条。与传统的工业产品供应链相比,生鲜农产品供应链具有鲜明的特征,具体体现在:

(一)生鲜农产品生物特性导致的供应链脆弱性

与工业产品相比,生鲜农产品生长具有一定的自然周期,而且易受生物气候等自然环境影响。同时,生鲜农产品的生产具有区域性、季节性、分散性等特点,无法实现跨区域间和跨季间的即时调节。在物流特性上,大部分生鲜农产品具有的生物易腐性会大大限制运输半径和交易时间,因此对运输效率和流通保鲜条件提出了更高的要求。有数据统计,我国水果蔬菜等农副产品在采摘、运输、储存等物流环节上的损失率达 25%—30%,而发达国家的果蔬损失率则控制在 5% 以下。在消费方式上,生鲜农产品既是人们的生活必需品,又面临着多样性的要求,因此消费需求弹性较小,具有消费普遍性和分散性的特点。生鲜农产品本身的诸多生物特性,导致了农产品供应链具有天然的不确定性和脆弱性。

(二)供应链运行要求的技术支持水平较高

目前我国农业物流基础设施落后,生鲜农产品物流主要是以常温物流或自然物流形式为主,缺乏冷冻、冷藏等设备和技术的保障。此外,我国生鲜农产品供应链总体信息化水平比较低,供应链结点间的信息缺乏共享。同时由于需求信息的不确定性,销售市场价格波动大,不利于生鲜农产品的供求均衡。生鲜农产品供应链上游的不确定性信息从最初的农户开始沿供应链向各级逐级传递,直接影响产品的生产进程和交付时间。生鲜农产品供应链下游信息的不确定性表现为顾客需求从最终用户开始沿供应链的信息流方向朝供应商逐级传递,直接影响各级供应商的库存量和库存时间,从而使库存成本大大增加。

(三)供应链面临着较高的质量安全风险

为了满足消费者对生鲜农产品在种类和数量上的要求,企业不断寻求和研发新技术,而新技术和新方法的过度使用(如杀虫剂、激素、抗生素和转基因技术等),导致生鲜农产品在种植、养殖过程中不同程度地受到农药、化肥、工业"三废"的污染。由于我国的生鲜农产品质量安全体系建设起步较晚,还没有形成完整的标准体系、食品检验检测体系和食品质量安全评价指标体系,致使生鲜农产品的质量安全难以检测,供应链的质量安全风险较高。

二、发达国家生鲜农产品供应链的运作模式

发达国家农产品流通现代化起步较早,发展较快,生鲜农产品供应链管理理念的应用已经相当成熟。由于农产品的流通与一个国家的农业生产条件、

经济发展水平及社会文化背景密切相关,因而各个国家的生鲜农产品供应链的运作机制具有一定的差异性。从世界范围看,目前较为成熟的生鲜农产品供应链流通模式主要有以下三种:以美、加为代表的北美模式,以日、韩为代表的东亚模式以及以荷、法为代表的欧盟模式。从总体上来看,这三种农产品供应链流通模式的发展存在着一些共同的特征,具体表现为以下几点:

(一)充分利用本国自身条件发展现代化农业

虽然美国、荷兰、日本拥有不同的农业生产环境,但都注重农业的现代化发展。美国地广人稀,气候适宜,在充分利用自身资源优势的基础上,大力发展区域化农业生产,通过大农场经营的方式进行高度机械化的农业运作。而荷兰和日本人多地少,资源贫乏,两国政府主要依靠加大农业科技创新投入,发展集约化和专业化生产,提高土地使用效率。现代化的农业生产方式提高了这些国家生鲜农产品的产出,也有利于促进生鲜农产品的标准化和质量化,从而为供应链管理奠定了良好的基础。

(二)高组织化的流通主体发挥核心作用

在美国、荷兰和日本,生鲜农产品流通供应链中都存在一个处于主导地位的核心企业。以下是几种常见的核心企业:(1)规模较大的连锁超市。例如美国的农产品供应链流通模式主要是大型连锁超市主导的农产品产地直销模式。该种模式下,大型连锁超市按照"订单交易"的原则与农业生产者建立起长期稳定的供应链合作关系,掌控着农产品的流通,实现了农产品从农业生产基地到农产品零售终端的产销直通,是一种短渠道、少环节、高效率的农产品流通模式。目前,美国大约80%的农产品都是借助这种方式实现流通的。(2)民间的农业合作组织。农业合作组织负责协调供应链上、下游的利益关系,供应链的组织化程度普遍较高。荷兰拥有2000多个农业合作组织,这些组织在国内甚至世界各地都建有发达的市场销售网络,为农产品的流通创造了便利条件。(3)实力雄厚的批发市场。日本的农产品供应链流通模式主要是以批发市场为核心的多级批发流通模式。该种模式下,批发市场作为农产品流通的枢纽,凭借其完备的供应链信息系统,将农产品供应商、批发商以及零售业者紧密地衔接在一起,形成一套严密的运作体系。目前,全日本通过批发市场流通的蔬果类农产品约占其总量的 80%。

（三）现代物流设备广泛使用

完善的硬件设施是农产品高效流通的基础。美国、荷兰、日本等国家都拥有发达的交通运输网络和健全的物流基础设施。美国的高速公路总里程约30 万公里;日本的公路、铁路、水路也是四通八达,在全国呈网状分布,甚至可以延伸到每个家庭的门口;荷兰作为欧洲大陆的分销中心,除了便利发达的海陆运输外,还建有六大航空港,能够迅速地将蔬果等生鲜农产品运往世界各地。此外,美国、荷兰、日本在农产品流通中广泛使用冷链运输设备、低温冷库设施等现代物流设备,这不仅降低了生鲜农产品的流通损耗,节约了流通成本,而且还保证了农产品在流通中的质量,满足了现代消费者的高品质要求。

（四）农业信息网络现代化水平较高

生鲜农产品供应链流通模式的良好运行离不开现代信息技术和电子网络的支撑。美国、荷兰、日本的农业信息化水平较高,供应链信息系统和网络购销平台在生鲜农产品流通领域得到了充分的应用。美国的农业信息发布体系十分完善,上层是政府农业部信息网站,中层是农产品期货交易所,下层是私营的信息咨询公司,为生鲜农产品流通主体提供了全方位、多层次的信息获知平台。日本的批发市场安装有农产品供应链信息追踪系统,通过全国共享数据库,可追溯农产品的来源,使消费者的利益得到实质性的保障。荷兰借助现代信息化手段,实现了农产品供应链各主体间的信息透明和共享,有利于农产品的快速流通和处理业务的高效化。

三、我国生鲜农产品供应链的发展现状

我国是农业大国,农民人口众多,农业的发展关乎到广大农民的切身利益,多年来党中央高度重视我国农业的发展。国家统计局调查数据显示,截至2018 年年底,我国农村人口规模达到 5.6 亿人,农作物总播种面积达到 1.66亿公顷。在全球市场竞争加剧的环境下,优化配置供应链上的物流、信息流和

资金流,提高运作效率已成为我国农业产业链提升竞争力的必由之路。《中华人民共和国国民经济和社会发展第十三个五年规划》强调:"要推进农村一二三产业融合发展,推进农业产业链和价值链的建设,建立多形式利益联结机制,培育融合主体、创新融合方式,拓宽农民增收渠道,更多分享增值收益。"在 2018 年 12 月召开的中央农村工作会议中,农业农村部部长韩长斌再次指出,要加快发展生产性服务业,把小农户带入现代农业产业链、价值链。同时,引导龙头企业与合作社、农户建立股权式契约式利益分享机制,推进土地经营权入股农业产业化经营,让农民分享增值收益。

目前,尽管我国生鲜农产品流通体系出现不少新兴的模式(如表 8-1 所示),但仍然以传统的多级批发形式为主,农产品的流通效率较低。一方面,生鲜农产品存在着严重的供需不平衡问题。据统计,2018 年全年猪牛羊禽肉的产量为 8517 万吨。其中,猪肉产量 5404 万吨,牛肉产量 644 万吨,羊肉产量 475 万吨,禽肉产量 1994 万吨,禽蛋产量 3128 万吨,牛奶产量 3075 万吨,水产品产量 6469 万吨。另一方面,生鲜农产品供应链分销层级过多导致流通环节中各级批发商层层剥削,使得处于源头的农户和处于市场的消费者都无法从中获益。例如,山东莒县的生姜在农户手中的收购价格只有五六毛钱,但是到了消费者手中就达到五六块钱,中间价格翻了十倍。国内中小规模的奶牛养殖户"忍痛"倒奶、杀牛事件频发,部分乳制品企业亏损额巨大,奶农倒闭关门的数量也日益增加。

表 8-1　我国生鲜农产品供应链的典型模式

名称	案例
农超对接模式	在第三届中国特色商品交易博览会上,晋陕豫三省举办的农超对接推介会现场共签订购销意向书 29 份,总金额 2.72 亿元(惠农资讯,2016 年 11 月 22 日) 太原市举行大型超市设立"太原名优特农产品展示销售专区"签约暨挂牌仪式。绿恒常等农产品加工企业(农民专业合作社)分别与美特好、山姆士、唐久、永辉等大型超市达成合作协议(太原市政府网站,2018 年 9 月 10 日)

续表

名称	案例
直销区模式	北京市朝阳区十八里店乡及周边地区居民身边，大洋路市场 7 家农产品直营店如雨后春笋般冒出来，开在社区门口。这种将蔬菜从种植基地直接送上门店的直销模式，凭借其新鲜、健康、价廉的优势，受到居民们的热捧（新闻快报，2018 年 2 月 6 日） 青岛市供销社在各区市共开设 20 多家农产品社区直销店，质量有保证，价格还低于市场价 10%—40%，不少市民询问这些店铺的具体地址、联系方式（大众网，2018 年 5 月 30 日）
混合模式	山东省青岛市农业、商务等相关部门采取多种措施，组织蔬菜产地和城市社区、企事业结对，上门收菜实施平价直销，同时开展"农社对接"（周末车载蔬菜进社区）、"农超对接""农校对接""农农对接"（农贸市场和蔬菜生产基地、农业合作社对接），一定程度上缓解了蔬菜卖难买贵的难题（神农网，2016 年 5 月 16 日） 河北省石家庄市鹿泉区首家农民合作社农产品直销店——"绿康无公害蔬菜合作社订购直销店"经过半个月的试运行，获得巨大成功。该直销店采用农民专业合作社和社区对接的模式销售蔬菜，并采取会员定购、微信定购等销售形式，直产、直供、直销（惠农资讯，2016 年 8 月 11 日）

资料来源：笔者整理。

从本质上说，我国生鲜农产品供应链的独有特征导致供应链运作效率低下：

一是供应链上游的养殖户规模弱势分散。我国是一个农业人口众多，而农业资源有限的农业大国，有限的人均资源使得分散的农户成为主要的农业经营单位。家庭联产承包责任制施行后，农业生产得到了快速发展，但土地等农业生产资源以人为单位平均分配，并不断随着人口的增减进行调整，使农业资源越来越趋向分散。在工业化、城镇化快速推进的背景下，农村劳动力的外移导致很多地方的务农人员呈现出"老龄化、女性化、低文化"的特点。与此同时，农村集体经济普遍弱化虚化，农民合作组织的发展处于刚起步阶段，以农户家庭分散经营与村集体经济组织统一经营相结合的农业双层经营体制在大多数地方徒有虚名或名存实亡。

二是供应链下游企业具有强大垄断地位。考虑到生鲜农产品的需求弹性低，以及农产品的笨重性和易腐烂等特性，很多时候农产品必须在短期内运到交易市场或者出售给加工厂商。因此,在生鲜农产品市场上,买方往往拥有更强的市场力量。分散的小农多数承担不起昂贵的运输费用,甚至有些地方连运输农产品的基本交通条件都不具备。在这种买方垄断的农产品市场中,追求效益最大化的垄断者将会以比竞争市场条件下更低的价格来购买农产品原料,从而使得农户只能获得较低的销售收入。

三是供应链渠道关系相对松散。企业与农户的利益联结机制仍不完善,难以真正实现"利益均沾、风险共担",双方的合作多数没有法律效力,没有相应的责任和义务,不能互相约束。有些企业虽然与农户签订了合同并履行合约,但却把农户排除在加工、销售环节的获利范围之外。农户只是企业无正式身份的"打工仔"或者说廉价原料农产品的提供者,很难从增加的农产品附加值中获得相应的收益。此外,农户的种养殖行为分散在各个农户家庭,企业既不能控制种养殖环境对原料质量安全的影响,也不能完全监控农户的生产行为,生鲜农产品质量安全控制的效果并不理想。

第二节　基于传统批发模式的生鲜农产品供应链运作机制

一、问题描述

目前,我国大部分生鲜农产品流通渠道仍以简单的批发形式为主。表8-2为近十年来全国大型农产品批发市场的数量和交易额,只有通过各个层级批发商的努力,原产地的生鲜农产品才能够销往全国各地市场。基于此,本节提出基于传统批发模式的生鲜农产品供应链来描述这种传统的流通形式(将这种模式作为其他创新模式的参照)。在传统批发模式中,必须经过批发商的分销活动和零售商的零售活动,生鲜农产品才能到达消费者手中。这种模式的主要特点是中间分销环节较多,而且距离生鲜农产品生产者越远的区域其生鲜农产品流通环节的数量越多。例如,山东烟台的大樱桃卖到烟台本地市场可能仅需要一次分销即可流入到消费者手中,而如果卖到辽宁地区或者黑龙江地区可能需要四五次甚至七八次分销过程才能流入到当地市场。

表8-2　全国大型农产品批发市场的数量和交易额

项目/年份	2010	2011	2012	2013	2014	2015	2016	2017
农产品综合数量（个）	981	1020	1044	1019	999	979	966	937
农产品批发市场成交额（亿元）	9991	11830	12879	13761	14653	15581	16539	18366
肉禽蛋批发市场成交额（亿元）	683	756	873	1028	1151	1200	1353	1266
水产品批发市场成交额（亿元）	1958	2568	2820	2649	3025	3117	3049	3488
蔬菜批发市场成交额（亿元）	3010	3192	3521	3704	3656	3889	4150	4137
干鲜果品批发市场成交额（亿元）	1663	1864	1982	2316	2479	2823	3093	4583

资料来源:国家统计局。

　　为了描述生鲜农产品同时面向本地市场和异地市场进行流通的特点,本节考虑两个独立市场,一个是本地市场,另一个是异地市场,其中本地市场是指市场与生鲜农产品生产者在同一区域内,通常情况下生鲜农产品只需经过一次批发和零售环节就能到达消费者手中;而异地市场是指市场与生鲜农产品生产者不在同一区域内,生鲜农产品需要经过多次批发和零售环节才能够到达消费者手中。例如,对于潍坊地区的合作社而言,潍坊市场就是其本地市场,而周边的淄博、烟台、日照市场等就是异地市场。合作社面临的市场都是由一个本地市场和多个异地市场组成的,传统批发模式下农产品流通环节较多的特点主要体现在异地市场的生鲜农产品流通环节当中。

二、模型构建

　　考虑一个传统批发模式的生鲜农产品供应链(如图8-1所示),合作社生产的生鲜农产品通过批发商和零售商最终销往本地市场和异地市场,其中销售到本地市场仅需要经过本地批发商的分销即可到达本地零售商处,并出售给本地市场消费者,而销售到异地市场需要经过本地批发商和异地批发商的多次分销才能到达异地零售商处,并最终出售给异地市场消费者。事实上,合作社面临的异地市场一般为多个独立的具有不同流通环节的区域市场。为了突出本地市场和异地市场的流通环节数量不同的特点,这里假设合作社仅面临1个异地市场,并且生鲜农产品销售到异地市场需要经过 n ($n \geq 1$)个异地批发商的分销才能到达异地零售商处,并最终出售给异地市场的消费者。n 描述了合作社生产的生鲜农产品销往异地市场的平均流通环节数量,n 越大表明合作社生产的生鲜农产品销往异地市场所需的流通环节越多。

除了流通环节数量不同以外,异地市场的市场规模一般与本地市场的市场规模也不同。为了描述这一点,本节假设合作社面临的本地市场规模为1,异地市场规模为 N,其中 $N > 0$,N 越大说明异地市场规模越大。

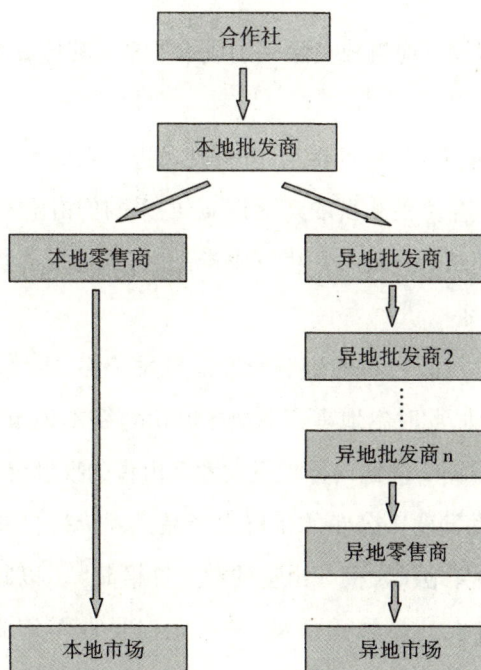

图8-1　基于传统批发模式的生鲜农产品供应链结构

假设本地市场消费者和异地市场消费者对于生鲜农产品客观价值的评价均为 V ($V > 0$),这种客观价值主要取决于它的外观、色泽、口感以及新鲜程度等因素。θ 表示不同的消费者对特定生鲜农产品的偏好程度(例如,有人喜欢苹果,有人却喜欢梨),假设消费者群体的偏好程度均匀分布在 $[0,1]$ 区间上,即 $\theta \in [0,1]$ 。p_b 为生鲜农产品在本地市场上的销售价格,因此偏好程度为 θ 的消费者效用函数为 $U_b = \theta V - p_b$ 。由此得到本地市场消费者购买生鲜农产品的条件为 $\theta > \dfrac{1}{V}p_b$,进而得到本地市场的需求函数为:

$$q_b = 1 - \frac{1}{V}p_b \qquad (8-1)$$

类似地,异地消费者的效用函数为 $U_y = \theta V - p_y$, p_y 表示生鲜农产品在异地市场上的销售价格,进而得到异地市场的需求函数为:

$$q_y = N\left(1 - \frac{1}{V}p_y\right) \qquad (8-2)$$

不失一般性,假设供应链成员除采购成本外没有其他成本,供应链成员的决策顺序如下:

(1)合作社在期初下达生产计划,安排社员进行农业生产活动。

(2)合作社将其生产的生鲜农产品以 w_c 的采购价格出售给本地批发商。

(3)本地批发商从合作社采购生鲜农产品后,以批发价格 w_b 出售给本地零售商和异地批发商1。

(4)根据本地批发商公布的生鲜农产品批发价格,本地零售商和异地批发商1进行采购活动,此时本地零售商决定其出售到本地市场上的生鲜农产品数量 q_b ,异地批发商1决定向异地批发商2出售的批发价格 w_{y1} 。

(5)根据异地批发商1公布的生鲜农产品批发价格,异地批发商2进行采购活动,并决定向异地批发商3出售的批发价格 w_{y2} 。以此类推,最后异地批发商 n 进行生鲜农产品采购活动,并决定向异地零售商出售的批发价格 w_{yn} 。

(6)根据异地批发商 n 公布的生鲜农产品批发价格,异地零售商进行采购活动,并决定其出售到异地市场上的生鲜农产品数量 q_y。

此时合作社的利润函数为:

$$\pi_c = w_c(q_b + q_y) \tag{8-3}$$

本地批发商和零售商的利润函数分别为:

$$\pi_{wb} = (w_b - w_c)(q_b + q_y) \tag{8-4}$$

$$\pi_{rb} = [V(1 - q_b) - w_b] q_b \tag{8-5}$$

第 i 个异地批发商和零售商的利润函数分别为:

$$\pi_{wyi} = (w_{yi} - w_{y(i-1)}) q_y \tag{8-6}$$

$$\pi_{ry} = \left[V\left(1 - \frac{1}{N}q_y\right) - w_{yn} \right] q_y \tag{8-7}$$

其中, $i = 1,2,\cdots,n$ 代表不同层级的异地批发商。为了保证供应链各成员的盈利为正数,假设有 $0 < w_c < w_b < w_{y1} < w_{y2} < \cdots < w_{yn} < V$ 和 $q_b, q_y > 0$ 成立。

根据逆序归纳法求解,可以得到传统批发模式下的生鲜农产品的最优采购价格、批发价格以及第 i 位批发商的批发价格分别为:

$$w_c^* = \frac{1}{2}V \tag{8-8}$$

$$w_b^* = \frac{3}{4}V \tag{8-9}$$

$$w_{yi}^* = \frac{2^{i+2} - 1}{2^{i+2}}V \tag{8-10}$$

三、结果分析

由于有 $q_y^* > q_b^*$,因此进一步可以得到 $N > 2^n$。这说明,在传统批发模式下,当异地市场规模大于本地市场规模的 2^n 倍时,生鲜农产品的异地市场需求大于本地市场需求。这是因为受到多级分销环节的影响,异地市场需求仅在其市场规模较大时才能超过本地市场(如图8-2所示)。例如,当异地批发商的数量为2时,异地市场规模超过本地市场4倍就能够使得异地市场需求超过本地市场需求,而当异地批发商的数量为 4 时,异地市场规模需要超过本地市场 16 倍以上才能够使得异地市场需求超过本地市场需求。

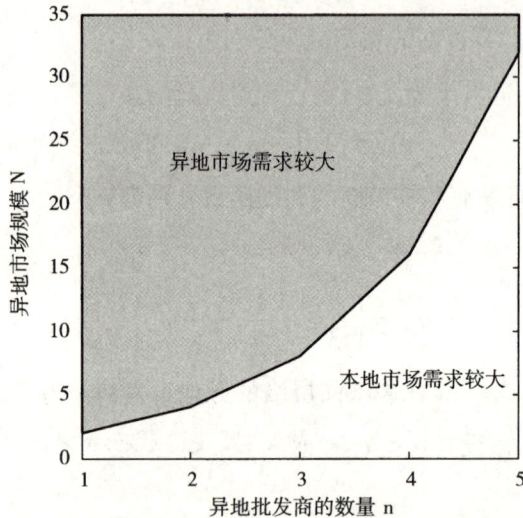

图 8-2　异地市场需求与本地市场需求的大小关系

由于有 $\dfrac{\partial \pi_{sc}^*}{\partial n} = \dfrac{\ln 2}{2^{2n+5}}(1 - 2^{n+2})\,V < 0$ 和 $\dfrac{\partial \pi_{sc}^*}{\partial N} = \dfrac{2^{n+3} - 1}{2^{2n+6}}V > 0$ 成立,因此异地批发商数量的增加会降低生鲜农产品供应链的整体利润水平,而异地市场规模的增加会提高生鲜农产品供应链的整体利润水平。上述发现说明,流通环节过多是传统批发模式下生鲜农产品供应链运作效率低下的一个重要原因。一般来说,蔬菜等生鲜农产品从田间地头到餐桌大多要经过五六个环节,层层加价。农产品从农民"菜园子"到市民"菜篮子",一般要经过"菜农—收购小贩—产地批发商—长途运输户—销地批发商—零售商—市民"等多个中间环节,每个环节至少加价 5%。另外,农产品从生产者到消费者一般要经过田头收购、一级批发、二级批发、零售终端等多个环节,每个环节都要发生运输、装卸、包装、损耗和人工等多项费用,所以流通成本居高难下。

前文的研究已经发现,异地批发商数量和市场规模及生鲜农产品供应链的整体利润水平负相关,这里进一步探讨下列问题:由于异地市场的流通环节增加所带来供应链利润水平的降低需要异地市场规模扩大至本地市场规模的多少倍才能够弥补这样的利润损失？生鲜农产品供应链关于异地批发商数量和市场规模的等利润曲线又是如何变化的？

整理生鲜农产品供应链的整体利润函数表达式，可以得到 $\pi_{sc}^* =$ $\frac{7}{2^6}V + \frac{(2^{n+3}-1)N}{2^{2n+6}}V$。令 $\frac{(2^{n+3}-1)N}{2^{2n+6}} = M$，得到 $N_n = \frac{2^{2n+6}}{2^{n+3}-1}M$（下标 n 代表生鲜农产品供应链初始的 n 水平）。假设异地市场规模的初始水平为1，当 n 分别取 1,2,3 时，M 分别为 $\frac{2^4-1}{2^8}$，$\frac{2^5-1}{2^{10}}$，$\frac{2^6-1}{2^{12}}$，由此可以得到图 8-3。

分析发现，较高初始点 n 的生鲜农产品供应链达到特定异地批发商数量水平时所需扩大的异地市场规模水平较低。例如，当供应链的异地批发商数量为1时，若其异地批发商数量增加至4个，则其异地市场规模需要扩大至大约本地市场规模的7倍左右才能维持原有的利润水平。而当生鲜农产品供应链的异地批发商数量为2或3时，若其异地批发商数量增加至4个，则其异地市场规模需要扩大至大约本地市场规模的4倍左右或者2倍左右才能维持原有的利润水平。

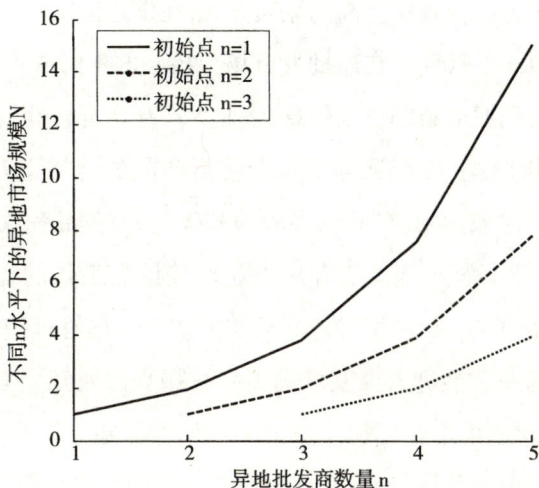

图8-3 不同 n 水平下的供应链整体等利润曲线

因此，异地批发商数量的增加，增加了农产品的流通环节，减少了异地市场的利润，必须通过扩大市场的规模才能保持与之前相同的利润。那么，未来想要提高农产品供应链的效率，必须尽可能地减少农产品的流通环节。

本节研究了传统批发模式生鲜农产品的运作机理。研究发现，异地市场的生鲜农产品流通环节数量是影响生鲜农产品供应链运作效率低下的主要原因之一。流通环节数量越多，供应链的运作效率越低下。通过对不同流通环节数量下供应链的等利润曲线进行分析发现，较低流通环节数量下的生鲜农产品供应链增加到特定流通环节数量所带来的利润损失需要扩大较多的异地市场规模来弥补。此外，异地市场的生鲜农产品流通环节数量还会影响异地市场需求和本地市场需求的相对大小，流通环节数量越多，异地市场需求超过本地市场所需要的异地市场规模水平就越高。

第三节　基于"农超对接"的生鲜农产品供应链运作机制

一、问题描述

农超对接作为一种效率更高的流通方式，在发达国家已经被广泛采用，市场占有率高达70%—80%。在以批发市场为核心的生鲜农产品供应链中，农户无法快速准确把握最新的市场信息，农业生产存在盲目性，农户容易产生不必要的损失，同时过多的流通环节也会使得产品的价格上升（如图8-4所示）。在借鉴国外"农超对接"模式经验的基础上，商务部和农业部在2008年联合发布了《商务部农业部关于开展农超对接试点工作的通知》，组织开展"农超对接"试点工作，积极引导农村合作社参与"农超对接"供应链。2018年，商务部印发《关于推进农商互联助力乡村振兴的通知》，旨在提升农产品价值，拓宽农民增收渠道，打造农产品的产销对接渠道。

农超对接的参与者是农民，但真正发挥作用的是农村合作社。合作社与超市进行对接，是一种准一体化的供应链管理行为，属于垂直协作的混合治理

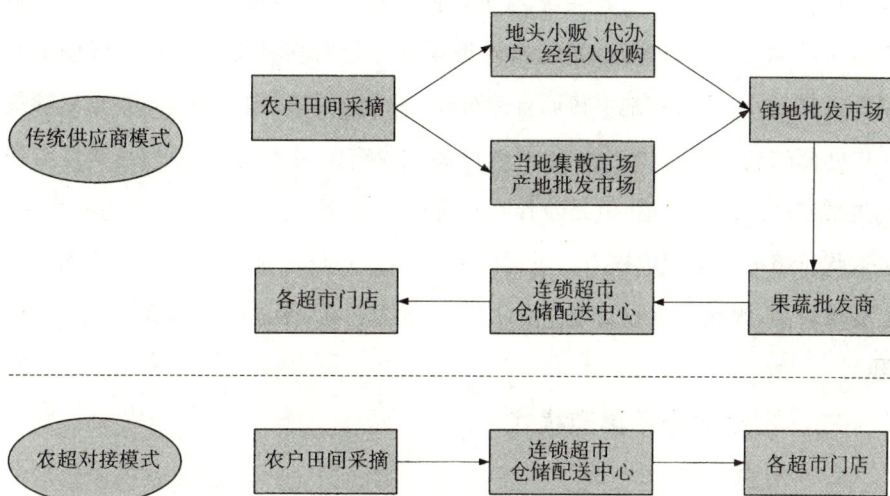

图8-4　传统供应商模式和农超对接模式的比较

模式。表8-3为近5年我国农村合作社的数量变化情况。"农超对接"是通过现代零售业提高农产品流通效率的创新模式,近年来在我国发展迅速。以家乐福超市为例,2007年,家乐福中国开展了农超对接项目,推动超市直接从产地的农民手中购买生鲜产品,主要产品为水果、蔬菜及干制产品。到目前为止,家乐福已经同28个省市的超过550家农村合作社合作,受益农户超过120万户。在政府支持下,家乐福在中国的食品安全基金会开展了55次培训活动,受益的农村合作社达4500家。

表8-3　近5年我国农村合作社的数量变化情况

项目/年份	2014	2015	2016	2017	2018
农村合作社数量（万户）	129.9	147.9	179.4	201.7	217.3
增长率		13.9%	21.3%	12.4%	7.7%

资料来源:笔者整理。

考虑到"农超对接"在我国的发展实际,这里将"农超对接"模式进一步细分为两种类型:单渠道模式和双渠道模式,其中,单渠道模式是指合作社舍弃异地市场的批发渠道,直接与本地零售商(实际当中多指大型超市)对接,将生鲜农产品全部销往本地市场;双渠道模式是指合作社在兼顾异地市场批发渠道的情况下,再与本地零售商直接对接。"农超对接"模式的优点在于能够规避中间商的利润截留,缩短了生鲜农产品供应链的层级结构,特别是本地市场的生鲜农产品流通渠道,但是合作社可能会受制于下游强势零售商的权力,失去采购价格的自主定价权力。较远距离的"农超对接"活动对于超市的物流水平要求较高,因此本节假设与合作社开展"农超对接"活动的是本地零售商。

二、农超对接单渠道模式

(一)模型构建

首先考虑一个"农超对接"单渠道模式的生鲜农产品供应链(如图 8-5 所示),合作社将生产的生鲜农产品全部通过"农超对接"渠道销往本地市场,上标"$s1$"表示农超对接单渠道模式。

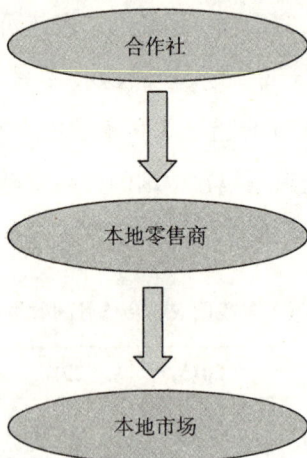

图 8-5　"农超对接"单渠道模式

与传统批发模式下本地市场的逆需求函数类似,此时本地市场的逆需求函数为:

$$p_b^{s1} = V(1 - q_b^{s1}) \tag{8-11}$$

供应链成员的决策顺序如下：

（1）在期初，合作社与本地零售商签订生鲜农产品供销合同，双方协商决定生鲜农产品的采购价格 w_r^{s1} 。

（2）本地零售商根据双方确定的生鲜农产品采购价格确定采购数量 q_b^{s1} 。

（3）合作社下达生产计划，安排社员进行农业生产活动。当收获季节来临时，合作社按照合同约定向本地零售商供应生鲜农产品。

合作社的利润函数为：

$$\pi_c^{s1} = w_r^{s1} q_b^{s1} \tag{8-12}$$

本地零售商的利润函数为：

$$\pi_{rb}^{s1} = [V(1 - q_b^{s1}) - w_r^{s1}] q_b^{s1} \tag{8-13}$$

考虑到采购价格 w_r^{s1} 由合作社和本地零售商谈判决定，本节基于纳什谈判模型来刻画双方的采购价格谈判过程。合作社和本地零售商的目标都是最大化自身利润，此时双方的纳什谈判函数为：

$$U_{c-rb}^{s1} = (\pi_c^{s1})^\tau (\pi_{rb}^{s1})^{1-\tau} \tag{8-14}$$

其中，$\tau \in [0,1]$ 表示合作社的谈判能力，τ 越大表明合作社的谈判能力越大，即在农超对接供应链中的渠道权力越大。

同理，假设有 $0 < w_r^{s1} < V$ 和 $q_b^{s1} > 0$ 成立。

（二）结果计算

根据逆序归纳法求解，可以得到"农超对接"单渠道模式下的生鲜农产品最优采购价格和采购数量分别为：

$$w_r^{s1*} = \frac{\tau}{2} V \tag{8-15}$$

$$q_b^{s1*} = \frac{2 - \tau}{4} \tag{8-16}$$

三、农超对接双渠道模式

（一）模型构建

构建一个"农超对接"双渠道模式的生鲜农产品供应链（如图 8-6 所示），

合作社在保留原有异地市场批发渠道基础上与本地零售商开展农超对接活动，上标"s2"表示"农超对接"双渠道模式。

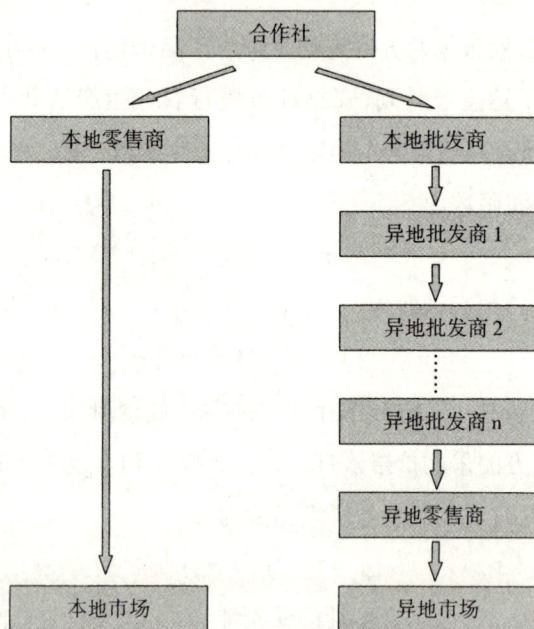

图 8-6 "农超对接"双渠道模式

同理，此时的本地市场和异地市场的逆需求函数分别为：

$$p_b^{s2} = V(1 - q_b^{s2}) \tag{8-17}$$

$$p_y^{s2} = V\left(1 - \frac{1}{N}q_y^{s2}\right) \tag{8-18}$$

在"农超对接"模式下，合作社与本地零售商之间的供销合同具有较为严格的要求，双方往往在事前就确定好各项条款（采购价格、采购数量等），因此本地零售商的生鲜农产品采购活动具有一定的优先级别。例如，湖南省广兴州镇殷家铺社区青云农机专业合作社与村内贫困户签订了购销合同，通过公司+合作社（基地）+种植大户的发展模式，定点统一种植优质水稻，以每百斤135 元的价格优先回收。因此，这里假设当收获期来临时，合作社必须优先供应本地零售商，在完成本地零售商的生鲜农产品供应活动后，合作社才能将剩

下的生鲜农产品出售给本地批发商,供应链成员的决策顺序如下:

(1)在期初下达生产计划前,合作社与本地零售商签订供销合同,双方协商决定采购价格 w_r^{s2} 。

(2)随后本地零售商确定采购数量 q_b^{s2} 。

(3)合作社下达生产计划,安排社员进行农业生产活动。当收获季节来临时,合作社按照合同约定优先向本地零售商供应,并将剩下的生鲜农产品以采购价格 w_c^{s2} 出售给本地批发商。

(4)本地批发商从合作社采购完后以批发价格 w_b^{s2} 出售给异地批发商1。

(5)根据本地批发商公布的生鲜农产品批发价格,异地批发商1进行生鲜农产品采购活动,并决定向异地批发商2出售的生鲜农产品批发价格为 w_{y1}^{s2} ;根据异地批发商1公布的生鲜农产品批发价格,异地批发商2进行生鲜农产品采购活动,并决定向异地批发商3出售的生鲜农产品批发价格为 w_{y2}^{s2} 。以此类推,最后异地批发商 n 进行生鲜农产品采购活动,并决定向异地零售商出售的生鲜农产品批发价格为 w_{yn}^{s2} 。

(6)异地零售商进行采购,并决定其出售到异地市场的农产品数量 q_y^{s2} 。

合作社的利润函数为:

$$\pi_c^{s2} = w_r^{s2} q_b^{s2} + w_c^{s2} q_y^{s2} \qquad (8-19)$$

本地批发商和零售商的利润函数分别为:

$$\pi_{wb}^{s2} = (w_b^{s2} - w_c^{s2}) q_y^{s2} \qquad (8-20)$$

$$\pi_{rb}^{s2} = [V(1 - q_b^{s2}) - w_r^{s2}] q_b^{s2} \qquad (8-21)$$

第 i 个异地批发商和零售商的利润函数分别为:

$$\pi_{wyi}^{s2} = (w_{yi}^{s2} - w_{y(i-1)}^{s2}) q_y^{s2} \qquad (8-22)$$

$$\pi_{ry}^{s2} = \left[V\left(1 - \frac{1}{N} q_y^{s2}\right) - w_{yn}^{s2} \right] q_y^{s2} \qquad (8-23)$$

考虑到采购价格 w_r^{s2} 由合作社和本地零售商谈判决定,本节引入纳什谈判模型来刻画双方的采购价格谈判过程。合作社和本地零售商的目标都是最大化自身利润,此时双方的纳什谈判函数为:

$$U_{c-rb}^{s2} = (\pi_c^{s2})^\tau (\pi_{rb}^{s2})^{1-\tau} \tag{8-24}$$

其中，$\tau \in [0,1]$ 表示合作社的谈判能力，τ 越大表明合作社的谈判能力越大，即在农超对接供应链中的渠道权力越大。

同理，假设有 $0 < w_c^{s2} < w_b^{s2} < w_{y1}^{s2} < w_{y2}^{s2} < \cdots < w_{yn}^{s2} < V$，$0 < w_r^{s2} < V$ 和 $q_b^{s2}, q_y^{s2} > 0$ 成立。

（二）结果计算

根据逆序归纳法求解，可以得到"农超对接"双渠道模式下的生鲜农产品供应链存在唯一的均衡结果分别为：

$$w_r^{s2*} = \frac{\tau}{2}V \tag{8-25}$$

$$w_c^{s2*} = \frac{1}{2}V \tag{8-26}$$

$$w_b^{s2*} = \frac{3}{4}V \tag{8-27}$$

$$w_{yi}^{s2*} = \frac{2^{i+2} - 1}{2^{i+2}}V \tag{8-28}$$

四、比较分析

比较两种"农超对接"模式下的合作社利润，可以发现 $\Delta\pi_c^{s2-s1} = \pi_c^{s2*} - \pi_c^{s1*} = \frac{N}{2^{n+4}}V > 0$。比较"农超对接"双渠道模式和传统批发模式下的合作社利润，可以得到 $\Delta\pi_c^{s2-} = \pi_c^{s2*} - \pi_c^* = -\frac{V}{8}\left[(1-\tau)^2 - \frac{1}{2}\right]$。进一步分析 $\Delta\pi_c^{s2-}$ 的表达式，若 $\tau \geq 1 - \frac{\sqrt{2}}{2}$，则 $\pi_c^{s2*} \geq \pi_c^*$；若 $\tau < 1 - \frac{\sqrt{2}}{2}$，则 $\pi_c^{s2*} < \pi_c^*$。综上所述，可以得到命题 8-1：

命题 8-1 与传统批发模式相比，当合作社具有较大的谈判能力时（$\tau > 1 - \frac{\sqrt{2}}{2}$），其愿意采用"农超对接"双渠道模式。

命题 8-1 表明,尽管"农超对接"模式避免了生鲜农产品流通中出现本地批发商利润截留现象,但是受到本地零售商在一定程度上对采购价格定价权的控制,采购价格往往低于传统批发模式下的采购价格($w_r^{s2*} < w_b^*$)。此时本地零售商的采购数量较大,但是过弱的谈判能力使得合作社获得的边际利润过低。随着合作社谈判能力的增强,合作社在"农超对接"渠道上的边际利润增加,本地零售商的生鲜农产品采购数量下降但是数量规模仍然较大,此时边际利润提高导致的利润增加部分可以较好弥补由于采购数量相对减少所带来的损失,因此合作社的总体利润是增加的。特别地,当合作社的谈判能力超过某一临界值时,合作社在"农超对接"渠道上获得的利润大于在本地市场通过传统批发渠道销售所获得的利润。相比于"农超对接"单渠道模式,"农超对接"双渠道模式下的合作社利润始终更高。这表明引入"农超对接"渠道后,合作社不应该完全放弃传统批发渠道,而应该选择混合的双渠道模式。

比较"农超对接"双渠道模式和传统批发模式下的本地零售商利润,可以发现 $\Delta\pi_{rb}^{s2-} > 0$,因此可以得到本地零售商始终偏好于合作社采用"农超对接"双渠道模式。这说明,无论合作社的谈判能力强弱如何,本地零售商的利润都会由于"农超对接"双渠道模式的引入而得到改善。这是因为,农超对接模式的引入缩短了本地零售商采购农产品的环节,降低了本地零售商的采购成本,从而降低生鲜农产品的销售价格,刺激了本地市场的需求,所以本地零售商的利润可以得到提高。

比较"农超对接"双渠道模式和传统批发模式下的供应链整体利润可以发现 $\Delta\pi_{sc}^{s2-} > 0$,因此相比于传统批发模式,"农超对接"双渠道模式下的整体利润水平始终更高。这说明,农超对接双渠道模式能够改善供应链的整体利润水平,并且由于有 $\dfrac{\partial\Delta\pi_{sc}^{s2-}}{\partial\tau} = -\dfrac{V}{8}\tau < 0$,因此供应链整体利润水平与合作社的谈判能力负相关。

比较"农超对接"双渠道模式和传统批发模式下的市场总需求,可以发现,相比于传统批发模式,"农超对接"双渠道模式下合作社获得的采购数量始终更高。这说明,"农超对接"双渠道模式的引入不仅能够缩短流通渠道层级,加快生鲜农产品的流通,还能够刺激市场需求,扩大市场份额。"农超对接"让无公害农产品直接进入超市,减少了中间环节,降低了流通成本,增加了市场需求,又从源头上确保了农产品的质量安全。例如,山东枣庄的滕州,截至2019年6月,通过"农超对接"模式销售农产品3600吨;贵州省绥阳县仅2019年前6个月已通过"农超对接"模式销售蔬菜12万斤、精品水果14万斤,销售收入近50万元。

第四节　基于社区直销的生鲜农产品供应链运作机制

一、问题描述

在大力发展"农超对接"供应链的同时,我国政府也在积极建设生鲜农产品直销区,探索生鲜农产品直供直销模式,鼓励农业合作社直接进入直销区开展销售。2017年中央1号文件指出,要完善全国农产品流通骨干网络,加强农产品产地冷链物流基础设施网络建设,完善鲜活农产品直供直销体系。推进"互联网+"的现代农业行动。2019年1月,农业农村部发布的报告指出,要立足农产品流通难题,集聚资源,搭建农产品产销对接平台;培育农村经纪人、家庭农场、农民合作社及龙头企业等流通主体,增强农产品流通的规模组织、信息获取、田头贮藏和产品直销等能力。

目前,社区直销主要以社区生鲜店为主。社区生鲜店是指开设在城市社区周边以经营包括生鲜蔬菜、水果、水产品、肉、蛋、奶等生鲜产品为主的门店,其特点是针对社区的密集消费商圈、按区域细化的具有明显特征的消费群体和生鲜类具有购买频次高、重复购买率高、顾客黏性大等特点的产品。

社区生鲜店的销售人群是社区及社区周边的居民,目前逐渐形成了三种模式。(1)社区直营式(自提、送货上门)。直面社区各户家庭消费,抢占辐射家庭最多的地理位置显得至关重要。同时,这种模式解决了生鲜农产品保鲜的难题,以开设社区直营店的方式,开展每个社区分设一个直营店的布局,满足了生鲜农产品"最后一公里"的配送要求。(2)配送中心式(送货上门)。生鲜农产品类电商企业的线上到线下战略是通过合理化布局,将分布广、规模小的社区门店撤销,全面建成一个规模大、吞吐力强、统一配送的中心。在线上完成下单后,由配送中心统一提供送货上门服务。(3)跨界合作(自提、送货上门)。在生鲜农产品电商企业只具备线上渠道,没有建立线下的实体店,以及不能够进行线下实体店面布局的情况下,产生了与线下实体商家合作的线上到线下模式。以京东、阿里巴巴为例,为开拓线下市场赢得一席之地,京东与永辉超市、阿里巴巴与苏宁易购等进行了跨界合作。相比社区直营模式,其可提供的配送方式相同,但由于线下巨头本身实力雄厚,保障措施到位,所以生鲜类电商很难建立与线下巨头的合作关系,只能选择与社区便利店合作。

社区生鲜店这种商业模式尚处于初始的发展阶段,具有以下几个典型特征:(1)店面面积小。因为生鲜商品的品类决定了店面面积,面积大则利用率不高,并且会增加运营成本,所以大部分店铺的面积都受到制约,62%的店铺面积在300平方米以下。(2)顾客购买单价平稳但不高。社区生鲜品牌因其消费特殊性,购买人群的消费习惯为少量多次购买为主,因而每次的购买金额在一定时间内呈现平稳或有规律性。但生鲜购买与服饰、电器或其他大件购物不同,其显著特点是单价相对较低。(3)经营模式多样化。线上与线下销售相结合的模式逐渐占据主导位置(如图8-7所示)。调查数据显示,社区生鲜农产品由以前传统的到店消费演变为到店面消费与线上模式相结合的方式,其中超过半数的社区类生鲜农产品店都通过第三方平台、自有平台或者小程序等各类方式开通了线上销售服务。

随着经济的发展和人们消费水平的不断提高,消费者对生鲜产品的安全、品质、卫生、鲜活性和门店提供的服务提出了更高的要求。在快节奏的生活中人们越来越追求一种简单便捷的生活方式,消费者不再像过去一样为了几块钱的差价去挤超市和菜市场,人们已经逐渐从注重价格转向注重品质、口碑、品牌和服务。以传统农贸市场与大型连锁超市为主导的生鲜销售格局正在慢

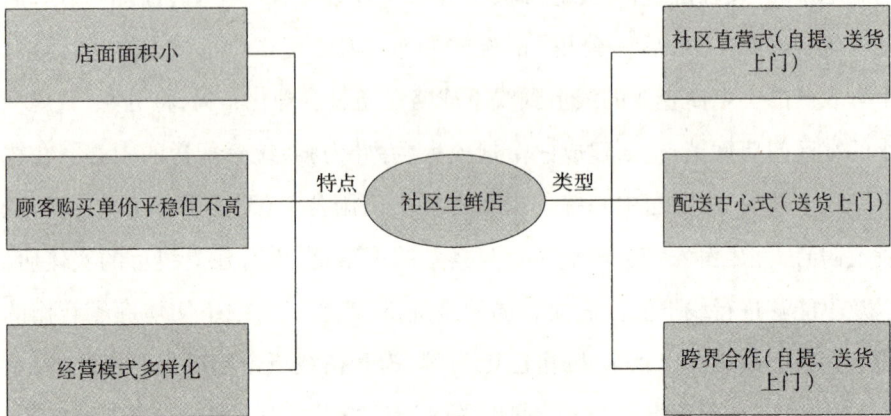

图 8-7　社区生鲜店的运作模式

慢被打破,社区生鲜店作为一种更为便利、新鲜、环境整洁的商业业态,在各个城市的社区中崭露头角,成为城市居民生活水平、习惯、需求升级的外在表现。但是,社区生鲜店的发展也存在着很大挑战。大多数生鲜类产品因其产品特殊性需要冷链物流运输,无论是自建冷链还是使用第三方冷链都会令生鲜农产品产品的成本增加。同时,人力成本、房租成本与损耗也是社区类生鲜店的成本大项。此外,社区类生鲜店存在着产品同质化、服务同质化的问题。

结合直销区的发展实际,本节提出直销区模式的两种类型:单渠道模式和多渠道模式。其中,单渠道模式是指合作社舍弃本地市场和异地市场原有的批发渠道,将其生产的生鲜农产品全部在新设立的直销渠道上出售给本地市场消费者;多渠道模式是指合作社在保留原有的传统批发渠道基础上开辟一条通往本地市场的生鲜农产品直销渠道,并将其生产的生鲜农产品同时在传统批发渠道和直销渠道上出售给本地市场和异地市场消费者。直销区模式的优点在于同时规避了中间商和零售商的利润截留,进一步缩短了农产品供应链的层级结构,为合作社提供了直接面对消费者的机会。一般来说,合作社的直销区建在本地区域,例如"苏合"农产品销售合作社联社为旗下的合作社在江苏地区(大部分为苏南地区)设立了多个苏合农产品直销网点。

二、直销区单渠道模式

（一）模型构建

考虑一个直销区单渠道模式的生鲜农产品供应链（如图8-8所示），合作社舍弃本地市场和异地市场原有的批发渠道，将全部生鲜农产品出售到自有的直销渠道上，上标" $d1$ "表示直销区单渠道模式。

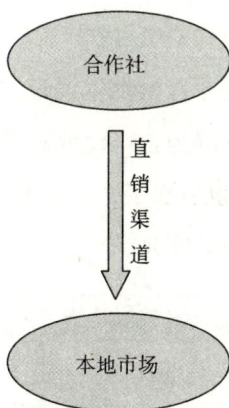

图8-8　直销区单渠道模式

同理，直销区单渠道模式下本地市场的逆需求函数为：

$$p_b^{d1} = V(1 - q_c^{d1}) \tag{8-29}$$

其中， q_c^{d1} 表示合作社出售到直销渠道上的生鲜农产品数量。合作社在自有直销渠道上销售生鲜农产品时需要付出额外的运营成本 c（ $0 < c < V$ ），主要包括合作社花费的物流成本和销售成本等，例如雇佣销售人员、组建运输车队等。

此时合作社仅需要决定出售到直销渠道上的农产品数量 q_c^{d1} ，其利润函数为：

$$\pi_c^{d1} = [V(1 - q_c^{d1}) - c] q_c^{d1} \tag{8-30}$$

同理，假设有 $q_c^{d1} > 0$ 成立。

（二）结果计算

由于有 $\dfrac{\partial \pi_c^{d1}}{\partial q_c^{d1}} = V - c - 2Vq_c^{d1} = 0$ ，可以得到 $q_c^{d1} = \dfrac{V - c}{2V}$ ，由此得到直销区单

渠道模式下的合作社运作存在唯一的均衡结果为:

$$q_c^{d1\,*} = \frac{V-c}{2V} \tag{8-31}$$

三、直销区多渠道模式

(一)模型构建

构建一个直销区多渠道模式的生鲜农产品供应链(如图8-9所示),合作社保留了本地市场和异地市场原有的批发渠道,另外开辟了一条通往本地市场的直销渠道。直销渠道的开辟为合作社带来了与本地市场消费者直接进行生鲜农产品交易的机会,但是也引起了合作社和本地零售商在本地市场的竞争,上标" $d2$ "表示直销区多渠道模式。

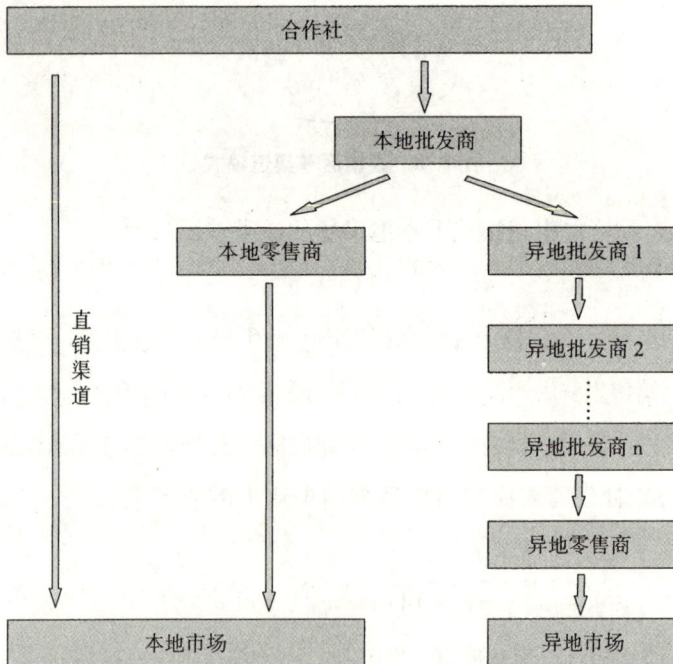

图8-9　直销区多渠道模式

与传统批发模式和"农超对接"模式中本地市场的逆需求函数形式不同,在直销区多渠道模式下,本地市场存在数量竞争。因此,本地零售商投入到本地市场的生鲜农产品数量不再是影响本地市场销售价格的唯一因素,合作社通过直销渠道投入到本地市场的生鲜农产品数量同样可以影响本地市场销售价格。假设出售到本地市场的生鲜农产品总量为 $q_{b(total)}^{d2}$,可以得到直销区多渠道模式下本地市场的逆需求函数为:

$$p_b^{d2} = V(1 - q_{b(total)}^{d2})\qquad(8-32)$$

在这里,$q_{b(total)}^{d2} = q_b^{d2} + q_c^{d2}$。其中,$q_b^{d2}$ 和 q_c^{d2} 分别是本地零售商和合作社投入到本地市场当中的生鲜农产品数量。那么,直销区多渠道模式下本地市场的逆需求函数就为:

$$p_b^{d2} = V(1 - q_b^{d2} - q_c^{d2})\qquad(8-33)$$

对于异地市场而言,生鲜农产品的直接供应者仍为异地零售商,因此异地市场的逆需求函数为:

$$p_y^{d2} = V\left(1 - \frac{1}{N}q_y^{d2}\right)\qquad(8-34)$$

当收获季节来临时,合作社可以预先保留部分生鲜农产品直接出售到自有的直销渠道上,然后将剩下的生鲜农产品出售给本地批发商,供应链成员的决策顺序如下:

(1)合作社在期初下达生产计划,安排社员进行农业生产活动。当收获季节来临时,合作社同时决定在直销渠道出售的生鲜农产品数量 q_c^{d2} 和本地批发商的采购价格 w_c^{d2}。

(2)本地批发商采购后,以批发价格 w_b^{d2} 出售给本地零售商和异地批发商1。

(3)根据本地批发商公布的生鲜农产品批发价格,本地零售商和异地批发商1进行生鲜农产品采购活动,此时本地零售商决定其出售到本地市场的生鲜农产品数量 q_b^{d2},异地批发商1决定向异地批发商2出售的生鲜农产品批发价格 w_{y1}^{d2}。

(4)根据异地批发商1公布的批发价格,异地批发商2进行生鲜农产品采购活动,并决定向异地批发商3出售的批发价格 w_{y2}^{d2}。以此类推,最后异地

批发商 n 进行生鲜农产品采购活动，并决定向异地零售商出售的批发价格 w_{yn}^{d2}。

（5）根据异地批发商 n 公布的批发价格，异地零售商进行采购，并决定出售到异地市场的数量 q_y^{d2}。

此时合作社的利润函数为：

$$\pi_c^{d2} = w_c^{d2}(q_b^{d2} + q_y^{d2}) + [V(1 - q_b^{d2} - q_c^{d2}) - c] q_c^{d2} \qquad (8-35)$$

本地批发商和零售商的利润函数分别为：

$$\pi_{wb}^{d2} = (w_b^{d2} - w_c^{d2})(q_b^{d2} + q_y^{d2}) \qquad (8-36)$$

$$\pi_{rb}^{d2} = [V(1 - q_b^{d2} - q_c^{d2}) - w_b^{d2}] q_b^{d2} \qquad (8-37)$$

第 i 个异地批发商和零售商的利润函数分别为：

$$\pi_{wyi}^{d2} = (w_{yi}^{d2} - w_{y(i-1)}^{d2}) q_y^{d2} \qquad (8-38)$$

$$\pi_{ry}^{d2} = \left[V\left(1 - \frac{1}{N}q_y^{d2}\right) - w_{yn}^{d2} \right] q_y^{d2} \qquad (8-39)$$

同理，假设有 $0 < w_c^{d2} < w_b^{d2} < w_{y1}^{d2} < w_{y2}^{d2} < \cdots < w_{yn}^{d2} < V$ 和 $q_b^{d2}, q_y^{d2}, q_c^{d2} > 0$ 成立。

（二）结果计算

根据逆序归纳法求解，可以得到直销区多渠道模式下的生鲜农产品供应链存在唯一的均衡结果分别为：

$$w_c^{d2*} = \frac{1}{2}V \qquad (8-40)$$

$$w_b^{d2*} = \frac{3(2^n + N) V + 2^{n+1}c}{3 \times 2^{n+1} + 4N} \qquad (8-41)$$

$$w_{yi}^{d2*} = \frac{[(2^i - 1)(3 \times 2^{n+1} + 4N) + 3(2^n + N)] V + 2^{n+1}c}{3 \times 2^{i+n+1} + 2^{i+2}N} \qquad (8-42)$$

由于有 $q_b^{d2*} > 0$ 和 $q_c^{d2*} > 0$ 成立，因此 $\frac{N}{2^n + 2N}V < c < \frac{3}{4}V$，可以发现当

直销区运营成本适中时，合作社才会采用直销区多渠道模式。这表明，当合作社直销区运营成本过低时，合作社在直销渠道上的优势凸显，此时合作社在直

销渠道上的出售量较大,由于存在成本劣势和本地市场的竞争,本地零售商将逐渐缩减其采购量并最终退出本地市场;而当合作社直销区运营成本过大时,合作社在直销渠道上处于成本劣势,受到本地零售商竞争的影响,合作社会不断缩减其直销渠道上的出售量,并最终退出直销渠道。

由于有 $\dfrac{\partial\left(\dfrac{NV}{2^n+2N}\right)}{\partial n}<0$ 和 $\dfrac{\partial\left(\dfrac{NV}{2^n+2N}\right)}{\partial N}>0$ 成立,可以发现合作社采用直销区多渠道模式的可能性与异地批发商数量正相关,与异地市场规模负相关。这说明,当异地批发商数量增加时,直销区多渠道模式的有效条件范围扩大,合作社更有可能采用直销区多渠道模式;而当异地市场规模增加时,直销区多渠道模式的有效条件范围缩小,合作社采用直销区多渠道模式的概率下降。

四、对比分析

对比直销区单渠道模式和多渠道模式下的合作社利润,可以发现 $\Delta\pi_c^{d2-d1}=\pi_c^{d2*}-\pi_c^{d1*}>0$。对比直销区单渠道模式和传统批发模式下的合作社利润,可以得到,当 $c<\dfrac{1}{2}V$ 时,若 $N<\dfrac{2^n(V-2c)(3V-2c)}{V^2}$,则有 $\pi_c^{d1*}>\pi_c^*$;若 $N>\dfrac{2^n(V-2c)(3V-2c)}{V^2}$,则有 $\pi_c^{d1*}<\pi_c^*$;而当 $c>\dfrac{1}{2}v$ 时,$\pi_c^{d1*}<\pi_c^*$ 恒成立。

对比直销区多渠道模式和传统批发模式下的合作社利润,可以发现 $\Delta\pi_c^{d2-}=\pi_c^{d2*}-\pi_c^*>0$。因此,根据合作社直销区运营成本和异地市场规模的不同,合作社的供应链模式选择策略如图 8-10 所示:

在图 8-10 中,区域 I 代表合作社选择直销区单渠道模式,区域 II 代表合作社选择传统批发模式,区域 III 代表合作社选择直销区多渠道模式。

本节研究了直销区模式下合作社的选择策略,对比分析直销区模式和传统批发模式下合作社的利润,提出合作社选择直销区模式的条件。研究发现,

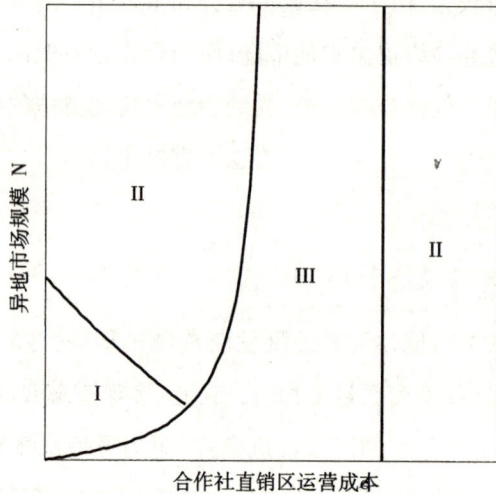

图8-10　实施直销区策略时的合作社供应链模式选择策略

当合作社仅能够实施直销区活动时,合作社的最优供应链模式选择策略受到直销区运营成本和异地市场规模的影响。当合作社的运营成本较大时,合作社会采用传统批发模式,此时合作社将其生产的生鲜农产品通过批发渠道出售给本地市场和异地市场的消费者;当合作社直销区运营成本适中时,合作社会采用直销区多渠道模式,此时合作社会将其生产的生鲜农产品通过批发渠道出售给异地市场消费者,通过直销区渠道出售给本地市场消费者;当合作社直销区成本较小时,如果异地市场规模也较小,合作社会采用直销区单渠道模式,此时合作社会将其生产的生鲜农产品通过直销区单渠道全部出售给本地市场消费者,如果异地市场规模较大,合作社会采用传统批发模式,此时合作社会将其生产的生鲜农产品通过批发渠道出售给本地市场和异地市场消费者。

第五节　基于线上线下融合的生鲜农产品供应链运作机制

一、问题描述

随着国家"互联网+农业"战略的实施与推进,线下渠道和线上渠道并存的生鲜农产品供应链模式成为主流趋势,越来越多的生鲜农产品生产商和零售商在巩固传统线下渠道的基础上开通网上销售渠道,可以实现渠道资源共享和优势互补,更好地拓展市场和满足客户需求,推动了生鲜行业的发展。

目前,我国各地生鲜农产品双渠道运营可以归纳为以下五种模式:一是"生鲜品供应+加工企业(核心)+实体连锁或大型超市和网络官方商城+物+客户"模式,发展趋势是提升线上功能并强化配送效应,如佛山鲜滋汇生鲜公司官方线上直接供应生鲜农产品。二是生鲜农产品专业合作社(核心)依托电子商务平台的"超市或直营店+物流+客户"模式,其农超对接逐渐趋于双渠道,如山东淄博由156个专业合作社联合建立了超市并展开双渠道运营。三是"生鲜品供应+农贸或批发市场(核心)"和政府搭建的"市场线上到线下平台+物流+客户"模式,如北京新发地联盟京选生鲜推出线上到线下的销售模式,其发展趋势是发挥线上到线下的平台作用和深化物流服务。四是"生鲜品供应+零售店或品牌旗舰店和网络官方商城的生鲜板块(核心)+物流+客户"模式,其依托平台实现线上线下联动的"新零售",目前代表有上海妙生活果园等。五是"生鲜品供应+各类拥有线上到线下模式的生鲜品运营商+第三方物流平台(核心)+客户"模式,该模式以强大物流企业为核心,发展方向为提升物流效率和多功能物流服务从而带动双渠道的发展,目前代表是顺丰优选。

通过分析可以发现,基于线上线下融合的生鲜农产品供应链具有如下特点:

一是通过网络渠道打破空间限制,促进生鲜农产品的推广与销售。生鲜农产品具有很强的周期性和区域性,保质期短,要在短时间内让更多的经销商和消费者了解生产企业的供货信息,才能进行有效的产品销售。通过线上销售平台,消费者可以掌握更多关于生鲜农产品上市、销售、提货以及产品质量等方面的信息,供应企业也将面临更多的消费群体,拥有更多交易成功的机会。消费者可以直接在生鲜农产品电商平台上进行商品购买、线上支付,交易过程更加方便快捷,同时还享受送货上门的良好物流服务。生鲜农产品电商平台还提供提前预约、微信预约提货、线下定点提货等一系列方便消费者的服务,使得生鲜农产品的销售更加灵活。

二是通过线上线下双渠道销售,满足了不同消费者的消费需求。消费者的消费习惯不同,消费偏好也存在差异,一部分消费者仍旧习惯于传统的购物方式去生鲜农产品市场购买商品,对产品的新鲜程度和质量有一个更加直观的感受和判断,能够更好地选择自己需要的产品;而另一部分消费者则更倾向于方便快捷的网上购物方式,直接从网上购买生鲜农产品,获得更多价格实惠的同时,享受快捷的物流服务。线下销售可以让消费者更直观地了解产品的信息,进行比较和选择,满足消费者的购物体验需求,线上销售则更加方便,消费者足不出户,就可享受线上购物、线上支付、送货上门等服务,减少了时间和交通成本。

三是生鲜农产品的线上销售,对物流水平要求更高。生鲜农产品物流水平的高低直接影响着生鲜农产品线上销售服务质量。生鲜农产品的特性决定了供应商发货后,要在尽量短的时间内配送到消费者手中,同时还要保证物流运输过程中产品的保鲜和食品安全。消费者线上购买生鲜农产品后,要经过物流配送才能收到购买的商品,物流环节时间的长短不仅影响消费者的购物体验,还可能影响生鲜农产品的质量和安全。生鲜农产品的物流配送对冷链物流技术和冷库存储提出更高的要求。因此,准确、快速、安全的物流服务是生鲜农产品线上销售渠道开拓的前提。

本节采用两个混合模式的生鲜农产品供应链模型来描述合作社同时开展农超对接活动和直销区活动的情形,一个是混合双渠道模式,另一个是混合多渠道模式。双渠道模式是指合作社舍弃了异地市场原有的批发渠道,将全部生鲜农产品通过农超对接渠道和直销渠道出售到本地市场当中;而混合多渠道模式是指合作社在保留异地市场原有的批发渠道上重新搭建了本地市场的生鲜农产品流通渠道,将生鲜农产品通过传统批发渠道出售到本地市场的同时,也通过"农超对接"渠道和直销渠道销往本地市场。

二、混合双渠道模式

(一)模型构建

构建一个混合双渠道模式的生鲜农产品供应链(如图 8-11 所示),合作社将生鲜农产品通过"农超对接"渠道和直销渠道销往本地市场,上标"$m1$"表示混合双渠道模式。

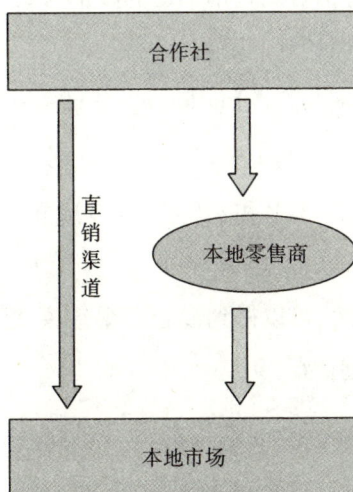

图 8-11　混合双渠道模式

同理,混合双渠道模式下本地市场的逆需求函数为:

$$p_b^{m1} = V(1 - q_b^{m1} - q_c^{m1}) \tag{8-43}$$

假设合作社仅存在直销区的单位运营成本 c($0 < c < V$),本地零售商仅存在采购成本。由于本地零售商与合作社在"农超对接"下的生鲜农产品交易受到严格的供销合同约束,所以合作社会优先供应给本地零售商。在完成本地零售商的供货后,合作社将剩余的生鲜农产品出售到本地市场当中,这与仅有直销区模式下合作社安排本地零售商和自有直销区的生鲜农产品的优先顺序完全不同,供应链成员的决策顺序如下:

(1)在期初下达生产计划前,合作社与本地零售商签订生鲜农产品供销合同,双方协商决定生鲜农产品的采购价格 w_r^{m1}。

(2)本地零售商根据双方确定的采购价格,确定其出售到本地市场上的生鲜农产品数量 q_b^{m1}。

(3)合作社下达生产计划,安排社员进行农业生产活动。当收获季节来临时,合作社按照合同约定向本地零售商供应生鲜农产品。在完成本地零售商的供货后,合作社将剩下的生鲜农产品通过自有的直销渠道出售到本地市场当中,此时合作社决定出售到直销渠道的数量为 q_c^{m1}。

合作社和本地零售商的利润函数分别为:

$$\pi_c^{m1} = w_r^{m1} q_b^{m1} + \left[V(1 - q_b^{m1} - q_c^{m1}) - c \right] q_c^{m1} \tag{8-44}$$

$$\pi_{rb}^{m1} = \left[V(1 - q_b^{m1} - q_c^{m1}) - w_r^{m1} \right] q_b^{m1} \tag{8-45}$$

同理,假设有 $0 < w_r^{m1} < V$ 和 $q_b^{m1}, q_c^{m1} > 0$ 成立。

(二)结果计算

运用逆序归纳法求解,可以得到混合双渠道模式下的生鲜农产品供应链存在唯一的均衡结果分别为:

$$w_r^{m1*} = \frac{3V - c + 2c\tau - 2f}{6} \tag{8-46}$$

$$q_b^{m1*} = \frac{2c - c\tau + f}{3V} \tag{8-47}$$

$$q_c^{m1*} = \frac{3V - 5c + c\tau - f}{6V} \tag{8-48}$$

三、混合多渠道模式

(一)模型构建

构建一个混合多渠道模式的生鲜农产品供应链(如图 8-12 所示),异地市场的流通渠道仍为批发渠道,而本地市场的流通渠道则为"农超对接"渠道和直销渠道的混合渠道,上标"$m2$"代表混合多渠道模式。

同理,混合多渠道模式下本地市场和异地市场的逆需求函数分别为:

$$p_b^{m2} = V(1 - q_b^{m2} - q_c^{m2}) \tag{8-49}$$

$$p_y^{m2} = V\left(1 - \frac{1}{N}q_y^{m2}\right) \tag{8-50}$$

假设合作社仅存在直销区运营成本,供应链其他成员仅存在采购成本。由于农超对接活动的特殊性,合作社仍然优先供应本地零售商生鲜农产品。

然后在完成本地零售商的供应活动后,合作社将剩下的生鲜农产品选择一部分放到自有的直销渠道上出售,另一部分出售给本地批发商。

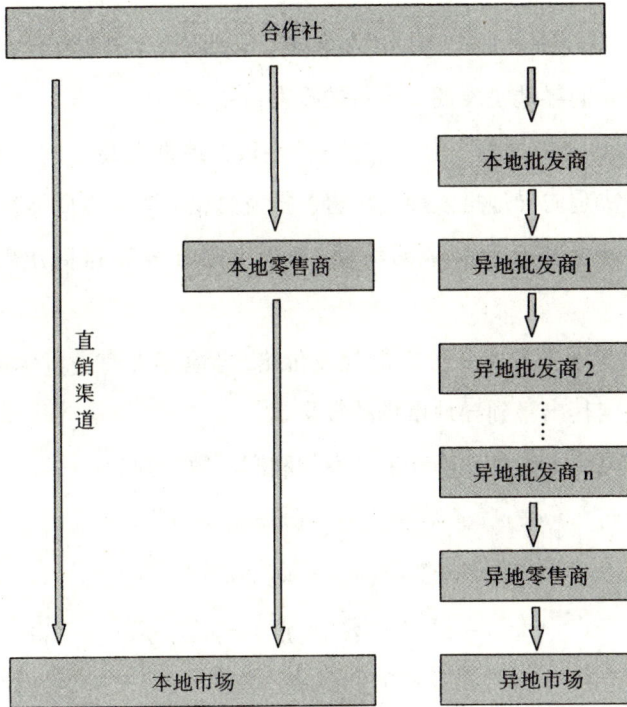

图 8-12　混合多渠道模式

在该模式下,供应链各成员的决策顺序为:

(1)在期初下达生产计划前,合作社与本地零售商签订生鲜农产品供销合同,双方协商决定采购价格 w_r^{m2}。

(2)本地零售商根据双方确定的采购价格,确定出售到本地市场上的生鲜农产品数量 q_b^{m2}。

(3)在确定采购价格和采购数量后,合作社下达生产计划,安排社员进行农业生产活动。当收获季节来临时,合作社按照合同约定向本地零售商供应生鲜农产品。在完成本地零售商的供应活动后,合作社将剩下的生鲜农产品同时出售到自有直销渠道和批发渠道上,此时合作社同时决定出售到直销渠

道上的数量 q_c^{m2} 和出售给本地批发商的采购价格 w_c^{m2}。

(4)本地批发商从合作社采购后,将其以 w_b^{m2} 的批发价格出售给异地批发商 1。

(5)根据本地批发商公布的批发价格,异地批发商 1 进行生鲜农产品采购活动,并决定向异地批发商 2 出售的批发价格 w_{y1}^{m2}。

(6)根据异地批发商 1 公布的批发价格,异地批发商 2 进行生鲜农产品采购活动,并决定向异地批发商 3 出售的批发价格 w_{y2}^{m2}。以此类推,最后异地批发商 n 进行生鲜农产品采购活动,并决定向异地零售商出售的批发价格 w_{yn}^{m2}。

(7)根据异地批发商 n 公布的批发价格,异地零售商进行生鲜农产品采购活动,并决定其出售到异地市场的数量 q_y^{m2}。

此时合作社、本地批发商和零售商的利润函数分别为:

$$\pi_c^{m2} = w_c^{m2} q_y^{m2} + w_r^{m2} q_b^{m2} + [V(1 - q_b^{m2} - q_c^{m2}) - c] q_c^{m2} \qquad (8-51)$$

$$\pi_{wb}^{m2} = (w_b^{m2} - w_c^{m2}) q_y^{m2} \qquad (8-52)$$

$$\pi_{rb}^{m2} = [V(1 - q_b^{m2} - q_c^{m2}) - w_r^{m2}] q_b^{m2} \qquad (8-53)$$

零售商和第 i 个异地批发商的利润函数分别为:

$$\pi_{ry}^{m2} = \left[V\left(1 - \frac{1}{N}q_y^{m2}\right) - w_{yn}^{m2} \right] q_y^{m2} \qquad (8-54)$$

$$\pi_{wyi}^{m2} = (w_{yi}^{m2} - w_{y(i-1)}^{m2}) q_y^{m2} \qquad (8-55)$$

考虑到采购价格 w_r^{m2} 由合作社和本地零售商谈判决定,所以引入纳什谈判模型来刻画双方的采购价格谈判过程。合作社和本地零售商的目标都是最大化自身利润,此时双方的纳什谈判函数为:

$$U_{c-rb}^{m2} = (\pi_c^{m2})^{\tau} (\pi_{rb}^{m2})^{1-\tau} \qquad (8-56)$$

其中,$\tau \in [0,1]$ 表示合作社的谈判能力,τ 越大表明合作社的谈判能力越大,即在"农超对接"供应链中的渠道权力越强大。

同理,假设有 $0 < w_c^{m2} < w_b^{m2} < w_{y1}^{m2} < w_{y2}^{m2} < \cdots < w_{yn}^{m2} < V$,$0 < w_r^{m2} < V$ 和 $q_b^{m2}, q_y^{m2}, q_c^{m2} > 0$ 成立。

（二）结果计算

运用逆序归纳法求解，可以得到混合多渠道模式下的生鲜农产品供应链存在唯一的均衡结果分别为：

$$w_r^{m2*} = \frac{3V - c + 2c\tau - 2f}{6} \tag{8-57}$$

$$w_c^{m2*} = \frac{1}{2}V \tag{8-58}$$

$$w_b^{m2*} = \frac{3}{4}V \tag{8-59}$$

$$w_{yi}^{m2*} = \frac{2^{i+2} - 1}{2^{i+2}}V \tag{8-60}$$

四、对比分析

对比直销区混合双渠道模式和混合多渠道模式下合作社的利润，可以发现 $\Delta\pi_c^{m2-m1} = \pi_c^{m2*} - \pi_c^{m1*} > 0$。

对比直销区混合多渠道模式和传统批发模式下的合作社利润，可以得到 $\Delta\pi_c^{m2-} = \pi_c^{m2*} - \pi_c^* = \frac{1}{48}[4\tau(-6cV - 2\tau c^2 + 7c^2 + 3V^2 + 2cf) - 3V]$。若 $\Delta\pi_c^{m2-} > 0$，则有 $Z < 0$，其中 $Z = 16\{(V-c)^2[3(V-c)^2 + 4c^2] + c^2V\}\tau^2 - 8V[3(V-c)^2 + 4c^2]\tau + 3V^4$。

由于 Z 形式的复杂性，本文接下来将通过数值仿真的形式来探讨 Z 小于 0 的条件，由此得到 $\Delta\pi_c^{m2-} > 0$ 的条件。首先注意到当 $\tau = 0$ 时，$Z = 3V^4 > 0$，所以 τ 在区间 $[0,1]$ 上变化时，Z 不可能恒为负数。然后通过仿真作图得到 Z 关于直销区运营成本 c 和谈判权力 τ 变化的关系图（如图 8-13、图 8-14 和图 8-15 所示）。分析发现，当 V 水平较低时，合作社直销区运营成本较小和合作社谈判能力较大一侧 Z 值为负数。随着 V 水平的增加合作社直销区运营成本较小和合作社谈判能力较大一侧的 Z 值逐渐增加甚至超过 0，此时合作社直销区运营成本较大和合作社谈判能力较大一侧的 Z 值为负数。

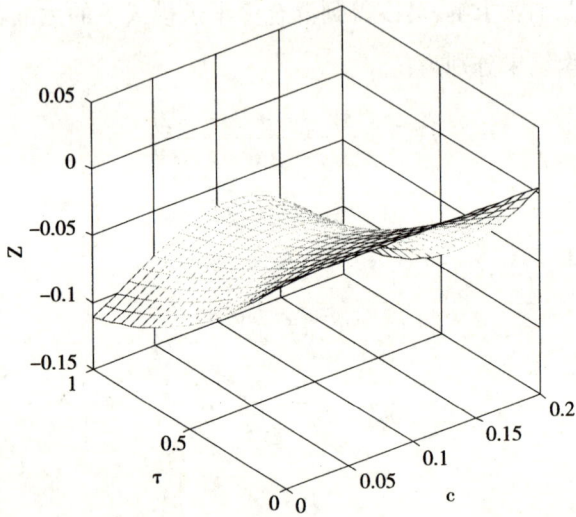

（ V = 0.2 ）

图 8-13　Z 关于直销区运营成本和谈判权力的变化趋势

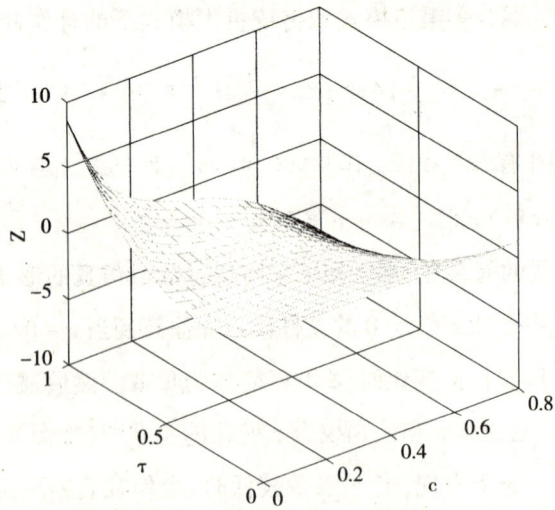

（ V = 0.8 ）

图 8-14　Z 关于直销区运营成本和谈判权力的变化趋势

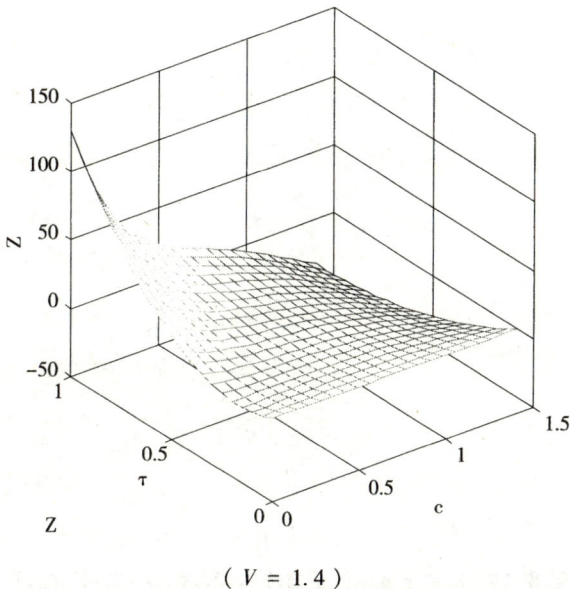

$(V = 1.4)$

图8-15　Z关于直销区运营成本和谈判权力的变化趋势

随着 V 水平的进一步增加，Z 值最终可以为正数（如图8-16所示）。因此，合作社如果选择混合模式，其只会选择混合多渠道模式。对比混合多渠道模式和传统批发模式下合作社的利润，发现在低于特定的生鲜农产品客观价值水平时，合作社会在谈判能力较大时（直销区运营成本较小或者较大）选择混合模式。

本节研究了混合模式下合作社的选择策略，对比分析混合模式和传统批发模式下合作社的利润，从而提出合作社选择混合模式的条件。研究发现，当生鲜农产品价值水平较低时，合作社会在直销区运营成本较小而其谈判能力较大时选择混合模式，此时合作社将其生产的生鲜农产品通过批发渠道出售给异地市场消费者，通过"农超对接"渠道和直销渠道出售给本地市场消费者。当生鲜农产品价值适中时，合作社会在直销区运营成本和其谈判能力都较大时选择混合模式，此时混合模式的实施形式与生鲜农产品价值较低时合作社采用混合模式的实施形式相同。当生鲜农产品价值较高时，合作社不会选择混合模式。

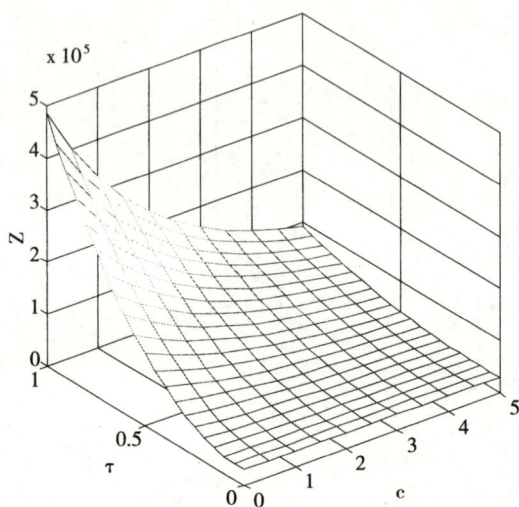

（ V = 10 ）

图 8-16　Z 关于直销区运营成本和谈判权力的变化趋势

第六节　生鲜农产品供应链的最新模式探索

随着消费者需求的日益个性化，消费者对获取生鲜农产品的方式、质量、效率都有较高的标准和要求。生鲜农产品供应链体系也正在作出相应的调整和更新来满足消费者的需求，向更聚合、更智能的方向发展，从而提升整条供应链的经济效益。生鲜农产品供应链管理理念不断发展，单一流通模式逐步趋于多元化。特别是电子商务这种线上交易模式的迅速崛起，使得生鲜农产品的流通方式不再局限于传统批发、农超对接、社区直销等模式，许多创新模式不断涌现出来。

一、全渠道超市

实体经济与互联网经济的融合互动正在成为趋势，零售业全渠道转型已经成为行业共识。超市作为传统零售业的主流，其特点和优势在于门店布局密集、靠近顾客。连锁超市发展全渠道模式,是指将线下的超市实体店同互联网相结合,让互联网成为线下实体超市的交易前端。与单渠道的电商超市相比,连锁超市自身既可作为电商模式下的实体,同时又是一个小型的配送中心,占据了线下市场先天优势。在发展全渠道过程中,连锁超市在线上商品种类的选择上更注重创新与更新,同时会定期推出优惠,实现线上线下差异化,可接受预定,顾客通过线上平台可节省货物选购时间,方便进行货价比对,从而获取更大优惠。

全渠道超市的特点是线上吸引消费者到实体店去感知产品和体验服务,是一种利用线上技术来开拓线下产品和服务的运营机制,全渠道模式对实体店来说是打造"线上支付+线下体验"的商业闭环,实体渠道通过拓宽线上渠道来引导流量,而线上渠道开拓实体渠道来增强消费者购物体验和提升服务质量。全渠道超市的出现使得消费者能够更好地选购产品种类。对于商超运营者来说,与传统的商超模式相比,线上交易模式可以将众多商品借助电商平台进行展示与详细介绍,突破传统商超空间要求和运营服务保障的局限,减少门店租金成本和人力运营成本。对于消费者来说,通过网络渠道购买商品,去实体店取货可以避免排队拥挤等问题,改善了购物体验。

国外一些大型生鲜公司发展全渠道超市比较早。奥凯多(Ocado)于2002年1月正式商业运营,是英国的一家电商网站,除了售卖生鲜产品外,也卖其他食品、玩具和医药产品。2010年奥凯多在英国哈特菲尔德建立了295000平方英尺的运营中心,到2011年时奥凯多的配送服务覆盖到70%的英国家庭。通过先进的物流技术,奥凯多的订单正确率达到99%,配送使用的是其自己定制的冷藏型奔驰卡车,能在次日送达客户的订单占95%。在澳洲、欧美以及日本等发达国家,线下购物环境已经比较成熟,用户在进入、体验、支付等方面,简洁高效,体验良好。以澳洲超市为例,澳洲超市普遍使用自助购物机。挑选完物品,即可自助扫码、交费,完成购物。超市工作人员只需简单引导,排队大大减少。在新加坡等国家,挑选物品放入购物车,即完成计费。用户在超市出口,只需刷卡即可通过,整个过程连贯顺利。国内的大型超市,例如永辉超市，也以生鲜产品为切入点探索新的业务经营策略。2013年，"半边天"生鲜超市上线，但仅过了一个月，"半边天"生鲜超市就因为业绩不佳而下线。在2014年，上线"永辉微店"手机软件，但是实施效果却很不尽如人意。2016年，永辉超市充分利用京东到家平台，深入开展线上线下互动的营销优势，制定切合实际的商业模式（如图8-17所示）。合作第一周，北京的鲁谷店日均成交约300单左右，营业额增加8%左右，在永辉超市销售的产品中，生鲜品类占比约为60%，估算永辉超市通过京东到家软件的销售渠道，生鲜销售额增加幅度达到13%。在北京鲁谷店之后，全国各地的实体门店也逐步上线京东到家，覆盖面进一步扩大。京东到家已经在国内91个城市运营，而永辉超市在全国拥有700多家门店，由于借助京东到家的电商平台，使得双方的优势得到互补，而且广告效益明显。此外，京东平台巨大的流量基础，可以为永辉超市规模效益提供支撑。[①]

二、前置仓模式

前置仓，也被称为"卫星仓"或者"云仓"。它是基于精准类货物预测，建立离消费者更近的仓库，目的在于为消费者提供更为快捷的配送服务，提升客户体验。前置仓的设置能够较好缩短商品的运输时间和距离，减少配送分拣换手率，降低货损货差率，吸引各商家纷纷布局前置仓运营模式。

前置仓的实现方式可以是自建或者采用第三方末端仓库。自建模式下可以是电商企业以自建便利店、超市或者体验店的形式，这些店进行线下售卖和体验，同时当店附近有消费者在网上下单也可以实现快速配送货。采用第三方仓库作为前置仓的方式，则是电商第三方物流公司或者第三方的线下零售、批发、超市等合作，以其仓库作为自己的合作前置仓，当消费者在电商上下单购物时，可以先判断离消费者较近合作的线下企业是否有对应的商品，并由配送员直接到合作商的仓库提货并配送至消费者。

---

① 匡丹丹：《永辉超市生鲜产品O2O业务策略研究》，硕士学位论文，西南财经大学，2017年，第28页。

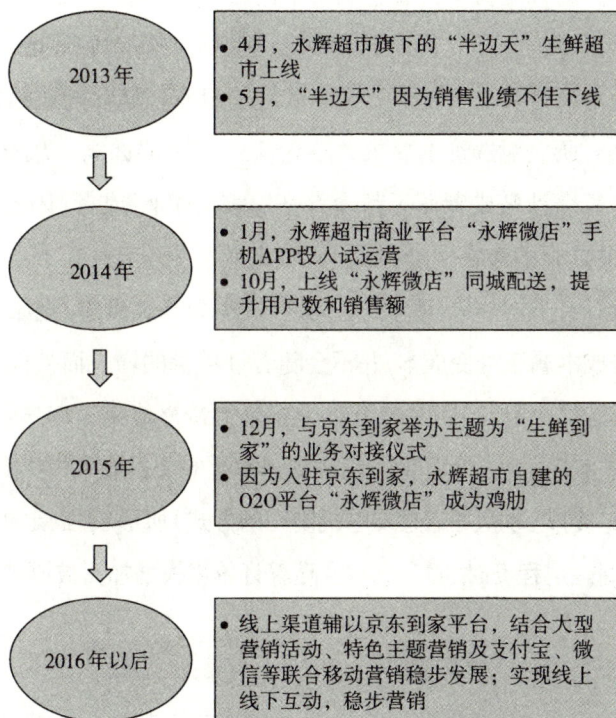

图8-17 永辉超市的生鲜农产品供应链发展情况

资料来源:笔者整理。

前置仓的主要功能是快速满足消费者的收货需求,从服务时效上来看,往往需要提供不超过1小时的分钟级配送服务。因此,前置仓的服务半径通常是3—5公里。从前置仓规模上来看,由于一个城市内需要高密度布局多个前置仓,从而覆盖不同的区域,且前置仓大都以门店为基础,因此绝大部分前置仓规模不大,通常在300—500平方米;由于前置仓面积的限制,总体来看,前置仓运营等最小存货单位(SKU)数量大约在1000—2000个,少数达到3000个。

每日优鲜采用的就是"城市分选中心+社区前置仓"的前置仓模式(如图8-18所示)。以北京市场为例,每日优鲜在北京有300多个前置仓,从而北京五环以内均可实现极速达配送。每日优鲜会在北京建立城市分选中心,每个商品入库后,经过城市分选中心的品控、分选、加工等环节,根据智能补货系统提供的补货算法,确定每个前置仓的每个商品的补货数量,由冷藏车分发到各个前置仓,全程冷链运输。用户下单后,会根据用户下单的地址匹配相对应的前置仓,然后由配送员进行配送。由于前置仓只有存储和配送的功能,没有对外销售的功能,所以对选址的要求并不像实体门店那么高。从整个城市规划的角度来看,每个社区或者商区都会存在"偏僻物业"或者"闲置物业",这些都可以作为前置仓的潜在选址标的,从而降低了租金成本。传统的生鲜配送模式是从区域中心仓发货,因为配送周期长,需要添加纸箱、泡沫、冰袋等大量冷媒,这部分成本属于可变成本,并不会随着订单量的增长而被摊销掉,反而会越来越高;而前置仓相当于把一个集约化配送的冷库修到了用户家门口。最后一公里的配送实现了"去冷媒化",使得冷链物流的交付成本中更多的是冷源式冷链(冷藏车、冷库、冰箱等通过发电机制冷的方式)所形成"固定成本",所以当订单规模达到一定程度时,固定成本会随着订单规模增加而被摊销。①

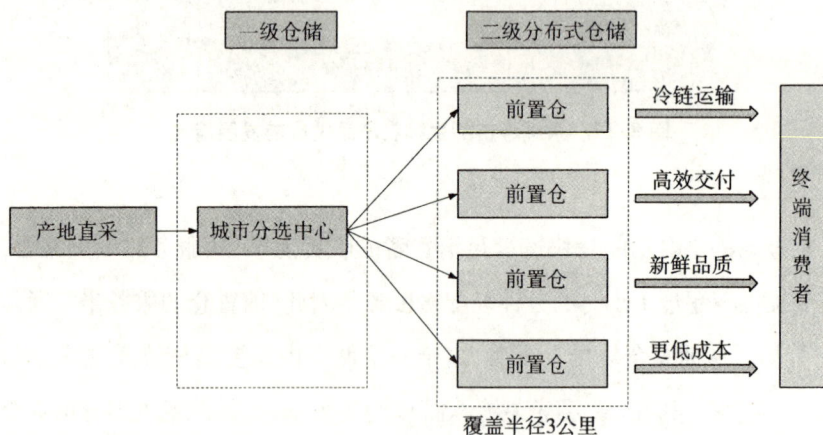

图 8-18　每日优鲜的前置仓模式

尽管布局运营前置仓模式的商家目前很少能够盈利,但是发展前景依旧被行业人士看好。前置仓目前在仓储、配送等物流作业上还需要大量人力支

---

① 赵正:《每日优鲜:如何打通前置仓》,2019 年 3 月 21 日,见 http://dy.163.com/v2/article/detail/EAQ4 KRPD05198OFP.html。

持,导致运营成本支出较高。在仓店一体的前置仓内,主要应用的是信息化系统,如订单管理系统等,物流设备的使用主要是为了减少工作人员的移动,降低商品在人员交接过程中的失误率。例如,在盒马鲜生店内,采用了悬挂链、输送线等物流设备,并大量采用手持终端等设备,不断增强消费者体验,提高运营效率。随着5G技术的快速发展和成熟应用,在末端配送环节中无人配送服务会得到大范围应用。这必将改变整个物流配送的成本和对接方式,甚至影响配送到家服务商业模式,推动前置仓更好实现流程优化。

三、生鲜电商平台

生鲜农产品电子商务,简称"生鲜电商",是指用电子商务手段销售生鲜类商品,如新鲜水果、海鲜以及肉类等。生鲜电商能够帮助农民解决农产品销售难题,帮助消费者解决买菜不方便的问题,促进生鲜农产品的快速流通的同时,解决买卖双方信息不对称的难题,实现农产品流通的信息化,从而降低生鲜农产品安全质量的风险(如图8-19所示)。

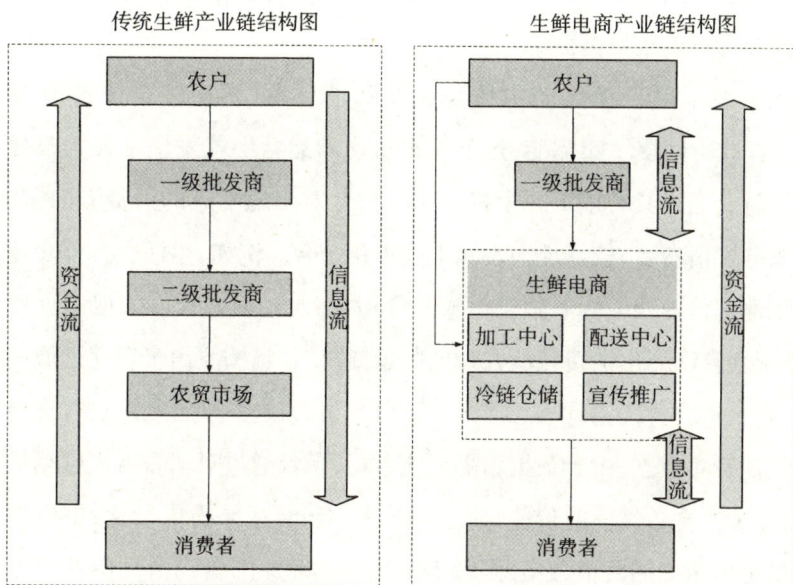

图8-19　生鲜电商平台的运作模式

在"互联网+"和消费不断升级的趋势下,生鲜电商呈现高速增长的态势。2017年,我国生鲜农产品电商市场交易规模达到1391.3亿元,2018年我国生鲜电商市场交易规模突破2000亿元,增长幅度达43.8%。我国常见的生鲜农产品电子商务模式主要以企业之间或者企业与消费者之间为主,通过"互联网+农产品"模式实现农产品的流通。由于农产品本身具有特殊的属性,如储存保鲜难度大、易腐烂损坏等,导致消费者在线上购买生鲜农产品的比例仅达15%,在线下购买生鲜农产品仍是消费者的主要方式。随着互联网技术的迅速发展、线上线下融合模式及消费者到企业(Customer to Business,C2B)模式的出现和应用,激活了生鲜农产品市场的潜力,实现线上线下渠道的融合,更好地促进了生鲜电商行业的稳健发展。

消费者到企业模式的出现和应用是为了更好满足消费者日趋个性化和多样化的消费需求。与以供给为导向的传统模式不同,这种模式是以消费需求为导向。消费者可以向企业提出自己个性化的需求,企业通过收集不同消费者的需求并进行分类整合,让消费者全程参与需求产品的设计、生产和销售过程,产品定位性和适应性都有了较大幅度提高,因此,消费者对消费者到企业的模式接受程度也更高。

线上线下融合模式的主体是企业和消费者,相比较企业到消费者的(B2C)模式中间多了实体店,这就使得流通和运营形式发生了较大改变。线上线下融合模式具有以下几个特点:第一,针对当地附近的消费者的需求,侧重于服务性消费者,较好地实现线上线下相结合。例如,生活服务外卖业务就是基于地理位置线上线下融合模式的应用,在通过官方软件去搜索食物的时候,系统会自动列出消费者所在地的附近商户,并且按照消费者就近原则进行推荐,直至消费者浏览到满意产品并下单。第二,电商平台利用在线支付方式来收集消费者数据,由于数据为平台所掌控,平台通过对消费者大数据的分析计算,充分挖掘数据商业价值,使运营效率和经营成果得以量化,更好地为商家提供更为精准的营销方案,同时消费者也从商家的营销活动中获得更个性化的服务。第三,由于线上线下融合模式充分利用了实体店和消费者位置的地理优势,能够实现就近满足消费者的购物需求,降低了物流成本,较好地解决了"最后一公里"的运营问题,较大提升了消费者的购物体验。

随着互联网经济时代的到来,我国生鲜电商呈现爆发的发展态势,市场竞争越来越激烈,大量农产品开始从传统渠道模式逐渐走向生鲜电商行列。因此,生鲜电商也被认为是电商最后的蓝海,吸引了众多电商投资布局。但是,与发达国家相比,目前我国生鲜电商发展还处于起步阶段,成熟度较低。发达国家的生鲜电商,尤其是美国、英国和日本,发展历史悠久,已经处于成熟阶段。大多数外国生鲜电商的生鲜供应链终端是消费者,而起点并不是企业,而是本地农场或者超市,而且生鲜电商都具有本地化、社区化的经营特点,极大地保障了生鲜产品品质,降低了企业风险。

四、社区团购

针对高性价比与社交化需求的用户群体的社区团购模式发展迅速,多项社区团购企业成功获得多轮融资,并从城市社区开始进行消费群体全面覆盖。社区团购模式是基于线下真实的小区,以社区常住住户或周边店铺经营者为分发节点,通过微信群、小程序等移动平台工具进行开团预售,把同一小区人群需求集单,通过微信、支付宝或银联支付后,再统一发货到社区自提点统一自提的一种购物方式。这种多数起源于准一线城市或二线以下城市的团购模式,其主要销售场景是由各快递代收点、社区便利店、社区物业、业主等发起的社区微信群,强调以社区为单位招募社群团长,用户则通过微信群、小程序、微信支付完成拼团消费,再由商家集中化管理运营,以及供应链统一配送(如图8-20所示)。

与传统电商模式相比,社区团购由于实行的是农场和消费者之间的直接交易模式,省去了中间流通运输环节,避免层层加价行为,通过采用集中采集和预售相结合的模式也使得农产品的价格和时效具备一定的竞争优势。在社区团购模式下,社区居户建立微信群,利用居住区的熟人关系来不断获得新的消费群体,直接在微信群里就能实现农产品推广、质量介绍以及价格问询等相

图 8-20　社区团购的运作模式

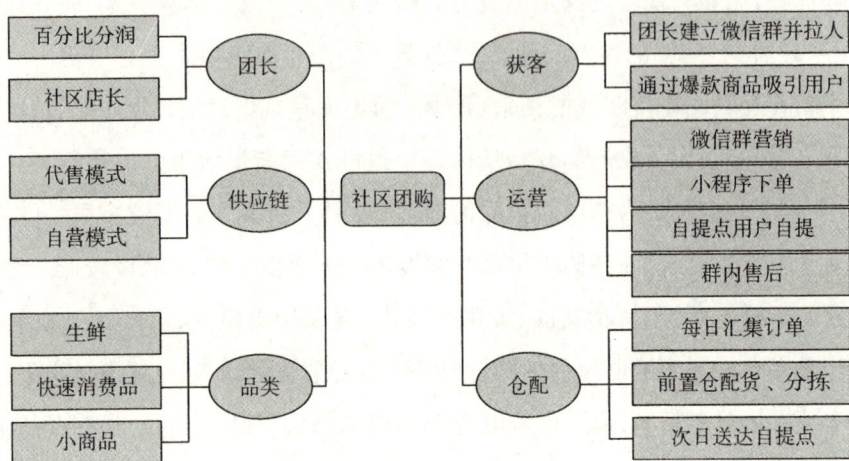

关事项,可以有效避免农产品信息传递扭曲,而且农场主与消费者之间的互动性也比较强,充分利用社区居民关系链能够有效降低农产品推广费用和运输配送费用,从而降低产品销售价格,也能让消费者购买到放心产品。社区团购新零售方式,对于农场主而言,既可以充分发挥高性价比的竞争优势又能有效地把控农产品的质量。同时,由社区居民集中采购,农场主集中配送由社区居民自主选择住所附近的自提点,也能很好解决配送问题,使得社区消费群稳定性和消费黏性更强。

社区团购模式作为一种电商渠道的微创新,简单地把团购渠道由全网拼单转为了具体的线下社区拼单,实现以社区为单位的快速覆盖。发达国家社区团购起步较早,以美国为例,美国的社区团购农场购(Farmigo)创造性地打造了"食物社区"的概念,利用地理位置相近的居民聚集的社区管理,将同一社区的消费者以"食物社区"为单位与当地中小农场进行对接。农场为每一个社区分别制作专门的购物网页,每个社区一个负责人,社区负责人将各农场的产品添加到社区网站上,每周向网站提交自己的社区订单,每个订单人数最少 20 人,对社区负责人予以折扣奖励。农场购以社区为单位掌控订单,然后再向农场发出订货需求。同一个食物社区中的成员每周都可以各自在其社区专属的农场购网页上"点菜",当地农场则会每周将来自同一个食物社区的单个的订单汇总,每周都要给每个食物社区定点配送一次,随后由消费者自己取回各自订购的食物。

国内的社区团购也正在快速发展。以美团系的松鼠拼拼为例,它于2018年8月正式上线,依托微信平台运营小程序并建立社区微信群,每个社区由一到两名团长负责在所建微信群进行宣传推广,发布产品预售和拼团信息,为社区居民推广和发送超低价、高品质的生鲜产品。2019年1月,松鼠拼拼月销售额已突破1亿元,团购业务已经覆盖全国30余个城市和过万社区,成为国内发展最快的社区拼团电商平台。"松鼠拼拼"采用"群场景+社区拼团"的模式,由团长建立微信群,让社区内的居民扫描二维码或由亲友推荐等形式进群,在线下终端迅速拓展,不断发布商品促进消费以形成用户黏着性较高的社区网络,用户也能够迅速适应"松鼠拼拼"社群下的消费闭环模式。同时"松鼠拼拼"基于线上消费者对生鲜产品的需求特点采取"单品爆款+预售"的运营方式,在不同的时节限量推出不同的爆款商品,既吸引更多的消费者,又培养用户不断形成消费依赖。"松鼠拼拼"在社区集中预售后统一发货的方式能在把控生鲜类产品质量的同时有效优化供应链。[1] "松鼠拼拼"的主要消费者潜在群体大多是家庭主妇或职场白领,社区微信群内的每个成员都是购买者或者潜在购买者。每个消费者的购买反馈都是影响群内消费者购买决策的关键因素。以团长为中心,以消费者为结点进行扩展的社区销售网络是"松鼠拼拼"最大的特点。"松鼠拼拼"从生鲜类产品和日用品入手,以优惠的价格为消费者提供高品质的产品,其中一半以上为独立小包装的生鲜农产品。团长和消费者面对面接触互动性强,可以更加直观地了解消费者的需求,为消费者提供更优质的服务,并建立稳定的消费关系。

类似于"松鼠拼拼"这样的企业,如果能够在前期迅速吸纳大量用户流

---

[1]　高亚娟、胡付照:《从"松鼠拼拼"探究微信社区团购电商模式成功路径》,《商业研究》2019年第5期。

量,经过大浪淘沙后,拥有更高效健全的供应链和更严密的团长管理体系,在控制众多社区的情况下,企业将有足够的话语权对货源进行议价,逐步成为一个综合性的独立平台;有强势资金支持的企业甚至可以整合上游供应链做自营品牌,成为集庞大用户流和现金流于一身的线上社群超市。相反,社区团购企业如果无法有效解决供应链和经营同质化问题,不堪成本增长、客群不稳定等,将会发展成为线下门店的补充。一方面,线下门店可以利用企业平台作为流量入口;另一方面,企业也可以利用实体门店作为货物存放点,专营某些特定商品,提高运营效率。每种模式都有自己独特的发展轨迹,一味地低价营销不会使社区团购走得长久,必须融合技术服务和有温度的运营,才能在市场上占有一席之地。

五、社区支持农业

随着食品安全事故的频发,人们逐渐对工业化食品体系和全球化食品供应系统失去信任,加之国家对农业现代化及城乡生态文明建设的大力倡导,以社区支持农业、农夫集市、消费者合作社、观光农业、慢食运动等为代表的替代食品网络(Alternative Food Networks,AFNs)体系,以其保障食品安全、强化生态环境保护、促进农村区域发展的作用,逐渐成为政府、企业、学术界等关注的焦点。其中,社区支持农业(Community Supported Agriculture,CSA)是此体系中最具代表性的有机农业模式。

社区支持农业模式是指在社区农场和消费者之间建立一种直接联系,使得消费者支持社区农场运作的生产模式。消费者在获得农产品之前支付定金,农场保证为消费者提供安全、绿色的农产品,从而在社区农场和消费者之间构建一种利益共享、风险共担的合作形式,这也是消除农产品质量问题的一种新型农产品贸易形式。图8-21为社区支持农业与传统农业的比较。

社区支持农业作为一种新型的农业生产和生活方式,其核心在于重新建立人们与土地、农业生产之间自然、和谐的关系。社区支持农业最早出现于20世纪70年代,当时的环境污染等问题带来了严重的食品安全危机。20世

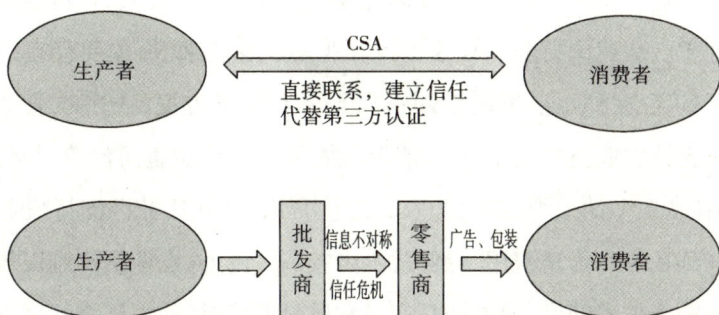

图 8-21　社区支持农业的运作模式

资料来源:2015 年中国社区支持农业研究报告。

纪 50 年代末,日本发生的水俣病事件引起了居民对农业生态环境的担忧和对食品安全的质疑。因此,部分主妇与本地农民开展合作,居民提前预付给农场主一年的生产费用,而农场主因不用担心销售渠道能够全身心投入种植安全绿色的生鲜农产品中,使社区居民能够吃到健康放心的生鲜时蔬。在这种情况下,一种以"风险共担、收益共享"为核心理念的城乡互助模式建立起来,形成了社区支持农业的初级形式。目前,社区支持农业模式是世界上主要发达国家使用最为广泛的农业生产方式之一。美国社区农业由范德图在 1984 年从瑞士引入并获得快速发展,目前美国社区支持农业集中于大西洋沿岸、美国东北部以及中部平原地区,其中又以纽约州、威斯康星州和宾夕法尼亚州占多数,社区支持农业模式已经成为美国社区居民获得健康绿色生鲜农产品一种不可或缺的途径。

我国的社区支持农业起步较晚。2012 年我国社区支持农业第一人石嫣创建了分享收获农业发展有限公司,在北京市通州区西集镇马坊村有 50 亩基地,开始经营分享收获项目,采用生态农业方式做农业。她采取发展会员的方式,把消费者吸引到农业生产和经营当中。到 2019 年年初,消费者数量已经有 800 多人,生产基地也从 1 个扩展到 2 个,已经先后创建了属于自己的基地和品牌,拥有 200 多亩农场,年收入达到 800 多万元。

尽管社区支持农业的发展理念在我国得到了广泛传播,甚至不少学者还将其视为农业可持续发展的希望,但是与产业化农业相比较,社区支持农业发展并不理想。从我国目前的社区支持农业发展现状来看,主要存在的以下因素限制了社区支持农业的快速发展。第一,在经济方面,农户收益得不到保障。社区支持农业要求人工进行有机农耕、除草和病虫害防治等,与传统农耕相比,要花费更多的人力、物力和农场维护费用。同时,社区支持农业的农产品从农场到社区的配送费用、保鲜成本也较高。此外,农业生产难以规避外部风险和生产者技术问题,使农产品产量和质量不稳定,使得许多社区支持农业的农场不堪重负,或转型,或倒闭。第二,在市场方面,消费者对该模式认可度较低。社区支持农业这一新型农业生产形式直接挑战消费者的传统消费习惯,大部分消费者难以接受预付费用以购买农产品,与生产者共担风险。由于过高的农产品价格使得中低收入家庭难以接受,社区支持农业的市场不被认可,大大增加了社区支持农业的经营成本。

因此,社区支持农业作为一种对环境友好、为消费者提供安全健康食物以及保护生产者利益的新型农业生产模式,在我国具有良好的发展前景,但也有需要突破的困境。

六、生鲜新零售

随着互联网技术的快速发展,一方面我国传统零售企业正面临着业绩下滑、盈利锐减、门店倒闭等巨大威胁;另一方面以淘宝、京东为代表的纯电商企业尽管发展势头迅猛,但因其实际用户体验不佳,渠道成本较高,政策监管力度趋紧等原因,发展似乎已经进入瓶颈期,电商红利正逐渐消失。在此背景下,以网络技术发展、消费转型升级为基础的"新零售"应运而生,不仅为传统零售行业的发展注入了活力,也极大地改变了消费者的消费理念。

新零售是在新兴消费群体出现与互联网技术的带动下,以虚拟现实、云计算、大数据等新技术为支撑,以消费者为核心,整合线上线下全渠道的新型零售业态。新零售依托大数据、人工智能与物联网等信息基础设施,以线上线下全渠道融合为基本方式,以消费者为中心,实现供应链上人、货、场重构。这意味着新零售打破原有线上、线下边界,促使全渠道供应链界限模糊化,推动线上线下全渠道跨界融合(如图8-22所示)。

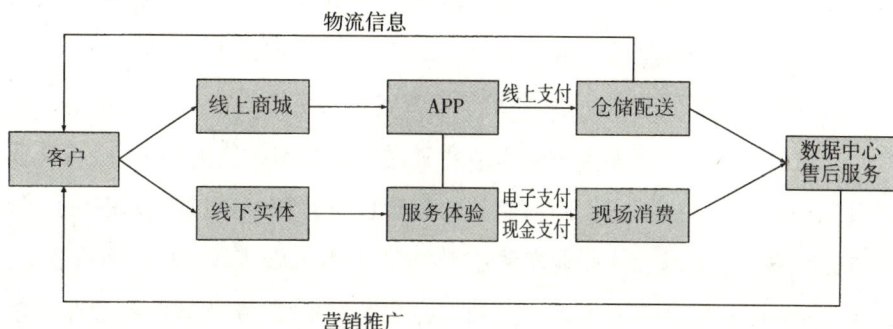

图8-22 新零售运作模式

以盒马鲜生为例,它是阿里巴巴集团旗下的以数据和技术驱动的新零售平台。盒马鲜生以实体店为核心,采用"线上电商+线下门店"的经营模式,具备生鲜超市、餐饮体验和线上业务仓储等功能。盒马鲜生的基本运营模式包括以下两点:第一,注重线上线下与物流的结合。盒马鲜生研发了手机程序,用手机程序实现线上下单购买线下实体店取货的过程,由于线上线下产品具有同源同质的特征,较好地打消了消费者线上购物时对生鲜质量的担忧。此外,门店内设有多个付款通道,使消费者免于长时间等待排队结账,优化线下购物体验,为消费者提供最便捷的购物方式。第二,有效地整合全渠道。如盒马鲜生作为终端的零售商与产品的源头也建立了联系,用户扫描产品上的二维码即可了解产品的产地、生产日期等各类产品信息,将线上与线下的数据进行匹配,为消费者提供最佳的购物体验。

生鲜新零售是以人为本的运营模式,零售企业联合制造商、售卖商家、渠道内的所有合作伙伴在同一个公共平台上进行合作,具有如下特点:

一是更加注重用户体验。传统零售更加注重产品,而新零售将用户的体验放在第一位,这种体验不仅仅包括产品质量的体验,还有产品服务的体验。因此,新零售要求商家同时注重产品的质量与服务。例如,在盒马鲜生购买海鲜水产之后，可支付一定的费用交由商家来加工食材，在现场进行就餐；距超市3公里以内的顾客在线上下单后，在30分钟至一小时内可无运费收到购买的生鲜；线下的实体店安排有一定数量的服务员和导购员进行讲解和引导，服务态度较好。盒马鲜生的实践正是体现出了新零售对用户体验的重视，不仅要为消费者提供优质的产品，更要给予消费者多元化的体验。

二是业态创新。新零售为能为消费者提供体验型购物的服务，必将从业态创新入手。一方面缩减店铺内商品的经营售卖面积，从餐饮、休闲娱乐、母婴亲子这三大方面增加体验业态的业态配比，并引入更多新类型的体验业态；另一方面着眼于满足消费者个性化和多样化的需求，将购物体验通过业态创新改造达到最佳。

三是空间布局创新。新零售区别于传统零售，在店面的环境与布局上充满创新特点。盒马鲜生采用前店后仓的模式，将店内拣货、吊顶运输、打包配送等物流环节流水线化，再辅以智能配送的技术，实现三十分钟送货的承诺；实体店突破传统生鲜市场布局，创造性地加入就餐区使消费者可以现买现吃。

生鲜新零售这一新型模式将纯电商和实体零售模式相结合，将电商仓储与实体店合二为一，降低了运营成本并充分发挥线上线下渠道的优势。与此同时，生鲜新零售更为注重新兴技术手段的应用，为消费者提供个性化服务，提升顾客体验。生鲜新零售将电商与实体店通过物流联系在一起，重视对高新技术的应用，在弥补传统零售模式不足的同时，也实现了各方面的创新。因此，生鲜新零售在未来会有较大的发展空间。

20世纪90年代以来，随着农业产业化改革的进程，生鲜农产品供应链迅速在全国各个地区发展起来，涉及的农产品包括蔬菜、畜产品、水果、水产品以及地方特色农产品，出现了形式多样的销售模式。本章立足我国生鲜农产品市场发展的实际，综合运用数理建模、数值仿真以及案例分析等方法，对比分析了传统批发模式、农超对接模式、直销区模式、混合模式四种典型生鲜农产品供应链模式的特点，剖析不同模式运作机理。研究结果表明：

（1）当直销区运营成本较大而自身谈判能力较弱时，合作社的最优供应链模式是传统批发模式，此时合作社将其生产的生鲜农产品通过批发渠道同时出售给本地市场和异地市场的消费者；而当直销区运营成本和自身谈判能力都较大时，合作社的最优供应链模式是混合模式，此时合作社将其生产的生鲜农产品通过批发渠道出售给异地市场消费者，通过"农超对接"渠道和直销渠道出售给本地市场消费者。

（2）当直销区运营成本和自身谈判能力都较弱时，合作社的最优供应链模式是直销区模式。但是与传统批发模式和混合模式不同，在不同的异地市场规模水平下，合作社选择直销区的实施形式具有差异性。当异地市场规模较小或者适中时，合作社将其生产的生鲜农产品通过直销渠道全部出售给本地市场消费者。当异地市场规模较大时，合作社将其生产的生鲜农产品通过批发渠道出售给异地市场消费者，通过批发渠道和直销渠道出售给本地市场消费者。

（3）当异地市场规模适中或者较大，而合作社直销区运营成本和合作社谈判能力都适中时，合作社的最优供应链模式是"农超对接"模式，此时合作社将其生产的生鲜农产品通过批发渠道出售给异地市场消费者，通过"农超对接"渠道出售给本地市场消费者。

异地市场规模，合作社直销区运营成本和合作社谈判能力对合作社的最优供应链模式选择策略有显著的影响。传统批发模式、农超对接模式、直销区模式和混合模式四种模式在不同条件下都有可能会成为合作社的最优供应链模式，由此也表明这四种模式存在的必要性。因此，我国未来的生鲜农产品供应链发展不应该简单采取"一刀切"的统一模式，而是要综合评估供应链运作的内外部条件，因地制宜地构建多业态并存的生鲜农产品供应链体系。

第九章　未来供应链发展趋势和模式前瞻

　　面对不断创新的发展模式,柔性、敏捷、智慧会成为未来供应链重要的特征。因此,应充分利用人工智能等高科技赋能供应链,赋能零售行业,智能零售以大数据和智能技术驱动市场零售新业态,优化从生产、流通到销售的全产业链资源配置与效率,从多功能服务到场景化服务,满足不断变化的客户消费需求,打造大数据支撑、网络化共享、智能化协作的智慧供应链体系。

第一节　全渠道零售

一、全渠道零售的概述

　　在互联网大潮的冲击下,各行各业都产生了不同程度的变化。对于零售业来说,线上线下渠道都面临同样的挑战。零售业发展经历了三个时代:单渠道时代、多渠道时代以及全渠道时代,每种渠道都具有各自的时代特征(如图9-1所示)。

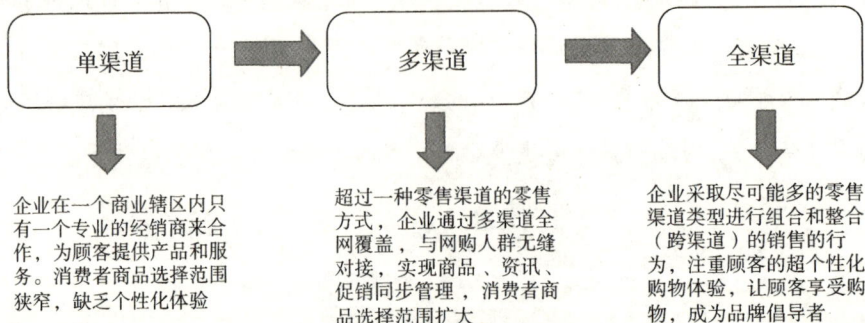

单渠道	多渠道	全渠道
企业在一个商业辖区内只有一个专业的经销商来合作,为顾客提供产品和服务。消费者商品选择范围狭窄,缺乏个性化体验	超过一种零售渠道的零售方式,企业通过多渠道全网覆盖,与网购人群无缝对接,实现商品、资讯、促销同步管理,消费者商品选择范围扩大	企业采取尽可能多的零售渠道类型进行组合和整合(跨渠道)的销售的行为,注重顾客的超个性化购物体验,让顾客享受购物,成为品牌倡导者

图9-1　供应链渠道发展阶段变化

　　全渠道零售是指企业为了更好地满足消费者的购物、娱乐和社交等综合体验需求，以及满足消费者能够在任何时候、任何地点以及任何途径完成购买的需求，采用丰富多样化的零售渠道类型，并对这些渠道类型进行优化组合，以实现消费者跨渠道销售的行为模式。其中，渠道类型包括有形商店（实体店铺、服务网点）、无形商店（电话购物、电视广告、电商平台）以及信息媒体（导购网站、社交媒体、微信商城）等。全渠道零售模式实现了线上线下一体化的目标，是积极发挥各种销售渠道优势的融合结果，为消费者提供一种无缝购物体验的新型零售渠道。全渠道包括实体渠道、电子商务渠道、移动商务渠道和信息媒体的线上与线下的融合（如图 9-2 所示）。全渠道的本质特征是对线上线下渠道进行优化整合，消费者可以摆脱时间和空间的束缚，有效开展挑选、体验、下单以及支付的活动流程。同时，消费者也能够更加详细地了解商品信息，为购买决策作出准确的判断。全渠道具有全程、全面和全线三大特征：全程是指全渠道零售商在消费者购买的整个过程都与消费者保持充分的接触，借助多个渠道与消费者进行无缝交流互动。全面是指零售商能够通过多个渠道收集消费者数据，分析数据对消费者形成深度了解，与消费者即时互动，时刻掌握消费者需求爱好变化，全面了解消费者，给消费者提供个性化服务。全线是指渠道从单渠道、多渠道发展到了全渠道，全渠道覆盖线上线下，包括实体渠道、电子商务渠道、移动电子商务渠道以及社交媒体。

　　目前，全渠道零售已经在行业里获得了较好推广和应用实践。在购买过程中，消费者需要处理大量信息来作出购买决策，包括信息采集、加工处理和发出指令等行为，因此信息渠道的发展和完善使得全渠道零售得到很好应用，也使得零售渠道变得日趋多样化。伴随着大数据时代的到来，人类也自然地进入了全渠道的信息传递和信息交流时代。互联网技术和智能移动终端的高速发展，移动支付技术日趋成熟，电商发展态势迅猛，网络零售显现出了强劲的增长势头，消费者的网络购物流程变得更加简洁流畅。人们通过网络申请就可以在电商平台上经营自己的专属零售店，而其商品信息通过复杂的网络人脉能够快速传递，消费者和零售商不需要面对面接触交流，也不需要支付现

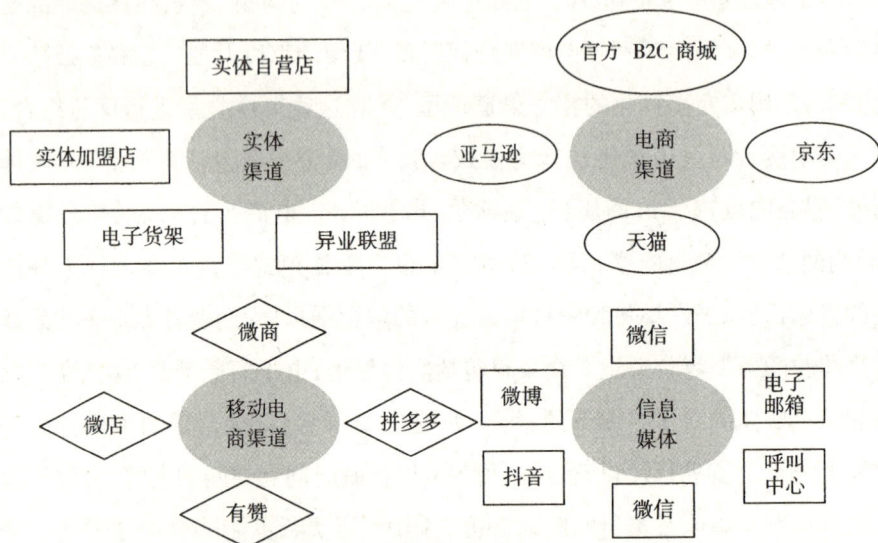

图 9-2　全渠道零售结构

金便可下单中意的商品并完成在线支付流程，从而使零售变得更加便捷化和社会化。

　　全渠道消费群体的崛起有效推动了全渠道零售的发展。在居民收入稳步增长和信息传递日趋频繁的背景下，消费者的购物模式从单渠道、多渠道模式逐渐转变升级到全渠道模式。随着移动智能终端的深入布局，消费者可以通过互联网进行商品信息浏览、分析和传递，购物转变为信息传递，与消费者的生活方式紧密联系在一起。消费者同时利用包括实体商店、服务网点、电商网站和移动终端在内的所有销售渠道，随时随地浏览信息、购买和接收产品，最大程度上获得了贯穿所有销售渠道和接触点的无缝购物体验。

二、全渠道模式在零售业的应用

　　线上线下零售商利用全渠道打通各种渠道，建立更加立体、系统的销售网络，从而创造出更高的销售额，引领零售模式。例如，阿里企业积极推行全渠道零售战略举措，开设了盒马鲜生零售店，通过运用大数据、移动互联等高科技,为消费者提供线上线下一体化的生鲜消费体验。截至 2018 年 12 月,盒马鲜生门店数量达到 109 家,已覆盖全国近 20 个城市,既有北京、深圳、上海和广州这四大一线城市又有南京、苏州、杭州等新一线城市,服务用户达 1000 万,继续保持了迅猛的发展势头。首先,盒马鲜生打造了闭环的线上和线下双店的消费模式。盒马鲜生的每件商品上都有电子标签,消费者需要使用盒马鲜生 APP 进行扫码购买,这样既能有效增加消费者的购买黏性,打造消费闭环,也能够汇集线上的支付信息,通过大数据分析充分挖掘潜在的消费信息价值。其次,消费者可以同时在线上虚拟货架和线下实体货架浏览商品信息,这使消费者能够充分了解店内购物环境、商品种类和品质以及门店服务水平。最后,盒马鲜生采取商品线上线下同价策略,保证消费者能够在不同场合、不同时间都能找到需要的商品,实现线上线下的全渠道高度融合。盒马鲜生通过统计分析消费数据,将门店内部划分为"一店二仓五中心",利用以店做仓的方式来不断提升运营效率。门店包含前端消费区和后端仓储配送区,前段消费区分为超市中心、餐饮中心、物流中心、体验中心和粉丝运营中心,而后端仓储配送区提供配送到家服务,围绕门店的三公里范围之内构建 30 分钟送达的冷链物流配送体系。在线上线下一体化的基础上,通过明确线上线下职能,线上重交易,线下重体验,真正实现"新鲜每一刻,所想即所得,让吃变成一种娱乐"的运营效果。

三、全渠道对零售行业的影响

与纯线下门店和纯电商运营的传统零售模式相比,全渠道发展使零售行业进行了重新有效整合。只有积极整合线上线下零售渠道,商超企业才能在竞争市场环境下得以持续发展。全渠道零售积极推动了零售行业稳健发展,同时也带来了一定程度的消极影响(如图 9-3 所示)。

在积极影响层面,全渠道零售的发展使得零售理念发生了深刻变化,从以前的"终端为王"逐渐转变为"消费者为王",在销售定位、渠道建设、物流配送、服务流程、组织结构等层面以消费者的需求和消费习惯为核心来布局零售渠道。以渠道建设为例,零售商必须由仅有的实体渠道积极向全渠道零售转型升级,布局线上销售渠道,相应的配套措施如采购、营销、物流配送等流程需要进一步完善,同时还要建立线上运营销售团队、储备适应于全渠道系统的人才。零售商拓展了除实体商圈之外的线上虚拟交易商圈,让零售商的商品和服务能够得到跨时间和跨地域的延伸,向全球消费者提供商品和服务,也可以不受时间和空间约束进行商品交易。实体渠道与电商渠道的整合不仅使零售商建立了全新的销售运营体系,同时还能将零售商的各项资源进行深度的优化整合,让原有的渠道资源即使不投入成本也能承担新的功能,例如为实体店增加配送服务的功能,满足商圈附近消费者的购物需求。全渠道零售能够实现线上线下会员管理体系的一体化,让会员只使用一个身份标识号就可以在所有的渠道内通行,享受积分累计、增值优惠、打折促销、售后服务等,这极大方便了消费者购物流程,不仅给消费者满意的购物体验,而且能为零售商培养更具忠诚度和黏性的消费群体。

在消极影响层面,全渠道零售给零售商带来了一定程度的转型压力。面对全渠道模式,传统零售商不具有新零售模式的销售优势,在转型升级中遇到较大困难。例如,全渠道零售商通过大数据分析能够为消费者提供超精准的个性化体验,大幅度提升零售商的运营效率,提高消费者对于零售商的忠诚度。然而,传统零售商依赖仅有的销售功能难以与全渠道零售商相竞争。此外,在全渠道零售的大背景下,传统零售商必须尝试改变老旧的运营管理模式,向新兴的全渠道零售模式转型升级,但是渠道转型升级就意味着传统零售商需要克服一系列转型带来的困难和挑战。传统零售商需要在较短时间内整合优化线下资源,积极布局拓展线上销售空间,而拓宽销售渠道意味着零售商必定产生一定的运营和管理成本,这对在竞争市场中被挤压的传统零售商来说是不利的,甚至出现资金流严重不足的困境。虽然全渠道零售模式能够培养更高的消费者忠诚度,但是作为传统零售商而言,目前已有的消费者已经逐渐习惯和依赖传统的线下购物模式,传统零售商要向全渠道转型升级,而现有消费群体不一定在较短时间内能够适应新的消费模式。由于消费者对某种购物模式满意而且经常使用后就会出现消费黏性,对于新的消费方式往往难以适应。在传统零售商向全渠道零售转型升级的过程中,可能会出现拥有的消费群体对新零售模式的排斥现象。

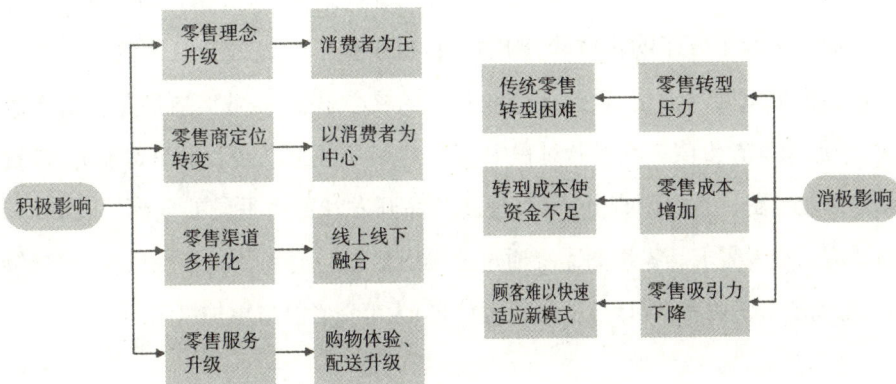

图 9-3　全渠道对零售运营的影响

全渠道零售的出现和发展给传统零售行业带来了深刻变化,既有积极影响也有消极影响。不管是传统的零售商,还是线上新型的零售商,都需要在全渠道引领零售的时代,抓住机遇,稳中求进,做好渠道转型升级。传统零售商应借助全渠道零售的机遇,制定科学合理的运营管理计划,充分利用全渠道的优势和线下零售的实物基础,打造线上线下联合的销售模式,给顾客提供个性化服务、多样化的消费方式,吸引更多的顾客。新型零售商在全渠道下应更加突出自身的优势,同时结合线下销售渠道拓展市场空间,时刻保持与时俱进的精神,不断改进销售理念,从而获得更好发展。

四、全渠道零售的发展趋势

全渠道零售在继承了单渠道、多渠道的基础上,保留了零售的本质,但是在零售的方式、渠道等方面有很大的创新,其发展体现出如下趋势:

(一)消费体验升级

消费体验升级是全渠道零售的新趋势,也是全渠道零售运营管理者非常关注的因素。全渠道销售的目标是增强消费者参与度,提高盈利能力、刺激消费者体验和购买商品。随着生活水平的提高,消费者对零售服务的需求趋向多元化,更加关注个性化消费体验和精致的服务。消费者在购物全程中得到符合自身需求的精细化服务,在最短时间内寻找到自己心仪的商品,这对消费者来说极大地提升了购物体验,购物质量也得到了明显提升。消费者导向在零售中占据重要的地位,是现代企业营销的核心思想,企业需要满足消费者需求,增加消费者价值。在经营过程中,企业应特别注意消费者的消费能力、消费偏好以及消费行为的调查分析,重视新产品开发和营销手段的创新,从而动态地适应消费者需求。零售商需要通过全渠道增加与消费者的接触点,扩大接触面,主动了解消费者,统计分析消费者信息,为消费者打造更加精细的服务。

(二)人工智能协助

在商业竞争时代,要想为消费者打造个性化的购物体验,全渠道零售商必须借助人工智能的先进信息技术获取消费者的消费信息,比如到店频次、消费需求、消费偏好,再对此进行分析,为每个消费者提供独一无二的消费服务。人工智能可以帮助全渠道零售商迅速准确了解消费者需求,在最短的时间内制定出精确的营销方案,向不同类型的消费者提供专属的购物消费信息。繁重的零售过程也可由人工智能完成,机器人可以通过计算机视觉、深度感应、人脸识别和其他人工智能软件,对消费者购物中遇到的问题形成自动化解决方案,帮助零售商快速完成零售环节的大多数任务,缩短业务周期,使商品以最快的时间到达消费者手中。美国零售巨头梅西百货充分利用人工智能改善消费者全渠道购物体验,其随叫随到(On Call)的服务应用针对每个门店进行量身定制。消费者在其商店里打开应用,可与人工智能机器人互动,搜索指定商品,查看门店和网店库存情况。机器人具有面部表情识别功能,通过检测顾客的情绪,及时提醒工作人员提供服务。沃尔玛部署机器人扫描货架,机器人会扫描货架上是否缺少商品,是否需要补货,以及更换和调整线上线下商品价格标签。这样使店员可以花更多时间在消费者身上,并且确保货架上有足够的商品。在服装零售界,优衣库运用人工智能技术了解顾客需求,在其精选商店内,布置了基于人工智能的信息厅向客户展示各种产品,并通过神经递质识别他们对颜色和风格的反应,信息厅会根据每个消费者的反应推荐商品。

（三）商品配送优化

在全渠道时代,供应链在零售行业中显得尤为重要。商品物流在过去一直是消费者诟病的缺陷,许多地区的消费者选择线上购物必须面对物流配送效率低、等待收货时间长的困扰。在全渠道背景下,全渠道零售商以消费者为中心,通过大数据、云计算的先进技术手段,使供应链去中间化、数据化和产品化,为每位消费者制定最合理的配送路线,充分利用线上线下渠道融合的优势,线上线下共享库存,线下实体店的存货将保障线上网店售出的商品能迅速到达周边消费者手中,供应链、营销和大数据实现一体化,消费者能在最短时间收到商品。例如,盒马鲜生致力于打造"3 公里'盒区房'免费配送,最快 30 分钟送达"的高质量配送服务。盒马鲜生通过数据驱动,线上、线下与现代物流技术完全融合的创新型业态,为消费者提供 30 分钟极速送达的高质量购物体验。盒马鲜生采用分布式拣货,用算法把订单分散,不同的拣货员就近拣货。所有商品都有电子价签和专属条码,确保拣货、合单、发货的准确率。在每个订单的拣货环节,时间严格控制在 3 分钟之内。依靠算法驱动来保证消费者线上线下高质量的体验,通过去中心化的流量入口,实现全链路的数字化,为盒马鲜生 30 分钟物流配送提供精准测算,为了追求新鲜性和实效性,盒马鲜生商品的包装也采用了高科技技术。盒马鲜生充分利用高科技技术,以及借助线上线下一体化的优势,在全渠道时代为消费者提供更加优化的配送服务,使其销售量持续增长,培养了大批忠诚客户。

第二节　消费者主导模式

一、消费者主导概述

随着我国经济社会的快速发展和综合国力的显著增强,城乡居民生活水平显著提高,居民收入节节攀升,消费水平大幅提升,这使消费者更加注重质量和体验,消费市场由卖方市场转向买方市场,消费者逐渐占据主导地位。我国零售由供销合作社时代逐步进化到新零售时代,消费动力经历了由价格驱动到品质驱动再到体验驱动的变化,零售关系也实现了向消费者主导的转变(如图9-4所示)。

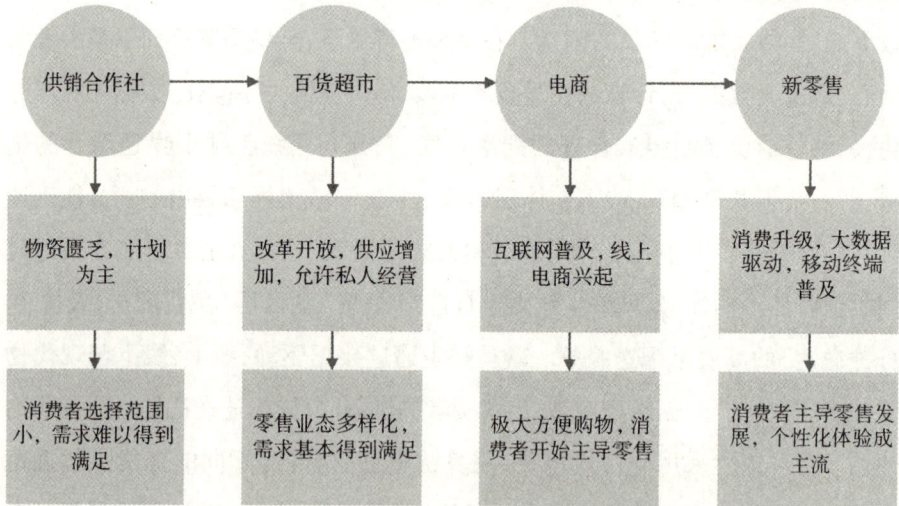

图9-4　零售业中消费者主导地位的变化进程

供销合作社时代:改革开放前期,各方面物资相对匮乏,全国范围内开始组建百货商店,一直到1957年,供销合作社在全国形成了上下连接、纵横交错的全国性流通网络,国家为了高效利用资源使用票证来严格把控市场供给和消费需求。供销社的职能除了提供商品和服务外,更注重促进社会资源的均衡分配。消费者的消费活动是被动的计划消费,选择范围狭窄,消费需求难以得到满足。

百货超市时代:改革开放中的城市改革开启后期,居民生活水平不断提升,商品供应量逐渐增加,销售模式也日趋多样化,允许私营企业和外资企业进军零售业,百货中心、超市、便利店等多种销售渠道出现,消费者能够自由选购商品,消费需求基本得到满足。1991年上海"联华超市"的创办,标志着我国零售业进入了新的发展时期。1997年后,大型超市开始关注生鲜食品经营,随后出现了生鲜超市、社区超市等多种业态。尤其是连锁超市,销售规模逐年递增,成为我国最具市场活力与竞争力的零售业态。

电商时代:互联网发展初期,零售渠道随着互联网推广而拓宽,线上交易走向消费者的日常生活和工作中。消费者不用亲自去实体店,通过浏览电商平台便可搜索全国乃至全球的商品信息,可以在线下单、支付和评价,电商通过完善的物流配送体系将商品快速传送给消费者,这相对传统线下零售店来说具有较大的市场竞争优势。此时电商已经为个性化消费奠定了良好基础,在消费升级以及数据驱动的大背景下,网络零售市场更具活力。而且,消费者能够对多家网上店铺销售的商品进行核对比较,还能进行店铺商品打分评价,这对电商产生了较强的制约监督作用,消费者在零售关系中的主导权开始显现。

新零售时代:零售商通过新零售渠道制定让消费者满意的零售方案和销售策略,越来越注重与消费者的互动交流,同时确保商品质量、提升服务水平以及满足消费者的购物体验需求,从而获取更大的市场份额。消费者通过网络便能获得一系列满足自身消费需求的商品信息,在线下实体店更能全面体验商品。这些零售新变化反映了在零售关系中,消费者地位更加突出,零售商想要销售出商品,占据更多的市场份额,就得时刻以消费者为中心,注重服务质量、产品品质、消费文化等所有与商品有关的内容,让消费者获得满意的购物体验和消费价值,成为其忠诚的消费群体,不断增强消费黏性。消费者更加重视购物个性化、情感化和社交化,零售商特色的商品和优质的服务能有效吸引消费者的注意,消费者的认同逐渐主导了零售行业的发展。

二、消费者主导在零售业中的应用

在新零售的发展过程中,人们的消费观念发生了较大转变。消费者体验不断升级,已经由最初的纯物质消费逐渐转变为现在的精神消费和体验消费,从中获得满足感。消费市场也变为由消费者占据主导地位,市场竞争更加激烈。

　　博克斯通是美国一家以销售新奇独特产品而闻名的公司，其提出了"慧生活"全新品牌概念，注重顾客消费体验，时刻关注人们共同向往的品质生活：随时随地互动、尽情放松身心以及保持娱乐心。博克斯通的成功得益于准确的自我定位，在成立之初就将店面销售分为五个问题：卖给谁、卖什么、怎么卖、凭什么以及为谁服务，然后分别从客群、内容、场景、服务、生态这五个方面相对应地解决这些问题，围绕为消费者提供更优质的商品和服务这一基本理念，不断提升业务水平，给消费者提供更好的消费体验。博克斯通借助大数据技术的发展，对消费者数据进行充分分析，了解消费者的喜好，合理运用全渠道的营销模式，满足消费者的购物需求，为消费者提供更优质的商品。博克斯通的服务员招聘标准是招聘者必须是数码产品爱好者，这使得当消费者来购买商品时，原先的买卖双方之间的交易沟通已经转变为粉丝之间的交流，从心理上拉近了彼此间的交流距离。消费者和服务专员变成了玩伴、朋友，彼此分析各种新产品的优缺点，感受前沿科技的惊喜，消费者在这种环境下更能产生购买的想法。博克斯通会定期推广一款潮流产品，作为商店的爆款进行推广，这样可给予消费者不间断的惊喜，保持消费者对于门店的新鲜感和活跃度，而且推出的爆款都是通过调查用户的实际需求研发的，能够较好满足不同客户的需求。

　　最早以实体店起家的良品铺子股份有限公司，目前已整合门店、电商、第三方平台和移动端以及社交电商，积极布局全渠道零售，其中实体门店已达2100多家。良品铺子是实体零售创新转型的最佳案例之一，其转型成功的原因就是能够时刻考虑消费者的购买体验。商品铺子的销售渠道是由门店、本地生活平台、社交电商、第三方电商平台、移动商城五种渠道组成，消费者通过任意一种渠道都能方便地购买到良品铺子的商品。此外，良品铺子构建的"极速达"物流配送体系可以保证消费者能以更快的速度收到商品。在商品营销层面，良品铺子能够将不同年龄、不同地区的消费者进行用户画像，针对不同地区的生活差异和消费差异来制定提供特色化的服务。良品铺子能够综合消费者提供的意见，时刻改进商品品质，并且颠覆了传统零食业的模式，良品铺子根据消费者的口味偏好让生厂商为其定制商品，每款食品都可以根据消费者的口味进行变化,将消费者的满意度放到首要位置。

三、消费者主导对零售业的影响

新零售时代中消费者占优势地位,改变了以往零售商占主导权的卖方市场格局。消费者主导对零售业产生了深刻的影响,具体体现在以下几个方面:

（一）营销观念改变

零售商的目的永远是创造更多的利润,这就需要吸引顾客消费,培养稳定的顾客群体。在新零售时代之前,零售商占据主导地位,即使在零售 3.0 时代,零售商仍然主导着消费市场。进入新零售时代,零售商需要以新的营销观念来适应全新的市场环境。如今千禧一代成为消费主体,消费购买力以年均 14% 的速度在增长,增速远超其他年龄段的消费者。这一代消费者在互联网时代长大,物质生活相对过去有很大的改观,消费时更加注重个性化体验和便捷的流程。面对这类新的消费主体,零售商需要以消费者为中心,改变陈旧的营销观念,提供更加贴合现代消费者的营销理念。

（二）推广方式改变

过去占主导地位的零售商主要通过电商广告、报刊等大众传媒来推广销售商品,消费者只能通过媒介获取零售商指定的商品信息,而无法根据自身消费需求来获得特定的商品信息。在电商时代,电商平台会根据消费者浏览、购物历史,推荐相关商品,消费者也能通过网络搜索特定商品信息,但消费者本质上仍然是被动接受平台的推广。直到新零售时代,消费者开始真正主导商品推广流程。零售商依靠人工智能结合大数据全面分析消费者的个人喜好,借助互联网以及智能移动终端,使消费者不仅可以在网上搜索到欲搜索的商品,还可以在网络社交圈内与来自全球的网友进行沟通,互相分享购物、生活经验,交流产品质量,甚至可以亲自体验推广的产品,接受根据自己个性化需求而量身定制的商品推荐。零售商的商品推广一切以消费者为中心,为消费者打造全方位获取信息的平台。

(三)零售边界改变

在网络销售渠道之前只有实体店单一销售渠道,零售界限明显,消费者购物往往受时间和空间限制较多,零售商主导着消费市场。即使在电商时代,线下实体店仍然很少借助电商销售商品,而大多数电商也无法获得实体店的销售支持。进入新零售时代,消费者主导零售使零售商为了拥有更庞大更稳定的消费群体,开始探索线上线下融合之道,以给消费者提供更加个性化、便捷的购物体验,从而获得更高的利润水平。线上线下融合打造零售闭环,加速零售商的产品从消费者认知到感兴趣到再购买的过程,消费者在闭环内完全根据自己的需求喜好,获得各种个性化服务,包括线上获取信息、分享经验、交流产品、线下深度体验等。闭环生态是线上线下渠道融合所独有的优势,能给消费者最好的购物体验。

四、消费者主导的发展趋势

新零售时代以消费者为核心已经成为了行业的共识,新零售时代是消费者注重个性化需求的时代,消费者逐渐占据了整个商业生态圈的主导位置,渠道和模式也不再是影响商业发展的因素。在新零售时代,消费者占主导地位使得零售商在销售运营方面具有以下趋势:

(一)零售商需要洞察分析消费者购物行为和偏好

在以消费者为主导的零售业中,零售商的所有行动要以消费者为中心,由于消费者购买力增强,社会上商品供给数量和种类丰富,而且消费者群体形形色色,单个消费者更具个性。因此,零售市场会呈现出更复杂、碎片化、变化多端的态势,这就需要从多方面去了解消费者群体,甚至深入到每一位消费者。零售商将利用线上线下渠道的大数据对消费者进行洞察分析,这些数据可使零售商将消费者进行初步市场细分,为每个细分市场的消费者群体提供差异化服务。零售商需要洞察消费者购物偏好,消费者的购物偏好很大程度上影响了其购物行为。只有充分了解消费者偏好,零售商才能更好地满足消费者需求,也使得消费者能有愉悦的购物体验。消费者的各种信息是零售商制定以消费者为中心决策的源泉,零售商在今后将更加注重挖掘消费者信息价值,更好地满足消费者需求。

（二）零售商需要优化消费体验

不管是线上零售商、线下零售商还是全渠道零售商，都要尽可能给消费者提供无缝体验，包括使产品具有丰富性、交易流程便捷化，与消费者产生良性互动，提供个性化服务。零售商必需考虑如何能够提升消费者的黏性。首先，零售商需要给消费者好的视觉体验。消费者的第一印象往往来自视觉，实体店装修符合大多数消费者审美要求，网店的网页设计让消费者看后心情愉悦，这便可吸引消费者消费。其次，由于消费者需要了解商品信息，这以消费者为中心的零售商需要设置服务专员为消费者进行量身定制的商品推荐，所有介绍要符合消费者的真实需求。线下实体体验店在未来也会更受零售商注重，消费者只有亲身体验了商品，才能对商品有更忠实的热爱，进而坚定其购买决心。最后，零售商应更加注重售后环节，加强与消费者的沟通协调机制，以消费者为中心，最大程度上满足消费者各种个性化的售后需求。

（三）零售商需要创新思维

创新是零售商必须始终关注的领域，只有创新，产品销售才会给消费者带来更好的体验。创新能给出最新颖的零售方案，时刻满足消费者不断变化的需求。以消费者为中心的零售商既需要洞察当前的消费者，更需要预测判断消费者在下一时期的需求变化，随时准备应对新的消费者特征行为。创新是保持零售商策略能够获得成功的必要途径。零售商将重视零售思维创新、零售店装饰创新、应用技术创新、布局创新、商品内容创新以及服务创新等多种创新途径。零售的主体是消费者，以消费者为中心，就必须通过创新来随时满足个性化的消费者。

第三节　大数据驱动

一、大数据概述

大数据是指无法在一定时间内用常规工具软件对其内容进行抓取、管理和处理的数据集合。大数据由巨型数据集组成，这些数据集大小常超出人类在可接受时间下的收集、应用、管理和处理能力。大数据必须借由计算机对数据进行统计、比对、解析方能得出客观结果。大数据技术，是指从各种各样类型的数据中，快速获得有价值信息的能力。适用于大数据的技术，包括大规模并行处理（数据库、数据收集、数据挖掘、分布式数据库、资源管理）和数据可视化（如图 9-5 所示）。

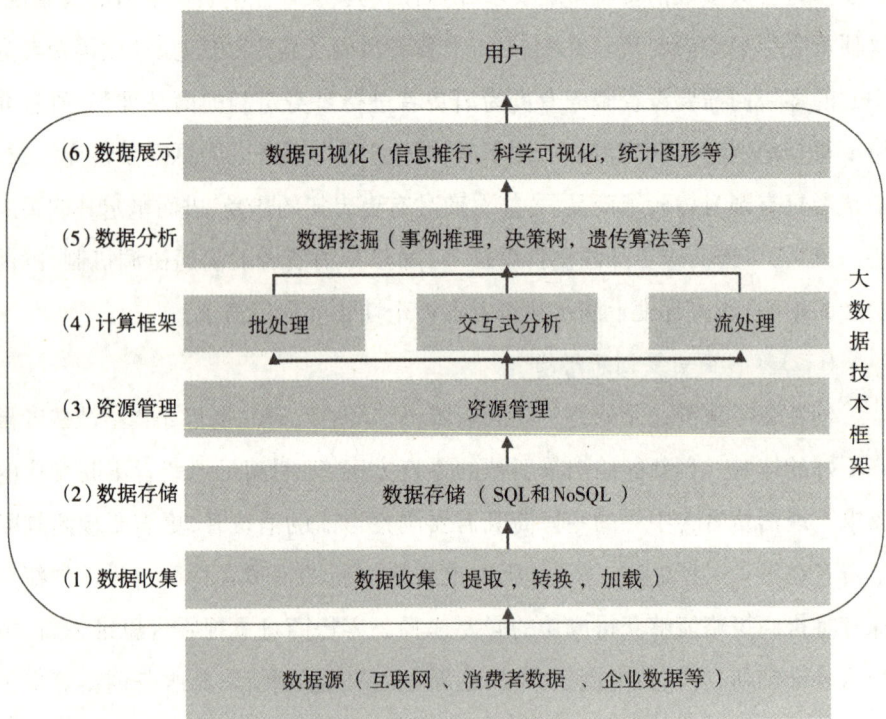

图 9-5　大数据技术框架

在大数据时代，人们的每个举动都被记录为数字，进而转化为数据被存储、分析、运用。当大量的数据聚集在一起后就有可能得到客观而又准确的统计结论，进而指导各种商业行为决策，甚至引发商业革命。大数据作为新零售的重要部分，也催生了新的思维模式和商业模式。新零售就是以大数据为驱动，通过运用大数据、人工智能等技术手段，对商品的生产、流通与销售过程进行升级改造,并对线上服务、线下体验以及现代物流进行深度融合,通过新科技发展和用户体验的升级,改造零售业形态。因此,大数据相关技术推动了零售往新零售发展。

大数据赋予零售新的活力,推进零售进入新零售时代。大数据之所以能驱动零售业的发展,主要基于以下几个原因:

一是大数据技术的发展促进了云计算的应用。云计算可以协助零售商整合平台,为平台提供最合适的设计方案,建立规模化、高效的平台。云计算将消费者细分为大量群体,而每个群体都有对应的零售商以及商品推荐,通过计算机处理分析使得零售商与消费者能够随时高效互动。云计算可利用其强大的计算能力,得到每个消费者的需求及偏好信息,获取应对消费者周期性需求的处理方案。云计算高效且自动化的处理能力使得零售商在采购、风险管理方面花费的时间更少,能够投入更多时间在消费者身上,这也推动了新零售的发展。

二是大数据具有强大的分析和预测能力。对大数据进行分析的核心目的就是预测消费者下一时期的需求变化,通过各种算法进行预测并作出相应决策,进而创造更具个性化的消费体验、更多的交易和业务创新。当代信息技术既能够使零售商掌握消费者需求和偏好,精准定位,又能获取消费者直接或间接的联系方式,方便与消费者互动交流,同时使消费者能够获得适合自己的产品和服务。在新零售时代,预测使得零售商能够紧跟消费者步伐,大数据提高了零售商的分析和预测能力,进一步促进了新零售的发展。

三是大数据给予了消费者更加满意的购物体验。大数据能够使消费者在购物中享受更加个性化、便捷化和优质化的购物体验,进一步巩固消费者在零售中的主导地位。零售商利用大数据技术,打通各种平台获取消费数据,精准掌握了消费者的习惯、行为、喜好等信息,为消费者打造超个性化服务和拥有更愉快的购物体验奠定了良好的基础。大数据使零售商实施精准营销策略,通过线上网店和线下实体店收集到的数据对用户进行精准定位。零售商利用大数据把营销做得更加精细化,更具有针对性,使消费者在零售中的主导地位更进一步增强。

在大数据时代,零售商主要依托先进的数字化技术改造线上线下业务流程,提升运营标准化能力和效率。大数据将逐渐实现消费者行为数据和购买数据的完美融合,激发线下大数据价值最大化,与线上数据进一步融合,推动新零售发展。

二、大数据在零售业中的应用

京东作为我国最大的自营式电商平台,在"618"年中购物节、"双十一"购物狂欢节等大促销期间积累了千万级的订单数据信息。京东利用大数据进行精准的市场预测,通过研究消费者的购物信息了解消费者需求。京东通过聚类分析确定消费群体,研究消费者对商品的喜好、黏性程度,预测出商品的生命周期,做好库存和配送工作的安排,提升消费者购物满意度。此外,大数据收集、分析后的数据,可作为京东精准预测市场的合理依据,这使京东在制定销售决策时能更有预见性,决策相对于竞争对手来说更具有合理性、竞争性,在同行中保持竞争优势。

大数据技术利用本身优势,对运输、仓储、配送等物流信息进行分析,制定出最佳物流运输、仓储方案,可最大限度地节约物流成本、提高工作效率,达到优化供应链各方的资源配置的目的,满足客户对物流服务的需求。2017年8月京东物流利用大数据进行优化选址,在唐山建成国内首个"前店后仓"体验中心。体验中心近1000平方米,包含体验、销售两大功能区,其中体验区将展示家居家电等商品,销售区将由京东自营以及优质的合作商举办各类销售活动。体验中心是京东物流在区域仓和城市仓两级库存部署上的延伸,是京东利用大数据分析三四线城市购物情况、消费者需求后进行的仓储布局。京东利用大数据优化物流配送线路,使用大数据技术布局全国的仓配物流网络,为商家提供线上线下、多平台、全渠道、全生命周期、全供应链、一体化的物流解决方案,并将所有货物流通的数据、物流快递公司和供求双方信息有效结合,形成一个巨大的即时信息平台,从而实现快速、高效、经济的物流。京东致力于解决"旅行商问题",通过车载导航系统以最快的速度分析得出影响配送计划的因素,优化货物的运送路径及配送顺序,提高配送车辆的有效利用率。京东大数据在搬运小车路径规划方面的应用也极为科学,其运用时空大数据等技术协调规划仓库整体搬运路线使搬运小车有序作业,尽量减少拥堵。同时,京东通过大数据分析制定了特定的算法,以便在拣选货物时使单个物品的耗时从22秒降至16秒。通过大数据分析可以提高运输与配送效率,减少物流成本,更有效地满足客户服务要求。

三、大数据驱动对零售业的影响

零售行业实际上是最早接触大数据的,而且也是对大数据非常敏感的一个行业,因为零售行业具有非常好的大数据基础。大数据技术的广泛应用对零售商业产生了深远影响,具体包括:

（一）零售商的市场分析能力进一步增强

大数据的运用包括对零售商内部销售数据的统计,也包括对其他外部数据的统计,例如社交媒体反馈数据、网页浏览模式数据、电影发布数据和广告购买趋势等数据。随后,零售商就可以利用这些数据来创建预测趋势的模型,例如对消费者购买方式和地点进行预测,以最快的时间制定出最科学合理的营销策略,制定个性化服务方案,以满足消费者的个性化需求。此外,零售商还能够与消费者保持互动联系,更加深度掌握消费者和市场的变化情况,为他们提供个性化的实时服务。大数据对消费者购买决策以及零售商反应速度造成的影响,能够帮助零售商提高利润水平,时刻保持市场竞争优势。

（二）大数据营销得到广泛应用

大数据营销是指零售商从多个平台获取大量数据,依托于大数据技术,应用于互联网广告行业的营销方式。大数据营销的核心在于让网络广告在合适的时间,通过合适的载体,以合适的方式,投给合适的群体,不再基于市场调研中的统计数据和其他用户主观信息来局部推测消费者的需求、购买的可能性和相应的购买力。零售商通过多个平台采集数据,依托大数据技术的分析与预测能力,全方位、多角度、精准真实地反映用户需求,以消费者为中心,在消费者确定的时间内及时投放广告并使其收到商品广告,这样既节省了零售商运营费用,又使消费者能及时浏览到与自身需求有关的广告,刺激消费者的购买欲望,从而增加销售量,提高收益。大数据驱动新零售带来了大数据营销,零售商利用大数据拓展了营销渠道,与消费者能进行更加良性、频繁的互动,深度掌握消费者需求偏好,充分推动零售业朝着以消费者为中心的方向发展。

(三)线下门店运营更具智慧化

在智慧门店的升级改造中,人们往往第一印象是各种硬件技术的升级,比如智能机器人、智能货架、智能试衣间、虚拟现实门店展示,也包括成熟的移动支付、生物识别等技术。智慧门店关键在于对线下实体的数据化升级,其核心目的是为了更好地基于用户线下消费行为来分析用户的个性化需求,从而有针对性地提供产品和服务。与电商相比,线下实体店往往拥有更好的购物体验,但是电商在购物的便捷性和商品价格层面上处于劣势。在新零售时代,零售商所追求的是线上线下全渠道的交融,线下实体能够借助线上的数据实力优势,将自身积累的用户数据优势转化出去,能够了解到店消费者真正所需,更好地成为产品的展示和体验窗口,通过数据上传,门店可建立自己的消费者生态,将零售商积累的原始消费者数据转化成消费者需求信息,而这恰恰就需要通过大数据技术完成智慧门店的升级。新零售时代,线下门店的数据化升级是新零售线上线下全渠道融合的具体映射。通过大数据技术打造智慧门店,就是让零售商更好地了解用户的个性化需求,增强市场竞争力。

四、大数据在零售业的发展趋势

新零售是通过大数据和人工智能等技术手段,使线上线下与物流结合的一种新的零售模式,大数据驱动新零售发展具备以下几点趋势:

(一)门店体验进一步升级

大数据时代线上线下融合加深,数据互联互通成为新的状态。大数据下的零售商通过数字协同线上线下充分满足消费者需求,并通过对门店和消费者数据的收集、整理和分析,让企业更好地为消费者提供服务,为线下门店提供消费者决策、进店、消费、售后等环节服务和体验。智慧门店中商品、订单、营收、会员、配送等各类数据相互流通,形成一个大数据生态圈。多平台多门店数据互通将是打造智慧门店大数据生态圈的关键。线上品牌会逐渐布局线下渠道,使得线上与线下渠道有机融合,形成全渠道资源共享。大数据将贯穿互联网平台体系跟实体门店互联网技术体系,数据驱动将使门店体验进一步升级。目前线下实体店已与京东到家、饿了么、美团等平台合作,盒马鲜生把门店跟平台的账户供应链、商品管理系统以及服务体系、数据的共享全部打通,充分提高了门店运营效率,消费者购物体验升级。

(二)新零售服务商将大量涌现

零售门店将会朝着智能化方向发展,提供越来越具有个性化的商品服务。大数据推动新零售朝着数字化发展,云计算、人工智能等高科技使整个零售行业甚至与其相关的上游生产企业都能充分利用数据进行预测和分析,并科学合理安排生产、销售等任务。生产商利用大数据预测市场需求,科学生产,通过云端计算商品到达零售商的物流路径,时刻保证零售商库存合理。零售商也能利用大数据精确制定针对每位顾客独一无二的服务方案,并且能够通过各种渠道向消费者推送商品信息。在门店内,零售商将利用大数据,通过人脸识别、精确计算等技术,从导购、产品体验到在线支付整个过程给每个消费者提供个性化和便捷化服务。

(三)数字化向产业上游渗透

数字化进一步从消费者向零售商,最后向上游生产商迁移,零售业互联网化进一步转向工业互联网化。工业互联网是全球工业系统与高级计算、分析、传感技术以及互联网的高度融合,它通过智能机器间的连接并最终将人机进行连接,结合软件和大数据分析,重构全球工业、激发生产率,使世界变得更加快速和经济。工业互联网充分利用大数据、复杂分析、预测算法等能力,提供了理解智能设备产生的海量数据的方法,能够帮助其选择、分析和利用这些数据,从而带来网络优化、维护优化、系统恢复、机器自主学习、智能决策等好处,最终帮助工业部门降低成本、节省能源并带动生产率的提高。在国家政策方面,工信部、财政部等部委最近密集出台《工业互联网发展行动计划(2018—2020年)》《工业互联网专项工作组 2018 年工作计划》《2018 年工业转型升级资金工作指南》等多项旨在推进工业互联网发展的产业支持政策。基于数据动态变化机制,工业互联网能够更好地将消费者需求快速跟制造端的生产制造端连接起来,形成一个新的联动体系。

第四节　社交电商

一、社交电商概述

社交电商是一种新兴的电子商务衍生模式。它借助社交网站、微博、微信等传播途径,通过社交互动、口碑影响力以及用户提供内容等手段对商品进行展示、分享和互动,达到有效推广商品的目的,是一种新兴的电子商务营销渠道。

《2019 中国社交电商行业发展报告》指出,我国社交电商行业已经进入新阶段,从引流模式创新到系统化运营升级的进化是 2019 年社交电商行业的主旋律。社交电商行业表现出参与者人数众多、交易额巨大、创新力持续、明星企业频现的特征,社交电商企业从引流模式创新到系统化运营升级的进化趋势明显。社交电商以数字化系统架构建立基础设施,完成前台、中台及后台的系统化规划与实施,再造供应链,重塑产业端,提升电子商务的协同效率。报告指出,2019 年社交电商预计市场规模达 20605.8 亿元,同比增长高达80.79%(如图 9-6 所示)。2019 年社交电商消费者人数已达 5.12 亿人,成为电子商务创新的主要力量。社交电商从业人员规模预计将达到 4801 万人,同比增长 58.31%,社交电商行业的参与者已经覆盖了社交网络的多个领域(如图 9-7 所示)。社交电商已成为电子商务不可忽视的规模化、高增长的细分市场(如图 9-8 所示)。

社交电商与传统电商相比,具有独特的优势,具体体现在以下几个方面:

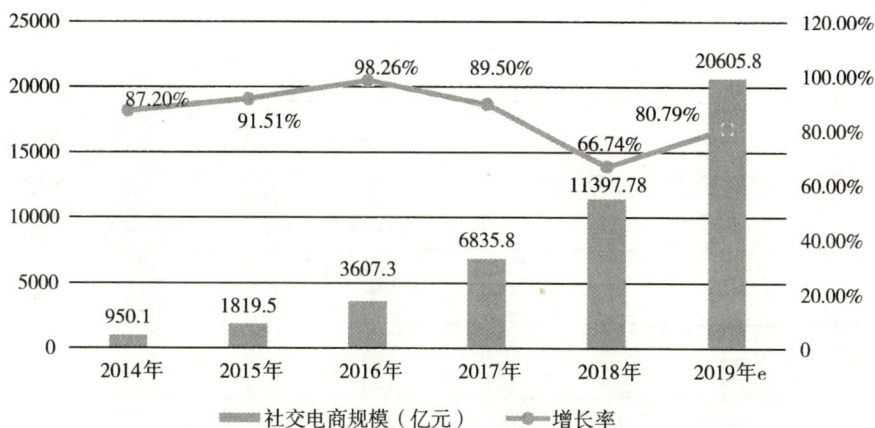

图 9-6　2014—2019 年社交电商规模及增长率

资料来源:创奇社交电商研究中心。

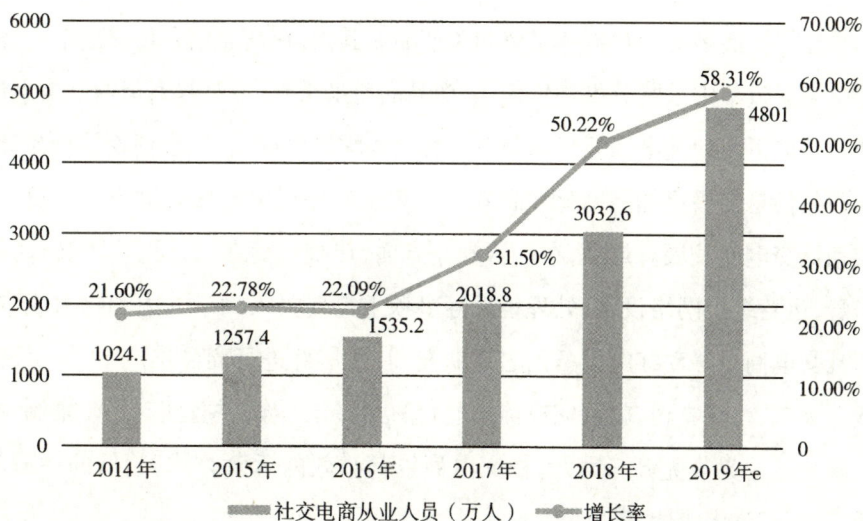

图 9-7　2014—2019 年社交电商从业人员数量及增长率

资料来源:创奇社交电商研究中心。

首先,在推广成本上,由于传统电商用互联网为媒介的零售渠道来推广商品以吸引消费者购买,面临着成本不断上升的挑战。而社交电商以社交属性为依托,充分利用各类社交平台的信息流量来传播商品信息,能够以极低的推广成

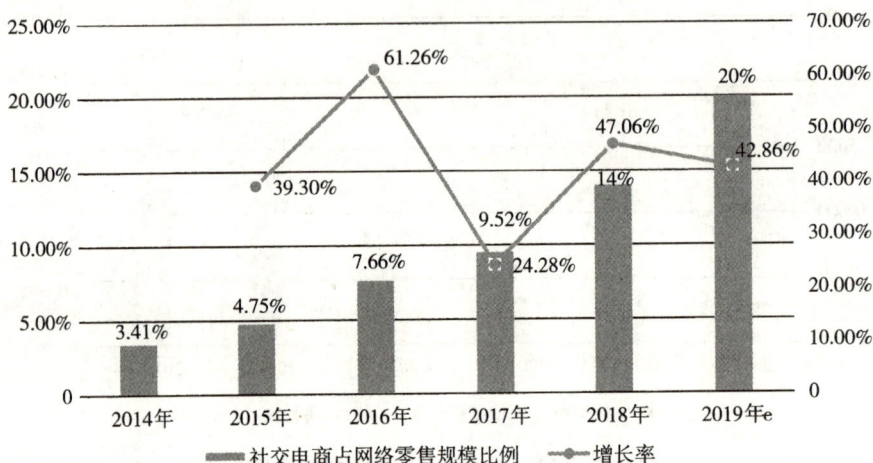

图 9-8　2014—2019 年社交电商占网络零售的规模比例及增长率

资料来源:创奇社交电商研究中心。

本来让尽可能多的用户群体了解相关产品。其次,在商品信息传递效率上,传统电商通过集中采购分批销售模式,商品品质虽得到一定保障,但商品信息传播效率低下。社交电商凭借消费者在移动终端浏览商品,发表评论等行为,使得商品信息传播更加网络化和高效化。卖家充分利用各种渠道来推广商品,推动社交电商发展。最后,在运营操作方面,传统电商在设计网页,编辑商品信息,运营维护网络设备,处理售后等事项上需要投入大量人力和物力成本。而社交电商在移动终端设备上通过朋友圈、微信群进行商品推广、人脉引流、线上下单、在线支付,就可完成传统电商的大部分工作,并且活动不受限制,拥有较大运营竞争优势。因此,社交电商以其高效的运营方式,超低的注册门槛,吸引了许多零售商。

社交电商突破了传统电商的发展局限,发挥了其自身竞争优势,以其稳定性的社交链、高沟通性与传播性实现了有效的互动。社交电商具有如下特征:

一是消费者具有被动需求。社交电商模式中,社交属性是本质,消费者购物的整个过程离不开社交。消费者在社交平台上的分享能够得到大量的浏览,其他消费者浏览后会受到商品信息的兴趣激发,被动产生消费需求,消费者需求与其他消费者的分享之间形成了很强的相关性。

二是社交电商扮演导购角色,导购员是用户本身。社交平台的信息分享功能使得每位消费者都是商品信息分享者,社交平台用户可以为他人介绍商品信息,展示商品,评价商品、卖家,与他人充分互动。在互动过程中,平台用户充当了导购的角色。相比较于零售商主动推广宣传,社交电商采取的推广方式更能取得消费者的信任。

三是交易的基础是相互信任。许多社交电商不具有传统电商平台成熟的交易体系,尤其是在售后服务方面,缺乏第三方平台的监督,许多交易是建立在双方互信的基础上进行的。例如微商,买卖双方仅通过移动设备以及微信进行交易,没有相应的制度作为保障,消费者需要信任卖家,相信卖家能保证发货质量,且能提供优质的售后服务,同时卖家也需要信任消费者。但是社交电商具有脆弱性,由于缺乏制度保障,一旦一方不守信用,另一方的损失是难以挽回的。

二、社交电商在零售业的应用

如今传统电商的流量红利正在消逝,社交电商以爆发和裂变的方式增长。社交电商正是利用社交关系链的稳定性、高沟通性与传播性实现有效互动,使得电子商务发展进入了新的发展期。社交电商弥补了传统电商的不足,发挥了其自身的优势,以其稳定性的社交链,高沟通性与传播性实现了有效的互动,具有非常稳定的发展特征。社交电商已在多个领域得到了应用,包括社交型零售电商,如云集微店、洋葱电商;社交分享型电商,如拼多多、淘宝特价版、京东拼购;社交内容型电商,如小红书、蘑菇街、抖音(如图9-9所示)。

以小红书为例,小红书鼓励用户在社区分享购物体验或产品。用户发布笔记时,要求配上图片,在图片上可以标记品牌标签、价格标签、购买地址标签等信息。小红书根据不同专题将分散内容进行分类整合,用户可以在交流分享过程中获得信息,一些用户的购物体验分享激起了其他用户的消费欲望。小红书把私密的经验,从秘密隐藏到公开传播,从私密的一对一传递转变为一

社交电商类型	平台特征	代表性平台
零售型社交电商	以平台商家给予的返利以及优惠券为依托,借助社交软件推广引流粉丝。以个体自然人为单位通过社交工具或场景,利用个人社交圈的人脉进行商品交易及提供服务。主要分为直销和分销两种模式	O Mall GIVE YOU MORE
分享型社交电商	以用户分享为主,基于社交媒介进行商品传播,分享内容符合且抓住消费者心理特质,如求实、求美、攀比、从众以及怀旧等心理,通过一系列激励政策鼓励个人在好友圈推广,吸引好友加入。以拼团模式为典型	拼
内容型社交电商	以意见领袖的口碑,由内容驱动成交,受众立足于兴趣爱好相似的群体,通过自己或他人发表高质量内容吸引他人访问,积累粉丝且增加客户信任度和粘性,从而产生购买行为	蘑菇街

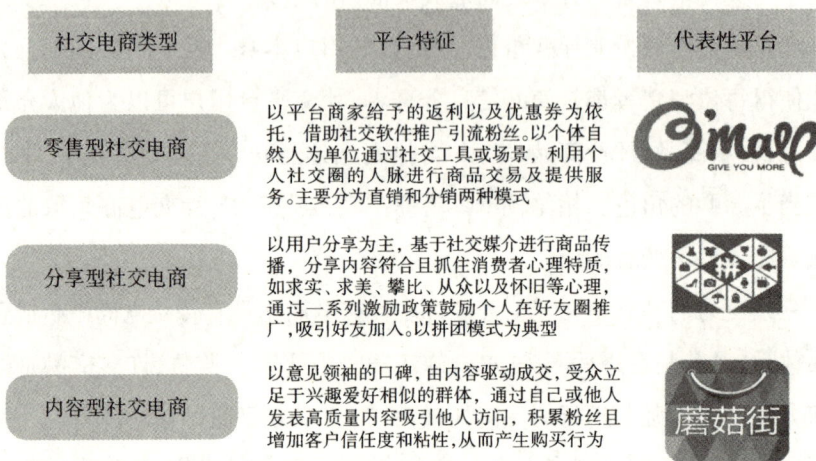

图 9-9　社交电商类型和代表性平台

对多传播,从单向分享转型升级为共同生产、共同传播、共同建设的传播方式。小红书使日常经验的生产与传播分离开来,传授的时空可以分离。小红书体现了媒体社会化和个人经验的广泛传播,大大提高了分享的效率,让人际传播的效率得到较大提高。

三、社交电商对零售业的影响

社交电商的产生使电商真正渗透到每个人的生活中,消费者通过移动终端设备便能获取社交平台上的商品信息,在社交网络中互相交流商品信息,使得互动更加便利和紧密。社交电商以其独特的优势,深刻影响着电商的发展。

（一）社交电商影响零售商的推广模式

传统零售业主要利用大众传媒和广告等形式来推广商品,推广载体形式单一,而且消费者在传统推广模式下只能被动接受商品信息。而社交电商是依靠社交软件发展壮大起来,通过社交群体推广使商品信息能在社交群里得以快速传播,也可以通过网红宣传使网红粉丝群体获取浏览商品信息。例如微商通过朋友圈发布商品信息,并通过社交网络传递信息;抖音、微博、小红书等网红们向庞大粉丝受众推广商品,使粉丝在较短时间内接收到商品信息。

社交电商以其独特的属性在一定程度上影响着零售业的推广模式。

（二）社交电商影响消费者的购买决策

消费者购买决策是指消费者评价某一产品、品牌或服务的属性并进行选择、购买能满足自身某项需求的过程。社交电商正是利用信息传递影响他人购买决策行为获得不断发展。人们在朋友圈、微博或是其他社交网站浏览他人发布的有关商品的动态，可以激发他人的需求欲望。在搜寻信息方面，社交电商能够给消费者提供更多的信息来源，如来自个体、商业、公共媒介以及他人分享经验等信息。在备选方案评价方面，当消费者在制定购买决策时，社交电商能够提供给消费者更多真实可靠的商品信息供其参考借鉴。在售后评价方面，消费者可在多个社交平台进行评价、互动，信息传播更加迅速，同时互动可以提升评价的真实性，进而影响其他消费者的购买决策。

（三）社交电商影响消费者的线上购物方式

消费者通过传统电商往往只是购买自己所需的商品，购买行为相对独立。而社交电商使用拼团策略大大降低了消费者的搜索时间，同时提升了商家的商品销量，使得消费者和商家达到双赢的局面。此外，社交电商推出砍价策略，使消费者能够享受部分折扣甚至免费获取商品的优惠。砍价策略本身需要消费者积累一定人脉，需要消费者在社交圈里主动转发商品砍价链接给好友、群聊或是朋友圈，而好友帮忙砍价时也需要下载社交电商软件，这不仅可以让消费者享受折扣，还可起到推广社交电商软件的效果，让更多人成为其会员。社交电商依托其智能化系统以及平台的优势使消费者在社交平台购物中发展人脉，三者实现互利共赢。

四、社交电商的发展趋势

社交电商在传统电商的基础上，突破了设备固定的局限，借助流行的移动社交软件使商家把商品宣传、聚集消费群体发挥到了较高水平，很大程度上改变了电商的发展方向。社交电商的未来发展显现出如下趋势：

（一）线上线下融合发展

随着电商的不断发展,市场竞争已进入到白热化阶段,电商企业也面临着线上流量增长后劲不足的困境。同时,实体店需要利用互联网技术对传统供应链进行转型升级。因此,纯线上电商和纯实体零售的局面将不复存在,线上电商需要依靠线下实体店优势引导消费流量,增加消费数量以扩大商品销量。社交电商作为新兴的电商模式,在渠道转型上拥有独特的优势。社交电商具有更显著的灵活性、便利性和高效性,因其大部分操作在移动终端设备同时进行,而且信息交流可以横跨多个社交平台,新思想新理念很容易获取,并且易受社交群体创新行为的影响,加上社交软件操作简便,移动支付更加便捷,因此社交电商在线上线下融合这一新模式上转型升级得会更快,社交电商开设线下体验店的数量将会不断增加。

（二）商品品质和服务将进一步提高

随着消费者收入的增加,购买力增强,社会生产力上升,在销售市场上会出现商品供给大于需求,各类商品竞争更加激烈的局面,商家想要在竞争的市场中获取更大优势,需要进一步强化把控商品品质和服务水平。社交电商在迅速扩大市场的同时,也在不断提升商品质量。近几年不断有社交电商卖家被爆出商品存在质量问题,售后服务频遭投诉,年轻的社交电商发展面临着质疑。事实上,社交电商发展处于起步摸索阶段,消费群体容易受到负面信息的影响。因此,社交电商想要塑造过硬的电商品牌,创造更高的销量,就必须从商品质量和服务上着手,严格把控商品质量,努力提升售前售后服务水平,一切以消费者为中心,给消费者展示良好的品牌形象,使消费者越来越接受这种新兴的电商模式。

（三）智能化水平将进一步提升

电商发展更多依靠移动智能终端作为销售载体,与信息技术联系十分紧密。这些设备载体都是高科技、智能化技术转化而来的成果,而且智能化程度会越来越高。随着大数据、人工智能时代的到来,社交电商将朝着智能化方向前进。智能化电商平台能够让每一位消费者都得到个性化服务。如今社交电商普遍缺乏以大数据、人工智能为依托的智能化平台,更多是靠从总代到普通代理体现层层等级关系的平台,这样的平台缺乏当代先进技术的支持,无法为消费者提供精准的个性化服务,难以提升用户网购的体验。同时,社交电商在服务方面也缺乏智能化水平。人工智能现已成为各大电商在市场竞争过程中的重要突破口,在这场科技浪潮中,社交电商的智能化水平将进一步得到提高。

第五节　区块链技术

一、区块链概述

区块链作为一种新兴的应用技术,引起了社会的高度关注。交易比特币及逾千种其他数字代币的热潮逐年高涨,各地政府及企业建设区块链的工作正在起步,大型企业参与区块链平台开发及应用的现象也日益多见,逐渐将"区块链"这一概念带入大众的视野。区块链技术不仅被用于数字货币交易、国际支付、保险等金融活动,也扩展到艺术品交易、供应链管理、医疗卫生、税收、房地产、媒体等领域,开始向社会生活全方位渗透(如图9-10所示)。

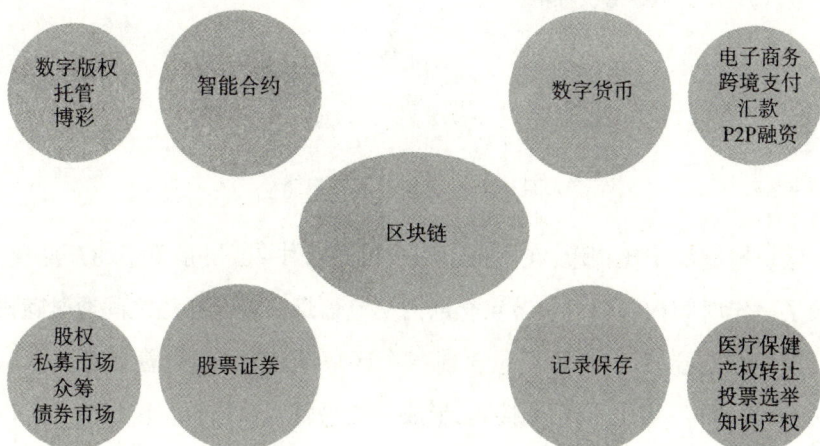

图9-10　区块链应用类型

　　狭义的区块链技术是一种按照时间顺序将数据区块以链条的方式组合成特定数据结构，并以密码学方式保证的不可篡改和不可伪造的去中心化共享总账，能够安全存储简单的、有先后关系的、能在系统内验证的数据。广义的区块链技术则是利用加密链式区块结构来验证与存储数据、利用分布式节点共识算法来生成和更新数据、利用自动化脚本代码（智能合约）来编程和操作数据的一种全新的去中心化基础架构与分布式计算范式。区块链技术是指一种全民参与记账的方式，所有的系统背后都有一个数据库，现在区块链系统中的每个人都可以有机会参与记账（如图9-11所示）。区块链技术被认为是互联网发明以来最具颠覆性的技术创新，它依靠密码学和数学巧妙的分布式算法，在无法建立信任关系的互联网上，无须借助任何第三方的介入就可以使参与者达成共识，以极低的成本解决了信任与价值的可靠传递难题。

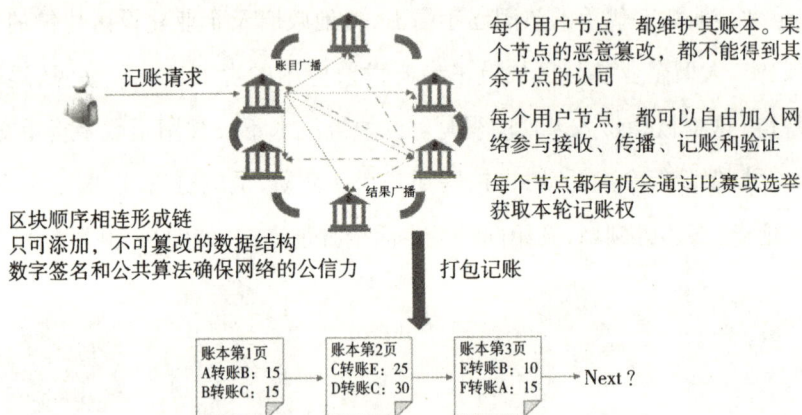

图9-11　区块链原理示意

　　区块链起源于比特币，在比特币形成的过程中，区块是单个的存储单元，记录了一定时间内各个区块节点全部的交流信息。各个区块之间通过随机散列实现相互连接，后一个区块包含前一个区块的连接值，随着信息交流的扩大，一个区块与一个区块相继接续，形成的结果就叫区块链。区块链具有以下特征：

　　一是去中心化。区块链没有中心管制，去中心化是区块链最本质的特征。

它不依赖第三方硬件设施或管理机构,除了自成一体的区块链本身外,通过分布式核算和存储,实现了各个节点的信息自我验证、传递和管理。

二是安全性。只要不能掌控全部数据节点的51%,就无法肆意操控修改网络数据,这使区块链本身变得相对安全,避免了主观人为的数据改动。

三是独立性。基于协商一致的规范和协议,整个区块链系统不依赖其他第三方,所有节点能够在系统内自动安全验证、交换数据,不需要任何人为干预。

四是开放性。只有交易各方的私人信息被加密,其他区块链的数据对所有人开放,任何人都可以通过公开的接口查询数据和开发相关应用,因此,整个系统信息高度透明。

五是匿名性。系统内部成员不可信,但是系统本身可信,因此每个成员是匿名的。除非有法律规范要求,单从技术上来讲,各区块节点的身份信息不需要公开或验证,信息传递可以匿名进行。

二、区块链在零售业中的应用

由于区块链技术具有去中心化、安全系数高、独立性强、开放透明等优势,其在零售业中得到了广泛应用,具体体现在以下几个方面:

（一）供应链管理

区块链技术使得供应链的各参与方,例如制造商、分销商、物流服务商和零售商,能够直接获取到供应链的可靠信息,而不用通过信息中介方,提高了运营效率,保证了信息的真实性。对零售商来说,供应链网络的信息可以被实时、可信地保存,这有助于降低流通损耗、优化库存预测和控制、快速发现问题并且提升交易各方的信任程度。

（二）身份管理

随着数字化交易方式日渐普及,在零售环境的交易环节,区块链可以为消费者个体提供唯一的身份认证,提高零售的交易效率。基于区块链的身份认证可以用于诸如银行开户、合同数字签名、交易确认等,并且将身份信息在银行、交易方进行分布式存储。随着保护个人隐私的法律越来越完善,基于区块链的身份管理,可以避免零售商保存顾客隐私信息时产生的意外风险,更好地保护消费者个人信息数据。

（三）智能合约

智能合约是交易双方或多方的数字化合约。存储在区块链网络中,使合同中的条款不能被交易方或者其他方篡改,减少了贸易各方的合同纠纷,保证了货物真实性。零售商也可以向顾客提供与商品相关的合同、储运、保险等信息,既可以减少顾客投诉,又可以降低跟产品品质相关的法律诉讼。

（四）支付环节

区块链技术可以用于零售支付环节,这有助于降低风险,提高效率和过程的透明度,帮助零售商监控数字化广告投放的支付监控、防伪保真等。在产品营销方面,广告代理商的广告投放和相应支付的透明度一直是广受争议的领域,利用区块链技术安全、不可篡改、标准化的方式记录媒体从购买、投放到支付的整个交易过程信息,可以大大增强交易信息的透明度,降低交易风险。

三、区块链对零售业的影响

区块链技术的发展和应用在一定程度上影响了经济的运行,尤其是虚拟经济,虚拟经济与实体经济挂钩。因此,区块链技术对零售业也将产生深远影响:

（一）区块链进一步优化购物流程

区块链拥有特有的技术优势,对于各种渠道投放的广告的精准推送、精准引流、精准结算都能得到有效解决。例如,区块链电子发票的运用极大方便了消费者的购物流程。区块链电子发票作为一种新型电子发票,可以借助区块链底层技术,结合移动支付及新型报销模式,打造区块链电子发票管理系统。此外,也可以打通第三方支付或开票服务平台,对接企业资源计划（Enterprise Resource Planning,ERP）系统,帮助企业自动入链,税务机关自动审批,企业资源计划系统自动报销,完成链上流程全闭环,向纳税人提供高效便捷的开票服务。区块链电子发票快速上链,即开即用,可以有效优化、解决传统发票面临的各种问题。

（二）区块链能够追踪商品的来源

基于区块链技术系统,零售商可以向消费者展示商品的来源、加工处理以及流通运输过程,保证消费者可以确认购买的是安全可靠的商品。区块链对商品溯源有以下帮助:一是全流程跟踪记录,与供应链体系完美契合,能让货品把控获得更多支持。区块链中的信息生成方式,是将数据打包成区块,加上时间戳,形成一个链,与商品供应链流程类似,二者可以完美融合。二是链上信息的不可篡改。信息一旦上链,就无法修改,这在一定程度上削弱了中心机构的权力。三是增加信用背书。在区块链的信息记录中,参与机构彼此能够相互监督,而且信息链的环节较多,这也增加了造假的风险与难度。四是降低供应链运营成本。区块链作为一个总账本,成为一个统一的凭证,打通供应链中的各个环节,优化商品供应链,减少不必要的重复验证等,提高效率。五是更好明确职责,加强信用建档。区块链具有实时记录以及不可篡改、公开透明的特征,一旦某个环节出了问题,事发后很容易调查问题和责任人的出处。

（三）区块链进一步提升物流效率

区块链是一种分布式多节点,共同操作的数据库。对于货物的运输流程也可清晰地记录到链上,从装载、运输到取件整个流程清晰可见,可优化资源利用、压缩中间环节,提升整体效率。通过区块链记录货物从发出到接收过程中的所有步骤,确保了信息的可追溯性,从而避免丢包、错误认领事件的发生。对于快件签收情况,只需要通过查询区块链,就可以杜绝快递员通过伪造签名来冒领包裹等问题,也可促进物流实名制的落实。企业可以通过区块链掌握产品的物流方向,防止窜货,利于打假,保证线下各级经销商的利益。区块链还可优化货物运输路线和日程安排,把集装箱信息存储在数据库里,区块链的存储解决方案会自主决定集装箱的运输路线和日程安排。这些智能集装箱还可把已有的运输经验进行分析,不断更新自己的路线和日程设计技能,进一步提高物流效率。区块链使零售中的商品能够更加快速、安全送达消费者手中,不仅有利于提升零售整体效率，还能够进一步增强消费者对购物的满意程度，帮助零售商培养顾客忠诚度。

四、区块链在零售业中的发展趋势

区块链作为虚拟经济中异军突起的技术，经济效益和社会效益日趋体现。区块链在零售业中的发展将会有以下几点趋势：

（一）零售数字化

新零售数字化是零售供应链的发展趋势，将有效减少企业的供应商层级而且能够全面提升运营效率。通过数据指导零售的各个环节以降低企业内部和企业间的流通损耗，最终达到重塑价值链的目标。利用区块链技术搭建数字化新零售供应链，是零售业的一项技术创新，利用区块链数字技术，可以有效保障商品的全球链路可追踪技术的精确性。分布式记录使得商品的全链路过程，从采购、生产、仓储、运输、通关、报检等数据信息，全部得到加密确认，而且难以篡改，每个流程都能够得到清晰地追踪和监控。数字化供应链是以消费者为中心的销售平台，此平台能够获得不同链路的数据，通过分析计算能够进行消费需求刺激、匹配和满足消费需求，进而提升销售业绩，最大程度降低零售风险。

（二）零售多样化

通过结合区块链技术和大数据，充分挖掘数据价值，利用大数据分析结果来达到精准推送、精准引流、精准结算，可以有效刺激消费者购买欲望，实现线上线下无缝购物体验的新零售目标，从而更好地构建一个互联互通、全场景销售、全平台交易的完整供应链闭环模式。随着区块链、人工智能等技术日趋成熟，规模化、集成化生产将成为新常态，主体在任意时间和地点都能构建出新的零售模式和业态。同时，利用区块链技术的解决方案更具备可行性和实用性，能够有效降低运营管理成本，不断提升运营效益。技术升级引起销售渠道模式多样化，社交平台导致娱乐化购物、社交购物的趋势越来越显著，商品生产流通和消费者交易数据信息的积淀作用进一步促进了大数据的开发，使得新零售渠道逐渐多样化。

（三）零售平台化

零售平台已经成为社会经济中重要的商业运营模式，平台改变了企业经营的传统渠道模式和商业运营理念，重塑了现有的产业基础架构，促使新型的社交规则和商业制度得以快速建立。专业化进入、规模化扩展、平台化运营是电商发展的基本趋势，如苏宁、京东等电商从家电产品逐步扩展到全类品，再到实施平台零售策略。利用线上平台搜集商品的实体店库存数据的举措给消费者提供了更多的信息渠道，同时也提高了实体店的线上销量。此外，消费者会将购买的商品效果和价值通过平台及时与他人分享，信息在销售平台得到有效传播进而会影响他人的购买决策。构建集社交和共享零售为一体的线上生态区块链平台，利用区块链技术为消费者提供安全、放心的商品，完善支付交易流程，实现商家与消费者间无障碍交流的生态平台零售愿景。

第十章　结　论

目前，我国不仅成为全球第二大经济体、全球第二大消费国和全球第二大制造国，也是拥有世界 500 强企业数量第二多的国家，更是全球最大的物流市场和全球最大的电商市场。从经济发展阶段来看，由于我国工业化进程已进入工业化中后期阶段，一般性技术水平与先进国家的差距大大缩小，在这种情况下要改善供给结构、创造新供给，最重要的是提高供给效率，而供给效率提升的关键在于要素资源的优化配置和集成创新。麦肯锡研究报告显示，通过供应链等方式推进运营转型，可使我国劳动生产率提升 15%—30%。因此，发展现代供应链，有利于运用先进的供应链管理技术和模式来替代过去低效粗放的运营模式，实现降本增效，优化供给结构、供给质量和供给效率，推动经济高质量发展。

2014 年 11 月 9 日，在亚太经合组织（APEC）工商领导人峰会上，习近平主席发起"加强政策、法律、规则的衔接和融合，携手打造便利高效的亚太供应链"的倡议。在世界经济论坛 2017 年年会开幕式上，习近平主席再次提出"全球产业布局在不断调整，新的产业链、价值链、供应链日益形成"的重大判断。党的十九大报告指出，在中高端消费、创新引领、绿色低碳、共享经济、现代供应链、人力资本服务等领域培育新增长点、形成新动能。这是党中央首次提出现代供应链概念，标志着现代供应链发展正式上升为国家战略。2015 年 9 月 29 日，国务院发布《关于推进线上线下互动　加快商贸流通创新发展转型升级的意见》，线上线下融合成为现代供应链发展的重要内容。

最新统计数据显示，消费已经成为我国经济增长的第一驱动力。国家出台的多项政策都致力于支持线上线下融合,促进零售流通创新发展。许多企业也在积极探索线上线下的融合策略,从本质上改变单一零售渠道的局限性,已涌现出一系列商业模式和成功范例。随着数字经济发展趋势持续加快,物联网、云计算、大数据、区块链等信息技术的应用不断深入,企业探索线上线下融合可行路径的步伐将不断加快。

一、精准定位消费者需求

伴随着主力消费群体消费行为方式的转变,社交、本地、移动、个性化成为当前消费者的主要特征,商业社会已经从商品短缺时代进入大众营销时代,并正在进入消费者主权时代。在消费者主权时代,产品是底层逻辑而不再是主角,是如何找到目标顾客、影响目标顾客、提升目标顾客体验、打造目标顾客价值的工具。因此,零售企业需要进行彻底调整和转变,围绕动态演变的消费者特征和核心消费需求来构建供应链模式,通过云端大数据勾画出消费者的消费图谱及生活、社交图谱;通过多渠道、多接触点与消费者产生持续互动,从而把握核心消费人群的消费习惯、生活方式及潜在需求;围绕核心需求构建线上线下购物场景,通过差异化经营为消费者打造极致的购物体验,从而实现对个性化、异质化需求的精准定位。

(一)建立客户档案,掌握核心消费需求

传统零售企业依据经验完成货物的销售管理,效率提升缓慢,需求满足的精准度不高,难以适应消费者越来越高的要求。企业只能通过销售终端设备及会员制度获得消费基本数据,但固定场景下的特定数据不足以完整、精细地描绘核心消费人群的生活消费习惯。零售企业对自己的经营行为、对消费者的洞察以及和消费者之间的黏性都极为有限,不具备"行为心理学"层面的研究分析。而互联网、移动终端的快速发展为零售企业接触消费者提供了多元触点,可以基于线上线下、移动端、智能穿戴装置等多种渠道来进行消费者购物的科学分析。例如,基于多种渠道信息的融合与整合,通过会员管理及大数据分析建立更为完整、全面的顾客档案;可以深入了解顾客生活方式、与顾客实现实时互动；可以为顾客推送个性化、精准的营销信息，提供更符合顾客需求的零售服务。零售企业与消费者实现更加密切的接触、持续互动，并最终实现双向良性循环。

（二）升级与创新现有业态，实现多维需求立体化匹配

通过渠道资源的融合和整合，传统实体店更加深入地挖掘并掌握多维的、变革的消费需求。在此基础之上，实体店能够重新定位其目标顾客群体，并对现有的业态进行升级和改造，调整和创新商品、环境、服务等多要素。而对于无店铺零售等业态，则可以通过产品的智能化推送、社群互动以及开设体验店等方式满足消费者的潜在诉求。对于年轻的消费人群来说，品类单一难以达到他们的需求。他们喜欢的是边走边玩，满足他们的多元化体验。商业需要变成一个复合体形态，既要有物理形态，更需要与商品的体验等服务形态融合在一起。例如，一些传统超市正在探索无人货架和无人便利店，提高购买效率，同时发展"超市+餐饮"新模式。由此，零售商通过对商品和服务的调整组合来充分满足目标顾客在商品、时间、空间及情感上的多维购物需求，实现从"生产型经济"向"消费型经济"的转型。例如，索菲亚家居自主研发和运用前沿数据系统，在多个网络平台植入索菲亚的后台，通过社交网络技术接触"80后""90后"的年轻消费群体，与每个消费者互动沟通，了解消费主体的真实需求。

（三）实施差异化战略，提升终端消费体验

产品差异化的实现依赖于现有零售企业采购模式及盈利模式的转型。在目前流行的"前台毛利+后台毛利""联营+扣点"的经营模式下，零售企业经营能力弱化甚至丧失；由于对"坪效"的过分要求，"千店一面""千店同货"的现象极为普遍。零售企业实现商品差异化的关键在于对用户体验进行顶层设计和生态链构建，通过自采、买手制、自营模式的重建，实现差异化的商品采购与经营，从而满足顾客的差异化需求。

"产品差异化、形象差异化、体验差异化"是零售企业差异化战略的核心，这就要求创新零售与分销服务组合，打造横向体验与纵向体验交互的立体化

服务。纵向体验强调消费者购物体验,主要通过线下的形象差异化和体验差异化实现。例如,通过打造、编辑"主题"吸引特定消费群体的注意;通过跨界经营满足消费者一站式购物体验、吸引不同消费群体关注。横向体验强调消费者的互动体验,主要通过线上明确的产品差异化实现。例如,通过娱乐化社群互动和全渠道购物平台满足消费者互动体验的诉求,打造多维度、立体化消费者购物场景,为消费者提供极致的购物体验。

二、加快供应链技术革新

线上线下融合供应链的发展也离不开新技术的应用。不断发展的关键创新技术正在改变着供应链的每一个环节,各环节中所有的动作与行为都将变成可控的数字形式,供应链管理更加公开、透明、可视化,管理与协调工作将更加灵活、容易掌控,效率更高。事实上,现代供应链不仅仅是对人工智能、大数据、云计算、区块链等前沿技术的应用,也不仅仅是对生产组织模式的转型升级,更为关键的是通过与现代技术的融合,对传统供应链思维与目标模式进行彻底变革。

(一)充分利用云、网、端等新兴基础设施,支持零售企业转型升级

零售企业在消费端转型升级的关键在于深入洞察消费需求、增加与消费者的接触点和互动联系,从而全面掌握消费者需求,并通过自身的商品和服务提升消费体验、满足消费需求。具体地,通过购物软件、网上支付、社群营销等工具构建消费者线上购物场景;通过移动热点定位、传感器等技术获得线下消费者信息;通过对消费者线上、线下大数据的整合、分析和处理还原消费者生活,从而使零售企业的定位更精准,更充分地满足消费者需求。例如,海宁皮革城充分利用大数据和信息技术实现产业链和商业模式重构,发挥互联网平台优势助力海宁皮革服装供应链的全国推广,建立长久的网上销售渠道,从而提升和增强海宁皮革城的竞争力。

(二)通过信息技术到数据处理技术的跨越,打造开放、共享的供应链

实体零售商的供应链优化应该以技术变革为支撑。在以信息技术实现现

代化供应链管理的基础之上,进一步通过数据处理技术来打造开放、共享、互利的供应链体系。数据处理技术的应用有助于实现业务流程、经营活动的数字化,供应链的各节点、各流程运作实现透明化、可视化、实时化,实现数据应用闭环(数据的每一次应用都促进了业务的持续优化),提升整体供应链的运作效率,形成互利共享的商业生态。

(三)依托数据处理技术,促进企业内部的管理优化

互联网、云计算等前沿技术为零售企业组织内部的管理优化提供了新的解决方案。依托互联网技术可以使零售企业实现内部流程的锁定,财务、业务实现一体化,提升采购、财务、仓储、物流、销售等活动标准化水平,促进企业的精细化管理和过程管理。而依托数据处理技术可以增加各流程透明度和实时性,零售企业的过程管理更为方便、有效。同时,数据处理技术可以提升零售企业的灵活性,零售企业内部管理变得更加高效。

三、创新实体店运营模式

实体店的运营模式创新要立足于企业内部价值链的优化与改善,前端的服务升级与后端供应链的优化都与企业内部高度协同、高效的价值链活动密不可分。而内部价值链优化的关键则在于各环节、各流程的高度协同,在于对各部门、各环节分工活动的高效组织能力。实体店应该摒弃以往粗放式扩张的发展道路,转而走集约化经营之路——通过管理的优化促进效益的提升,实现"向管理要效益"。

(一)重视商铺展示价值,开设智慧门店

实体店的展示体验价值已成为商家突破发展瓶颈的有力武器,实现实体门店消费服务全面数字化,既符合现代消费者习惯,也是未来新零售的发展趋势。有了人工虚拟天眼、未来试妆镜、虚拟试衣间等数字化新零售产品的加入,实体门店此前提供的"商品+服务"可以过渡到"商品+服务+内容"。例如,位于东京莆田的全家超市里面陈列的商品与其他的全家店是一样的,唯一不同的是还多了卡拉 OK 的区域。

所谓智慧门店就是以满足消费者需求和提升效率为核心,门店通过数字化协同,提供消费者进店、决策、支付、售后等环节线上线下体验与服务升级融合的平台。智慧门店能够营造新的购物体验场景,无论是线上逛店线下消费,还是给实体门店线上内容赋能,线上线下消费场景的优势都可以实现最大程度的融合。

(二)将目标管理转变为过程管理,实现系统性优化

传统实体店多数采取目标管理的"责任制"方式,其缺点在于增加沟通成本,个体、门店、部门专注于自身目标的完成,忽视了相互协调和组织目标的实现。在进行线上线下融合的背景下,零售组织内部必须实现信息的精准传递与快速响应。因此,传统的目标管理方式无法适应新经济时代的零售企业管理要求。而过程管理更强调对流程和过程的管控,业务流程优化与组织协同确保了信息的精准、快速传递,更加符合互联网经济背景下对零售企业的组织管理要求。通过实行过程管理,实体店可以根据市场需求和企业资源特点制定经营目标体系,并在此基础之上建立企业业务过程模型。

围绕经营总目标,实体店通过对门店、品类单品的三级管理体系以及各部门的精细化管理和全流程控制,横向上实现跨部门协作、纵向上确保总部目标在各级被有效执行。首先,企业内部价值链实现各环节的点优化;随后,各部门实现运营的协同与协调,组织内各流程被打通,从而完成全流程优化;最后,由流程的优化带动公司总体的系统优化。

(三)重视员工的作用,以人为本构建人力资源管理制度

任何商业的核心活动都是围绕"人"展开的,内部员工是经营管理成败的关键所在,因此实体店的运营必须对"人"有足够的重视。伴随着实体店的转型升级,尤其是企业经营模式、采购模式的转变,企业内部人力资源管理制度也应该相应地发生改变。例如,在直采、自采的模式下,需要对采购团队进行专业的选拔、培训,设计良好的晋升路径和薪酬激励;要对店内一线员工进行专业化培训并制定与销售绩效挂钩的薪酬方案;要构建起与经营模式转型相匹配的人力资源管理制度。例如,无印良品不仅进行人才培养,还进行"人的培育",而且要求

整个公司都有着"培育人"的共识，始终保持着一个较低的员工离职率。

四、推动电商转型升级

在同时体验了线下购物的触感和线上购物的便捷之后，消费者们的需求层次会变得越来越高。特别是在我国居民人均可支配收入不断提高的大环境下，人们对购物的关注点已经不再局限于线上电商曾经引以为傲的优势，而是越发关注对消费过程的体验以及感受。互联网用户的红利正逐渐消退，线上获客成本激增，原有的纯电商盈利模式已经出现瓶颈，亟须通过物流、资金流和信息流的高效结合来进行转型升级。

（一）构建社群经济模式，降低运营成本

社群是互联网背景下最容易转化流量实现裂变的营销手段之一，社群经济模式将在未来供应链发展中起到重要作用。因此，电商要针对具有特定的共同爱好、价值观的消费者群体，利用社交平台的共享性与扩散性实现产品的社交裂变，使得信息有效扩散，获取有价值有内容的流量，降低运营成本，构建以情感为导向，优质内容为主体，集购物、娱乐、社交三者合一的社群圈。

优质社群内容是社群建设的基础，只有创造优质内容才能使社群得以维持延续。优质内容不仅指产品的功能属性，还包括产品的情感属性，传统电商需注重两者的协同发展。一方面，传统电商要发挥产品功能的最大化，尽可能地满足消费者对产品本身的功能需求；另一方面，传统电商需赋予产品文化、内涵、价值等方面的优质内容，让消费者对产品产生情感共鸣，从而建立起消费者和产品情感上的无缝连接。互动沟通是社群经济得以持续维持的良好渠道。传统电商在构建社群经济时，要进行线上线下相结合，把社群活跃起来。通过举办各种线上线下营销活动，让消费者参与融入到社群中，提升整个社群的活跃度，增强消费者的社群归属感，增强对社群的黏性程度。

（二）采取新商业模式，满足消费需求

由于生产商和传统电商平台无法及时沟通，导致双方都存在高库存的问题，而库存问题直接影响到企业资金的回笼和周转，使得生产商难以推出新商品。新兴商业模式可以更好地迎合未来消费趋势,针对某一群体甚至每一个消费者的个性进行服务。让消费者依托电商平台参与到产品前期设计过程中,生产商据此进行定制化生产、定制化销售,从而迎合消费者日益增长的个性化诉求,让价值回归生产与消费两端。此外,在明确消费者需求数量的基础上,明确产品的生产数量,避免了生产商不必要的生产,减少库存,提升库存周转率,优化供应链。通过预售营销模式,还可以实现资金在生产商、电商平台间的快速流通。

(三)提升产品质量水平,建立全面服务体系

产品质量是否有保障对于消费者来说至关重要,消费者口碑才是电商可持续发展的决定因素。因此,电商应该严格甄选供货商,加强对产品质量的把控,禁止"三无"产品的销售和流通。同时,电商要利用消费者更注重产品品牌内涵和文化因素这一特点,塑造品牌价值观,沉淀产品核心价值,以品牌优势培养一批忠实的消费者。同时,电商要全面设计服务制度和客户关系管理等各方面的体系,增强员工服务意识。高质量高效率的物流能够满足消费者快速即时消费的意愿,因此电商需要建立全覆盖供应链系统,提高物流速度。例如,京东将建立认证结果采信机制,鼓励产品生产企业通过质量管理体系认证,平台上生产企业通过质量管理体系认证的,将在质量指数计算中增加相应权重。同时,将优质商品信息明示至消费端,也将平台收集的消费者大数据适时反馈至商品生产端,鼓励生产经营企业根据反馈的信息持续改进商品质量。

五、协同创造供应链价值

供应链的优化是零售企业降低成本与提升服务的基础,是零售企业获得利润并构建核心竞争力的关键所在。供应链的优化既包括现有零售供应链的转型和改变,又包括供应链成员之间关系的重构。供应链成员之间的信息整合、协调与资源共享以及组织互联,有助于实现供应链成员之间更高水平的合作,以低成本、高效率为顾客协同创造更大的价值、提供更优质的商品和服务,实现优势互补和资源共享,打造和谐、共赢的新型商业生态。

（一）促进供应链转型，推动供应链由多环节向扁平化转变

供应链的优化首先表现为供应商主导的推式供应链向零售商主导的拉式供应链的转变。在供应商主导的推式供应链模式中，供应商是商品的开发、生产和销售者，零售商只是作为供应商的销售代理，有计划地将商品推销给顾客。零售商的采购、库存都直接受到供应商影响，且消费者信息无法及时、快速地传递到上游生产者中，直接导致产销不匹配，而零售商之间同质化竞争严重、毛利空间有限。但在零售商主导的拉式供应模式中，零售商组建专业的买手团队，根据终端消费需求进行商品的选购，采购部门由原本的被动采购者转变为主动采购的买手团队。通过供应链模式的变革，零售商对于市场具有更快速的、更敏感的反应。同时，零售商通过向生产商或是产地进行直接采购，获得更低的商品进货价格，既可以让利于消费者、吸引客流，又能够增加零售商的毛利率。

（二）引导零售商成为供应链组织者，为消费者协同创造价值

在对现有供应链模式进行改造的基础之上，零售企业应该进一步对供应链进行整合，成为协调供应链上各环节、各节点活动的组织者。供应链的整合强调供应商各环节、各成员之间的互动和合作，包括内部的整合、供应商的整合以及顾客的整合，而供应链整合的层次又包括信息整合、活动和程序整合以及功能整合。

一是顾客资源整合。通过对大数据的分析整合、细分各渠道消费者特征及核心需求，有助于零售商自身的精准营销及供应链计划。

二是企业内部资源的整合。通过构建强大的信息化系统及完善的内部业务体系支撑，零售商对各渠道资源进行整合，企业内部各渠道实现商品信息和商品库存的实时共享。

三是各渠道的体验服务整合。零售商对顾客线上、线下双向体验的服务功能进行整合，通过企业内部管理流程的协调，打造从产品体验到物流服务体验再到售后服务体验的全流程体验。

四是外部供应链资源的整合。要加强品类管理，先将供应链朝着扁平化

方向发展,随后以品类为核心进行细分,逐渐过渡到以品类为核心进行供应链的整合。

五是信息资源整合。通过信息资源的整合,使供应链上各成员之间实现市场信息与顾客数据的开放利用;通过供应链成员经营活动的协调、对接与资源共享,实现资源的调整与优化配置;通过与供应商达成战略伙伴关系,加强组织之间的互联和互动。

(三)激励供应链合作,将零和博弈转变为互利共赢

一方面,不同业态零售商正在广泛地开展跨界合作,实现市场资源和商业基础设施的相互利用。例如,日本的7-11与优衣库在商品策划、制造、销售和物流等领域展开广泛的业务合作。京东到家实现了实体零售与电子商务企业的合作,利用京东强大的物流配送体系形成强强联手、互利共赢的局面。另一方面,实体店将自身拥有的资源优势和电商拥有的技术、导流功能及线上渠道合并,让电商以价格优势去招揽客源,而实体店则负责做展示与体验平台,双方分工合作,收益分享。例如大润发、永辉入驻京东到家,百联接入美团、饿了么等第三方外卖平台。

参考文献

[1]毕文杰、陈根宇、陈晓红:《考虑消费者双通道心理账户和参照依赖的动态定价问题研究》,《中国管理科学》2015年第7期。

[2]曹二保、郑健哲、马玉洁、赖明勇:《双渠道供应链应对需求扰动的协调机制研究》,《管理学报》2014年第2期。

[3]陈树桢、熊中楷、唐彦昌:《供应链双重分销渠道的定价策略》,《统计与决策》2007年第2期。

[4]陈远高、刘南:《存在差异性产品的双渠道供应链协调研究》,《管理工程学报》2011年第2期。

[5]代建生:《促销和定价影响需求下供应链的收益共享契约》,《管理学报》2018年第5期。

[6]丁正平、刘业政:《存在搭便车时双渠道供应链的收益共享契约》,《系统工程学报》2013年第3期。

[7]董志刚、徐庆、马骋:《电子商务环境下双渠道供应链的制造商分销渠道选择》,《系统工程》2015年第6期。

[8]杜少甫、杜婵、梁樑、刘天卓:《考虑公平关切的供应链契约与协调》,《管理科学学报》2010年第11期。

[9]范贺花、周永卫、武大勇:《考虑随机需求和零售商销售努力的两级供应链的渠道选择》,《统计与决策》2019年第10期。

[10]范莉莉、艾兴政、唐小我:《主从竞争链的纵向控制结构选择》,《管理学报》2013年第4期。

［11］范小军、刘虎沉:《基于消费者在线渠道接受差异的双渠道定价策略》,《系统管理学报》2015 年第 3 期。

［12］范小军、刘艳:《制造商引入在线渠道的双渠道价格与服务竞争策略》,《中国管理科学》2016 年第 7 期。

［13］冯颖、吴茜、余云龙:《双因素横向竞争下的生鲜农产品发散型供应链博弈模型》,《运筹与管理》2016 年第 5 期。

［14］高亚娟、胡付照:《从“松鼠拼拼”探究微信社区团购电商模式成功路径》,《商业研究》2019 年第 5 期。

［15］胡军、张镓、芮明杰:《线性需求条件下考虑质量控制的供应链协调契约模型》,《系统工程理论与实践》2013 年第 3 期。

［16］匡丹丹:《永辉超市生鲜产品 O2O 业务策略研究》,硕士学位论文,西南财经大学,2017 年。

［17］廖涛、艾兴政、唐小我:《链与链基于价格和服务竞争的纵向结构选择》,《控制与决策》2009 年第 10 期。

［18］李凯、李伟:《零售商具有买方抗衡势力时的竞争供应链纵向结构决策》,《管理学报》2016 年第 3 期。

［19］李明芳:《竞争环境下制造商网络渠道选择演化博弈分析》,《软科学》2016 年第 8 期。

［20］李明芳、薛景梅:《不同渠道权力结构下制造商回收闭环供应链绩效分析》,《控制与决策》2016 年第 11 期。

［21］林志炳:《供应链横向竞争模型中的定价分析》,《福州大学学报(哲学社会科学版)》2010 年第 5 期。

［22］林志炳:《基于制造商建议零售价的供应链定价策略》,《中国管理科学》2016 年第 11 期。

［23］李秋香、张玉豪、黄毅敏:《考虑不同商业目标和公平关切的动态博弈模型及复杂性研究》,《运筹与管理》2019 年第 1 期。

［24］李新然、王琪:《考虑零售商服务水平和公平关切的闭环供应链决策

研究》，《管理评论》2019 年第 4 期。

[25] 刘会燕、戢守峰:《考虑产品绿色度的供应链横向竞合博弈及定价策略》，《工业工程与管理》2017 年第 4 期。

[26] 刘晓峰、顾领:《基于消费者转换行为的线上线下产品定价策略的研究》，《管理科学》2016 年第 2 期。

[27] 李媛、赵道致:《考虑公平偏好的低碳化供应链两部定价协调契约》，《管理评论》2016 年第 1 期。

[28] 罗美玲、李刚、张文杰:《双渠道供应链中双向搭便车研究》，《系统管理学报》2014 年第 3 期。

[29] 迈克尔·波特著:《竞争战略》，华夏出版社 2005 年版。

[30] 马士华、林勇著:《供应链管理》，机械工业出版社 2018 年版。

[31] 彭鸿广、骆建文:《不对称信息下供应链成本分担激励契约设计》，《系统管理学报》2015 年第 2 期。

[32] 申成霖、侯文华、张新鑫:《顾客异质性渠道偏好下横向竞争对零售商混合渠道模式的价值》，《系统工程理论与实践》2013 年第 12 期。

[33] 申成然、熊中楷、晏伟:《网络比价行为下双渠道定价及协调策略研究》，《中国管理科学》2014 年第 1 期。

[34] 施涛、陈娇:《基于服务重要性的网络零售渠道引入决策研究》，《管理评论》2013 年第 1 期。

[35] 王甜源、傅科、刘竞:《零售商的斯塔克伯格团购博弈分析》，《系统工程理论与实践》2018 年第 2 期。

[36] 王玉燕、于兆青:《考虑网络平台服务、消费者需求差异的混合供应链决策》，《系统工程理论与实践》2018 年第 6 期。

[37] 肖敏、余敏、何新华:《引入垂直电商的供应链渠道定价策略》，《山东大学学报(理学版)》2019 年第 3 期。

[38] 许传永、苟清龙、周垂日等:《两层双渠道供应链的定价问题》，《系统工程理论与实践》2010 年第 10 期。

［39］徐峰、盛昭瀚：《产品再制造背景下制造商双渠道定价策略计算实验研究》，《系统管理学报》2013 年第 3 期。

［40］徐广业、蔺全录、孙金岭：《基于消费者渠道迁徙行为的双渠道供应链定价决策》，《系统管理学报》2019 年第 2 期。

［41］许垒、李勇建：《考虑消费者行为的供应链混合销售渠道结构研究》，《系统工程理论与实践》2013 年第 7 期。

［42］杨浩雄、孙丽君、孙红霞等：《服务合作双渠道供应链中的价格和服务策略》，《管理评论》2019 年第 5 期。

［43］晏妮娜、黄小原、刘兵：《电子市场环境中供应链双源渠道主从对策模型》，《中国管理科学》2007 年第 3 期。

［44］姚树俊、陈菊红：《考虑渠道权利结构的产品服务能力竞争机制研究——制造商服务视角》，《中国管理科学》2014 年第 7 期。

［45］禹爱民、刘丽文：《随机需求和联合促销下双渠道供应链的竞争与协调》，《管理工程学报》2012 年第 1 期。

［46］于晓霖、周朝玺：《渠道权力结构对供应链协同效应影响研究》，《管理科学》2008 年第 6 期。

［47］张闯、张涛、庄贵军：《渠道关系强度对渠道权力应用的影响——关系嵌入的视角》，《管理科学》2012 年第 3 期。

［48］张武康、郭立宏：《网络零售业态引入对零售企业绩效的影响研究》，《统计与决策》2015 年第 12 期。

［49］赵连霞：《制造商开辟网络直销下的混合渠道供应链定价决策》，《中国管理科学》2015 年第 23 期。

［50］赵海霞、艾兴政、唐小我：《链与链基于价格竞争和规模不经济的纵向控制结构选择》，《控制与决策》2012 年第 2 期。

［51］赵霞、徐永锋：《网络渠道提高了零售商绩效吗？——基于中国零售业上市公司的实证》，《当代经济管理》2017 年第 4 期。

［52］郑本荣、杨超、刘从：《成本分摊对制造商回收闭环供应链的影响》，

《系统工程理论与实践》2017 年第 9 期。

［53］庄雷、周勤、胡隽婧：《零售企业电商化转型代价的实证研究》，《软科学》2015 年第 12 期。

［54］周建亨、王晓敏：《收益共享机制下的供应链纵向信息共享策略》，《系统管理学报》2018 年第 5 期。

［55］Abhishek V., Jerath K., Zhang Z. J., "Agency Selling or Reselling? Channel Structures in Electronic Retailing", *Management Science*, Vol. 62, No. 8, 2015.

［56］Albert H., Long X. Y., Nasiry J., "Quality in Supply Chain Encroachment", *Manufacturing & Service Operations Management*, Vol.18, No.2, 2015.

［57］Amaldoss W., He C., "Reference-dependent Utility, Product Variety, and Price Competition", *Management Science*, Vol.64, No.9, 2017.

［58］Arya A., Mittendorf B., Sappington D. E. M., "The Bright Side of Supplier Encroachment", *Marketing Science*, Vol.26, No.5, 2007.

［59］Balasuburamanian S., "Mail versus Mall: A Strategic Analysis of Competition between Direct Marketers and Conventional Retailers", *Marketing Science*, Vol.17, No.3, 1998.

［60］Bolton L. E., Warlop L., Alba J. W., "Consumer Perceptions of Price Unfairness", *Journal of Consumer Research*, Vol.29, No.4, 2003.

［61］Boyaci T., "Competitive Stocking and Coordination in a Multiple-channel Distribution System", *IIE Transactions*, Vol.37, No.5, 2005.

［62］Bucklin C. B., Thomas P. A., Webster E. A., "Channel Conflict: When is it Dangerous?", *The McKinsey Quart*, Vol.1997, No.3, 1997.

［63］Cai G., Zhang Z. G., Zhang M., "Game Theoretical Perspectives on Dual-channel Supply Chain Competition with Price Discounts and Pricing Schemes", *International Journal of Production Economics*, Vol.117, No.1, 2009.

［64］Cao L., Li L., "The Impact of Cross-channel Integration on Retailers'

Sales Growth", *Journal of Retailing*, Vol.91, No.2, 2015.

[65]Cattani K., Gilland W., Heese H. S., Swaminathan J., "Boiling Frogs: Pricing Strategies for a Manufacturer Adding a Direct Channel that Competes with the Traditional Channel", *Production and Operations Management*, Vol. 15, No. 1, 2006.

[66]Chen J., Zhang H., Sun Y., "Implementing Coordination Contracts in a Manufacturer Stackelberg Dual-channel Supply Chain", *Omega*, Vol. 40, No. 5, 2012.

[67]Chen K. Y., Kaya M., Özer Ö., "Dual Sales Channel Management with Service Competition", *Manufacturing & Service Operations Management*, Vol. 10, No.4, 2008.

[68]Chen X., Hu P., Hu Z. Y., "Efficient Algorithms for the Dynamic Pricing Problem with Reference Price Effect", *Management Science*, Vol.63, No.12, 2017.

[69]Chiang W. K., "Product Availability in Competitive and Cooperative Dual-channel Distribution with Stock-out Based Substitution", *European Journal of Operational Research*, Vol.200, No.1, 2010.

[70]Chiang W. Y. K., Chhajed D., Hess J. D., "Direct Marketing, Indirect Profits: A Strategic Analysis of Dual-channel Supply-chain Design", *Management Science*, Vol.49, No.1, 2003.

[71]Choi C. S., "Price Competition in a Channel Structure with a Common Retailer", *Marketing Science*, Vol.10, No.4, 1991.

[72]Corbett C. J., Karmarkar U. S., "Competition and Structure in Serial Supply Chains with Deterministic Demand", *Management Science*, Vol. 47, No. 7, 2001.

[73]Coughlan A. T., "Competition and Cooperation in Marketing Channel Choice: Theory and Application", *Marketing Science*, Vol.4, No.4, 1985.

[74]Cui T. H., Zhang Z. J., "Fairness and Channel Coordination", *Manage-

ment Science,Vol.53,No.8,2007.

[75] Dan B., Xu G., Liu C., "Pricing Policies in a Dual-channel Supply Chain with Retail Services", *International Journal of Production Economics*, Vol. 131,No.1,2012.

[76] Dennis Z. Y., Cheong T., Sun D., "Impact of Supply Chain Power and Drop-shipping on a Manufacturer's Optimal Distribution Channel Strategy", *European Journal of Operational Research*,Vol.259,No.2,2017.

[77] Draganska M., Klapper D., Villas-Boas S. B., "A Larger Slice or a Larger Pie? An Empirical Investigation of Bargaining Power in the Distribution Channel", *Marketing Science*,Vol.29,No.1046,2010.

[78] Dumrongsiri A., Fan M., Jain A., Moinzadeh K., "Supply Chain Model with Direct and Retail Channels", *European Journal of Operational Research*, Vol. 187,No.3,2008.

[79] Englmaier F., Leider S., "Contractual and Organizational Structure with Reciprocal Agents", *American Economic Journal: Microeconomics*, Vol. 4, No. 2,2012.

[80] Ertek G., Griffin P. M., "Supplier-and Buyer-driven Channels in a Two-stage Supply Chain", *IIE Transactions*,Vol.34,No.8,2002.

[81] Fehr E., Schmidt K., "A Theory of Fairness, Competition and Cooperation", *Quarterly Journal of Economics*,Vol.114,No.3,1999.

[82] Geng Q., Wu C. Q., Li K. P., "Pricing and Promotion Frequency in the Presence of Reference Price Effects in Supply Chains", *California Journal of Operations Management*,Vol.8,No.1,2010.

[83] Goldfarb A., Ho T. H., Amaldoss W., et al., "Behavioral Models of Managerial Decision-making", *Marketing Letters*,Vol.23,No.2,2012.

[84] Ha A. Y., Tong S., "Contracting and Information Sharing under Supply Chain Competition", *Management Science*,Vol.54,No.5,2008.

［85］Hagiu A., Wright J., "Marketplace or Reseller?", *Management Science*, Vol.61, No.1, 2015.

［86］Heese H. S., "Competing with Channel Partners: Supply Chain Conflict when Retailers Introduce Store Brands", *Naval Research Logistics*, Vol.57, No.5, 2010.

［87］Hendershott T., Zhang J., "A Model of Direct and Intermediated Sales", *Journal of Economics & Management Strategy*, Vol.15, No.2, 2006.

［88］Ho T. H., Su X., Wu Y., "Distributional and Peer-induced Fairness in Supply Chain Contract Design", *Production and Operations Management*, Vol.23, No.2, 2014.

［89］Hong Z. F., Wang H., Yu Y. G., "Green Product Pricing with Non-green Product Reference", *Transportation Research Part E: Logistics and Transportation Review*, Vol.115, 2018.

［90］Huang S., Yang C., Liu H., "Pricing and Production Decisions in a Dual-channel Supply Chain when Production Costs are Disrupted", *Economic Modelling*, Vol.30, No.1, 2013.

［91］Huang W., Swaminathan J. M., "Introduction of a Second Channel: Implications for Pricing and Profits", *European Journal of Operational Research*, Vol.194, No.1, 2009.

［92］Jain S., Li K. J., "Behavior-based Pricing: An Analysis of the Impact of Peer-induced Fairness", *Management Science*, Vol.62, No.2, 2016.

［93］Kahneman D., Tversky A., "Prospect Theory: An Analysis of Decision under Risk", *Econometrica*, Vol.47, No.2, 1979.

［94］Kirshner S. N., Shao L., "Internal and External Reference Effects in a Two-tier Supply Chain", *European Journal of Operational Research*, Vol.267, No.3, 2018.

［95］Krishnan H., Kapuscinski R., Butz D. A., "Coordinating Contracts for

Decentralized Supply Chains with Retailer Promotional Effort", *Management Science*, Vol.50, No.1, 2004.

[96] Kumar N., Ruan R. R., "On Manufacturers Complementing the Traditional Retail Channel with a Direct Online Channel", *Quantitative Marketing and Economics*, Vol.4, No.3, 2006.

[97] Kurata H., Yao D. Q., Liu J. J., "Pricing Policies under Direct vs. Indirect Channel Competition and National vs.Store Brand Competition", *European Journal of Operational Research*, Vol.180, No.1, 2007.

[98] Li B., Hou P. W., Chen P., Li Q. H., "Pricing Strategy and Coordination in a Dual Channel Supply Chain with a Risk-averse Retailer", *International Journal of Production Economics*, Vol.178, 2016.

[99] Li J., Fan X., Dai B., "Fairness in Performance of Supply Chain and Contract Design", *International Conference on Service Systems and Service Management*, IEEE, 2015.

[100] Liu G. W., Sethi S. P., Zhang J. X., "Myopic vs Far-sighted Behaviours in a Revenue Sharing Supply Chain with Reference Quality Effect", *International Journal of Production Research*, Vol.54, No.5, 2016.

[101] Luo Z., Chen X., Chen J., Wang X. J., "Optimal Pricing Policies for Differentiated Brands under Different Supply Chain Power Structures", *European Journal of Operational Research*, Vol.259, No.2, 2016.

[102] Lu Q., Liu N., "Effects of E-commerce Channel Entry in a Two-echelon Supply Chain: A Comparative Analysis of Single-and Dual-channel Distribution Systems", *International Journal of Production Economics*, Vol.165, 2015.

[103] Mantin B., Krishnan H., Dhar T., "The Strategic Role of Third-party Marketplaces in Retailing", *Production and Operations Management*, Vol. 23, No. 11, 2014.

[104] Ma J., Xie L., "The Comparison and Complex Analysis on Dual-

channel Supply Chain under Different Channel Power Structures and Uncertain Demand", *Nonlinear Dynamics*, Vol.83, No.3, 2016.

[105] Mancur O., *The Logic of Collective Action Public Goods and the Theory of Groups*, Harvard University Press, 1965.

[106] Matsui K., "Asymmetric Product Distribution between Symmetric Manufacturers Using Dual-channel Supply Chains", *European Journal of Operational Research*, Vol.248, No.2, 2016.

[107] Mazumdar T., Raj S. R., Sinha I., "Reference Price Reference Research: Review and Proposition", *Journal of Marketing*, Vol.69, No.4, 2005.

[108] McGuire W., Staelin R., "An Industry Equilibrium Analysis of Downstream Vertical Integration", *Marketing Science*, Vol.2, No.2, 1983.

[109] Mittelstaedt R. A., "The Abominable Snowman, Free Riders and Other Elusive Beings", *Journal of Macromarketing*, Vol.6, No.2, 1986.

[110] Moorthy K. S., "Decentralization in Channels", *Marketing Science*, Vol.7, No.7, 1988.

[111] Naseri M. R., Khojasteh M. A., "Price Competition between Two Leader – follower Supply Chains with Risk-averse Retailers under Demand Uncertainty", *International Journal of Advanced Manufacturing Technology*, Vol.79, No.1, 2015.

[112] Neslin S. A., Grewal D., Leghorn R., Shankar V., Teerling M. L., Thomas J. S., Verhoef P. C., "Challenges and Opportunities in Multichannel Customer Management", *Journal of Service Research*, Vol.9, No.2, 2006.

[113] Netessine S., Zhang F., "Positive vs. Negative Externalities in Inventory Management: Implications for Supply Chain Design", *Manufacturing & Service Operations Management*, Vol.7, No.1, 2005.

[114] Nie T., Du S., "Dual-fairness Supply Chain with Quantity Discount Contracts", *European Journal of Operational Research*, Vol.258, No.2, 2016.

[115]Niu B.,Cui Q.,Zhang J.,"Impact of Channel Power and Fairness Concern on Supplier's Market Entry Decision", *Journal of the Operational Research Society*, Vol.68,2017.

[116] Ofek E.,Katona Z.,Sarvary M.,"Bricks and Clicks: The Impact of Product Returns on the Strategies of Multichannel Retailers", *Marketing Science*, Vol.30,No.1,2011.

[117] Oliveira F. S.,Ruiz C.,Conejo A. J.,"Contract Design and Supply Chain Coordination in the Electricity Industry", *European Journal of Operational Research*, Vol.227,No.3,2013.

[118]Pan K. W.,Lai K. K.,Leung S. C. H.,Xiao D.,"Revenue-sharing versus Wholesale Price Mechanisms under Different Channel Power Structures", *European Journal of Operational Research*, Vol.203,No.2,2010.

[119]Pasternack B. A.,"Optimal Price and Returns Policies for Perishable Commodities", *Marketing Science*, Vol.4,No.4,1985.

[120]Raymond V.,"International Investment and International Trade in the Product Cycle Material Source", *The Quarterly Journal of Economics*, Vol.80,No.2,1966.

[121]Rohm A. J.,Swaminathan V.,"A Typology of Online Shoppers Based on Shopping Motivations", *Journal of Business Research*, Vol.57,No.7,2004.

[122]Shang W. F.,Yang L.,"Contract Negotiation and Risk Preferences in Dual-channel Supply Chain Coordination", *International Journal of Production Research*, Vol.16,No.53,2015.

[123]Spahn S. H.,"Cross-channel Free-riding Consumer Behavior in a Multichannel Environment: An Investigation of Shopping Motives, Sociodemographics and Product Categories", *Journal of Retailing and Consumer Services*, Vol.20,No.6, 2013.

[124]Su X.,"Consumer Returns Policies and Supply Chain Performance",

Social Science Electronic Publishing, Vol.11, No.4, 2009.

[125] Tan Y., Carrillo J. E., Cheng H. K., "The Agency Model for Digital Goods", *Decision Sciences*, Vol.47, No.4, 2016.

[126] Tian L., Jiang B. J., "Effects of Consumer-to-consumer Product Sharing on Distribution Channel", *Production and Operations Management*, Vol. 27, No. 2, 2017.

[127] Tian L., Vakharia A. J., Tan Y. L., Xu Y. F., "Marketplace, Reseller, or Hybrid: Strategic Analysis of an Emerging E-commerce Model", *Production and Operations Management*, Vol.27, No.8, 2018.

[128] Towill D. R., "Decoupling for Supply Chain Competitiveness [Material Flow Decoupling]", *Manufacturing Engineer*, Vol.84, No.1, 2005.

[129] Trivedi M., "Distribution Channels: An Extension of Exclusive Retailership", *Management Science*, Vol.44, No.7, 1998.

[130] Van S., Dach C., "Free Riding and Customer Retention across Retailer's Channels", *Journal of Interactive Marketing*, Vol.19, No.2, 2005.

[131] Wang C., Leng M., Liang L., "Choosing an Online Retail Channel for a Manufacturer: Direct Sales or Consignment?", *International Journal of Production Economics*, Vol.195, 2018.

[132] Wei G., Lin Q., Qin Y., "A New Buy-back Contract Coordinating Dual-channel Supply Chain under Stochastic Demand", *International Journal of Computer Science Issues*, Vol.10, No.1, 2013.

[133] Winer R. S., "A Reference Price Model of Demand for frequently Purchased Products", *Journal of Consumer Research*, Vol.13, No.2, 1986.

[134] Wu C. H., Chen C. W., Hsieh C. C., "Competitive Pricing Decisions in a Two-echelon Supply Chain with Horizontal and Vertical Competition", *International Journal of Production Economics*, Vol.135, No.1, 2012.

[135] Xiao T., Yang D., "Price and Service Competition of Supply Chains

with Risk-averse Retailers under Demand Uncertainty", *International Journal of Production Economics*, Vol.114, No.1, 2008.

[136] Xia Y., Gilbert S. M., "Strategic Interaction between Channel Structure and Demand Enhancing Services", *European Journal of Operational Research*, Vol. 181, No.1, 2007.

[137] Xia Y., Zhang G. P., "The Impact of the Online Channel on Retailers' Performances: An Empirical Evaluation", *Decision Sciences*, Vol.41, No.3, 2010.

[138] Xing D., Liu T., "Sales Effort Free Riding and Coordination with Price Match and Channel Rebate", *European Journal of Operational Research*, Vol.2, No. 219, 2012.

[139] Yan R., Guo P., Wang J., Amrouche N., "Product Distribution and Co-ordination Strategies in a Multi-channel Context", *Journal of Retailing & Consumer Services*, Vol.18, No.1, 2011.

[140] Yan R., "Managing Channel Coordination in a Multi-channel Manufac-turer-retailer Supply Chain", *Industrial Marketing Management*, Vol. 40, No. 1, 2011.

[141] Yan R., Pei Z., "Retail Services and Firm Profit in a Dual-channel Market", *Journal of Retailing and Consumer Services*, Vol.16, No.4, 2009.

[142] Yan R., Pei Z., "The Strategic Value of Cooperative Advertising in the Dual-channel Competition", *International Journal of Electronic Commerce*, Vol.19, No.3, 2015.

[143] Yao D. Q., Liu J. J., "Competitive Pricing of Mixed Retail and E-tail Distribution Channels", *Omega*, Vol.33, No.3, 2005.

[144] Yi Z. L., Wang Y. L., Liu Y., Chen Y. J., "The Impact of Consumer Fairness Seeking on Distribution Channel Selection: Direct Selling vs. Agent Sell-ing", *Production and Operations Management*, Vol.27, No.6, 2018.

[145] Zhang J., Gou Q. L., Liang L., Huang Z. M., "Supply Chain Coordina-

tion through Cooperative Advertising with Reference Price Effect", *Omega*, Vol.41, No.2, 2013.

[146] Zhang J., Kevin W. Y., Liang L., "Strategic Pricing with Reference Effects in a Competitive Supply Chain", *Omega*, Vol.44, 2014.

[147] Zhang X., "Retailers' Multichannel and Price Advertising Strategies", *Marketing Science*, Vol.28, No.6, 2009.

[148] Zhao J., Wang L. S., "Pricing and Retail Service Decisions in Fuzzy Uncertainty Environments", *Applied Mathematics and Computation*, Vol.250, 2015.

[149] Zhou J. D., "Reference Dependence and Market Competition", *Journal of Economics & Management Strategy*, Vol.20, No.4, 2011.

[150] Zhuang Y., Lederer A. L., "A Resource-based View of Electronic Commerce", *Information & Management*, Vol.43, No.2, 2006.

后　记

　　坚持"关注中国现实、强调学科交叉、注重定量分析"的学术理念,我们历时一年多完成了《供应链模式创新:线上线下融合之路》的研究与撰写工作。本书曾受到笔者主持的国家自然科学基金面上项目"'社区支持农业'共享平台的运作机理与优化策略研究"(项目编号:71871105)、国家自然科学基金面上项目"考虑农户行为偏好的农产品供应链协调机制设计研究"(项目编号:71371086)、江苏省"六大人才高峰"项目"基于社会网络的供应链管理模式创新研究"(项目编号:JY-012)等科研项目资助,是在已经发表的论文、撰写的决策咨询报告的基础上进一步修改完善形成的。由于供应链管理是实践性非常强的问题,本书在进行理论探讨的同时,特别注重理论结合实际,通过对苏宁、京东、迪卡侬、饿了么等著名企业的实地调研,进行深度的案例整理和剖析,力争使研究结论能够兼具理论价值和实践意义。

　　本书是团队共同努力的成果。我们十分感谢为此书的研究、撰写、出版而作出努力的所有成员。参与研究与撰写的主要成员有(以姓氏笔画为序):付文文(江南大学)、刘伟(京东集团)、刘志颖(江南大学)、刘燃(苏宁控股集团有限公司)、宋志平(复旦大学)、李栋栋(苏宁控股集团有限公司)、金德龙(东北大学)、林锡杰(天马微电子股份有限公司)、路璐(迪卡侬仓储有限公司)、赖德凌(江南大学)、冀博文(江南大学)等。感谢人民出版社的各位领导和员工,尤其要感谢本书的责任编辑吴焰东同志,没有他们的辛勤汗水,本书不会这么顺利地出版。

　　我们在研究过程中参考了大量的文献资料,并尽可能地在文中一一列出,但也难免会有疏忽或遗漏。研究团队对被引用文献的国内外作者表示感谢。

　　实施并不断优化供应链战略已经成为中国经济发展的必然选择。我们将不忘初心,不断努力,继续开展现代供应链的运作研究,为推进供应链创新战略的实施作出应有的贡献。

浦徐进　孙书省

2019 年 11 月

责任编辑:吴炻东

封面设计:胡欣欣

图书在版编目(CIP)数据

供应链模式创新:线上线下融合之路/浦徐进,孙书省 著. —北京:
　人民出版社,2019.12
ISBN 978 - 7 - 01 - 021516 - 7

Ⅰ.①供…　Ⅱ.①浦…②孙…　Ⅲ.①供应链管理　Ⅳ.①F252.1

中国版本图书馆 CIP 数据核字(2019)第 243779 号

供应链模式创新:线上线下融合之路
GONGYINGLIAN MOSHI CHUANGXIN XIANSHANG XIANXIA RONGHE ZHI LU

浦徐进　孙书省　著

人民出版社 出版发行
(100706　北京市东城区隆福寺街 99 号)

北京中科印刷有限公司印刷　新华书店经销

2019 年 12 月第 1 版　2019 年 12 月北京第 1 次印刷
开本:710 毫米×1000 毫米 1/16　印张:26.75
字数:370 千字

ISBN 978 - 7 - 01 - 021516 - 7　定价:108.00 元

邮购地址 100706　北京市东城区隆福寺街 99 号
人民东方图书销售中心　电话 (010)65250042　65289539